Bibliografische Information der Deutschen Nationalbibliothek
Die Deutsche Nationalbibliothek verzeichnet diese Publikation in der Deutschen Nationalbibliografie; detaillierte bibliografische Daten sind im Internet über http://dnb.ddb.de abrufbar.

Kefa Hamidi
Zwischen Information und Mission.
Journalisten in Afghanistan:
Berufliche Merkmale, Einstellungen und Leistungen
Journalismus International, 7
Köln: Halem, 2016

Die Reihe *Journalismus International* wird herausgegeben von Horst Pöttker.

Kefa Hamidi ist wissenschaftlicher Mitarbeiter am Institut für Kommunikation und Medienwissenschaft der Universität Leipzig. Die vorliegende Publikation wurde im März 2013 an der Universität Leipzig als Dissertationsarbeit eingereicht.

ISSN 1866-2080

Print: ISBN 978-3-86962-104-3
E-Book (PDF): ISBN 978-3-86962-154-8

Den Herbert von Halem Verlag erreichen Sie auch im Internet unter http://www.halem-verlag.de
E-Mail: info@halem-verlag.de

SATZ: Herbert von Halem Verlag
DRUCK: docupoint GmbH, Magdeburg
GESTALTUNG: Claudia Ott Grafischer Entwurf, Düsseldorf

JOURNALISMUS INTERNATIONAL

Kefa Hamidi

Zwischen Information und Mission

Journalisten in Afghanistan: Berufliche Merkmale, Einstellungen und Leistungen

HERBERT VON HALEM VERLAG

DANK

Die vorliegende Arbeit ist die gekürzte, überarbeitete und aktualisierte Fassung meiner Dissertation, die 2013 von der Fakultät für Sozialwissenschaften und Philosophie der Universität Leipzig angenommen wurde. Diese wissenschaftliche Arbeit wäre ohne die große Unterstützung einiger Menschen nicht möglich gewesen. Diesen Menschen möchte ich hier herzlich danken.

Zuallererst möchte ich mich bei Herrn Prof. Dr. Kutsch bedanken, der mich in allen Phasen und auf allen Ebenen dieser Dissertation unterstützt hat. Mit viel Interesse hat er mich von Anfang an begleitet und brachte mich mit seinem Rat weiter.

Mein besonders großer Dank gilt hier natürlich dem The Ryoichi Sasakawa Young Leaders Fellowship Fund (SYLFF) für das mir gewährte Vollstipendium, durch das die Realisierung dieser Arbeit überhaupt möglich geworden ist. Dadurch konnte nicht nur die Feldforschung vor Ort realisiert werden, sondern auch eine konzentrierte Arbeit, ohne finanzielle Sorgen. Die Fazit-Stiftung und SYLFF haben zudem die Drucklegung der vorliegenden Arbeit großzügig bezuschusst. Dafür gilt mein besonderer Dank.

Mein Dank geht auch an Felix Frey. Seine sehr konstruktiven Vorschläge im empirischen Teil haben mir immer wieder geholfen. Mein besonderer Dank gilt auch Frau Dr. Denis Sommer. Ihre Unterstützung, trotz ihrer vielen anderen Verpflichtungen, war für mich immer wieder sehr hilfreich. Danken möchte ich auch dem zweiten Gutachter, Herrn Professor Markus Behmer, für hilfreiche Anmerkungen und konstruktive Kritik.

Dann möchte ich mich ganz herzlich bei Basir Hamidi, meinem Bruder und Geschäftsführer von Orange-Mediaforum in Kabul, bedanken. Er hat mir mit viel Ausdauer bei der Durchführung der Befragung in Afghanistan geholfen.

Einen besonderen Dank möchte ich hier Dr. Margret Glaser, Dr. Dieter Seiwert, Bianca Häuser und Robert Fröhlich sagen, da sie mit viel Geduld diese Dissertation gelesen und mit viel Ausdauer sprachliche Korrekturen unternommen haben.

Selbstverständlich gilt mein persönlich-herzlicher Dank meiner Frau Rudaba Badakhshi und meinen Kindern Kilian und Keanu, die im Laufe der Jahre mit Liebe und in verschiedenster, geduldigster Weise meine große Stütze waren. Besonders Rudaba kennt sicherlich jeden einzelnen Satz dieser Dissertation, da sie in allen Phasen mit viel Hilfsbereitschaft und unermesslicher Ausdauer involviert war und mich unterstützt hat.

Die Arbeit möchte ich meinem geliebten Vater Hamdullah Hamidi widmen, der 35 Jahre lang Richter war. Sein großer Wunsch war, dass eines seiner acht Kinder promoviert.

Kefa Hamidi,
Ferbruar 2016

Inhaltsverzeichnis

Verzeichnis der Tabellen

VORWORT

Gut ein Jahrzehnt nach dem Beginn eines grundlegenden politischen, wirtschaftlichen, gesellschaftlichen und vor allem auch medialen Transformationsprozesses in Afghanistan liegt mit der Leipziger Dissertation von Kefajatullah Hamidi die erste empirische Kommunikatoruntersuchung für dieses Land vor. Seine Studie verfolgt drei Ziele: Es geht erstens darum, die beruflichen Merkmale und das berufliche Rollenselbstbild von afghanischen Journalisten zu ermitteln; zweitens überprüft er, ob und in welchen Dimensionen sich dieses Berufsbild in der Berichterstattung von afghanischen Zeitungen verwirklicht findet, und drittens fragt er danach, in welchen Dimensionen das ermittelte Bild mit demjenigen übereinstimmt, das die international-vergleichende Forschung auf der Grundlage von Journalisten-Befragungen in zahlreichen Ländern mit unterschiedlichen politischen Ordnungen, kulturellen Ausprägungen und Gesellschaftsformationen generalisiert hat.

Die Dissertation umfasst mithin drei systematisch aufeinander aufbauende empirische Analysen. Hinzu kommt als rahmende vierte Untersuchung eine Strukturbeschreibung und -analyse der afghanischen Gesellschafts-, Kommunikations- und Mediensysteme, die die kulturell-ethnischen und sozialen, vor allem sodann auch die konfessionellen und medialen Makro- und Meso-Kontexte bilden, die das berufliche Selbstbild und Handeln von Journalisten in der multiethnischen Gesellschaft von Afghanistan beeinflussen. Mit diesen drei empirischen Teilstudien und der Analyse von zentralen Strukturmerkmalen der heutigen afghanischen Gesellschaft und Medien befindet sich die vorliegende Arbeit auf dem theoretischen und methodischen Niveau der internationalen Journalismusforschung.

Die Befunde verweisen auf ein verhältnismäßig hohes Maß an beruflicher Professionalität unter den befragten afghanischen Journalisten und auf deren Nähe zu international generalisierbaren journalistischen Werten (Genauigkeit, Schnelligkeit, Unabhängigkeit der Informationen, afghanischen Journalisten ausgeprägte berufliche Werthaltungen eines missionarischen Journalismus, der wiederum charakteristisch für Entwicklungsländer, insbesondere für islamisch geprägte Entwicklungsländer ist.

Mit der Studie liegt eine beeindruckende wissenschaftliche Leistung vor. Ihre Befunde bereichern die empirische Journalismusforschung und bilden insbesondere einen Erkenntnisfortschritt für die Erforschung des Journalismus in islamisch geprägten (Entwicklungs-)Ländern.

Leipzig, den 20.03.14,
Prof. Dr. Arnulf Kutsch

1. EINLEITUNG

Die Untersuchung beschäftigt sich mit den beruflichen Merkmalen, Einstellungen und Leistungen von afghanischen Journalisten.

Die Erforschung des aktuellen Stands des afghanischen Journalismus hat bislang in der Journalismusforschung kaum Berücksichtigung gefunden. Die wissenschaftliche Beschäftigung mit dem Journalismus in Afghanistan beschränkt sich bisher entweder auf die Entstehungsgeschichte des afghanischen Journalismus (vgl. RAWAN 1993) oder die aktuelle Medienentwicklung (vgl. MILLER 2004; HARTENBERGER 2005; TUTAKHEL 2006). Die meiste Forschung über Medien in Afghanistan ist durch die Akteure selbst in Auftrag gegeben worden (z.B. ALTAI 2010). Diese Studien sind in ihrem spezifischen Charakter sehr deskriptiv und beschränken sich meistens auf die Evaluation bestimmter Projekte, wobei vor allem der Erfolg bzw. Misserfolg in den Implementierungsprozessen untersucht wird. Eine thematisch umfassende Untersuchung oder empirisch angelegte Studien, in denen es besonders um die aktuelle Entwicklung des Journalismus und speziell die beruflichen Selbstbilder der afghanischen Journalisten sowie deren determinierende gesellschaftliche Aspekte geht, liegen bisher nicht vor.[1]

Afghanistan ist insofern für die Journalismusforschung interessant, als es inzwischen über eine moderne massenmediale Infrastruktur und eine wachsende Zahl von Journalisten verfügt. Das Land mit vielen Bevölkerungsgruppen unterschiedlicher ethnischer und religiöser Herkunft und Sprachen leidet seit mehr als drei Jahrzehnten unter Krieg und Bürgerkrieg und ist

1 Ansatzweise geschieht das oben Genannte in der Journalistenstudie *Journalism Afghan Style* (vgl. WAKILI 2007). Diese Studie kommt zum Ergebnis, dass die afghanischen Journalisten ihre Rolle als essenziell für den Staatsbildungsprozess und die Nationenbildung ansehen (ebd.: 66). Der Studie fehlt es jedoch an einer theoretischen Reflexion.

immer noch mit ernsthaften Konflikten konfrontiert. Seit 2001 steht es in der Weltöffentlichkeit, als die internationale Gemeinschaft unter der Führung der USA intervenierte und das puritanische Regime der Taliban, die als Drahtzieher der Anschläge vom 11. September 2001 vermutet wurden, stürzte.

Nach der Zeit der Entmachtung der Taliban haben verschiedene internationale Akteure der Staatsbildung und dem professionellen Mediensystem – als Stützpfeiler dieses Prozesses – besondere Aufmerksamkeit geschenkt. Insbesondere dem Journalismus sollte die wichtige Funktion zukommen, ein Moderator für die gesellschaftliche Integration zu sein. Um diese politischen Ziele zu erreichen, haben sich die internationalen Medienförderungsakteure auf unterschiedlichen Ebenen mit diversen Konzepten und Strategien engagiert: Sie haben finanzielle und materielle Unterstützung geleistet, die journalistische Professionalisierung vorangetrieben, organisatorische Hilfen für Journalistenverbände und rechtliche Hilfe durch die Entwicklung von Gesetzen und Regulierungen geleistet (vgl. KAMAL 2009). Die technische Infrastruktur der Medien wie Rundfunk, Hörfunk und die Printmedien sowie der Medieninstitutionen wurde aufgebaut (vgl. TUTAKHEL 2006). Dazu wurde versucht, den Journalismus zu professionalisieren und Journalistenverbände institutionell und infrastrukturell zu unterstützen (vgl. WAKILI 2007: 28).

Das afghanische Mediensystem erlebt seit 2001 einen grundlegenden Wandel, in dem von einem ›absoluten Neuanfang‹ des Journalismus gesprochen wird. Durch diesen Wandel erhöhte sich die Zahl der Journalisten in Afghanistan erheblich. Dies rief wiederum eine Defragmentierung, also eine Homogenisierung der Gruppe hervor (vgl. RASCHID 2009: 29). Bislang ist jedoch der mögliche Homogenisierungsprozess des journalistischen Berufsverständnisses kaum erforscht.

Die gesellschaftlichen Entwicklungen und Veränderungen lassen Rückschlüsse bzw. Rückwirkungen auf berufliche Einstellungen der dort tätigen Journalisten vermuten. Das wirft die Frage auf, welche beruflichen Merkmale und Einstellungen die Journalisten vor dem Hintergrund dieser Umwälzungen selbst von ihrem Beruf haben. Wie sehen sich die Journalisten mit ihren Merkmalen, Einstellungen und Leistungen in diesem Kontext? Ihre beruflichen Vorstellungen könnten dementsprechend ein Indikator für den Grad der Transformation des Mediensystems sein und sollen deswegen untersucht werden.

Das primäre Ziel der vorliegenden Untersuchung ist es, diese Frage zu beantworten und die Forschungslücke zu schließen. Hier werden wissenschaftliche Erkenntnisse erwartet, die für die politische und gesellschaftliche Entwicklung in diesem Land und zugleich für die komparative Journalismusforschung von Bedeutung sind. Dabei wird auf wichtige theoretische Ansätze und Befunde aus der Journalismusforschung zurückgegriffen, in der die Erforschung der beruflichen Einstellungen einen traditionellen Schwerpunkt bildet. Besonderes Augenmerk legt die vorliegende Studie in ihrer Vorgehensweise auf das methodische Instrumentarium der sogenannten *integrativen Theorieansätze*, die berufliche Merkmale und Einstellungen von Journalisten eingebettet in gesellschaftliche, normative und organisatorische Rahmenbedingungen untersuchen, da sie davon ausgehen, dass diese Rahmenbedingungen die Einstellungen der Journalisten nicht nur determinieren, sondern auch als Erklärungsmuster fungieren können. Es ist ein Fortschritt in der Journalismusforschung, dass berufliche Einstellungen der Journalisten in einem Entwicklungsland wie Afghanistan nicht nur ›personenbezogen‹ aus Sicht der Befragten analysiert – wie es in einigen Untersuchungen geschieht (vgl. RAMAPRASAD 2001, 2003, 2006) –, sondern in einem integrativen Ansatz die Ebenen der ›Akteure‹ und ›Gesellschaft‹ miteinander verbunden werden (mehr zum integrativen Ansatz vgl. RAABE 2005: 86). Somit werden die journalistischen Merkmale, Einstellungen und Leistungen untersucht und gleichzeitig deren gesellschaftliche Zusammenhänge nicht vernachlässigt.

Für ein solches Vorgehen existiert bereits ein reichhaltiges und vielfach eingesetztes Instrumentarium an theoretischen und empirischen Untersuchungen, das vor allem auf das ›Strukturmodell des Journalismus‹ von Siegfried Weischenberg (vgl. hier SCHOLL/WEISCHENBERG 1998) und das ›Hierarchy-of-Influences Model‹ von Pamela J. Shoemaker und Stephen D. Reese (1996: 64ff.; REESE 2006: 178ff.) zurückgehen. Die Perspektiven dieser Modelle werden für die Untersuchung der Rahmenbedingungen des afghanischen Journalismus übernommen, weil sie alle relevanten Aspekte, die zur Untersuchung des Journalismus in der Gesellschaft notwendig sind, erfassen. Ebenso bedeutend für die vorliegende Arbeit sind Untersuchungen der beruflichen Einstellungen von Journalisten, die in einigen *entwicklungsgesellschaftlichen* und entwicklungsjournalistischen Kontexten angesiedelt sind. Sie bieten besonders wichtige methodische Ansätze für dieses Vorhaben (RAMAPRASAD 2001; RAMAPRASAD/KELLY 2003; RAMAPRASAD/HAMDY 2006; RAMAPRASAD/RAHMAN 2006; WEAVER/WU 1998; HANITZSCH 2004). Schließlich sind die Journalismusstudien der Kommunikatorforschung wichtig, die nach Auffassung der beruflichen Rolle und persönlichen Überzeugungen verschiedene Typen journalistischen Selbstverständnisses identifizieren. Diese Typologien fungieren als wichtige Inhaltspunkte für die eigene Auswertung der Befragungsergebnisse und Bildung der Selbstverständnistypologie.

Entsprechend wird auf der Basis dieser Ansätze zunächst ein Untersuchungsmodell entwickelt, das die beruflichen Merkmale, Einstellungen und Leistungen von Journalisten im Kontext ihrer mannigfaltigen gesellschaftlichen, normativen und organisatorischen Einflussfaktoren (Wertekontext: Gesellschaft, Normenkontext: Rechtliche Rahmen und Strukturkontext: Massenmediale Struktur) darstellt. In diesem Teilbereich soll zunächst ein Überblick gesellschaftlich-normativer Rahmenbedingungen und Struktur der Massenmedien erfasst werden, in denen Journalisten operieren. Diese Rahmenbedingungen werden herangezogen, da die Untersuchung davon ausgeht, dass sie die Arbeit der Journalisten (Rollenkontext: Berufliche Merkmale und Einstellungen) und ihrer Produkte (Funktionskontext: Journalistische Leistungen) bestimmen.

Im Mittelpunkt der Arbeit stehen die *Merkmale, Einstellungen und Leistungen* der Journalisten. Diese bestehen aus verschiedenen Bereichen und sollen durch *schriftliche Befragungen* erfasst werden. Zunächst werden im ersten Bereich die *demografischen Merkmale* (Geschlecht, Familienstand, Ethnie, Alter, Position, Arbeitsort, Ausbildung und Arbeitsverhältnis) ermittelt. Dazu kommen im nächsten Bereich die Erfassung der *Berufszufriedenheit, die ethischen Maßstäbe, die Einflusswahrnehmung* und das *Publikumsbild*. Zentraler Aspekt in diesem Zusammenhang ist die Ermittlung des *beruflichen Rollenselbstverständnisses* der Journalisten. Dieses wird nach der Definition (vgl. SCHOLL/WEISCHENBERG 1998: 112) in erster Linie durch die Kommunikationsziele erfasst, die die Journalisten in ihrer Arbeit anstreben (vgl. auch KRASTEVA 2008). Ergänzt werden die Arbeitsziele durch die *Handlungsrelevanz*, d.h., ob die Berufsauffassungen auch wirklich das Verhalten beeinflussen. Journalisten werden demnach nicht nur nach beabsichtigten Kommunikationszielen befragt, sondern auch nach den Möglichkeiten zur Umsetzung dieser Ziele. Dazu sollen die *journalistische Leistung* sowie im engeren Sinne die Berichterstattung der afghanischen Printmedien untersucht werden. Diese werden einer Inhaltsanalyse unterzogen. Ziel ist es zum einen, die Berichterstattungsmuster in den afghanischen Printmedien zu ermitteln. Zum anderen wird der Frage nach dem Zusammenhang zwischen den Selbstbildern der Journalisten und den Medienprodukten eine zentrale Stellung eingeräumt, was eine Weiterentwicklung in der Journalismusforschung darstellt.

In der Journalismusforschung stehen zur Ermittlung der beruflichen Einstellungen unterschiedliche Datenerhebungsmethoden zur Verfügung, wobei davon ausgegangen wird, dass die Verwendung einer einzigen Methode der Komplexität des Untersuchungsgegenstandes nicht gerecht werden könnte (vgl. SCHOLL/WEISCHENBERG 1998: 122). Insofern soll der Grad der gesellschaftlichen, normativen und organisatorischen Kontexte anhand einer *Dokumentanalyse*, d. h. einer systematischen Recherche und Analyse der Rahmenbedingungen erfolgen. Die Untersuchung beruflicher Merkmale und Einstellungen basiert auf einer *vollstandardisierten schriftlichen Befragung*. Leistungen der Journalisten sollen mittels einer *Inhaltsanalyse* untersucht werden. Produktionstechnischer Schwerpunkt liegt auf der Untersuchung der Printmedien. Thematisch steht die politische Berichterstattung im Mittelpunkt.

In dieser Untersuchung kommen neben uni- und bivariaten Statistiken die Faktorenanalyse und die Regressionsanalyse zur *Auswertung der empirischen Daten* zum Einsatz. Die Faktorenanalyse wird zur Beschreibung von Rollendifferenzierungen der beruflichen Selbstbeschreibung verwendet. Mit der Regressionsanalyse wird versucht, »die Richtung und Stärke der Abhängigkeit« dieser Rollenbeschreibungen von »systematischen Prozessen« im Journalismus zu beschreiben (vgl. HANITZSCH 2004: 127; SCHOLL/WEISCHENBERG 1998: 364).

Die zentralen Fragestellungen dieser Untersuchung lauten wie folgt:

Welche beruflichen Merkmale und Einstellungen sind unter den Journalisten in Afghanistan vertreten?

Welche Berichterstattungsmuster kommen in den afghanischen Zeitungen vor?

Im Einzelnen werden folgende Teilfragen für die Arbeit formuliert:

Welche soziodemografischen Merkmale weisen die Journalisten in Afghanistan auf?

Hier sollen zuerst die soziodemografischen Merkmale der befragten Journalisten ermittelt werden, um herauszufinden, ob die Unterschiede in den beruflichen Einstellungen im Journalismus in Zusammenhang mit diesen stehen. Hier stehen insbesondere Aspekte wie Alter, Geschlecht, Familienstand, formale Bildung, Arbeitsverhältnis, Arbeitsstatus, Arbeitsort, Rolle in der Redaktion, Arbeitserfahrung, Einkommen, Mitgliedschaft in einem Verband und Spezialisierung im Mittelpunkt.

Wie zufrieden sind die Journalisten Afghanistan mit ihrem Beruf?

Das Konzept der Berufszufriedenheit dadurch überprüft, wie die Journalisten auf die Bedingungen reagieren, unter denen sie arbeiten.

Welche ethischen Maßstäbe vertreten die Journalisten in Afghanistan?

Die Anwendung der ethischen Maßstäbe bei der Berichterstattung soll mithilfe der Fragestellung untersucht werden, indem gefragt wird, welche Methoden der Informationssammlung und -vermittlung die Journalisten für vertretbar halten.

Welche internen und externen Einflüsse nehmen die Journalisten auf ihren Beruf wahr?

Diese Studie identifiziert verschiedene Einflussquellen, deren Ursprung entweder außerhalb oder innerhalb der Redaktion liegt und die Journalisten werden gefragt, wie sie diese Einflussquellen auf ihre Arbeit wahrnehmen.

Welches Publikumsbild bzw. welche Auffassung von ihrem Publikum haben die Journalisten?

Den afghanischen Journalisten sollen zehn Aussagen vorgelegt werden, mit denen sie ihre eigenen Publikumsvorstellungen beschreiben können. Darüber hinaus sollen sie nach Herkunft des Publikums und den vermuteten Informationsquellen des Rezipienten gefragt werden.

Welches berufliche Rollenselbstverständnis vertreten die Journalisten?

Nach der Definition von Scholl und Weischenberg (1998: 112) wird das berufliche Rollenselbstverständnis im Journalismus in erster Linie durch die Kommunikationsziele bestimmt, die die Journalisten mit ihrer Arbeit verfolgen. Die Ziele, die die afghanischen Journalisten anstreben, werden mit Aussagen darüber, worin sie ihre Hauptaufgabe als Journalisten sehen und was sie unter ›gutem Journalismus‹ verstehen, erfasst. Weiterhin wird hier gefragt, ob sich dieses berufliche Rollenselbstverständnis in bestimmte Typen klassifizieren und dimensionieren lässt.

Inwieweit können die Journalisten in Afghanistan ihre Kommunikationsziele im beruflichen Alltag umsetzen?

Hier wird die Handlungsrelevanz untersucht, d. h. die Möglichkeit zur Umsetzung der Berufsrolle. Ziel ist zu differenzieren, nicht nur welche Kommunikationsziele die Journalisten vertreten, sondern auch inwieweit sie in der Umsetzung dieser Ziele erfolgreich sind. Hier wird explizit danach gefragt, ob die Journalisten auch in der Lage sind, ihre Ziele umzusetzen.

Welche Berichterstattungsmuster kommen in afghanischen Printmedien vor?

Hier soll in drei Zeitungen mittels einer Inhaltsanalyse untersucht werden, welche Berichterstattungsmuster in diesen Presse-Erzeugnissen vorkommen.

Spiegeln sich die beruflichen Selbstbilder in den Berichterstattungsmustern wider?

Hier geht es darum, zu sehen, ob eine Analogie zwischen den Berichterstattungsmustern und dem beruflichen Rollenselbstverständnis existiert.

Wie steht es um das berufliche Rollenselbstverständnis der afghanischen Journalisten im internationalen Vergleich?

Der Erkenntnis folgend, dass »ein [Medien-]System nur mit einem Vergleich mit anderen Mediensystemen verstanden werden kann« (MCLEOD/BLUMLER 1987: 315; auch HANITZSCH 2004: 247), werden einige Befunde dieser Untersuchung mit anderen Studien auf diesem Gebiet verglichen. Hier werden Untersuchungen bezüglich der beruflichen Einstellungen im Journalismus sowohl aus Industrie-, aber auch aus Entwicklungsländern herangezogen und es wird nach den Gemeinsamkeiten und Differenzen gefragt, um zu sehen, wo die afghanischen Journalisten in diesem Vergleich stehen. Oder zeigen die Selbstbilder der Journalisten in Afghanistan Besonderheiten?

Der Betrachtungsgegenstand wird in *fünf Kapiteln* untersucht. Im *ersten Kapitel* werden die theoretischen Grundlagen konzipiert. Dafür wird zunächst die Verortung des Journalismus in der Gesellschaft diskutiert. Besonders wird auf den Bezug der Journalismusforschung auf die Systemtheorie eingegangen, da sie wichtige Impulse auf die Frage nach den gesellschaftlichen Funktionen des Journalismus liefert. Ebenso werden die einzelnen Ansätze der Journalismusforschung vorgestellt, die besonders für die methodische Vorgehensweise bedeutend sind. Abschließend steht in diesem Kapitel die Erforschung der beruflichen Einstellungen der Journalisten im Mittelpunkt. Einerseits wird hier die Forschung aus den westlichen Gesellschaften, die mittlerweile eine lange Tradition hat, systematisch einbezogen. Andererseits werden Studien eine wichtige Rolle spielen, die in einem Afghanistan ähnelnden gesellschaftlichen Kontext durchgeführt sind. Im *zweiten Kapitel* werden aus dieser systematischen Analyse fünfdimensionale Analysemodelle entwickelt. In den ersten drei Dimensionen werden die gesellschaftlichen, normativen und massenmedialen Strukturen beschrieben, die Einstellungen der Journalisten und ihre Leistungen bestimmen. Hier wird auch die methodische Vorgehensweise erklärt und die einzelnen Erhebungs-, und Auswertungsmethoden werden näher erläutert. Im *dritten Kapitel* stehen gesellschaftliche und normative Rahmen sowie die massenmediale Struktur in Afghanistan im Focus. Im *vierten Kapitel* stehen die Merkmale, Einstellungen und Leistungen der afghanischen Journalisten im Mittelpunkt. Zunächst werden die demografischen Merkmale (Geschlecht, Familienstand, Ethnie, Alter, Position, Arbeitsort, Ausbildung und Arbeitsverhältnis) ermittelt. Hinzu kommen die Erfassung der Berufszufriedenheit, die ethischen Maßstäbe, die Einflusswahrnehmung und das Publikumsbild. Zentraler Aspekt in diesem Kontext ist die Ermittlung des beruflichen Rollenselbstverständnisses der Journalisten. Ergänzt werden die Arbeitsziele durch die Handlungsrelevanz. Hinzu werden die Berichterstattungsmuster in afghanischen Printmedien sowie Zusammenhang mit Selbstbeschreibungen der Befragten dargestellt. Im *fünften Kapitel* werden die gewonnen Erkenntnisse zusammengefasst und theoretische und methodische Perspektiven entwickelt, auf denen mögliche zukünftige Untersuchungen aufbauen könnten.

2. THEORETISCHE GRUNDLAGEN

Im folgenden Kapitel sollen Begriffe und Modelle umrissen werden, die in der wissenschaftlich-theoretischen Auseinandersetzung mit Journalismus von Bedeutung sind. Dabei wird, um den Untersuchungsgegenstand besser einordnen zu können, zunächst auf Massenmedien und Journalismus sowie deren Stellung und Funktionen in der Gesellschaft eingegangen. Als wichtige Impulsgeber sollen die Grundzüge der Systemtheorie dienen, die für die empirische Journalismusforschung sehr wichtig sind. Ganz bewusst werden dabei immer wieder Berührungspunkte mit der Theoriediskussion der letzten Jahre gesucht und zur Bestimmung des eigenen Untersuchungsgegenstands angewendet. Danach wird auf die Konzepte der Journalismusforschung eingegangen, um die angewendete Vorgehensweise dieser Untersuchung in diesen ›Traditionen‹ einordnen zu können.

2.1 Massenmedien und Gesellschaft

In den Theorieansätzen der Systemtheorie wird als die wichtigste Voraussetzung für den Bestand jedes sozialen Systems dessen »Anpassungsmöglichkeit an bestimmte Umweltveränderung gesehen« (BURKART 1998: 371). Diese Überlegungen werden besonders unter dem Titel »Funktionen der Massenmedien« diskutiert und damit werden von den Massenmedien bestimmte Leistungen in der Gesellschaft erwartet, die für den Fortbestand des Gesellschaftssystems von großer Bedeutung sind (ebd.: 369). Nach dieser Auffassung ist jedes soziale System dazu da, eine Anzahl von Problemen zu lösen, von denen ein bestimmter Teil als Aufgaben formuliert werden kann. Diese werden als Leistungen an die Umwelt erbracht und erlangen damit ihre »Funktion für das Gesellschaftsganze« (vgl. RÜHL 1969: 36, zit. n. ebd.). Auf der Basis dieser Überlegungen werden auch die Funktionen von Massenmedien definiert und die Konsequenzen (kommunikativer Handlungen) des jeweiligen Systems und die Anpassungsmöglichkeiten an seine Umwelt, welche die jeweilige Gesellschaft fördert, bewertet. Es gilt nach Ronneberger (1987: 130) danach zu fragen, welche Art von Leistungen der Massenkommunikation von der jeweils ins Auge zu fassenden sozialen Umwelt als »sinnvoll, notwendig, honorierungsbedürftig und förderungswürdig erwartet, anerkannt und gebilligt wird.« Funktionen der Massenmedien sind danach »geistige Tätigkeiten, die vom sozialen System in einer Gesellschaft daraufhin beurteilt wird, inwieweit sie ihren Bedürfnissen und Erwartungen gerecht wird« (zit. n. BURKART 1998: 373).

Insofern werden unter sozialen Funktionen von Massenmedien die Leistungen erfasst, die die Massenmedien als soziales System in der gesellschaftlichen Umwelt erbringen sollen. In dieser Hinsicht werden jedoch nicht alle Leistungen von sozialen Systemen, die sich durch »ihre Umweltanpassungsbestrebungen an jeweils auftretende Umweltveränderung« (ebd.) anpassen, als förderlich erachtet, da hier zwischen funktionalen und dysfunktionalen Leistungen unterschieden wird. Demgemäß bezeichnet Merton (1967: 195) die Folgen einer sozialen Handlung, welche Anpassungen eines gegebenen Systems an seine Umwelt fördern, als »funktional« und diejenigen Konsequenzen, welche die Anpassung eines Systems beeinträchtigen bzw. mindern, als »dysfunktional«. Ob ein sozialer Sachverhalt für die Gesamtgesellschaft funktional oder dysfunktional ist, hängt nach Giesen (1975: 155, zit. n. BURKART 1998: 368) von der »genauen Kennzeichnung der jeweiligen Gesamtgesellschaft« ab. Wichtigste Voraussetzung für die Funktionsanalyse ist in dieser Hinsicht die Bestimmung des jeweiligen funktionalen »Bezugsrahmens« (BURKART 1998: 371). Die Funktion von Massenmedien, die für den Fortbestand der Gesellschaft relevant sind, werden unter Informations-, sozialen, politischen, und ökonomischen Funktionen subsumiert (vgl. BURKART 2000: 370ff.). Als eine wesentliche und zentrale Funktion der Massenmedien wird die Informationsfunktion bezeichnet. Die Massenmedien machen die sozialen, politischen und ökonomischen Zusammenhänge für die Menschen erfassbar und ermöglichen so die aktive Teilnahme der Bürger.

Aus diesem Umstand resultieren einige normative Anforderungen an die Massenmedien, die sie für den Fortbestand der Gesellschaft erbringen müssen. Sie sollen sich um Vollständigkeit bemühen und, darum dass alle Interessengruppen innerhalb der Gesellschaft zu Wort kommen können.

Zudem sollen sie objektiv und verständlich berichten, sodass Ereignisse und Probleme auch für »nicht sachverständige Bürger« (BURKART 1998: 392) einsehbar dargestellt werden. Unter politischen Funktionen werden jene Funktionen verstanden, die die Medien in Bezug auf die gesellschaftliche Umwelt als politisches System für die Gesellschaft erbringen sollen. Als eine wesentliche politische Funktion der Massenmedien wird das Herstellen von Öffentlichkeit bezeichnet (vgl. RONNEBERGER 1987). Diese wird dadurch erreicht, dass Medien Informationen ›öffentlich‹ zugänglich machen. Als eine für das politische System in den demokratischen Gesellschaften ganz wesentliche Leistung wird schließlich noch die Kritik- und Kontrollfunktion der Massenmedien genannt. Indem die Massenmedien nicht nur der Regierung, sondern auch der Opposition und anderen Interessengruppen eine Plattform bieten, wird in einer Demokratie die Möglichkeit zur Kritik am bestehenden politischen System gewährleistet. Aus öffentlicher Kritik von verschiedenen gesellschaftlichen Akteuren ergibt sich zugleich auch eine Kontrollmöglichkeit über die kritisierten Zustände und Vorgänge. Obwohl die Massenmedien über Veröffentlichungen hinaus keine direkten Sanktionsmöglichkeiten haben, kann durchaus allein die Veröffentlichung zu einer ›Verhaltungsänderung‹ führen und, falls nötig, Sanktionen durch zuständige Gremien, die durch die Veröffentlichung aktiviert werden, zur Folge haben (BURKART 1998: 385). Eine wesentliche Voraussetzung dafür, dass die Massenmedien ihre politische Kritik- und Kontrollfunktion erfüllen können, was unter dem Begriff ›vierte Gewalt‹ verstanden wird, ist ihre ›Unabhängigkeit‹ von Machtinteressen jeglicher Art, von staatlichen, aber auch von machtvollen gesellschaftlichen Zwängen (ebd.).

Eine weitere soziale Funktion ist die Integrationsfunktion. Die Beschäftigung mit der Integrationsfunktion der Medien hat eine lange Tradition in der kommunikationswissenschaftlichen Forschung. Mit den fortschreitenden gesellschaftlichen und kulturellen Differenzierungsprozessen steigt der soziale Integrationsbedarf (vgl. RONNEBERGER 1987). Diese Gedanke basiert auf der Grundannahme, dass eine differenzierte Gesellschaft aus sehr verschiedenen Gruppen mit vielfältigen Interessen besteht und deswegen »ständig von der Gefahr des Auseinanderklaffens und der Desintegration bedroht ist« (RONNEBERGER 1987: 5). Ausgehend von diesen sozialen Entwicklungen häufen sich »normativ begründete Forderungen« nach einer »integrierenden Instanz«. Insbesondere den Massenmedien wird die Aufgabe zugeschrieben, eine integrierende Funktion in der Gesellschaft zu leisten. Da die Gesellschaft in verschiedenen Gruppen organisiert bzw.

durch vielfältige Interessen differenziert ist, sollen Massenmedien »gesellschaftlich anerkannte Verhaltensweisen und Verhaltensnormen vermitteln« und »Massenloyalität für die Geltung dieser sozialen, politischen und rechtlichen Normen herstellen« (BURKART 1998: 392).

Der Begriff ›Integration‹ wird in der Kommunikationswissenschaft vielfältig verwendet, meist bezogen auf Talcott Parson. Für ihn ist dies der »Beziehungsmodus zwischen den Einheiten eines Systems«, die so funktionieren sollen, dass der Zerfall des Systems verhindert und »sein Funktionieren als eine Einheit gefördert wird« (zit. n. BURKART 1998: 377). Ronneberger (1987: 16) sieht in der Integration durch die Massenmedien erstens die »Vermittlung allgemeiner Verhaltensweisen und Verhaltensnormen des konventionellen Umgangs, des kulturellen Interesses«, zweitens die Erweckung von »Massenloyalität im Hinblick auf die Geltung sozialer, politischer und rechtlicher Normen« und schließlich die Durchsetzung von »Handlungsbereitschaft im Sinne der Durchsetzung gemeinsamer Interessen.«

Nach Maletzke (1984: 139, zit. n. BURKART 1998: 377) haben die Medien dafür zu sorgen, dass »der Mensch über seinen eigenen Erfahrungshorizont hinaus die Gesellschaft als Ganzes sieht und [sich] ihr zugehörig fühlt, sich mit ihr identifiziert«. Demnach ist diese Klammer, die verschiedene soziale Differenzierungen übergreift, für den Bestand der Gesellschaft unerlässlich. Dieser Umstand weist den Massenmedien die Verpflichtung »einer Integrationsfunktion in der Gesellschaft« zu, insbesondere im Hinblick auf die Berücksichtigung von »Minoritäten« (BURKART 1998: 378).

Nach Rühl (1985: 23ff.) ist ohne Massenkommunikation keine kommunikative Integration in der Gesellschaft möglich. Er sieht die primäre Funktion der Massenmedien in der Herstellung und Bereitstellung von Themen und Mitteilungen für jene Kommunikationsprozesse, die an die Öffentlichkeit gerichtet und die der Öffentlichkeit zugänglich sind. Indem die Rezipienten durch die Massenmedien mit dem Angebot massenkommunikativer Themen und Mitteilungen versorgt werden, entsteht für sie ein potenziell »gemeinsames Erlebnis« (BURKART 1998: 376). So bedeutet für Rühl (ebd.) die Integration durch die Massenkommunikation, »dass sie gewährleisten, dass Zustände und Vorgänge des Auseinanderdriftens gesellschaftlicher ›Bestandteile‹ verhindert werden, ohne dass die durch Funktionen und Strukturen gezogenen Grenzen der einzelnen gesellschaftlichen Teilsysteme, einschließlich der Massenkommunikation, gegenüber der sozialen Umwelt aufgehoben werden.« Daher sieht er (RÜHL 1985: 23ff.) eine wichtige Leistung der Massenkommunikation darin, das sie »ein Minimum gemeinsamer Orientierung« für andere gesellschaftliche Funktionssysteme schaffen soll, »wenn durch den ständigen gesellschaftlichen Differenzierungsprozess und die Entstehung von Teilsystemen der Bedarf an Orientierung steigt« (RÜHL 1985: 23ff.). Daraus resultierend fordert Jarren (2000: 39) »strukturelle« Grundlagen als Voraussetzung für die Erreichung des Ziels »der Ermöglichung von Integrationskommunikation.« Strukturelle Vorkehrungen heißt demnach, durch »ordnungspolitisch begründete Entscheidungen für Strukturvielfalt und Offenheit im Mediensystem Sorge zu tragen, [...] unterschiedlich organisierte Medienunternehmen [...] zuzulassen und mit spezifischen, durchaus unterschiedlichen, Leistungsaufträgen zu versehen« (ebd.: 39). Sie sollen, so Jarren weiter, zum einen den »Diskurs in der Gesellschaft« (ebd.: 22) ermöglichen, indem sie »Themen, Wissen und Deutungen« (ebd.: 23) bereitstellen. Sie gehören zum anderen – als eine Art Infrastruktureinrichtung – zum »intermediären System der Gesellschaft«, das »vielfältige intra- und intersystemische Kommunikationsbeziehungen« (ebd.) erst ermöglicht. Und zum Dritten ist von den in Medien tätigen und mit Privilegien versehenen Kommunikatoren zu erwarten, dass sie ihre »Vermittlungsfunktion« auch unter dem Aspekt der Integration reflektieren und entsprechende »professionelle Vorkehrungen« (ebd.) treffen. Alle drei Aspekte machten deutlich, dass die »Institutionalisierung« von Medien »eine normative Frage ist«. Wessler (2002: 66) kritisiert, dass in den kommunikationswissenschaftlichen Ansätzen, wenn es um die Integrationsfunktion der Medien geht, immer wieder von der »Bewahrung von Homogenität oder Einheitlichkeit« und dem »Gegenteil von Differenzierung« in der Gesellschaft ausgegangen wird. Insofern nennt er angesichts der »gesellschaftliche[n] Pluralisierung« den Begriff der Integration als »Zustand der Homogenität« eine »Illusion«, »was dem zentralen Wert der Vielfalt an Kanälen und Themen zuwiderläuft« (ebd.: 68ff.). Er sieht die Integration als die »Antwort« auf die »gesellschaftliche Differenzierung«. Da in differenzierten Gesellschaften die Grundbedingungen gesellschaftlichen Zusammenhalts gegeben seien, müssten sich »soziale Differenzierung« und »gesellschaftliche Integration« nicht ausschließen. Vor allem, da die modernen Gesellschaften »multiplen Differenzierung[en]« unterliegen, müsse auch »nach der Bedeutung der Binnendifferenzierung des Mediensystems« gefragt werden (ebd.: 56). Die Lösung sieht er in einer Typologie von Öffentlichkeiten, die es ermöglicht, dass man die Frage nach dem Integrationspotenzial von Medien anders stellt als bisher. Dabei vertritt er die These, dass die »gesamtgesellschaftliche Öffentlichkeit« (WESSLER 2012: 56) ersetzt werde durch plurale Öffentlichkeiten wie (i) situativ entstehende Themenöffentlichkeiten, (ii) Spezialöffentlichkeiten und (iii) Gruppenöffentlichkeiten. Unter ›gesamtgesellschaftlicher Öffentlichkeit‹ versteht er nach dem Öffentlichkeitsmodell von Neidhardt (1994) die Öffentlichkeit, in der sich ein maximaler Teilnehmerkreis mit einer maximalen sachlichen Breite im Inhalt verbindet. Dieses Modell sieht er skeptisch, weil es in einer hochdifferenzierten Gesellschaft eine derartige gesamtgesellschaftliche Öffentlichkeit nicht ›dauerhaft‹ geben könne. Dennoch sieht er die Entstehung einer permanenten gesamtgesellschaftlichen Öffentlichkeit als Voraussetzung dafür, dass eine Integration aller Gesellschaftsmitglieder und aller Themen in einem gemeinsamen Kommunikationszusammenhang gewährleistet werden kann (vgl. WESSLER 2002: 65). Realistischer sieht er das Modell der Öffentlichkeit, das eine breite soziale Basis mit einem engen Themenbezug temporär vereint und ›situative Themenöffentlichkeit‹ genannt wird. Unter ›Spezialöffentlichkeiten‹ versteht er ein Modell, in dem sich Formen der Gemeinschaftlichkeit um bestimmte Interessengebiete bilden. Schließlich benennt er das Modell ›Gruppenöffentlichkeit‹, das eine enge soziale Basis mit einem sachlichen Bezug auf tendenziell alle Aspekte des Gruppenlebens kombiniert. Dieser Umstand verändere den Modus von gesellschaftlicher Integration grundlegend, da unter diesen Bedingungen der gesellschaftliche Zusammenhalt weniger durch Vereinheitlichung hergestellt werde als durch ›Konflikt‹. So entwickelt Wessler (2002: 67ff.) ein Modell, welches auf Gruppenöffentlichkeiten basiert, in dem sich Menschen »vergemeinschaften«, für deren Identität die »Zugehörigkeit zu dieser Gemeinschaft« wichtig ist. Die Beziehungen solcher Gemeinschaften zueinander können durch drei verschiedene Formen geprägt sein: Indifferenz, Wertschätzung oder Konflikt. Die ersten beiden erkennt er in pluralen Gesellschaften als ›Integrationsressourcen‹. Denn Indifferenz und Wertschätzung bedeuteten nur, dass es im Leben einer Gemeinschaft Bereiche gibt, die die anderen Gemeinschaften weder stören noch erfreuen. Die Form des Konflikts sieht Wessler als problematisch für die Integration an und argumentiert nach Dubiel (1999), dass nicht die An- oder Abwesenheit von Konflikten entscheidend sei, sondern »die Form der Konfliktaustragung« (WESSLER 2002: 69-70). Solange es bei diesen Konflikten um »konkurrierende Interessen in Bezug auf materielle und immaterielle Ressourcen« geht und nicht um das Bestreiten des

»gegenseitigen Existenzrechtes« (ebd.: 73) welches im paradigmatischen Fall zum Bürgerkrieg führen würde, steckt in Konflikten oder eben in der Austragung dieser Konflikte ebenfalls »integratives Potential« (DUBIEL 1999: 141). Diese Überlegungen überträgt nun Wessler auf die Integrationsfunktion der Massenmedien. Für ihn (2002: 71) tragen Medien »in dem Maße zur Entstehung eines gemeinsamen geteilten gesellschaftlichen Raumes und damit zur Integration der Gesellschaft bei, wie sie die Erfahrung zivil ausgetragener und überstandener gesellschaftlicher Konflikte ermöglichen, wie sie also zur Organisation solcher Konfliktaustragungsprozesse beitragen.« Mit einem solchen »Modell der Integration durch Konfliktkommunikation« stellt Wessler (2002: 72f.) Forderungen an die Medien, indem er die Massenmedien dazu auffordert, dass sie »die Kommunikationsprozesse möglicher Konfliktparteien beobachten und widerspiegeln« (ebd.: 73) sollten. Da aber es ein homogenes Medienangebot in einer pluralistischen Gesellschaft nicht geben kann, muss es ausreichend Medienangebote geben, damit die Konfliktparteien sich über verschiedene Medien ›gegenseitig‹ beobachten können.

Journalismus und Gesellschaft

Zunächst soll der Begriff des Journalismus eingegrenzt werden. In vielen internationalen Untersuchungen der Journalismusforschung wird auf eine explizite Definition von Journalismus verzichtet. Die Folge ist, so kritisiert Hanitzsch (2004: 117-123), dass durch sehr unterschiedliche Operationalisierungen Teilbereiche des Journalismus »unsystematisch zusammentragen« (ebd.: 117) würden. Um dieses Problem zu vermeiden, wird für die Bestimmung und Abgrenzung des eigenen Untersuchungsgegenstandes an die vierstufige Operationalisierung des Journalismusbegriffs in der Studie *Journalismus in Deutschland* (SCHOLL/WEISCHENBERG 1998: 468f.) angelehnt: Dort wird auf der ersten Ebene der Journalismus als ein Funktionssystem in der Gesellschaft beschrieben, das durch spezifische Kommunikationsmechanismen charakterisiert ist und sich dadurch von anderen gesellschaftlichen Funktionssystemen (Öffentlichkeitsarbeit, Werbung, Literatur, Kunst etc.) unterscheidet. Der Journalismus ermöglicht durch »professionelle Fremdbeobachtung« (ebd.) verschiedener Gesellschaftsthemen eine öffentliche Kommunikation, die »neu und relevant« (WEISCHENBERG/MALIK/SCHOLL 2005: 346f.) ist und auf Tatsachen(-Erfahrungen) basiert. Die journalistische Kommunikation wird durch ihren spezifischen Bezug zu »Aktualität, Faktizität und Relevanz« definiert (ebd.; WEISCHENBERG/MALIK/SCHOLL 2005). Mit dieser Definition wird »Journalismus nicht auf die Summe der journalistischen Akteure oder Tätigkeiten« begrenzt, sondern als »soziales System mit einer spezifischen, gesellschaftlichen Funktion modelliert und von seiner Umwelt differenziert« (SCHOLL/WEISCHENBERG 1998: 84).

Grundsätzlich können in diesen Theoriekonzepten unterschiedliche Ansichten beobachtet werden, wenn es um die Frage geht, den Journalismus als ein eigenständiges Funktionssystem oder als ein Leistungssystem eines übergeordneten Funktionssystems der Öffentlichkeit zu deuten. Zentral ist jedoch der Versuch, die Bestimmung des sozialen Systems Journalismus, »das sich durch Grenzziehung in Differenz zu einer Umwelt ausbildet und stabilisiert«, zu identifizieren (RAABE 2005: 70). Besonders in den neueren makrotheoretischen Ansätzen innerhalb der Kommunikationswissenschaft von Kohring (1997) und Görke (1999) wird der Begriff ›Öffentlichkeit‹ als ein gesellschaftliches Funktionssystem aufgefasst, als dessen wichtiges ›Leistungssystem‹ der Journalismus beschrieben wird. Da das Funktionssystem ›Öffentlichkeit‹ die Orientierung für andere Systeme ermöglichen soll, erfolgt die Ausdifferenzierung des Leistungssystems ›Journalismus‹. Kohring (1997: 242-265; auch KOHRING/HUG 1997) sieht die gesellschaftliche Funktion öffentlicher und mit ihr journalistischer Kommunikation in der »Orientierung der Gesellschaft« (KOHRING 1997: 243). Tendenziell kann man feststellen, dass sich, bei aller Differenz der Ansätze, die Auffassung durchsetzt, die den Journalismus als ein Leistungssystem in einem Funktionssystem ›Öffentlichkeit‹ zu verorten (vgl. HANITZSCH 2004: 24).

Auf der *zweiten Ebene* differenzieren Scholl und Weischenberg (1998: 84f.) den Journalismus als organisierte Produktion öffentlicher Aussagen« und unterteilen ihn in verschiedene Teilsysteme, indem die organisationale Ebene durchleuchtet wird. Medienbetriebe und Medienangebote werden als Institutionen des Journalismus verstanden, die »anhand spezifischer Regeln und Routinen kontinuierlich [...] journalistische Funktion operativ umsetzen. So unterscheidet Scholl zwischen den Segmenten *Zeitungen*, *Zeitschriften* (die mindestens einmal in Monat erscheinen) *Anzeigenblätter* sowie *Rundfunk* und *Nachrichtenagenturen*[2]. Auf der *dritten Ebene* (Journalismus

2 Im Falle des Rundfunks kommen weitere spezifische Formen der Einflussnahme hinzu, welche in den Organisationseinheiten ›Rundfunkrat‹ und ›Verwaltungsrat‹ angelegt sind. Leiter

als Beruf) unterscheidet Scholl (1997: 289f.) »vertikale« und »horizontale« (SCHOLL/WEISCHENBERG 1998: 85) journalistische Arbeitsrollen. Journalistische Arbeitsrollen werden als Bestandteile des Systems ›Journalismus‹ erfasst, wenn sie hauptberuflich in festangestellter oder freier Mitarbeit mit der Produktion journalistischer Medienangebote verknüpft sind (ebd.). Als hauptberuflicher Journalist wird jemand bezeichnet, wenn er mehr als »die Hälfte seiner Einkünfte aus journalistischer Arbeit [bezieht] oder mehr als die Hälfte seiner Arbeitszeit für journalistische Medien tätig« ist (WEISCHENBERG/MALIK/SCHOLL 2006: 347). Auf der *vierten Ebene* wird zwischen formellen Rollen und journalistischen Kerntätigkeiten (Recherchieren, Selektieren, Schreiben und Redigieren) unterschieden.

Der systemtheoretische Ansatz, der auf Überlegungen von Niklas Luhmann zurückgeht, wurde vor allem durch Manfred Rühl in der Kommunikationswissenschaft eingeführt. In dessen Zentrum steht die Reduktion von Komplexität bei der Untersuchung des Journalismus (vgl. HANITZSCH et al. 2004: 180; SCHOLL/WEISCHENBERG 1998: 78). Der systemtheoretische Ansatz hat insbesondere das Ziel, die Grenzen des Journalismus als Sinngrenzen zu beschreiben (vgl. KOHRING 2001: 184). Aus dieser Perspektive, die den Gegenstand des Journalismus als soziale Makrostruktur betrachtet, stellt sich vor allem die Frage, »welche Funktionen Journalismus für den Bestand der Gesellschaft erfüll[en]« kann (HANITZSCH 2004: 2016). In Anlehnung an funktionalistische und systemtheoretische Ansätze wird der moderne Journalismus als ein Leistungssystem der Öffentlichkeit verstanden, das alle Systeme einer funktional ausdifferenzierten Gesellschaft beobachtet und damit ihre (Selbst-)Beobachtung ermöglicht (vgl. ALTMEPPEN/LÖFFELHOLZ 1998: 415). Aus dieser Perspektive ist die Primärfunktion des Journalismus, aktuelle Informationen aus diversen Umweltsystemen zu sammeln, auszuwählen, zu verarbeiten und dann diesen Systemen als Medienangebote zur Verfügung zu stellen. Als Kriterium für die Inhalte der Medienangebote werden demnach Neuigkeit (zeitlicher Aspekt), Faktizität (sachlicher Aspekt) und Relevanz (sozialer Aspekt) bezeichnet (vgl. SCHOLL/WEISCHENBERG 1998: 78). Nach dieser Auffassung bilden die journalistischen Leistungen eine der wichtigsten

einer Rundfunkorganisation (öffentlich rechtlicher Anstalt) ist der Intendant. Unterhalb der Intendanz stehen die beiden Programmdirektionen Hörfunk und Fernsehen, die für alle Programme zuständig sind (SCHOLL/WEISCHENBERG 1998: 289).

Voraussetzungen der Gesellschaft, mit der die anderen gesellschaftlichen Subsysteme, wie Wirtschaft, Politik, Recht etc. »sich beobachten und ihre Operationen an eine sich verändernde Umwelt anpassen« können (ebd.). Als »soziales System selektiert, bearbeitet und publiziert« Journalismus die Themen, die zielgruppenspezifisch als informativ und relevant gelten (ebd.). Vor allem erbringt der Journalismus seine Leistungen »im Rahmen spezifischer Bedingungen, die abhängig von der Gesellschaft sind, in der er operiert« (ebd.).

Diese Theoriekonzepte betrachten den Journalismus aus einer ›Makroperspektive‹ und versuchen, die Funktion, die er für die Gesellschaft erbringen soll, zu bestimmen. In diesem Sinne wird Journalismus als (Teil-) System innerhalb eines funktional ausdifferenzierten Gesellschaftssystems begriffen, das es in seinem Verhältnis zu einer sich »sozio-historisch bestimmenden« und wandelnden Gesellschaft zu analysieren gilt (RAABE 2005: 51, vgl. auch KRASTEVA 2008: 34). Nach dieser Auffassung erfüllt das Teilsystem ›Journalismus‹, wie jedes andere Teilsystem, spezifische Funktionen und Leistungen, die zum einen dem Fortbestand der Gesellschaft dienen, zum anderen seine eigene Bewahrung sichern bzw. die Anpassung an eine sich verändernde Systemumwelt ermöglichen (KRASTEVA 2008: 34). Zu den wesentlichen Bausteinen des Ansatzes gehört auch die Identifikation einer journalistischen Funktion, die Rühl in der »Herstellung und Bereitstellung von Themen zur öffentlichen Kommunikation« sieht und die gesellschaftliche Einbettung des Journalismus, der »stets abhängig von einem sozio-historisch zu bestimmenden Gesellschaftssystem« (RÜHL 1980: 323) sei. Eine weitere Leistung dieser Ansätze ist das Bewusstsein in der Erforschung des Journalismus, zuallererst durch die Benutzung der System-Umwelt-Logik bzw. der autopoietischen Theorie, eine theoretisch begründete Vorstellung von ihrem Gegenstand vorauszusetzen (vgl. RAABE 2005: 75). Schönhagen (1999: 272f.) stellt speziell an den Journalismus bestimmte Forderungen nach journalistischer Integrationskommunikation. Die wichtigste Prämisse für den Bestand einer Gesellschaft sei die »Beteiligung aller gesellschaftlicher Interessen am Konstruktionsprozess einer gemeinsamen Wirklichkeitsdefinition.« (ebd.: 272). Dies setzt jedoch voraus, dass eine »dauerhafte gesellschaftliche Kommunikation« stattfindet, in der verschiedene gesellschaftliche Interessengruppen eine gleichberechtigte Chance erhalten, an der »gemeinsamen Konstruktion gesellschaftlicher Realität zu partizipieren« (ebd.). Nur so kann sichergestellt werden, dass keine Gruppe aus der »gemeinsamen verbindlichen

Wirklichkeit« »ausgeschlossen« wird. Schönhagen verwendet hier den Begriff der »kommunikativen Integration«, was sie als »die Beteiligung an der sozialen Konstruktion von Wirklichkeit« (ebd.: 280) bezeichnet. Wenn man davon ausgehe, dass sich Gesellschaft überhaupt »erst durch Kommunikation konstituiert, dann wird zumindest eine grundlegende gesellschaftliche Integration [nur] über die kommunikative Beteiligung an diesem Konstruktionsprozess realisiert« (ebd.: 281). Der Journalismus soll hier eine integrative Aufgabe erfüllen, in dem er »eine chancengleiche Vermittlung der gesamtgesellschaftlichen Kommunikation« herstellt (ebd.: 280). So sieht sie den Journalisten als einen »unbeteiligten Beobachter«, der eine »Vogelperspektive« einnimmt und »die gesamtgesellschaftliche Kommunikation beobachtet« und dann den »Unbeteiligten« zusammenfasst (ebd.).

2.2 Ansätze Journalismusforschung

In der internationalen Journalismusforschung sind inzwischen sehr unterschiedliche Forschungskonzepte[3] entwickelt worden, um den Journalismus zu untersuchen. Seit Ende der 1990er-Jahre haben »in vermeintlicher Konkurrenz« (HANITZSCH 2004: 21) mit normativen und systemtheoretischen Ansätzen zunehmend auch die Cultural Studies an Bedeutung gewonnen, die davon ausgehen, dass der faktische Journalismus zunehmend einem populären Journalismus weicht, der in seiner Berichterstattung Anschluss an das Populäre und das Ereignishafte im Alltag sucht (vgl. HANITZSCH 2004: 21).

Personenbezogene Journalismusforschung bis zu Integrativen Ansätzen

Löffelholz (2003: 31) konstatiert, dass gerade die theoretischen Ansätze, die im Zuge des »Relevanzgewinns« der Kommunikatorforschung entstanden sind, eine Systematisierung erschweren. So unterscheidet er insgesamt acht Theoriekonzepte innerhalb der Journalismusforschung: *Normativer Indivi-*

3 Löffelholz spricht hier von Theoriekonzepten, weil sie keinen in sich geschlossenen Ansatz bezeichnen, sondern unter anderem unter einem »charakteristischen Label« unterschiedliche Ansätze subsumieren (LÖFFELHOLZ 2003: 31).

dualismus, Analytischer Empirismus, Legitimistischer Empirismus, Handlungstheorien, Funktionalistische Systemtheorie, Integrationstheorien und *Cultural Studies.*[4]

Normativer Individualismus charakterisiert nach Löffelholz die Journalismusforschung, die Anfang des 20. Jahrhunderts im Mittelpunkt stand und vornehmlich von Wissenschaftlern wie Otto Groth, Karl Bücher oder Karl Jäger geprägt wurde. Im Zentrum dieser Forschungskonzepte stand der Journalist mit seinen »personenbezogenen Merkmalen und Einstellungen« (ebd.: 32). Dass der Fokus hier auf der »Begabung und Gesinnung von Journalisten« (HANITZSCH 2004: 23) lag, führte meistens zur »Abblendung gesellschaftlicher und organisatorischer Bezüge und Arbeitsprozesse« (LÖFFELHOLZ 2003: 32).

Die empirisch-analytischen Theoriekonzepte wurden nach dem Zweiten Weltkrieg entwickelt. Das zentrale Merkmal dieser Theoriekonzepte ist der empirische Zugriff auf den Beobachtungsgegenstand ›Journalismus‹ und die weitgehende Herauslösung des Handelns von Journalisten aus gesellschaftlichen Bezügen (HANITZSCH 2004: 23). Diese Konzepte zielten nicht auf eine gesellschaftliche Einordnung des Journalismus (vgl. LÖFFELHOLZ 2003: 35), sondern ihre Konzentration lag auf der Nachrichtenselektion, dem Agenda-Setting und den Akteuren (vgl. HANITZSCH 2004: 23). Kritisiert wurde an diesen Konzepten die Konzentration der Untersuchungsanlage auf die »Kleinarbeit empirischer Zusammenhänge« und die mangelnde gesellschaftliche Einordnung von Journalismus (ebd.).

Der legitimistische Empirismus wird der Tradition des Instituts für Publizistik der Universität Mainz zugeschrieben, zu deren Fachvertretern Elisabeth Noelle-Neumann, Hans Mathias Kepplinger, Renate Köcher und Wolfgang Donsbach gezählt werden. In diesem Ansatz wird die Journalismusforschung mit der Medienwirkungsforschung verbunden, sie wird als »Teil-Medienwirkungsforschung« begriffen (LÖFFELHOLZ 2003: 45). Die Theoriekonzepte dieser Perspektive beschäftigen sich vor allem mit dem Publikum (Noelle-Neumann) und den Medienaussagen (Kepplinger). Kritiker bemängeln auch beim legitimistischen Empirismus die Konzentration auf die individuellen Einstellungen von Journalisten, die isoliert

4 In Anlehnung an diese Systematik differenziert Hanitzsch (2004) zwischen normativen, empiristischen, handlungstheoretischen, systemtheoretischen, integrativen sowie kultursoziologischen Ansätzen.

von strukturellen Bedingungen, insbesondere ökonomischen Imperativen betrachtet werden (vgl. LÖFFELHOLZ 2003: 45).

Die kritischen Handlungstheorien sind durch die handlungstheoretischen Grundüberlegungen von Soziologen wie Max Weber, Alfred Schütz und Thomas Luckmann beeinflusst. Sie zielen auf die »Beschreibung« und »Typologisierung journalistischer Handlungsformen, Muster und Regeln« (ebd.). Die Ansätze versuchen, die Dichotomie zwischen Mikro- und Makroanalysen zu überwinden, indem sie nicht die einzelnen Akteure in den Mittelpunkt ihrer Untersuchungen stellen, sondern »die Zusammenhänge journalistischer Handlungen als komplexe soziale Ereignisse« erfassen (ebd.). Dennoch ist charakteristisch an diesen Ansätzen, dass sie sich weniger an den »Absichten der Handelnden« orientieren, als vielmehr an den »Dynamiken der Kommunikation«, an dem Rahmen, in dem die Handelnden agieren (ebd.).

In der Funktionalistischen *Systemtheorie* versucht man, der personenorientierten Vorgehensweise entgegenzuwirken. Das Ziel dieser Theoriekonzepte ist, insbesondere durch die Hinwendung zu makrotheoretischen Fragestellungen zu erklären, welche Funktion der Journalismus in der Gesellschaft erfüllen soll und wo seine sozialen Strukturen und Prozesse verlaufen. Dies führt vor allem »zur Konstruktion einer wissenschaftlichen Vorstellung des Gegenstands« des Journalismus (RAABE 2005: 109). Damit wird in der Journalismusforschung ein »Perspektivenwechsel« eingeleitet, indem der Journalismus nicht mehr über die beteiligten Personen definiert wird, sondern durch die Anknüpfung an Luhmann als geschlossenes, »autopoietisches«, selbstreferentielles« und sich selbst »reproduzierendes« Funktionssystem der modernen Gesellschaft (LÖFFELHOLZ 2003: 37). Als erster Journalismusforscher griff Rühl (1979) in seiner Studie *Die Zeitungsredaktion als organisiertes soziale System* zur Fundierung seines theoretischen Ansatzes auf die funktional-strukturelle Systemtheorie von Niklas Luhmann zurück und verwendete die System- und Umwelt-Logik als »Ordnungsprinzip für die allgemeine Theorie des Journalismus« (RAABE 2005: 111). Dabei wird durch Rühl der Begriff des »Sozialsystems« als »Bezugseinheit« für Journalismus vorgeschlagen, weil dieser es seiner Ansicht nach zulässt, zwischen Journalismus und Umwelt zu unterscheiden. Die Personen als Paradigma seien in dieser Funktion ein viel zu »unelastischer Begriff« (ebd.).

Aber auch die systemtheoretischen Konzepte, die eine umfassende Makro-Theorie zum Ziel haben, werden aus unterschiedlichen Blickwinkeln kritisiert. Erstens wird bemängelt, dass sie zu abstrakt und komplex sind und vor allem die Relevanz der journalistischen Person, die für den Vollzug journalistischer Handlungen wichtig ist, ausklammere und unterschätze (vgl. LÖFFELHOLZ 2003: 57; HANITZSCH 2004). Verkürzen die handlungstheoretischen Theoriekonzepte ihre Sicht auf eine mikrostrukturelle Akteursperspektive, wird bei systemtheoretischen Konzepten eine Dichotomie zwischen System und Subjekt eröffnet, die vor allem eine ›Ausblendung‹ des Akteurs zur Folge hat. Daraus folgt, dass viele konstitutive und zugleich praxisrelevante Aspekte des Journalismus in den Untersuchungen ausgeblendet werden. Kritisiert wird aber auch die Unterschätzung des Einflusses von Kultur auf den Journalismus (vgl. LÜNENBORG 2005: 189).

Die Integrativen Theoriekonzepte, die auch als neuere deutsche journalismustheoretische Ansätze bezeichnet werden, sind in den 1990er-Jahren entstanden. Insbesondere wurde in diesen Ansätzen versucht, die bestehenden Theorieansätze zu integrieren, um auf diese Weise zu »einer universellen, umfassenden und kohärenten Beschreibung von Journalismus zu gelangen« (HANITZSCH 2004: 37). Im Mittelpunkt standen einerseits die »akteursorientierten Ansätze« und andererseits die systemtheoretischen Überlegungen (LÖFFELHOLZ 2003: 36). Das wesentliche Ziel der integrativen Journalismusforschung ist die ›Dichotomie‹ zwischen diesen zwei Paradigmen, zwischen Handlung und Struktur bzw. System und Akteuren, zu überwinden (vgl. HANITZSCH 2004: 36). Aber auch diese Ansätze werden kritisiert, da trotz großer Verdienste für die Journalismusforschung einige ›theoretische Brüche‹ festgestellt werden. Diese Kritik wird insbesondere am Strukturmodell des Journalismus von Scholl und Weischenberg (1998) deutlich. Löffelholz (2003: 39) beanstandet, dass das Modell, das sich auf »einflusstheoretische Prämissen« stützt, kompatibel zu einem Ansatz sein soll, der eigentlich von der »operationalen Geschlossenheit sozialer Systeme« ausgeht. Weiterhin wird die durch die Kreisanordnung bedingte Hierarchie kritisiert (vgl. LÖFFELHOLZ 2004: 52).

Die *Kultursoziologischen Ansätze* versuchen den Begriff der Kultur in den Mittelpunkt der Journalismusforschung zu rücken. Zentral ist bei diesen Konzepten, dass das Systemparadigma kaum eine Rolle spielt und stattdessen beabsichtigt wird, den Journalismus aus einer anderen Perspektive »adäquat« zu untersuchen (LÖFFELHOLZ 2003: 40). Diese Ansätze bemängeln insbesondere die primäre »Konzentration auf den nachrichtlichen Journalismus und die Kommunikatoren« (HANITZSCH 2004: 23ff.), denn dadurch gelinge es der Journalistik nicht, aktuelle Veränderungen angemessen zu erfassen. Sie plädieren dafür, die populären Formen des Journalismus und seine Publikumsorientierung »integrativ« zu erforschen, sowie Information und Unterhaltung nicht länger als funktionalen »Gegensatz« zu konstruieren (KLAUS/LÜNENBORG 2000: 188). Dabei spielen die Cultural Studies als Ausgangspunkt kultursoziologischer Journalismusforschung (vgl. HANITZSCH 2004: 28) eine besondere Rolle. Angesichts der Vielfältigkeit der Konzepte, bedingt durch die vielen »Wurzeln« und die »Offenheit des Konzepts« (HANITZSCH 2004: 28), stellen die Cultural Studies keinen einheitlichen theoretischen Ansatz dar. Dennoch können einige Gemeinsamkeiten festgestellt werden (vgl. LÖFFELHOLZ 2004: 40): Erstens wurde die kultursoziologische Journalismusforschung besonders durch die Arbeiten von John Hartley (1999) und Stuart Allan (1999) geprägt. Sie haben Versuche unternommen, den Kerngedanken der Cultural Studies in die Journalismusforschung zu übertragen und den Journalismus als »kulturellen Diskurs« und »Teil der Populärkultur« zu begreifen, wobei der Journalismus als ein Bereich der Alltagskultur gesehen wird, der als Sphäre zur Reproduktion von Bedeutungen, Sinn und Bewusstsein zuständig ist (HANITZSCH 2004: 28f.). So geht es hier weniger darum, wie »journalistische Aussagen im Detail produziert werden«, sondern der Journalismus wird vielmehr aus der Rezipientenperspektive als eine »Alltagsressource« gesehen, die der sozialen Zirkulation von Bedeutungen und Vergnügung dient (ebd.). So bezeichnen Klaus und Lünenborg (2000: 191) Journalismus als »Initiator des aktuellen gesellschaftlichen Zeitgespräches« und eines »umfassenden kulturellen Verständigungsprozesses«. Überhaupt verorten die Cultural Studies die Massenmedien als Bestandteil der Alltagskultur (vgl. RENGER 2000: 469), da sich in den modernen Gesellschaften immer mehr Alltagspraktiken auf Medien und deren Inhalte beziehen (vgl. KROTZ 2001: 29). Zweitens kann man feststellen, dass auch der Kultur-Begriff in diesen Ansätzen variiert (ebd.). Geertz (1983: 99, zit n. HANITZSCH 2004: 28) versteht unter Kultur das »Geflecht von Bedeutungen, in denen Menschen ihre Erfahrungen interpretieren und ihr Handeln ausrichten.« Daran knüpft Krotz (2001: 242, zit n. HANITZ 2004: 29) an, der Kultur als »geordnetes System von Bedeutungen und Symbolen, vermittels dessen gesellschaftliche Interaktion stattfindet« deutet (vgl. WELSCH 1994: 147f.; HANITZSCH 2004: 29).

Löffelholz (2003: 40) bemängelt generell in der deutschen Kommunikationswissenschaft die »stiefmütterliche« Behandlung des Kulturbegriffs, obwohl sich im Zuge der Globalisierung des Wirtschaftssystems »transnationale Kulturen« entwickeln, die zunehmend Produktionszusammenhänge in Medienstrukturen prägen. Hanitzsch (2004: 28) sieht für diese »Mängellage« den Umstand als ursächlich an, dass die journalistische Theorie eine »stark systemtheoretische Perspektive« verfolgt.

Natürlich ist die kultursoziologische Journalismusforschung der Kritik ausgesetzt. Wesentliche Kritikpunkte sind, dass die Ansätze sich primär auf die Publikumsperspektive beschränken. Allzu oft werden die ›nonfiktionalen‹ Medieninhalte wie Nachrichtenjournalismus ausgeblendet und ›Nuancen‹ des Journalismus vernachlässigt. Das größte Problem ist jedoch, dass es in diesen Ansätzen keine einheitliche Definition des Kulturbegriffs gibt (vgl. HANITZSCH 2004: 32). Dennoch wird festgestellt, dass es diesen Ansätzen gelungen ist, einige tiefgreifende Akzente zu setzen, die für die Journalismusforschung von Bedeutung sind (ebd.: 30).

Zwischenfazit

Zur Einführung wurde in dieser Untersuchung ein Überblick über Theorien, Ansätze und Begriffe erstellt, die dieser Arbeit zugrunde liegen. Ein wichtiger Impulsgeber ist die Systemtheorie. Im Zentrum steht die Frage, welche Funktion die Massenmedien und der Journalismus für die Gesellschaft erfüllen können. Wesentliche Funktionen von Massenmedien, die für den Fortbestand der Gesellschaft relevant sind, wurden unter Informations-, sozialen, politischen, und ökonomischen Funktionen subsumiert (vgl. BURKART 2000: 370ff.). Die Integration wurde als ein wesentliches Ziel hervorgehoben, das in einer Gesellschaft durch die Massenmedien erreicht werden soll. Sie erbringen diese Funktionen »im Rahmen spezifischer Bedingungen, die abhängig von der Gesellschaft sind, in der [Massenmedien] operieren.« Insofern ist die Bestimmung des jeweiligen funktionalen ›Bezugsrahmens‹ die wichtigste Voraussetzung für die Funktionsanalyse der Massenmedien (ebd.).

In Anlehnung an funktionalistische systemtheoretische Ansätze wurde zweitens der moderne Journalismus als ein Leistungssystem der Öffentlichkeit verstanden, das alle Systeme einer funktional ausdifferenzierten Gesellschaft beobachtet und damit ihre »Selbstbeobachtung« ermöglicht (vgl. LÖFFELHOLZ 2003: 42).

Um sich weiterhin mit dem Gegenstand des Journalismus im Speziellen zu beschäftigen, wurde auf die in der Journalismusforschung inzwischen sehr unterschiedlichen Forschungskonzepte eingegangen. Besonders stand hier der integrative Ansatz im Mittelpunkt, da dieser einen »analytischen Bezugsrahmen« anbietet, der die Ebenen der Akteurs-, Institutions- und Systemtheorie miteinander verbindet (RAABE 2005: 86).

Der große Kritikpunkt an den normativen und personenbezogenen Theoriekonzepten ist, dass der Einfluss von gesellschaftlichen Funktionen, sozialen Strukturen und Prozessen auf den Journalismus außer Acht gelassen wird. Die primäre Fokussierung auf individuelle Einstellungen und Motive von Journalisten führt aber meistens zur Ausblendung der strukturellen und ökonomischen Bedingungen der Medienproduktion, die einen entscheidenden Einfluss auf diese Einstellungen und Motive ausüben (vgl. LÖFFELHOLZ 2003: 36). Das Verdienst der systemtheoretischen Konzepte ist, dass erstens Journalismus nicht nur als Summe handelnder Akteure gesehen wird, sondern als sozialer Zusammenhang einer Einrichtung der modernen Gesellschaft begriffen und als soziales System mit einer spezifischen gesellschaftlichen Funktion modelliert und von seiner Umwelt differenziert wird (vgl. WEISCHENBERG/MALIK/SCHOLL 2006: 346).

Der integrative Ansatz, bietet einen »analytischen Bezugsrahmen«, die Ebenen der Akteurs-, Institution- und Systemtheorie miteinander zu verbinden (RAABE 2005: 86). Seine wesentliche Leistung besteht in der erneuten Aufwertung der journalistischen Akteure, ohne die systemtheoretischen Zusammenhänge zu vernachlässigen (vgl. NEUBERGER 2004). Schließlich spielen kultursoziologische Ansätze eine nicht zu unterschätzende Rolle in der Journalismusforschung im Allgemeinen und in dieser Studie im Besonderen, da anstelle der Paradigmen ›System‹ versus ›Individuum‹ das Paradigma ›Kultur‹ als »erkenntnisleitende Perspektivierung« herangezogen wird (vgl. HANITZSCH 2004: 122).

2.3 Berufliche Einstellungen im Journalismus

Das Hauptziel der Untersuchung ist die Erforschung der beruflichen Merkmale, Einstellungen und Leistungen von Journalisten. Um diese in einem Entwicklungsland einer ethnisch und religiös geprägten Gesellschaft wie Afghanistan zu untersuchen, sind zwei Punkte von großer Wichtigkeit: Erstens wird auf die Forschung der beruflichen Einstellungen der Journalisten eingegangen, die in sogenannten ›westlichen‹ bzw. ›entwickelten‹ Ländern (USA und Europa) stattgefunden hat. Diese Erforschung der beruflichen Einstellungen im Journalismus ist, sowohl aus historischer Perspektive als auch aktuell, im internationalen Maßstab ein viel untersuchtes Thema in der Journalismusforschung (vgl. WEISCHENBERG/MALIK/SCHOLL 2006: 355). In zahlreichen Studien wurde ermittelt, welche beruflichen Vorstellungen die Medienakteure äußern. Dort können verschiedene Richtungen identifiziert werden. Deren Befunde und theoretische und methodische Erkenntnisse bilden für die vorliegende Untersuchung eine wichtige Basis. Die Arbeit wurde mit dem Bewusstsein erstellt, dass eine große Herausforderung daran besteht, diese Erkenntnisse nicht unreflektiert zu übernehmen, sondern modifiziert an Gegebenheiten des eigenen Untersuchungsgegenstandes anzupassen. Sonst würde die Untersuchung ihr Ziel verfehlen. Zur besseren Anpassung kann hier zweitens die Forschung helfen, die in den Ländern stattgefunden hat, die entweder Entwicklungsländer oder soziokulturell ethnisch und religiös wie Afghanistan geprägt sind. Insofern wird zur Entwicklung des eigenen theoretischen und methodischen Instrumentariums diese Forschung eine wichtige Rolle spielen.

Globaler Journalismus

Komparative Journalismusforschung versucht, die aktuelle Medienkommunikation in den jeweiligen geografischen, absatzmarktbedingten, sprachlich-kulturellen und nationalen Grenzen zu analysieren, um die darin jeweils vorfindbaren Journalismussysteme zu beschreiben und zu typologisieren (vgl. ESSER 2004: 154). Dabei werden »Annahmen über internationale Zusammenhänge keineswegs ausgeblendet, sondern als empirisch zu überprüfende Fragen behandelt« (ebd.: 155). Grundlegend für den Erkenntnisgewinn ist der Vergleich. Es gilt, Gemeinsamkeiten und Unterschiede in den jeweiligen Individual-, Organisations- und Gesellschaftsstrukturen der Nationen festzustellen, um Tendenzen der Vereinheitlichung von Journalismus auf diesen Ebenen ausmachen zu können. Vergleichende Analysen dienen also zum einen der Beschreibung von Gemeinsamkeiten und Unterschieden, aber auch der Suche nach deren Ursachen. Durch das Einbeziehen jeweiliger nationaler Kontexte und deren Entstehung ist es möglich, Erklärungen für bestimmte Entwicklungen zu finden und diese wiederum in einen globalen Kontext zu setzen.

Globaler Journalismus ist ein wichtiges Phänomen der komparativen Journalismusforschung, das in sehr differenzierter Weise erwähnt, definiert und beschrieben wird. Es beinhaltet viele verschiedene Aspekte, die zwar den Inhalt oder den Erkenntnisgehalt der Forschung widerspiegeln, jedoch keine eindeutige Definition liefern. Spricht man nun vom ›Globalen Journalismus‹ richtet sich der Blick nicht auf ein spezielles Gesellschaftssystem und dessen Eigenheiten, sondern auf die Weltgesellschaft an sich. Globaler Journalismus kann somit verstanden werden als ein System öffentlicher Kommunikation, das »sich nicht mehr primär an nationalen Grenzen orientiert« (GÖRKE 2004: 244), sondern international relevante Themen generiert, bereitstellt und verbreitet mit dem Ziel, ›Weltöffentlichkeit‹ herzustellen.

Reese (2008: 241ff.) differenziert drei Aspekte, die mit ›Globalem Journalismus‹ in engem Verhältnis stehen und dazu beitragen, den Begriff zu erfassen. Erstens wird durch das Verständnis einer Welt als ein Ganzes ein Mediensystem im Sinne einer ›Global News Arena‹ geschaffen – eine Arena mit global übertragenen Medienbildern, angeglichenen Nachrichtenwerten und einer globalen Nachrichtenagenda. Zweitens wird der Aufgabenbereich von Journalismus aus seiner nationalen Orientierung gehoben und auf das Überschreiten nationaler Rahmenbedingungen hin zu Themen von internationaler Bedeutung erweitert. Drittens wird durch die globale Arena und das Erweitern des Aufgabenbereichs eine einheitliche professionelle Identifikation gefördert, bei der gemeinsame Normen und Werte entwickelt werden müssen, um zu einem einheitlichen globalen System zu gelangen.[5] Die wichtigste Erkenntnis der komparativen Journalismusforschung ist der dritte Punkt, dass trotz der Unterschiede im beruflichen Rollenselbstverständnis von Journalisten weltweit eine »gemeinsame professionell-ideologische Basis« (DEUZE 2005: 453) im Journalismus existiert.

Diese professionellen Ideologien sind nach Hanitzsch (2004: 161) Gedanken, die in der »kohärenten Form des Denkens« organisiert sind und die sich als »Menge von Werten, Orientierungen und Dispositionen einer Gruppe« (ebd.; vgl. auch DEUZE 2005: 456) manifestieren. Diese verbinden einzelne Journalisten über ›organisatorische‹ und ›nationale Grenzen‹ hinweg. Mit anderen Worten: Es existiert ein gemeinsames berufliches Fundament für den praktischen Journalismus (ebd. 862). Deuze (2005: 444f.) bezeichnet diese »berufliche Ideologie« unter Journalisten in verschiedenen Teilen der Welt als die Orientierung, die einvernehmlich, gewisserma-

5 Diese drei Aspekte konstituieren ein System der Berichterstattung, Aufbereitung und Verbreitung, das nicht an nationale und regionale Grenzen oder Bedingungen gebunden ist.

ßen als Grundlage für die beruflichen Vorstellungen und die Berufspraxis dient. Als wesentliche Merkmale dieser beruflichen Ideologie benennt er eine Reihe von journalistischen Werten, die »diskursiv idealtypisch konstruiert« sind und von denen Journalisten annehmen, dass »diese Werte die Legitimität und Glaubwürdigkeit für ihre Arbeit verleihen« (ebd.: 447). Diese kategorisiert er in den folgenden idealtypischen Merkmalen: – Journalisten stehen im Dienste der Öffentlichkeit (als Kritiker, aktive Teilnehmer und Verbreiter von Informationen); – Objektivität: Journalisten sind unparteiisch, neutral und objektiv, fair und (damit) glaubwürdig; – Autonomie: Journalisten müssen autonom, frei und unabhängig in ihrer Arbeit sein; – Unmittelbarkeit: Journalisten haben ein Gefühl der Unmittelbarkeit, Aktualität und Schnelligkeit; und – Ethik: Journalisten haben einen Sinn für Ethik, Gültigkeit und Legitimität.

In gewissem Sinne könnte man der Erkenntnis über die »Gemeinsamen Ideologie im Journalismus« (DEUZE 2005: 444) nach annehmen, dass eine globale Sicht des Journalismus entsteht, weil die entsprechenden Ideen und Werte, die von Journalisten verfolgt werden über den gesellschaftlichen Kontext hinaus ähnlich und sogar universell sind (vgl. DEUZE 2004: 448f.). In der Praxis scheinen tatsächlich die »traditionellen Ideale« des Journalismus, wie »Objektivität« und »Unparteilichkeit« (ebd.: 446) in vielen Redaktionen rund um den Globus zu dominieren und man kann viele Ähnlichkeiten in professionellen Routinen, redaktionellen Abläufen und der Sozialisation feststellen (vgl. NGOMBA 2010: 39-45). Die Datenlage zeigt trotz »einer pluralistischen Verfasstheit der beruflichen Einstellungen« unter Journalisten eine Tendenz, in der sich die Rolle des »Informationsjournalismus« durchgesetzt hat (HANITZSCH 2010: 102). In diese Richtung deuten die Studien von Weaver und Wu (1998: 458), die in 25 Ländern durchgeführt worden sind. Diese Sichtweise wird auch durch die Studie *The Worlds of Journalism* (HANITZSCH/SEETHALER 2010) bestätigt. Im Ländervergleich zeigt sich dabei, dass erstens die Rollenmodelle, die durch ›Distanz‹ und ›Nicht-Involviertheit‹ gekennzeichnet sind, zu den weltweit akzeptierten journalistischen Standards zählen. Zweitens präferieren die Journalisten global relativ übereinstimmend die ›Verlässlichkeit‹ und ›Faktizität‹ von Informationen sowie das strikte Einhalten von ›Unparteilichkeit‹ bzw. ›Neutralität‹ (vgl. ebd.). Diese offensichtlichen Ähnlichkeiten über nationale und kulturelle Grenzen hinweg veranlassen sogar dazu, von einem ›Vorläufer‹ zu einer globalen Journalismus-Kultur zu sprechen (DONSBACH 2008: 276).

Natürlich können jedoch diese Überlegungen nicht als Gegebenheiten angenommen werden, sondern dienen eher der Orientierung, an der Tendenzen der internationalen Vereinheitlichung festgemacht oder untersucht werden können.

Journalismus ist nach wie vor »zu einem gewissen Grade an nationale Normen, nationale Institutionen, nationale Publika und vor allem: nationale Themen gebunden« (SCHOLL/WEISCHENBERG 1998: 207), jedoch dient die Betrachtung von ›Globalem Journalismus‹ hier einer zukunftsweisenden Perspektive, bei der nationale Öffentlichkeiten und Weltöffentlichkeit in einem gegenseitigen Steigerungs- und Ergänzungsverhältnis gesehen werden können.

Weaver und Wu (1998: 464f.) differenzieren, dass viel Uneinigkeit über professionelle Normen und Werte unter den Journalisten herrscht und man daher nicht von »universalen beruflichen Standards« in Journalismus sprechen kann (vgl. auch DEUZE 2005). Insgesamt finden Weaver/Wu (1998: 415) sowohl in Bezug auf das Rollenverständnis als auch hinsichtlich der ethischen Standards mehr Unterschiede als Ähnlichkeiten (SCHMITZ 1999: 33; LÖFFELHOLZ 2001).

Diese Erkenntnis bestätigt auch die Studie *The Worlds of Journalism* (vgl. HANITZSCH/SEETHALER 2010: 464-484), die sich in einem wesentlichen Punkt an Weavers und Wus (1998: 478f.) Ergebnis anschließt. Sie verweisen darauf, dass die Muster (berufliche Einstellung der Journalisten) von Ähnlichkeiten und Unterschieden zwischen den einzelnen untersuchten Ländern sich an bekannten politischen, ökonomischen und kulturellen Differenzierungslinien orientieren. Demnach gelten zwar die klassische Werte des Journalismus wie ›Unparteilichkeit‹, ›Objektivität‹ und ›kritische Kontrolle‹ allgemein als ›universelle Standards‹ eines guten Journalismus, dennoch werden diese Werte nicht in allen Ländern in gleichem Umfang gelebt, sondern sehr verschieden dimensioniert bzw. favorisiert.

Scholl und Weischenberg (1998: 207f.) stellen sich auch erst die Frage, ob die globale Vernetzung der Wirtschafts- und Kultursysteme nicht dazu führt, dass die Wissenschaft Abschied nehmen muss von der »Nation als Referenz« für Gesellschaft, wenn es darum geht, den Journalismus zu beschreiben. Sie kommen aber zu dem Schluss, dass sich der Journalismus – mehr noch als andere soziale Systeme – an regionalen und nationalen Grenzen orientiert (vgl. auch in SCHMITZ 1999: 33). Sie stellen fest, dass

> »der Journalismus bis zu einem gewissen Grade an nationale Normen, nationale Institutionen und nationales Publikum gebunden ist. Daher sehen

> sie für theoriegeleitete empirische Forschung, [...] bis auf weiteres sinnvoll, [...] geographische, nationale oder wirtschaftliche Grenzen zwischen Gesellschaften zu ziehen, [um] deren jeweilige Journalismussysteme zu beschreiben und zu typologisieren – statt das Konstrukt einer ›Weltgesellschaft‹ als Referenz einzuführen« (SCHOLL/WEISCHENBERG 1998: 207).

Deuze (2005: 445) legt auch nahe, dass »dominante globale Ideologie« im lokalen Umfeld des Journalismus sehr unterschiedlich interpretiert wird, denn diese professionelle Ideologie sei im Wesentlichen ein »multidimensionales Konstrukt« und dementsprechend variiert die Bedeutung dieser Dimensionen in einzelnen Gesellschaften (vgl. auch HANITZSCH 2004: 164).

Generell die Journalismusforschung verweist darauf, dass es »unterschiedliche professionelle Kulturen« gebe, die sich »durch Prozesse der Globalisierung bislang nicht eingeebnet« hätten (ESSER 2010: 111), dass vielmehr »unterschiedliche Strukturen, Normen und Werte in politischen Systemen und Kulturen, jeweils unterschiedliche Kommunikationsrollen und Handlungsweisen herausbilden bzw. unterdrücken« (ESSER 2004: 152, 2010: 6).

In welchem Maße sich die verschiedenen Rollen-Optionen den Journalisten eines Landes, Mediengenres oder eines einzelnen Mediums zur Übernahme anbieten, hängt von sehr vielen Faktoren ab. Eine der wichtigsten Ursachen für die Unterschiede, die man zwischen Ländern finden kann, ist deren historische Entwicklung (vgl. HANITZSCH 2004: 416). Wie die Journalisten ihren Beruf und ihre Rolle definieren, spiegelt nicht nur die individuellen Ansichten der Journalisten, sondern auch die politischen und gesellschaftlichen Besonderheiten eines Landes wider (vgl. PREISINGER 2002: 79). Machill (1997: 13) argumentiert, dass eine journalistische Kultur nur dann in ihrem Wesen bestimmbar sei, wenn neben dem direkten Vergleich »vor allem die Analyse gesellschaftlicher, politischer, rechtlicher, ökonomischer und kultureller Rahmenbedingungen« ein tieferes Verständnis schafft. Nur so sei es möglich, die Befunde eines Landes in einen »übergeordneten Zusammenhang« zu bringen (vgl. DONSBACH 2008: 274).

Die beruflichen Einstellungen von Journalisten sind eine Reflexion der gesellschaftlichen und konstitutionellen Erwartungen an die journalistischen Leistungen. Solche Erwartungen sind oft aus den nationalen Medien, Politik und der historischen Entwicklung einer Gesellschaft gewachsen (vgl. HANITZSCH/SEETHALER 2010; WEAVER/WU 1998). Der nationale Rahmen ist also weiterhin eine sinnvolle ›Bezugsgröße‹ für Journalismusstudien, da die beruflichen Einstellungen der Journalisten eines Landes nicht losgelöst vom gesellschaftlichen Kontext betrachtet werden können (vgl. ESSER 2010: 19f.). Nach Esser (2004: 121) können die Unterschiede vor allem durch »Einflussfaktoren der nationalgesellschaftlichen Mediensystemebene« (mit ihren divergierenden kulturellen, politischen, rechtlichen Bedingungen) erklärt werden. Die Gemeinsamkeiten können durch die darüber liegende, »supranationale Ebene« (ebd.: mit ihrer grenzüberschreitenden Diffusion von Ausbildungsstandards, Nachrichtenwerten, Informationsströmen) sowie die darunter liegende »Medienorganisations- und Mediensektorebene« (ebd.; mit ihren konvergierenden technologischen und ökonomischen Bedingungen) begründet werden.

Zur genauen Beschreibung werden in der Studie *The Worlds of Journalism*[6] zwei grundlegende Aspekte des Journalismus im internationalen Vergleich beleuchtet und differenziert: *Universalität* und *Differenz*.

Danach manifestiert sich *Universalität* in Form eines nach Deuze (2005: 444f.) angedeuteten ›ideologischen Konsenses‹ im Journalismus, der von Journalisten weltweit weitestgehend geteilt wird. Demnach bilden die idealtypischen journalistischen Werte (vgl. HANITZSCH/SEETHALER 2010: 465f.) das kulturübergreifende Fundament gemeinsam geteilter Wertvorstellungen, auf dem unterschiedliche journalistische Subkulturen ihre Differenzen artikulieren.

Die *Differenzen* gruppieren die Werte in drei Bereiche: *Institutionelle Rollen*, *Epistemologie* und *Ethische Ideologien*. Während die erste Dimension die Vorstellung über die Funktionen und Leistungen von Journalismus in der Gesellschaft bildet, verweist die zweite auf die Kriterien einer akzeptablen Beweisführung. Die dritte Dimension bezieht sich auf den Umgang mit ethischen Standards sowie mit Moral- und Wertvorstellungen, die im Journalismus gelten oder angestrebt werden.

Folgerichtig scheint nach Weischenberg (1995: 427) trotz der Anzeichen einer »universellen journalistischen Ideologie« eine Vielfalt beruflicher Einstellungen im Journalismus vorhanden zu sein. Ziel einer umfassenden Journalismustheorie sollte es sein, unterschiedliche Rollenbilder der Kommunikatoren nicht nur festzustellen, sondern zu erklären. Insofern

6 Es handelt sich um eine Vergleichsstudie von Journalismuskulturen in 17 Ländern. Im Rahmen des Projekts wurden insgesamt 1700 Journalisten in 17 Ländern zu ihren professionellen Orientierungen befragt. Im Vordergrund standen Fragen nach dem Verständnis der eigenen gesellschaftlichen Rolle, den erkenntnistheoretischen Grundlagen und ethischen Imperativen im Journalismus (vgl. HANITZSCH/SEETHALER 2010: 464ff.).

sollen die einzelnen Faktoren bestimmt werden, die den Journalismus eines Landes prägen.

Journalistische Typologien

Die meisten Studien über die beruflichen Einstellungen im Journalismus entwerfen generell, je nach Auffassung der beruflichen Rolle und persönlichen Überzeugungen der Journalisten, verschiedene Typologien, die sie durch Schlüsselworte und prägnante Adjektive zu beschreiben versuchen. Die Zweckmäßigkeit dieser Typologien in der Kommunikatorforschung kann insbesondere in Abstraktionen und Vereinfachungen der Komplexität gesehen werden. Journalisten sind in einem sehr vielfältigen Tätigkeitsbereich aktiv und dementsprechend gibt es unter den Kommunikatoren verschiedene Berufsverständnisse. Mithilfe von Typologien und den damit einhergehenden Abstraktionen und Vereinfachungen kann diese Komplexität der Berufsfelder in einem gewissen Rahmen reduziert werden. Das umfangreiche Datenmaterial, z. B. zu den beruflichen Selbstverständnissen der Kommunikatoren, kann mithilfe von Typologien strukturiert werden. Heuristisch betrachtet ist dies effektiv, weil Aussagen über das Erkenntnisobjekt möglich werden, die ohne Abstraktion nicht aufgestellt werden könnten. Typologien sind meistens idealisierte Fälle und die Zuordnung der einzelnen Akteure in Kategorien ein dynamischer Prozess. D. h. also, kein Journalist kann ausschließlich einem Typen zugeordnet werden. Trotzdem haben Typologien das Potenzial, Journalistengruppen voneinander zu unterscheiden bzw. lassen Vergleiche innerhalb des jeweiligen Systems zu. Die verschiedenen Typen können also als Kriterium fungieren. Sie werden nicht als Orientierungshilfen für spezifische Akteure oder das Publikum aufgestellt, sondern dienen der oben beschriebenen Abstraktion und dem Greifbarmachen der vielschichtigen Berufsspektren.

Daher handelt sich bei journalistischen Typen vielmehr um idealtypische ›Grundtypen‹, d. h., diese lassen sich in dieser Form in der Realität kaum abgrenzen, da sie in ihrem Arbeitsalltag in den seltensten Fällen ausschließlich einem einzigen Rollenmuster folgen, vielmehr wechseln sie zwischen diesen einzelnen Rollen (vgl. HAAS/PÜRER 1991: 355; KRASTEVA 2008: 25). Dementsprechend bezeichnet treffend Weischenberg (2005: 161) das Rollenselbstverständnis als ein Einstellungskonstrukt, das nur einen allgemeinen Rahmen für tatsächliches journalistisches Handeln bildet und daher auf »Potentialität« und nicht auf die »Aktualität«

verweise. Ähnlich argumentiert Marcinkowski (1993: 101 zit. n. KRASTEVA 2008: 123), wenn er davon ausgeht, dass die Rollen in ihrem Kern so allgemein gehalten sind, dass sie das konkrete journalistische Kommunikationsverhalten nicht determinieren, sondern allenfalls strukturieren.

Die Anfänge dieser Typologien haben sich ausschließlich auf die Akteursebene fokussiert. Als erste dieser Untersuchungen kann Cohens (1963: 20) klassische Unterscheidung in eine »Neutrale« und eine »Beobachter-Rolle« genannt werden. Diese Typologie nahmen auch Johnstone et al. (1976) als Basis für ihre Studie »The News People«. Sie wurde danach von Weaver und Wilhoit (1986 und 1991) unter dem Titel *The American Journalist* fortgeführt und deren Fragebögen später in mehreren anderen Ländern angewandt wurden (DONSBACH 2005: 273). Die Autoren entwickelten auf der Grundlage ihrer Befunde drei idealtypische Formen von Rollen: »Information Dissemination«, »interpretive-investigative« und »adversary« (WEAVER/WILHOIT 1986: 145f.; vgl. auch in DONSBACH 2005: 273). Janowitz (1975: 619f.) beschrieb einerseits die Rolle des »Gatekeepers« und anderseits die Rolle eines Interessen vertretenden »advocate«. Eine weitere Analyse aus dieser Zeit stammt von McLeod und Hawley zur professionellen Orientierung von Journalisten in den USA. In dieser Studie, die als Auftakt der international vergleichenden Kommunikatorforschung gilt (vgl. DONSBACH 2005: 274), haben die Autoren anhand einer Skala Einstellungen von Journalisten zum Beruf ermittelt. Diese Studie und die Skala wurden in verschiedenen Ländern zu komparativen Vergleichen repliziert, um international Unterschiede im Professionalisierungsgrad des Journalismus feststellen zu können. Doch dieses Pioniervorhaben litt unter der Vernachlässigung der Demografie bei der Stichprobenziehung und Operationalisierung (vgl. ESSER 2004: 154), weil einerseits sehr kleine Stichproben nebeneinander gestellt wurden und anderseits die Interpretation der Befunde weitgehend auf die Ebene der Medienakteure beschränkt blieb (ebd.: 161).

Donsbach und Petterson (2003: 288) unterscheiden insgesamt vier Typen von Journalistenrollen: »passiv neutral«, »passiv anwaltlich« sowie »aktiv neutral« und »aktiv anwaltlich«. Weber (1995: 188) fand in Österreich heraus, dass hinsichtlich der publizistischen Ziele zwei Rollen existiert haben: »Moralisten« und »Ökonomen«. Zu einem ähnlichen Ergebnis kam auch Marr (2001: 121) in der Schweiz, der zwischen den »Gemeinwohlorientierten« und »Marktorientierten« sowie »aktiven Rollen« und »passiven Rollen« bzw. »Publikumsorientierung« und »Werbemarktorientierung« differenzierte.

In Deutschland hatte Köcher (1985: 63) durch die Befunde ihrer komparativen Studie die deutschen Journalisten als »Missionare« und die britischen Journalisten als »Bluthunde« bezeichnet. Zwei weitere repräsentative Studien (SCHÖNBACH/STÜRZEBECHER/SCHNEIDER 1994; WEISCHENBERG/LÖFFELHOLZ/SCHOLL 1994) konnten diese Ergebnisse jedoch nicht bestätigen.

In der Studie *Journalismus in Deutschland* gelangen Weischenberg u.a. (1995: 166ff.) zu insgesamt fünf journalistischen Rollen: Politischer Journalismus, Idealistischer Journalismus, Neutraler Informationsjournalismus, Unterhaltender Servicejournalismus sowie Aktueller Informationsjournalismus. Zu ähnlichen Ergebnissen kam Löffelholz (1997: 204) und unterschied zwischen Rollenbildern: »Ratgeber«, »Ambitionierte«, »kritischer Beobachter«, »Kontrolleure«, »Anspruchslose« und »Unterhalter«.

Diese Typologien können anhand des Ansatzes von Donsbach und Patterson (2003: 299), der wegen seines verhältnismäßig hohen Abstraktionsgrads viel zitiert wurde und grundsätzlich international anwendbar ist (vgl. PFETSCH/MAYERHÖFFER/ADAM u.a. 2007: 40), wie folgt zusammengefasst werden: Die erste Dimension basiert auf der Unterscheidung von ›aktiven‹ und ›passiven‹ beruflichen Rollen im Journalismus, wenn es um den Nachrichten-Sammlungsprozess geht. Eine passive Rolle nehmen all die Journalisten wahr, die sich als reine Vermittler der Positionen verschiedener Akteure außerhalb des Mediensystems verstehen. Ein aktives Selbstverständnis beinhaltet dagegen, unabhängig von den Vorgaben dieser Akteure selbstständig Themen zu recherchieren und entsprechend des eigenen Handlungsspielraums aufzubereiten (MELIN-HIGGINS 1996: 1-17). Die zweite Dimension unterscheidet zwischen ›neutralem‹ und ›anwaltschaftlichen‹ Rollenverständnis und spiegelt die Selbstwahrnehmung der Journalisten wider, wenn es um ihre Rolle in Bezug auf die Nachrichten und deren Inhalte geht. Neutrale Journalisten enthalten sich jeder Form von Parteinahme und zielen auf eine distanzierte und ausgewogene Berichterstattung ab. Journalisten, die sich selbst als Anwalt einer bestimmten Sache verstehen, beziehen dagegen eindeutig Position, sei es für eine bestimmte Partei, gesellschaftliche Gruppierung oder Ideologie (vgl. PFETSCH/MAYERHÖFFER/ADAM 2007: 40).

Ausgehend von diesen beiden Dimensionen, der ›aktiv – passiven‹ und der ›neutral – anwaltschaftlichen‹, können folgende journalistische Typen aus der Forschung des beruflichen Rollenselbstverständnisses konstruiert werden:

(i) *Die Rolle im Sinne des Informationsjournalismus:* Diese gilt heute als zentrale Berufsrolle im westlichen Journalismus (vgl. WEISCHENBERG/MALIK/SCHOLL 2006: 356; HANITZSCH 2004, 2010). Die Vertreter dieses Typus verstehen sich als *neutrale* und *passive* Vermittler oder Beobachter, die Informationen objektiv, möglichst faktengetreu und unverfälscht weitergeben. Dieser Typ zeichnet sich durch eine auf Sachlichkeit beruhende Vermittlung des aktuellen Geschehens aus (vgl. MAST 2004: 129). Kennzeichen dieses Konzeptes ist vor allem die »Trennung persönliche[r] Ansichten von ihrer Berichterstattungsaufgabe« sowie der Verzicht auf »jegliche[...] Wertung und Bewertung« (vgl. HALLER 2004: 13f.). Jedoch ist dieses Konzept nicht nur zentral, sondern auch am meisten kritisiert. Dabei wird in diesem Konzept »die Oberflächlichkeit der objektiven Berichterstattung« beanstandet, die »nur Information transportiert, aber Hintergründe und Interpretationen ausklammert«, wodurch nur eine »vergröbernde Wirklichkeit« konstruiert werde (vgl. WEISCHENBERG 1995: 13). Die internationale Datenlage zeigt, dass, wenn auch das berufliche Rollenverständnis unter Journalisten durchweg pluralistisch verfasst ist, sich insgesamt das Rollenselbstbild im Sinne des Informationsjournalismus global durchzusetzen scheint (vgl. HANITZSCH 2004: 102), was einige Studien dieser Tendenz bestätigen (vgl. WEAVER/WU 1998; WU/WEAVER/JOHNSON 1996; MARR 2001; RAMAPRASAD 2001; RAMAPRASAD/KELLY 2003; RAMAPRASAD/RAHMAN 2006; HANITZSCH 2004; sowie MWESIGE 2004).

(ii) *Die Rolle im Sinne des kritischen und kontrollierenden Journalismus:* Eine weitere Typenkategorie von Journalisten, die aus den Rollenselbstbildern ableitbar ist, ist die Gruppe der Kontrolleure und Kritiker. Diese, ihre Kritikfunktion betonenden Journalisten prüfen und werten gesellschaftliche Ereignisse und sehen die Medien als »vierte Gewalt« (MAST 2004: 129). Inhaber dieses Rollenselbstverständnisses verzichten bewusst auf die Objektivität und sehen als ihre zentrale Aufgabe ihrer journalistischen Tätigkeit eher eine aktive subjektive Bewertung in Form von Kritik und Kontrolle. Sie möchten in einer anwaltschaftlichen Rolle unbefriedigende Bedingungen in der Gesellschaft aufklären und vertreten die Auffassung, dass ein Journalist kritisch Ungerechtigkeiten und die Elite in der Gesellschaft hinterfragen sollte. Dieses kritische Rollenselbstverständnis der Journalisten kann sich bis zum Berufsverständnis des investigativen Journalisten entwickeln. Dieser Typ sucht der Öffentlichkeit unbekannte Informationen und »soll[en] wie ein Spürhund Missstände aufdecken [...]« (HALLER 2004: 90). Durch die bewusste Parteinahme, den Verzicht auf Objektivität und den Willen, unbekannte Dinge zu enthüllen, vollziehen diese Journalisten eine stetige Gradwanderung (vgl. MAST 2004: 129f.). Beim investigativen Journalismus kann es »ethische Grenzüberschreitungen«, wie das zu tiefe Eindringen in die »Persönlichkeitssphäre von Betroffenen« oder die »Beschaffung von Informationen mit unkorrekten Mitteln« geben (vgl. HALLER 2004: 128).

(iii) Die Rolle im Sinne des pädagogischen Journalismus: Die Inhaber dieses aktiven Rollenselbstverständnisses sehen ihre Aufgabe nicht bloß als neutralen Informationsvermittlung, sondern insbesondere als Erzieher und Pädagoge. Die Vertreter dieses Journalistentypus glauben, immer einen Bildungsvorsprung gegenüber ihrem Publikum aufweisen zu können. Besonders sind sie durch ein ›ein engagiertes, idealistisches Berufsbild‹ gekennzeichnet. Hauptanliegen dieser Rolleninhaber ist es, dem Publikum Werte und Ideale zu vermitteln. Als Pädagogen und »Hüter kultureller und gesellschaftlicher Normen« propagieren sie das Leitbild einer »gemeinsamen öffentlichen Moral« (FUCHS 2006: 8; vgl. auch HAAS/PÜRER 1991: 363).

(iv) Die Rolle im Sinne des anwaltschaftlichen Journalismus: Der Inhaber dieser Rolle versteht sich als Sprecher und Spiegel für Meinungen unterprivilegierter Gruppen. So positioniert er sich als Fürsprecher der Schwachen öffentlich auf deren Seite und verzichtet damit bewusst auf Objektivität in der Berichterstattung (vgl. MAST 2004: 129). Diese Journalisten mit stark ausgeprägtem Gerechtigkeitssinn wollen die Lage von Minderheiten, Benachteiligten etc. in der Art eines Anwalts zur Sprache bringen und sich dabei bewusst von den Interessen der Gruppe der vermeintlich Stärkeren distanzieren (vgl. HALLER 2004: 90). Da die Artikulationsfunktion der Schwächeren von anwaltlichen Journalisten wahrgenommen wird, kann man auf ein aktives Verständnis des Journalismus und ein eher negatives Publikumsverständnis schließen (vgl. FUCHS 2006: 8), daher wird dieser Ansatz von Kritikern oft als »vormundschaftlicher« Journalismus bezeichnet (vgl. KEPPLINGER 1979: 26).

(v) Die Rolle im Sinne des Service-Journalismus: Dieser Typus setzt besonders auf die Elemente der populären Medienkultur und ist hauptsächlich durch die Kommunikationsziele ›Unterhaltung‹ und ›Entspannung‹ geprägt (vgl. HANITZSCH 2004: 150). Dabei orientiert sich dieses Journalismuskonzept »sehr stark am Alltag des Publikums und den damit verbundenen Problemen- und Bedürfnislagen«, was sich in der Form eines Ratgeber-, Lifestyle- und Service-Journalismus manifestiert (EIDE/KNIGHT 1999: zit. n. HANITZSCH 2004: 150). Scholl und Weischenberg (1998: 168)

TABELLE 1
Journalistische Typologien

Journalismuskonzept	Rolle	Ziel
Informationsvermittler	neutral und meist passiv	objektiv, schnell, möglichst faktengetreu
Kritiker	aktiv	kritisch und kontrollierend
Pädagoge	aktiv	erzieherisch und bildungsorientiert
Anwalt	aktiv	anwaltschaftlich für die Unterprivilegierten
serviceorientiert	aktiv/passiv	Ratgeber und Dienstleister

charakterisieren dieses Journalismuskonzept, das auch oft als ›Soft-News‹-Journalismus bezeichnet wird, durch das Aufzeigen neuer Trends und Ideen als Lifestyle-Komponente, die Ratgeber- und Serviceanteile beinhalten und ›unterhaltsam‹ präsentiert werden (vgl. Tab. 1 für eine Übersicht).

2.4 Journalismus in den Entwicklungsländern

Viele neuere Untersuchungen zeigen, dass sich Journalisten in Entwicklungsländern[7] hinsichtlich ihres Aufgabenverständnisses international immer mehr angleichen. Die empirischen Ergebnisse verweisen auf die Gemeinsamkeit, dass besonders das Rollenbild des ›Informationsjournalisten‹, des ›Kritikers‹ im weiteren Sinne, also diejenige Dimension des Journalismus, die mit dem Konzept der gemeinsamen Ideologie im Journalismus (DEUZE 2005) in Einklang steht, auch in den Entwicklungsländern die größte Bedeutung hat (vgl. HACHTEN 1998). Kanyegirire (2008: 161) schreibt, durch diese Erkenntnisse könnte auf den ersten Blick der Eindruck entstehen, dass Journalisten in Entwicklungsländern diejenigen journalistischen Rollen und Werte bevorzugen, die in erster Linie dem

7 Unter Entwicklungsländern bzw. Ländern der Dritten Welt werden jene außereuropäischen Nationalstaaten bezeichnet, welche im Laufe der globalen politischen Neuordnung nach 1945 in ihrer gegenwärtigen Form entstanden sind. Diese Neuordnung führte zur Aufteilung der Welt in Erste Welt (westliche Industrieländer mit Anschluss Japan, Australien), Zweite Welt (ehemalige sozialistische Länder) und Dritte Welt (Länder Süd- und Mittelamerikas, Asiens, Afrikas). So handelt es sich bei Entwicklungsländern um politisch souveräne Staaten, die größtenteils ehemalige Kolonien sind (vgl.: 2000: *Soziologie Lexikon*. 4. Aufl. München: 146).

»dominanten westlich-liberalen Journalismus-Modell« zugeordnet werden (DEUZE 2004: 279).

Die journalistischen Werte werden jedoch nicht einfach übernommen, sondern sie werden in verschiedenen Regionen ›lokalisiert‹, indem sie realen Gegebenheiten angepasst werden. Zur Beschreibung dieses Lokalisierungsprozesses verwendet Kanyegirire (ebd.: 167) den Begriff ›Adaption‹. Dieser Adaptionsprozess wird als Resultat der Globalisierung von Medienstrukturen erfasst, durch die sich der Journalismus zu einem »Mix aus global und lokal« entwickelt (WASSERMAN/RAO 2008: 20). Durch den Adaptionsprozess werden die journalistischen Werte aufgenommen und in verschiedenster Weise in den lokalen Kontexten angepasst (vgl. DEUZE 2004: 279).

So kommen einige Untersuchungen (u.a. RAMAPRASAD 2001; RAMAPRASAD/KELLY 2003; HANITZSCH 2004) zu dem Ergebnis, dass für die Journalisten in den Entwicklungsländern im Hinblick auf die beruflichen Einstellungen die »gemeinsame Ideologie im Journalismus« (DEUZE 2005: 448) das kontextübergreifende Fundament gemeinsam geteilter Werte bildet. Die wichtigste Erkenntnis dieser Untersuchungen bilden zwei Aspekte.[8] Zunächst verweisen die Studien darauf, dass die Journalisten in einigen Entwicklungsländern zwar ihre beruflichen Rollen nicht grundsätzlich anders auffassen, als Journalisten in den sogenannten ›entwickelten‹ bzw. ›Industrieländern‹: Sie streben eine berufliche Integrität an, indem sie als Journalisten im Dienste der Öffentlichkeit ihren Beruf ausüben möchten und in ihrer Berichterstattung Objektivität, Schnelligkeit und Unmittelbarkeit als wichtige Kommunikationsziele bezeichnen. Darüber hinaus möchten sie aber auch autonom und kritisch die politischen, wirtschaftlichen und gesellschaftlichen Missstände bekämpfen (RAMAPRASAD 2001; RAMAPRASAD/KELLY 2003; RAMAPRASAD/RAHMAN 2006; 152f.; HANITZSCH 2004: 288; MWESIGE 2004: 88f.).

Andererseits befürworten die Journalisten in Entwicklungsländern in ihrer Berufsauffassung aber ebenso weitere Prioritäten und Kommu-

8 Um hier die Gefahr der Verallgemeinerung zu vermeiden, wird ausdrücklich darauf hingewiesen, dass, wenn es in dieser Untersuchungen von Entwicklungsländern gesprochen wird, nur diejenigen Länder gemeint sind, in welchen die beruflichen Einstellungen untersucht wurden und in dieser Studie herangezogen werden (Tansania, Kambodscha, Kamerun, Bangladesch, Ägypten, Nepal (RAMAPRASAD 2003-2007) Pakistan (KAHN 2007) und Indonesien (HANITZSCH 2004).

nikationsziele, die sich nach gesellschaftlichen Kontexten differenzieren lassen (vgl. NGOMBA 2010: 39f.; KANYEGIRIRE 2008: 162).[9] Diesen Umstand präzisiert Tomaselli (1991, zit. n. LAI 1991), indem er darauf hinweist, »dass journalistische Praktiken und Annahmen in Theorie und Praxis von einem Kontext in einen anderen wandern und sich verändern, gelegentlich gleichbleiben und manchmal sogar in bestimmten Schwerpunkten rekonstruiert werden, um sich dem spezifischen lokalen Kontext anzupassen.« Wenn auch diese praktische Versöhnung dieser beiden Modelle oft zur Spannungen und Konflikten zwischen den Journalisten und dem Staat führe (s. Fußnote 9).

Kritiker der medientheoretischen Wissenschaft klagen über die vorherrschende Voreingenommenheit zugunsten westlich-liberaler Mediensysteme, die in Medientheorien oft als Messlatte für andere Kommunikationssysteme angesetzt werden. Ebo (1994: 85) beanstandet, dass die westliche Medienforschung im Rahmen der komparativen Forschung »reproduziert« und auf die Entwicklungsländer »projiziert« werde. Oft beurteilten dann die Forscher in ihren Untersuchungen die Kompetenz der Journalisten in den Entwicklungsländern als defizitär, da sie an »westlichen Standards« gemessen werde (JOSEPHI 2005: 579). Diese Annahme einer »universalistischen Medientradition« (ebd.) sei irreführend, da sie die unterschiedlichen Anforderungen des sozio-politischen Umfeldes an Medieninstitutionen ignoriere.

Starck (1969: 1) widerspricht ebenfalls der Universalität in der Forschung, wenn er bemerkt, dass das soziale System, in dem professionelle Kommunikatoren arbeiten, »Maßstäbe und Werte für deren Leistung setzt und bestimmt, wie sie ihre Aufgaben in diesem spezifischen sozialen System zu erfüllen« haben.

In Bezug auf diese Universalitätsthese betont Ebo (1994: 86), dass trotz »vieler Gemeinsamkeiten in professioneller Orientierung« zwischen Journalisten in den Industrieländern und denjenigen in den Entwicklungsländern nicht die Tatsache vernachlässigt werden sollte, dass sie, bedingt durch verschiedene gesellschaftliche Strukturen, unter unterschiedlichen Einflüssen stehen und unterschiedliche Funktionen zu erfüllen haben.

9 Vgl. u. a. Uganda (MWESIGE 2004), Tansania (RAMAPRASAD 2001), Nepal (RAMAPRASAD/KELLY 2003), Pakistan (KHAN 2005; RAMAPRASAD/HAMDY 2006); Bangladesch (RAMAPRASAD/RAHMAN 2006), Hong Kong, China, Japan (CHAN/LO/PAN 2003) sowie Hong Kong (CHAN/SO 2005).

Im Westen ist die ›libertäre Organisation‹ der Massenmedien verfassungsrechtlich geschützt, indem insbesondere eine Kritikfunktion im Mittelpunkt steht. In weiten Teilen der Entwicklungsländer hingegen ist die »libertäre Orientierung der Medien eine ständige Herausforderung für Medienakteure«, da diese Länder nicht über die politische Reife und wirtschaftliche Stabilität verfügen, um eine libertäre Haltung des Journalismus zu unterstützen (EBO 1994: 85).

Im entwicklungspolitischen Kontext beanspruchen die Staaten häufig ›offen‹ die Philosophie des Entwicklungsjournalismus, in der die Medien als ›Agenten des Staates‹ gesehen werden und vom Journalismus erwartet wird, dass er die ›nationale Entwicklung‹ fördert, ›Menschen aufklärt‹ und besonders die ›nationale Einheit unterstützt‹ (vgl. EDEANI 1970; SKJERDAL 2012: 639). So sind nach Ebo (1994: 87) die Journalisten zwischen zwei gegensätzlichen Medienphilosophien gefangen. Einerseits möchten diese Journalisten z. B. gemäß ihrer beruflichen Orientierung die professionelle Integrität wahren, indem sie versuchen, von der Regierung unabhängig zu bleiben. Gleichzeitig müssen sie aber erkennen, dass sie Mitglieder einer Entwicklungsgesellschaft sind, in der sie zur Förderung der nationalen Entwicklung eng mit der Regierung zusammenarbeiten müssen. Dies hat zur Folge, dass Journalisten permanent mit einem »ethischen Dilemma« als Folge der gegensätzlichen Verpflichtungen ihres Berufs und sozio-politischen Umfeldes konfrontiert sind (vgl. EBO 1994: 84). Wenn auch, wie einige Kritiker (u. a. KANYEGIRIRE 2008: 162; EBO 1994) argumentieren, journalistische Rollen, vor allem in ihrer »libertären Haltung im Kontext der Entwicklungsländer nicht relevant« sind, da sie aus »westlichen Bedingungen und Bedürfnissen« entstanden sind (NYAMNJOH 2005: 123), zeigen einige Studien, dass die Journalisten in Entwicklungsländern in ihrer Selbstwahrnehmung zu einer »pluralistischeren Rollenkonzeption« neigen. Sie können je nach Kontext sogar »gleichzeitig« verschiedene »widersprüchliche« und »gemischte Rollen« übernehmen (WEAVER/WU 1998: 145). Die Journalisten versuchen zwischen diesen Rollenkonzeptionen zu »balancieren« (vgl. NGOMBA 2010: 39), indem sie zum einen die journalistischen Funktionen im Sinne der »gemeinsamen Ideologie« im Journalismus betonen und zum anderen der nationalen Entwicklung eine große Priorität einräumen.[10] Das Ergebnis

10 Vgl. RAMAPRASAD/KELLY 2003: 291; RAMAPRASAD/RAHMAN 2005: 148; RAMAPRASAD/HAMDY 2007; HANITZSCH 2004; NGOMBA 2010: 43; sowie der kulturübergreifende Vergleich WEAVER/WU 1998.

ist eine »pluralistische Auffassung« über die journalistischen Funktionen, die auch »hybride Identität« (vgl. NGOMBA 2010: 41) genannt werden kann. Die hybride Identität der Journalisten meint, dass sie in ihr Arbeit mehrere Rollen übernehmen, die in diesen drei Dimensionen subsumiert werden können: (i) der »objektivistische Ansatz« (ii) der Ansatz des »Public Journalism« und schließlich (iii) der Ansatz des »Entwicklungsjournalismus« (vgl. auch EBO 1994: 162). Folgend werden die Ansätze näher erläutert. Während die ersten zwei kurz geschildert werden sollen, soll der Dritte mehr differenziert werden, weil er eine wichtige Grundlage für diese Untersuchung und wenig bekannt ist.

Objektivistischer Ansatz

Der Imperativ (für den Journalismus) in der *ersten Dimension* lautet, der einzelne Journalist soll im Sinne eines Informationsjournalismus ›objektiv‹[11] sein, ›persönliche Neigungen‹ minimieren und den Pluralismus und die Vielfalt der Gesellschaft widerspiegeln. Als ›Mindestmaßstab‹ soll der Journalist über Zugang zu einer breiten Palette von gesellschaftlichen Meinungen, zum ›Marktplatz der Ideen‹, verfügen (HYDEN/LESLIE 2002). Hier wird dem Journalismus, insbesondere den Medienfunktionen ›neutrale Informationsfunktion‹ sowie ›Kritik und Kontrollfunktion‹, eine zentrale Rolle zugeschrieben. Im Hinblick auf die erste Funktion wird vom Journalismus erwartet, dass seine ›Unabhängigkeit‹ vom Staat und die ›Autonomie‹ innerhalb der Gesellschaft gewährleistet sind. Diese Dimension stützt sich stark auf die professionellen Werte der ›redaktionellen Unabhängigkeit‹, der ›Objektivität‹, der ›Fairness‹, der ›Ausgewogenheit‹, der ›Unparteilichkeit‹, der ›Meinungsfreiheit‹ und des ›freien Zugangs zu Informationen durch den Staat‹ (vgl. ZELIZER 2004).

Public Journalism

Aus den Bedenken über den allgemeinen Zustand des Journalismus im Hinblick auf das »Desinteresse« der »Verpflichtungen für das öffentli-

11 Kritiker argumentieren, dass die Journalisten nicht wirklich objektiv sein können, weil sie ständig selektive und subjektive Entscheidungen treffen. Insofern können diese Imperative allenfalls als ›idealtypische Werte‹, oder ›Leitlinien‹ für den Journalismus gesehen werden (vgl. DE BEER 2004).

che Interesse« durch die Medien, entwickelte sich der Ansatz des »Public Journalism«, in dem vor allem die »demokratische Teilhabe an der Gesellschaft« im Mittelpunkt steht (LÜNENBORG 2005: 147f.). Es ist ein journalistisches Konzept, das die Bürgerperspektive stärker in die Medienarbeit einbezieht (vgl. KANYEGIRIRE 2008: 161). Danach soll sich der Journalist im Interesse der Öffentlichkeit und der benachteiligten gesellschaftlichen Gruppen »aktiv« an den sozialen und politischen Prozessen beteiligen (vgl. WARD 2004: 90). Dieser Journalistentypus schafft Fakten und Ereignisse, beobachtet Probleme in der Gesellschaft und vermittelt aktiv. Vertreter des Public Journalism wenden sich gegen die traditionelle Form des Informationsjournalismus, weil sie in ihm eine Ursache für die Schwäche der Zivilgesellschaft sehen. Der Public Journalist begibt sich dementsprechend auf die Ebene des Rezipienten und versucht, sich aktiv für die Belange des Publikums einzusetzen. Mithilfe seines ausgeprägten Engagements zeigt er den Bürgern verschiedenste Wege zur Problemlösung auf, wobei sich auch die Rezipienten selbst an diesem Prozess beteiligen (vgl. BAKK 2009: 70).

Entwicklungsjournalistischer Ansatz

Bereits seit einigen Jahren wird die Diskussion geführt, wie die Medien in den Entwicklungsländern zu organisieren seien und was berichtet werden sollte, um zur Entwicklung des Staates beizutragen. Die Debatten gründeten sich auf unterschiedliche Ansätze der ›Entwicklungskommunikation‹, einer eigenständigen Forschungsrichtung innerhalb der Kommunikationswissenschaft, die seit den 1970er-Jahren regelmäßig in der Literatur zu beobachten ist. Grossenbacher (1988: 8) definiert diese als »Kommunikation im Dienste geplanten sozialen Wandels.« Nach diesem Verständnis soll die Massenkommunikation nicht wie in den westlichen Industrieländern über möglichst aktuelle Ereignisse berichten, sondern in erster Linie die Bevölkerung bilden. Dadurch soll erreicht werden, dass die Menschen an ökonomischen, politischen und sozialen Prozessen teilnehmen können und somit das Potenzial der gesamten Gesellschaft im Entwicklungsprozess genutzt wird. Dieses journalistische Verständnis wird Entwicklungsjournalismus (*Development-Journalism*) genannt und unterscheidet sich folglich vom westlich geprägten Journalismus vor allem durch seine Zielsetzung, zur aktiv gesellschaftlichen ›Entwicklung des Landes‹ beizutragen (vgl. KUNCZIK 1986: 262-264; WIMMER/WOLF 2005: 1).

Der Ansatz des Entwicklungsjournalismus folgt der Diskussion der Entwicklungspolitik und dem Grundsatz, dass zum einen die Entwicklung in einer Gesellschaft ein zentrales soziales Anliegen ist, und dass zum anderen die Massenmedien eine entscheidende Rolle in diesem Prozess spielen (vgl. KUNCZIK 1986: 84-86). Grundsätzlich wird davon ausgegangen, dass der Journalismus in der Lage sei, den Entwicklungsprozess durch die Berichterstattung über Entwicklungsprogramme und -aktivitäten zu beeinflussen. Dementsprechend wird dem Journalismus die Pflicht zugesprochen, die nationale Entwicklung durch seine Arbeit zu unterstützen (vgl. AGGARWALA 1979: 181). In diesem Kontext ist insbesondere jene Berichterstattung über nationale Projekte erwünscht, die »konstruktiv« zur Entwicklung und Verbesserung des Lebensstandards (KUNCZIK 1995: 84) beitragen kann. Beeinflusst durch das »soziale Verantwortungsmodell« sprechen sich viele Wissenschaftler, Praktiker und Regierungen v. a. in Afrika für ein »Entwicklungsmodell des Journalismus« aus, das mit den wichtigsten Anliegen in ihren Ländern, insbesondere dem »Nation-Building« im Einklang stehen sollte (vgl. MCQUAIL 2000: 19). In diesem Kontext sollten Massenmedien und der Journalismus zur nationalen Entwicklung beitragen und einen neuen Journalistentypus entwickeln, der seine Arbeit im »Dienst des geplanten gesellschaftlichen Wandels« erledige (GROSSENBACHER 1988: 60f.).

In der Literatur gibt es kein einheitliches Konzept zum Entwicklungsjournalismus, sondern eine Fülle verschiedener, sich zum Teil widersprechender Ansätze, mit jeweils unterschiedlichen Schwerpunkten, die zumeist ein idealtypisches, normatives Leitbild beschreiben (vgl. TEVES 2000: 41ff.). Die erste Form ist vergleichbar mit dem investigativen Journalismus. Sie umfasst Berichterstattung, die sich einerseits kritisch mit den Entwicklungsprojekten auseinandersetzt und andererseits Regierungsaktivitäten überprüft. Allerdings ist eine Grundvoraussetzung dafür ›die Freiheit der Presse‹, die meistens in diesen Ländern nicht gegeben ist. Die andere Form des Entwicklungsjournalismus kann als ›Wohlwollende Berichterstattung zu staatlichen Autoritäten‹ definiert werden. Diese Form des Entwicklungsjournalismus ermöglicht sogar eine »systematisch[e] subtile Manipulation von Informationen, wenn sie zur Entwicklung und dem Gemeinwohl dien[t]« (TEVES 2000: 43). Neuere Konzepte verstehen sich als ›pragmatischer Entwicklungsjournalismus‹ und möchten vor allem in einer Abgrenzung zu den ersten Ansätzen verstanden werden (vgl. KUNCZIK 1995; TEVES 2000). Die Grundannahme des letzten Ansatzes ist, sich strikt an die Bedürfnisse der Bevölkerung zu halten und die (normative)

Wahrnehmung zu unterstützen, dass sich die betroffenen Menschen an den Entwicklungsprojekten beteiligen sollten. Dementsprechend werden dem Journalismus folgende Aufgaben zugeschrieben: die Bürger zur aktiven gesellschaftlichen Zusammenarbeit zu motivieren und ihre Interessen zu vertreten (vgl. KUNCZIK 1986: 272). Hierbei wird insbesondere das Zusammenspiel von Bürgern und Journalisten als die wichtigste Voraussetzung für das Gelingen dieses Journalismus gesehen. Dazu muss der Journalist in der Lage sein, die Komplexität der sozialen Prozesse für die Bürger nachvollziehbar zu erklären. Durch die Behandlung von gesellschaftlichen Fragen soll der Journalismus Probleme und Lösungsperspektiven für die Entscheidungsfindung zur Verfügung stellen (vgl. AGGARWALA 1979: 185). Diese journalistische Auslegung unterscheidet sich deutlich von einem objektiven Ansatz, in dem der Anspruch im Mittelpunkt steht, dass die Berichterstattung nur »Fakten« liefern soll, damit die Empfänger sich eine eigene Meinung bilden können (EDEANI 1994: 126). Aus der Sicht des Entwicklungsansatzes wurde am objektivistischen Ansatz insbesondere die »Fokussierung« auf die politische, soziale und wirtschaftliche Freiheit des »Einzelnen« kritisiert (ebd.). Im Gegensatz dazu liege in den Entwicklungsländern jedoch oft ein Schwerpunkt auf Gemeinschaft, Kultur, Entwicklung und Nation-Building (vgl. GUNARATNE 1979).

Wenngleich Entwicklungsjournalismus weder als ›einheitliches theoretisches Konzept‹ existiert noch – wie die verschiedenen Inhaltsanalysen in diesen Ländern zeigen[12] – in der Realität journalistischer Arbeit existiert oder verwirklicht werden könnte, lebt die Vorstellung von und der Wunsch nach einem »alternativen Journalismus als Gegenentwurf zum objektiven Ansatz des Informationsjournalismus« in der Diskussion weiter (TEVES 2000: 48).

Es kann festgestellt werden, auch wenn aufgrund der Verschiedenheit der kulturellen, gesellschaftlichen und politischen Realitäten in den Entwicklungsländern ein einheitliches, genau umrissenes Konzept des Entwicklungsjournalismus nicht entstanden ist, dass der gemeinsame Nenner der diversen Ansätze in der folgenden normativen Auffassung besteht: Der Journalismus soll zum nationalen Fortschritt (vgl. KUNCZIK

12 Neue Untersuchungen (Inhaltanalysen) konnten nicht bestätigen, dass die Umsetzung dieses Rollenselbstverständnis in den Entwicklungsländern Fuß fassen kann (vgl. RAMPAL 1995: 41; CHAUDHARY 2000: 216; MURTHY 2005: 25). Die »Idee« des Entwicklungsjournalismus wird vor allem wegen des »normativen Ansatzes« kritisiert (vgl. TEVES 2000: 43).

1986: 262f.) und zur sozialen Harmonie (MASSEY/CHANG 2002: 989) beitragen. Dementsprechend werden hier zwei Dimensionen identifiziert, auf denen der Ansatz des Entwicklungsjournalismus basiert. Während sich die erste Dimension mit der Bedeutung der ›Sozialen Harmonie‹ in den Entwicklungsgesellschaften befasst, beschäftigt sich die zweite Dimension mit der Bedeutung der ›nationalen Entwicklung‹ in diesen Gesellschaften.

Soziale Harmonie

Die soziale Harmonie wird oft als ein wichtiger »asiatischer Wert« bezeichnet (mehr dazu: MASSEY/CHANG 2002: 989), da viele der asiatischen Nationen aus einer Vielfalt ethnisch, religiös und sprachlich diversen Bevölkerungsschichten bestehen und Zusammenstöße zwischen diesen Gruppen Teil der Vergangenheit und Gegenwart sind. Die Erhaltung der nationalen Einheit und des Friedens wird fortwährend als wichtige Verantwortung und Hauptfunktion von Massenmedien in Asien gesehen (vgl. GUPTA 1996: 12). In diesem Kontext wird vom Journalismus erwartet, durch eine ›Berichterstattung mit Sensibilität‹ die soziale Harmonie zu bewahren und sich ständig der Tatsache bewusst zu sein, welche Wirkungen die Folgen die Berichterstattung für die ›Nation‹ haben könnte (vgl. BAYUNI 1996; XU 1998). Die soziale Harmonie kann nach Massey und Chang (2002: 989) als eine asiatische Norm oder Medienfunktion gesehen werden, die eine Berichterstattung voraussetzt, die frei von »Provokation und explosiven Wörtern, Phrasen und Informationen« ist, die Betonung von Konflikten verhindert und Respekt für die »nationalen Persönlichkeiten« zeigt. Auch Gunaratne (2002: 15 zit. nach HANITZSCH 2004: 14) stellt fest, dass das Konzept der sozialen Verantwortung in Entwicklungsländern anders als in den Industrieländern verstanden wird. Während der westliche Ansatz sich durch die politische, soziale und wirtschaftliche Freiheit des Einzelnen definiert, verweist der asiatische Ansatz auf »kollektive soziale Sicherheit und wirtschaftlichen Wohlstand.« Die Verantwortung wird in diesem Kontext als eine Aufgabe zur »Wahrung sozialer Harmonie [...]« verstanden, wobei an die Medien die Erwartung herangetragen wird, vor allem im »öffentlichen Interesse«, »solche Berichterstattung zu unterlassen, die eine potenzielle Gefahr für die bestehende Ordnung darstellt« (vgl. MASSEY/CHANG 2002: 989; vgl. WONG 2004: 27). Insofern sind die politischen Kulturen in vielen Mediensystemen Asiens weniger als in westlichen Demokratien durch einen ›konfrontativen Stil‹ gekennzeichnet.

Insbesondere in den kollektivistischen Kulturen Ost- und Südostasiens dominiert eine »integrative, konstruktive und kooperative« Berichterstattung (HANITZSCH 2008: 259).

Oft werden diese Werte mit sogenannten ›pan-asiatischen Werten‹ im Journalismus oder als genuin ›asiatischer Journalismus‹ beschrieben. Grundlegend für ›asiatische Werte‹ ist vor allem die ›besondere Achtung bzw. Respekt vor Persönlichkeiten‹ im kulturellen und konfessionellen Kontext. Weiterhin werden zu diesen Werten Konsens, Harmonie, soziale Stabilität, Konfliktvermeidung und Konformität gezählt (vgl. MASSEY/CHANG 2002: 989; MASTERTON 1996: 2; WONG 2004: 27).

Angesichts der Tatsache, dass in Asien eine ungeheure Vielfalt an Religionen, Ideologien, Traditionen, politischen Systeme und Ebenen der Entwicklung existiert (vgl. ALI 1996: 147), scheint kein Konsens »über das, was asiatische Werte im Journalismus« sind, zu herrschen (vgl. MASTERTON 1996: 1). Die Literatur hat aber einige »Kernelemente« identifiziert, die als »konstitutiv« für asiatische Werte bezeichnet werden können: »Verantwortung«, »Kommunalismus«, »Konsens«, »Harmonie«, »soziale Stabilität«, »Pietät«, »Respekt für Ordnung« »Stellenwert der Familie und der Gemeinde über dem Individuum«, und »Vorrang des konstruktiven Engagements vor der Konfrontation« (vgl. MASSEY/CHANG 2002: 989; WONG 2004: 27). Nach Massey und Chang (2002: 988) unterstreichen all diese Elemente die »konsensorientierte Haltung« oder »gruppenorientierte Tradition«, die die »asiatischen Werte« maßgeblich von den »westlichen Werten« unterscheidet.

Als die wichtigsten dieser pan-asiatischen Werte bezeichnen Massey und Chang (2002: 989f.): (i) Freiheit mit Verantwortung; (ii) Kommensalismus und Konsens, einschließlich der Vorstellung von der Unterordnung der Bedürfnisse des Einzelnen unter das Wohl der Gemeinschaft oder Nation; (iii) soziale Harmonie, oder die Aufrechterhaltung der sozialen Stabilität; (iv) Pietät oder Hingabe an die Eltern und Familie und (v) Respekt für Ordnung. Diese sind zwar in mancher Hinsicht universelle Werte, aber Xu (2000) definiert sie als ›asiatische‹, weil diesen Werten in asiatischen Gesellschaften eine größere Bedeutung beigemessen wird als in anderen Teilen der Welt.

Was genau diese asiatische Vorstellung für die Journalismusforschung bedeutet, beschreibt Hanitzsch (2008: 261) am Beispiel der journalistischen Rollen im Sinne einer »gesellschaftlicher Kontorollinstanz«: Dieses Verständnis wurzelt in der »westlich-liberalen Demokratietradition«, worin Journalisten im demokratischen Prozess die Funktion der »vierten

Gewalt« (»Fourth Estate«) zukommt. Dabei nehmen Journalisten in der politischen Debatte oft die Position eines »Gegenpols« (»adversary«) ein, der sie in eine kritische Distanz versetzt, aus der sie den Mächtigen »auf die Finger klopfen« können.[13] Während diese zwei Items relativ hohe Zustimmung in westlichen Ländern finden, werden sie durch Journalisten in Untersuchungen der beruflichen Rollen im Journalismus in den asiatischen Ländern fast abgelehnt. Die Haltung beschreibt aber Hanitzsch (2008: 259) mit dem Hinweis:

> »Wenn Journalisten, die unter den genannten kulturellen Bedingungen operieren, einem Gegenpol-Verständnis negativ gegenüberstehen, dann muss dies nicht notwendigerweise bedeuten, dass sie weniger auf Kritik und Kontrolle bedacht sind. Vielmehr wird die Kritik aus einer prinzipiell loyalen Grundhaltung vorgebracht.«

Nationale Entwicklung

Ramaprasad und Rahman (2005: 163) weisen darauf hin, dass »die Pressetheorie bis heute weitgehend von westlichen Wissenschaftlern konzipiert« ist und »die Beziehung zwischen dem Staat und der Presse« vor diesem Hintergrund sehr kritisch betrachtet wird. Diese Betrachtungsweise sei aber nicht ausreichend, um Journalisten, ihre individuellen und kollektiven Sozialisationen in den Entwicklungsländern zu untersuchen (RAMAPRASAD/RAHMA 2006: 164; OSTINI/FUNG 2002: 46). So kommen Untersuchungen (RAMAPRASAD 2001; WAKILI 2007; RAMAPRASAD/KELLY 2003) zu dem Ergebnis, dass die Journalisten oft die Rolle des Vermittlers zwischen Staat und Bevölkerung spielen wollen. Besonders deutlich wird dies bei der Medienfunktion Förderung der nationalen Entwicklung, die sich vom »westlich geprägten Journalismus« dadurch unterscheidet, dass sie vor allem die Vermittlerrolle in den Mittelpunkt rückt und in ihrer Zielsetzung insbesondere zur nationalen Entwicklung beitragen

13 In internationalen Journalistenbefragungen wird diesem Journalismus als Kontrollinstanz durch Items Rechnung getragen, die üblicherweise in Form von Kommunikationszielen operationalisiert werden. In der Studie *Journalismus in Deutschland* lautete die entsprechende Frage: »In meinem Beruf geht es mir darum [...] mich als Gegenpart zu offiziellen (politischen) Stellen [zur Wirtschaft] zu verstehen, indem man deren Aussagen immer skeptisch begegnet« (vgl. WEISCHENBERG/SCHOLL 1998: 340), in der US-amerikanischen Studie »Be an adversary of public officials [of businesses] by being constantly skeptical of their actions« (WEAVER/WILHOIT 1986: 181; vgl. auch HANITZSCH 2008: 259).

möchte (vgl. KUNCZIK 1986: 262; WONG 2004). In diesem Kontext wird das Bemühen der Journalisten deutlich, sich konstruktiv in die Debatte einzubringen und im Konsens mit den politischen Autoritäten Lösungen zu finden und anzubieten. Dabei bilden Journalisten »keinen Gegenpol«, sondern sie stehen vielmehr auf einer Seite mit den Mächtigen und nehmen eine häufig eine »paternalistische Haltung« ihrem Publikum gegenüber ein (vgl. HANITZSCH 2008: 259). Die – meist westlichen – Kritiker argumentieren, dass der nationale Entwicklungsauftrag der Medien in der Praxis nicht nur positive Berichterstattung sei, sondern eine Form der Medienkontrolle durch die politischen Systeme (vgl. RAMAPRASAD/RAHMAN 2006: 150).

Wie die Befunde der Untersuchungen in den Entwicklungsländern bestätigen, scheint das journalistische Rollenselbstverständnis, nach dessen Vorstellung dem Journalismus besonders in der nationalen Entwicklung vor allem eine konstruktive Rolle zukommt, unter den Journalisten eine wichtige Rolle zu spielen. Ramaprasad (2006: 21) kommt in ihrer Untersuchung *Profil der Journalisten in Tansania* zu dem Schluss, dass für die befragten Journalisten hauptsächlich »der Beitrag zur nationalen Entwicklung große Priorität genießt« (RAMAPRASAD 2001: 539). Ähnliche Ergebnisse erzielten Studien (RAMAPRASAD/KELLY 2003: 291), in welchen die Journalisten in Nepal »positive Berichterstattung über das Land, Gemeinde, Regierung und Persönlichkeiten wichtig« fanden.

Zwischenfazit

Die wichtigste Erkenntnis der internationalen Journalismusforschung ist, dass trotz der Unterschiede in beruflichen Einstellungen von Journalisten weltweit eine »gemeinsame professionell-ideologische Basis« (DEUZE 2005: 878) im Journalismus existiert, die einzelne Journalisten über »organisatorische« und »nationale Grenzen« hinweg verbindet. Diese offensichtlichen Ähnlichkeiten über nationale und kulturelle Grenzen hinweg veranlassen sogar dazu, von einem »Vorläufer« einer globalen Journalismus-Kultur zu sprechen (vgl. DONSBACH/WOLFSGANG 2008: 23). Es wurde allerdings argumentiert, dass viel Uneinigkeit über professionelle Normen und Werte unter den Journalisten herrsche und man daher nicht von »universalen beruflichen Standards« in Journalismus sprechen könne (vgl. WEAVER/WU 1998: 464; auch DEUZE 2005). Wie die Journalisten ihren Beruf und ihre Rolle definieren, spiegelt nicht nur die individuellen Ansichten der

Journalisten, sondern auch die politischen und gesellschaftlichen Besonderheiten eines Landes wider (vgl. PREISINGER 2002: 79). Insofern können die beruflichen Einstellungen der Journalisten eines Landes nicht losgelöst vom gesellschaftlichen Kontext betrachtet werden (vgl. ESSER 2010: 19f.).

Ergänzend wurden einige Studien über die beruflichen Einstellungen im Journalismus systematisch untersucht, die beruflichen Auffassungen der Journalisten in verschiedenen Typologien beschreiben. Daraus wurde eine fünfdimensionale Rollentypologie abgeleitet, die in der Journalismusforschung zur Debatte steht und von der vermutet wird, dass sich in diesen Rahmen die Journalisten mit ihren beruflichen Einstellungen einordnen lassen. Zu bedenken ist, dass sie in ihrem Arbeitsalltag selten ausschließlich einem einzigen Rollenmuster folgen, sondern vielmehr zwischen einzelnen Rollen wechseln (vgl. HAAS/PÜRER 1991: 355).

TABELLE 2
Journalismus in den Entwicklungsländern

Journalismuskonzept	Funktionen	Ziel
Objektivistischer Ansatz	Information, Kritik und Kontrolle	objektiv, unabhängig, neutral
Public Journalism	Aktive Vermittlung der Fakten	Aktiv für die Belange des Publikums
Entwicklungsjournalismus	Konstruktive Berichterstattung: Nationale Entwicklung, Soziale Harmonie	Schwerpunkt auf Gemeinschaft, Entwicklung, Nation-Building

Es wurde anschließend auf einige neueren Untersuchungen eingegangen, die zeigen, dass für die befragten Journalisten in den Entwicklungsländern im Hinblick auf berufliche Einstellungen auch die »gemeinsame Ideologie im Journalismus« (DEUZE 2005: 45) das kontextübergreifende Fundament gemeinsam geteilter Werte bildet. Diese Journalisten befürworten aber gleichzeitig weitere Prioritäten und Kommunikationsziele, die sich, wenn auch nach gesellschaftlichen Kontexten differenziert, jedoch oft unter der Förderung der nationalen Entwicklung zusammenfassen lassen (vgl. NGOMBA 2010: 39f.; KANYEGIRIRE 2008: 162). Das Ergebnis dieser »pluralistischen Auffassung« über die journalistischen Funktionen ist eine »hybride Identität« (vgl. NGOMBA 2010: 41), die Journalisten mit ihren beruflichen Einstellungen in den Entwicklungsländern aufweisen (vgl. Tab. 2 für eine Übersicht).

Das für diese Arbeit entwickelte Modell basiert auf den bekannten theoretischen Überlegungen zu den beruflichen Einstellungen im Journalismus und orientiert sich auch an den oben vorgestellten Ansätzen. Die Integration von individuellen und systematischen Aspekten in Anlehnung an integrative Modelle wird als Basis für das eigene Modell zur Untersuchung des Gegenstandes eingesetzt.

3. DAS UNTERSUCHUNGSMODELL

Hier wird nun ein Untersuchungsmodell entwickelt, das sich an den bisherigen theoretischen Überlegungen zu beruflichen Einstellungen im Journalismus orientiert. Das Modell fungiert im Verlauf der Arbeit als Grundlage für die Entwicklung des Leitfadens und für die Auswertung des Kategoriensystems. Zudem dient es der Erforschung der beruflichen Merkmale, Einstellungen und Leistungen von afghanischen Journalisten.

Entsprechend einer Systematik von verschiedenen Dimensionen wird für diese Untersuchung ein generelles Kategoriensystem entwickelt. So sollen auf jeder Ebene die einzelnen Themenkomplexe in Kategorien und Subkategorien geordnet bzw. systematisiert werden.

Die neueren deutschen journalismustheoretischen Ansätze und Modelle, die in den 1990er-Jahren entstanden sind, versuchen, in einer integrativen Perspektive »die Dichotomie von System und Subjekt, Struktur und Handlung« in der Journalismusforschung zu überwinden (LÖFFELHOLZ 2003: 38). So beschreiben die integrativen Modelle den Journalismus über eine normative Orientierung journalistischen Handelns hinaus als Bestandteil der Kommunikationswissenschaft. Journalismusforschung in dem Sinne untersucht »in einem auf die Kommunikationsverhältnisse der Gesellschaft bezogenen Kontext, was Journalismus leistet und wie Journalismus wirkt und unter welchen Bedingungen er dies tut« (SCHOLL/WEISCHENBERG 1998: 27). Inzwischen sind verschiedene theoretische Bemühungen unternommen und Modellvorschläge konstruiert worden, um diese »Wechselwirkungen zwischen Subjekt und System« zu untersuchen (ebd.). Diese Ansätze und Modelle haben vor allem zum Ziel, die »potenzielle Vielfalt und Komplexität der Einflussfaktoren« auf den Journalismus fassbar zu machen und die determinierenden Einflussebenen und -hierarchien zu klassifizieren (vgl. HANITZSCH 2004: 155), an deren Konzeption

u. a. Donsbach (1987), Scholl und Weischenberg (1998), Esser (1998) sowie Shoemaker und Reese (1996, 2001) mitgewirkt haben. Diese Ansätze zeigen, dass der Journalismus ein »komplexes Konstrukt aus Einzelakteuren, Organisationen und Rahmenbedingungen« (HANITZSCH 2004: 123) darstellt. Demnach wird Journalismus maßgeblich von den politischen, rechtlichen und wirtschaftlichen Rahmenbedingungen des Mediensystems geprägt (vgl. SCHOLL/WEISCHENBERG 1998: 207f.). Insofern setzt diese Feststellung entsprechende Überlegungen voraus, die den Blick auf die »Wechselwirkungen« (ebd.) zwischen der Ebene des Mediensystems, der Ebene der Medienorganisation und der Ebene des individuellen journalistischen Akteurs lenken.

In diesem Zusammenhang ordnet Donsbach (vgl. auch 2010: 23) vier Sphären des journalistischen Berufes zu. Die persönlichen Faktoren, zu denen er z. B. ethische Maßstäbe, berufliches Rollenselbstverständnis, Publikumsbild und Berufsmotivation zählt, bezeichnet er als Subjektsphäre. Mit der nächsten Professionssphäre sieht er den Journalisten als Teil einer sozialen Gruppe. Die medienbetrieblichen Zusammenhänge wie redaktionelle Tendenzen, Arbeitsmarkt und technische Strukturen subsumiert er in der Institutionssphäre. Das Ganze findet dann in der Gesellschaftssphäre statt, zu der Faktoren wie soziale Bindung, Pressefreiheit sowie gesetzliche und politische Rahmenbedingungen gerechnet werden (vgl. DONSBACH 1987: 112f.).

Ein im deutschsprachigen Raum sehr populärer Ansatz ist das Strukturmodell des Journalismus von Weischenberg (hier SCHOLL/WEISCHENBERG 1998), das auch als ›Zwiebelmodell‹ bekannt ist. Das Modell sieht hierarchisch angeordnete Ebenen vor. Mit diesen übereinander liegenden Ebenen erfasst das Modell die Einflussfaktoren, die das System Journalismus bestimmen (vgl. WEISCHENBERG 1994b: 431). Auf der innersten Ebene stehen die Medienakteure in ihrem Rollenkontext mit persönlichen Merkmalen und ihrem beruflichem Rollenselbstverständnis, ihrer Professionalisierung und Sozialisation. Im nächsten Funktionskontext werden die Medienaussagen, die Informationsquellen und Referenzgruppen der Journalisten, ihre Berichterstattungsmuster und Darstellungsformen zusammengefasst. Die nächste ›Schicht‹ ist der Strukturkontext, in dem die ökonomischen, politischen, organisatorischen und technologischen Bedingungen der Medieninstitutionen erfasst werden können. Diese drei Kontexte befinden sich im äußeren Normenkontexts. Damit sind die Normen des Mediensystems, also die gesellschaftlichen Rahmenbedingungen, historische und rechtliche Grundlagen, kommunikationspolitische Gegebenheiten sowie professionelle und ethische Standards zusammengefasst (ebd.: 431f., vgl. auch KRASTEVA 2007). Weischenbergs Modell ist verschiedentlich kritisiert worden, insbesondere für seine »theoretischen Brüche« (HANITZSCH 2004: 132), da seine einflusstheoretischen Grundsätze im Gegensatz zur Systemtheorie stehen, die von der Geschlossenheit eines sozialen Systems ausgeht (vgl. HANITZSCH 2004: 123). Trotz der Kritik hat das Modell seine empirische Fruchtbarkeit unter Beweis gestellt, etwa im Rahmen der Studie *Journalismus in Deutschland* (vgl. SCHOLL/WEISCHENBERG 1998), in der es zur Systematisierung von Einflussvariablen verwendet wurde (vgl. HANITZSCH 2004: 123).

Als weiteres Modell kann hier das von Esser erwähnt werden, das er in seiner komparativen Studie zum deutschen und englischen Journalismus (1998: 25) entwickelt und das sich weitgehend aus dem Ansatz von Weischenberg zu einem »integrativen Mehrebenen-Modell« entwickelt. Dort analysiert Esser den Journalismus als geschlossenes System durch vier Analyse-Ebenen, die er auch als »offene Orientierungshorizonte« (HANITZSCH 2004: 125) bezeichnet. In einer Gesellschaftssphäre fasst er die gesamtgesellschaftlichen Rahmenbedingungen. Darunter liegt die Medienstruktursphäre unter die die rechtlichen und ökonomischen Rahmen subsumiert werden. Das organisatorische Umfeld des journalistischen Arbeitsplatzes wird unter der Institutionssphäre gesehen. Abschließend unterscheidet Esser die Subjektsphäre, wo mit der Individualebene des Medienakteurs u. a. berufliches Rollenselbstverständnis gemeint ist. Nach Esser (2003: 26) prägen die Einflussfaktoren der äußeren Schalen einerseits das berufliche Rollenselbstverständnis und das konkrete Handeln der Akteure im Inneren, verhindern andererseits aber, dass sich die subjektiven Überzeugungen der Akteure ungefiltert in den Medieninhalten niederschlagen können. Er betont jedoch auch, dass Einzel- und Kollektivakteure in der Lage sind, die äußeren Bedingungsfaktoren zu beeinflussen. Insofern stehen diese verschiedenen Ebenen in einem engen Interaktionsverhältnis. Sie beeinflussen sich gegenseitig. Einzelfaktoren wirken nicht isoliert, sondern entwickeln ihren Einfluss erst im Verbund mit anderen Kräften (vgl. ebd.: 26).

Im englischsprachigen Raum haben vor allem Shoemaker und Reese (1996: 64ff.) das oft rezipierte ›Hierarchy-of-Influences‹-Modell entwickelt, das in vielerlei Hinsicht Ähnlichkeiten zum ›Zwiebelmodell‹ von Weischenberg aufweist. Auch er vollzieht mit Verweis auf das geschichtete Modell eine Abkehr von ›akteurzentrierten‹ sowie ›medienpsychologischen‹ (vgl. WEAVER/WU 1998) Ansätzen und eine Hinwendung zu ›komplexeren und mediensoziologischen‹ Ansätzen, die die organisatorischen, institutionellen und gesellschaftlichen Kontexteinflüsse stärker berücksichtigen (vgl. ESSER 2004: 164). Der Ansatz unterscheidet eine Einflusshierarchie, die in fünf Ebenen gegliedert ist: Die Ebene der *Individuen* bildet die Merkmale und das berufliche Rollenselbstverständnis sowie Merkmale der journalistischen Inhalte ab. Während die Ebene der *professionellen Routinen* sich mit wiederkehrenden Tätigkeitsmustern beschäftigt, versucht die Ebene der *Organisationen*, die Strukturen und Ziele von Redaktionen und Medienbetrieben sowie die Abhängigkeiten zwischen ihnen zu beschreiben. Die *außer-mediale Ebene* stellt in Rechnung, dass Medieninhalte durch eine Vielzahl gesellschaftlicher Institutionen wie Regierung, Werbung, Öffentlichkeitsarbeit, Interessengruppen und andere Medienbetriebe beeinflusst werden. Schließlich untersucht die *Ideologische Ebene* das Gewicht von ideologischen und kulturellen Einflüssen auf journalistische Inhalte (vgl. auch dazu HANITZSCH 2004: 95).

Es gibt in der internationalen Journalismusforschung weitere Modelle, die als eine Systematisierung von Einflusshierarchien auf die beruflichen Einstellungen beschrieben werden können (mehr dazu: vgl. HANITZSCH 2004: 123; ESSER 2010: 19). Entscheidend aber ist, dass aus diesen verschiedenen Ansätze der theoretischen Modellierung eine fünfdimensionale Kontextstruktur abgeleitet werden kann, die den Journalismus bestimmt und beeinflusst (vgl. HANITZSCH 2004: 123): *Wertekontext:* gesellschaftlicher Rahmen; *Normenkontext:* rechtlicher Rahmen und Institutionen; *Strukturkontext:* mediale Organisation und Struktur; *Funktionskontext:* Medieninhalte sowie *Rollenkontext:* Sozialisation, Professionalisierung, ethische Maßstäbe, Wahrnehmung der Einflussfaktoren, Publikumsvorstellungen und berufliches Rollenselbstverständnis.

3.1 Gesellschaftliche Faktoren

Die oberste Ebene in diesem Modell umfasst den Wertekontext, im Besonderen die gesellschaftlichen Rahmenbedingungen und die historischen Entwicklungen, in welchen sich relevante gesellschaftliche und kulturelle Rahmenbedingungen beschreiben lassen, unter denen Journalismus in »national verfassten Systemen« operiert (ESSER 2010: 123). Diese sind oft nicht Teil des journalistischen Systems, sie haben jedoch großen Einfluss auf dieses und helfen, den Journalismus zu beschreiben.

Besonders in den Entwicklungsländern wird der Wertekontext in den Studien, die journalistische Einstellungen untersuchen, mit dem Normenkontext gleichgesetzt (eine Ausnahme ist HANITZSCH 2004). Hier besteht jedoch Grund zur Annahme, dass gerade in den Entwicklungsländern diese Ebene ein Faktor ist, der journalistische Einstellungen in besonderer Weise erklären helfen könnte. Als maßgeblich können hier kulturelle Wertevorstellungen gesehen werden, die sich aus den historisch- kulturellen Gegebenheiten ableiten lassen. Aus diesem Grund wird dem Wertekontext zur Beschreibung der beruflichen Einstellungen im Journalismus in der vorliegenden Untersuchung ein zentraler Stellenwert eingeräumt und stellt damit internationale Journalismusforschung weiterentwickelt (vgl. HANITZSCH 2004: 170).

Donsbach (2010: 287) verweist darauf, dass »Kultur« als Erklärungsvariable »viel zu diffus und vielschichtig« sei und nicht als eine unabhängige Variable im empirisch-analytischen Sinne verstanden werden könne, um Unterschiede im Rollenverständnis von Journalisten zu erklären. Esser (2010: 15f.) schreibt jedoch, dass die »Medienkulturen [mit ihren] verschieden herausgebildeten Identitäten, Internalisierungen, Wertehaltungen oder Weltbildern auf kulturelle Kontexte zurückzuführen« seien, welche »das Ergebnis historisch-kollektiver Sozialisationsprozesse« seien. Sie strukturierten einerseits als Orientierungs- und Wahrnehmungsschemata die Weltwahrnehmung der Beteiligten, andererseits beeinflussten sie die Produktion, Rezeption, Evaluation und gegebenenfalls die Regulation von Medienkulturprodukten (vgl. ebd.).

In der Journalismusforschung lassen sich bezüglich des Begriffs ›Kultur‹ verschiedene Ansätze unterscheiden, die sich auf Journalismus als kulturell geprägte Tätigkeit beziehen. Zum einen werden die Kulturen des Journalismus selbst zum zentralen Gegenstand der Forschung. Zum anderen geht es jedoch um eine kulturelle ›Kontextualisierung‹ von Journalismus. Hierbei wird der Journalismus als »eine kulturell geprägte Tätigkeit« erfasst, die man im Rahmen ihres kulturellen Umfeldes analysieren sollte (vgl. HANITZSCH et al. 2004: 43). Dabei wird häufig eher implizit auf Kultur Bezug genommen, wenn es etwa um Normen, Ideologien oder die Gesellschaftssphäre schlechthin geht (ebd.: 53). Brüggemann (2011: 63) sieht zwei Fallstricke, die in diesen Modellen inhärent sind: Erstens wird Kultur territorial auf die gesellschaftliche

Einheit ›Nationalstaat‹ bezogen und dabei als homogene und stabile Größe gedacht. Diese Annahme widerspricht jedoch dem Kulturbegriff, der der aktuellen wissenschaftlichen Debatte zugrunde liegt. In diesen Debatten wird Kultur vielmehr als etwas verstanden, das die klassischen »kulturellen Muster territoriale[r] Grenzen« überschreiten, sich »vielfältig überlappen« und »sich im Laufe der Zeit verändern« kann (HEPP 2004: 123, zit. nach BRÜGGEMANN 2010). Die Kultur eines Territoriums wird darum heute immer als hybrid gesehen, d. h. als ein »Kompositum verschiedener kultureller Einflüsse« (ebd.). Kultur als »unabhängige Variable« in einem kausalen Modell zu behandeln, wird dem Konzept Kultur insofern nicht gerecht, als »[...] Kultur keine Instanz [ist], in der gesellschaftliche Ereignisse, Verhaltensweisen, Institutionen oder Prozesse kausal zugeordnet werden könnten. Sie ist ein Kontext, ein Rahmen, [indem] sie [diese Ereignisse, Verhaltensweisen, Institutionen oder Prozesse] verständlich und beschreibbar« werden lässt (GEERTZ 1995 [1973], zit. nach BRÜGGEMANN 2010: 7). Demnach passt zwar Kultur als Kontext nicht in ein kausales Design, mit klar getrennten, unabhängigen und abhängigen Variablen, kann aber durchaus zum Verständnis des Journalismus als gesellschaftliches Phänomen beitragen (vgl. BRÜGGEMANN 2010). Erwähnenswert ist aber auch, dass diese neuen Ansätze den alten Kulturbegriff in sich aufgenommen haben: Nach wie vor gibt es »territorial vorkommende kulturelle Muster« und diese sind auch noch relativ stabil (HANITZSCH 2004: 123).

Die Vorgehensweise der vorliegenden Untersuchung basiert auf dem zweiten Ansatz und versteht unter dem Begriff ›Kultur‹ »die Summe der Deutungsmuster, auf die Menschen in ihrem Denken, Sprechen und Handeln Bezug nehmen«. Die Kulturanalyse beschäftigt sich nach Brüggemann (2010) mit der »Sinn-Dimension sozialen Handelns« der Gesellschaft. Die Kulturforschung geht davon aus, dass Kultur nicht »jenseits des Handelns objektiv existiert, sondern diese sich im Denken der Menschen artikuliert und dass erst durch Kommunikation und Handeln subjektive Sinngebung zu einem objektiven sozialen Faktum wird« (ebd.).

Aufgrund der gesellschaftlichen Formation der Entwicklungsländer kann insbesondere die Bedeutung der Religion und der ethnischen Zugehörigkeit bezüglich ihrer Stellung im Kommunikationsprozess und im journalistischen Rollenverständnis nicht außer Acht gelassen werden, denn die kulturellen Traditionen und religiösen Überzeugungen sind in den Entwicklungsländern ein Reservoir, auf das die dort lebenden Menschen immer zurückgreifen (MÖRTH 1986: 5). In diesem Zusammenhang verweist auch Hanitzsch (2004: 113) in seiner Journalistenstudie über Indonesien darauf, dass sowohl die ethnische als auch religiöse Zugehörigkeit von erheblicher Bedeutung sind, weil sie in den Ländern »einen ganz zentralen Referenzbereich im gesellschaftlichen Miteinander« darstellen.

Kritiker aus der medientheoretischen Wissenschaft klagen hingegen über die besonders in den Industrieländern vorherrschende Voreingenommenheit »westlich-liberaler« Mediensysteme, die in Medientheorien oft als »Messlatte für andere Kommunikationssysteme« dargestellt werden (NAZZAL 2006: 61ff.). Dies wird in der Regel auf mangelndes Verständnis anderen Kulturen gegenüber zurückgeführt (vgl. KHIABANY 2003: 418). Bärwolff, Brettschneider und Frost (2004: 14f.) stellen beispielweise fest, dass die Bedeutung der »sozialen Bindung der Kommunikation« in Asien sehr stark und religiös begründet sei.[14] Demnach wird dort den Massenmedien die nationale Aufgabe zugeschrieben, für die Bildung und die Vermittlung traditioneller Werte Sorge zu tragen. Diese vermeintliche Tendenz in islamischen Gesellschaften versucht Mowlana (1996) in seinem Aufsatz *Islamic communication Paradigm* zu beschreiben. Er setzt die Existenz *einer* islamischen Kultur voraus, die alle von ihm beschriebenen »islamischen Gesellschaften« gemeinsam haben. Darin grenzt sich Mowlanas Generikum der »Islamic Communication« von westlichen Modellen und jener im Westen verbreiteten Vorstellung des »Nation-State« ab. Er verwendet dafür als Synonym nicht den Begriff ›Nation‹, sondern den religiösen Inhalt des Terminus (Gemeinschaft des Glaubens) ›Umma‹. Letzterer baut auf dem Bekenntnis zum islamischen Glauben auf, in dem die Frage der Staatsangehörigkeit, die für den Begriff der Nation einen wesentlichen Aspekt darstellt, keine Rolle spielt (vgl. NAZZAL 2006: 109). Im islamischen Kommunikationsmodell wird die Idee der »Verbreitung und Aufrechterhaltung der islamischen Lehre durch Information und Bildung« als zentral hervorgehoben (ebd). In der Wahrung dieser Prinzipien wird die Aufgabenfunktion der Medien gesehen. Nazzal (2006: 111f.) beanstandet in Mowlanas Ansatz jedoch, dass er erstens alle in den verschiedenen Weltstaaten lebenden Muslime als »eine kulturell homogene und einheitliche

14 Nazzal (2006: 111f.) kritisiert, dass dies meistens auf der einen Seite zur »Eigenlegitimation von Restriktionen sowie Einschränkungen« der Medienfreiheit durch den Staat und auf der anderen Seite zu einer »starken Selbstzensur« der Journalisten zum Schutz dieser Werte führe.

Gemeinschaft betrachtet« und zweitens, dass die meisten muslimischen Länder, d. h. Länder, in denen Muslime die Mehrheit der Bevölkerung stellen, säkular eingestellt seien, was ihre Ansprechbarkeit für eine religiös orientierte ›Botschaft‹ infrage stellt.

In der Tat wird jedoch in vielen Entwicklungsländern, die islamisch geprägt sind, die Tradition und Religion als »Wertsphäre« für das journalistische Handeln erfasst (BÄRWOLFF/BRETSCHNEIDER/FROST 2004: 11). Diesen »religiösen Einfluss« finden wir in differenzierten Formen in vielen unterschiedlichen islamischen Gesellschaften wieder (ebd.).

Die Journalismusforschung ist sich uneins, wenn es um das Verhältnis von Religion und Journalismus geht. Einige Studien verweisen darauf, dass berufliche Einstellungen der Journalisten in Gesellschaften mit den oben genannten ›Wertsphären‹ in einigen Punkten Ähnlichkeiten aufweisen. So gehört es in Teilen der islamischen Welt zum Berufsbild, dass Journalisten neben der sozialen Verantwortung (vgl. RAMAPRASAD/HAMDY 2007; ALTAF 2005; BÄRWOLFF/BRETSCHNEIDER/FROST 2004) die Förderung religiöser Werte als zentrales Kommunikationsziel bezeichnen. Andere Studien bezeichnen jedoch Merkmale wie Religionszugehörigkeit als »sekundäre Differenzierungen« und bescheinigen ihnen allgemein einen »graduellen und tendenziellen Charakter«, da sie nur einen geringen Beitrag zur Beschreibung des Journalismus leisten können (HANITZSCH 2004: 243).

Kritisiert wird in der Journalismusforschung auch, dass der Einfluss von Ethnizität auf den Journalismus bislang nur marginal untersucht worden ist und sich die Studien, die sich damit beschäftigen, weitgehend auf eine Beschreibung der ethnischen Zusammensetzung der untersuchten Gesellschaft beschränken (ebd.: 227). So schlägt Hanitzsch (2004: 227) in seiner Studie *Journalismus in Indonesien* einen anderen Weg ein, indem er bei seiner Untersuchung der beruflichen Einstellungen der Journalisten insbesondere die Frage in den Mittelpunkt rückt, ob die Zugehörigkeit zu einer bestimmten ethnischen Gruppe »im systematischen Prozess des Journalismus potenziell hineingreift«. Führt diese Zugehörigkeit der Befragten zu verschiedenen beruflichen Selbstbildern oder ist »Journalismus gegen die Irritationen durch diese kulturelle Variablen« Resistenz (ebd.)?

In Anlehnung an die Studie *Journalismus in Indonesien* von Hanitzsch (2004: 221) werden im Wertekontext zwei Konzepte – ethnische Strukturen und religiöse Gemeinschaften – als zentrale Bezugsgrößen bei der Beschreibung der beruflichen Einstellungen der Journalisten eingesetzt. Auf der Erkenntnis basierend, dass Afghanistan eine multi-ethnische Gesellschaft ist sowie ethnische und religiöse gesellschaftliche Wertestrukturen aufweist, hat die Fragestellung, wie die Einstellung der Journalisten in Afghanistan in diesem Zusammenhang zu werten ist, eine hohe Relevanz. Dabei wird bei der systematischen Untersuchung der Sekundärliteratur zum einen der Frage nachgegangen, welche ethnischen Strukturen und religiösen Gemeinschaften die afghanische Gesellschaft aufweist und wie diese konstituiert sind. Zum anderen wird die zentrale Frage lauten: Existiert ein Zusammenhang zwischen ethnischer und religiöser Zugehörigkeit und beruflichen Selbstbildern von Journalisten? Konkret wird es hier darum gehen, ob es einen Unterschied zwischen den verschiedenen ethnischen und religiösen Gruppen in den beruflichen Einstellungen und Motiven gibt und ob bestimmte Aspekte als Ausdruck von Kultur identifiziert werden können, die die Selbstbilder determinieren und die von den Ergebnissen im internationalen Vergleich abweichen.

3.2 Rechtlich-normative Faktoren

Diese Ebene bildet den Normenkontext und beschreibt die Normen des Mediensystems eines Landes. Diese betreffen die Kommunikationspolitik, also die rechtlichen Grundlagen und die ethischen Standards. Zu letzteren werden insbesondere die Institutionen der beruflichen Selbstorganisation von Journalisten gezählt.

Die Kommunikationspolitik wird hier als ein umfassender Faktor verstanden, der das Handeln der journalistischen Akteure beeinflusst, indem er die Strukturen, Prozesse und Inhalte der gesellschaftlichen Kommunikation ordnet (THOMASS 2007: 24). Sie ist bestrebt, eine »Normierung« (ebd.) der gesellschaftlichen Kommunikation zu gestalten und diese unter dem Einfluss unterschiedlicher Akteure umzusetzen. So wird die Arbeit der Journalisten durch die Kommunikationspolitik mit ihren unterschiedlichen »Handlungsoptionen« zwar ermöglicht, aber auch durch »Restriktionen« begrenzt (ebd.).

Thomaß (2007: 24) verweist darauf, dass Kommunikationspolitik in jedem Land den »ordungspolitischen Leitvorstellungen« der dort gegebenen Gesellschaft folge.

Gemäß der Dreiteilung kommunikationspolitischer Felder nach Kleinsteuber und Thomaß (2005: 79) werden hier folgende Bereiche identifiziert und untersucht: *Polity* bezeichnet die politische Ordnung in ihrer

Gesamtheit, die maßgeblich Normen und Institutionen zum einen in Medienrechten, wie z. B. in verfassungsrechtlich verankerten Grundrechten und Mediengesetzen, zum anderen aber auch in der Medienethik, z. B. in selbstauferlegten Moralkodizes der Journalistenverbände oder einzelnen Redaktionen, verankert. *Policies* bezeichnet die Inhalte der Medienpolitik. Hier geht es um folgende Fragen: Welche Medienbereiche sind Gegenstandsbereich der Medienpolitik? Welche Regelungen und Institutionen, in welchen Feldern, gelten für das Mediensystem? Schließlich *Politics* – dieser Bereich beschreibt »das Ringen der Akteure um politische Macht« (ebd.: 26). Hier geht es um die Frage, welche Akteure welche Rollen im Mediensystem spielen. Es geht um die Frage nach den angewandten Strategien, Vorhaben und Forderungen dieser Akteure.

Die in den Gesetzen niedergelegte medienpolitische Ordnung, die als eine »Handlungsanweisung« das Verhalten der Kommunikationsakteure reguliert, entsteht in einem »gesellschaftlichen Aushandlungsprozess« (PATER 2002: 120).

Bei der Medienethik handelt es sich grundsätzlich um »Steuerungsinstrumente«, die an die Vertreter einer Berufsgruppe adressiert sind, um für sie als »Orientierung« zu dienen. Sie sind im Gegensatz zu den rechtlichen Vorschriften, die durch die damit verbundenen Sanktionen verbindlicher und durchsetzungsfähiger sind, eher »ethische Anforderungen« (PATER 2002: 125). Deswegen sind sie »weicher«, »flexibler« und an »Konfliktsituationen anpassbarer« (LESCHKE 2001: 16, zit. n. PATER 2002: 125). Medienethik findet ihren Gegenstand oft in ethischen Kodizes, die durch Journalistenverbände entwickelt werden. Sie schreiben die erwünschten beruflichen Standards journalistischer Arbeit als »Handlungsleitfaden auf der Ebene der einzelnen Journalisten« fest (PATER 2002: 125). Sie haben zum Ziel, ein »Angebot von Maximen« anzubieten, an welchen sich die Journalisten bei ihrem Handeln unabhängig von den jeweiligen Umständen oder deren Folgen orientieren können (WEISCHENBERG 2004: 191). Die Journalistenverbände haben dann in der Regel eine doppelte Funktion: Zum einen setzen sie sich für den Schutz der Pressefreiheit ein und zum anderen formulieren sie Normen zur Erfüllung der Medienethik für Journalisten.

Die ethischen Kodizes für Journalisten bieten, ebenso wie ihre Pendants in anderen Berufen, beispielsweise Medizin oder in Jura, durch die Berufsverbände erklärte professionelle Normen und Werte, in deren Rahmen die Journalisten ihre soziale Rolle angemessen gestalten sollen (BERTRAND 2000: 23). Konkrete Ziele dabei sind, das »Ansehen« und die »Glaubwürdigkeit« des entsprechenden Berufs in der Öffentlichkeit zu steigern. Noch wichtiger ist jedoch, dass diese als eine Art »Schutzschild« für Mitglieder dieser Gruppe dienen, um eine »externe Aufsicht und Einschränkung« (HIMELBOIM/LIMOR 2009: 242) zu verhindern. Um diese Ziele zu erreichen, legt sich das Journalismussystem seinerseits im Einklang mit »sozialer Verantwortung« selbstverpflichtende Einschränkungen auf, um ein Eingreifen des Staates in die Medienaktivitäten und Inhalte auszuschließen (HIMELBOIM/LIMOR 2009: 242).[15]

Ergebnisse vergleichender Studien zeigen, dass die ethischen Kodizes für die Journalisten weltweit viele Übereinstimmungen und Gemeinsamkeiten aufweisen. Sie appellieren in der Regel an die Journalisten, »Ehre«, »Wahrheit«, »Fairness«, »Sauberkeit«, »Anstand« und »Aufrichtigkeit«[16] in der Informationensammlung und Verwertung anzuwenden (ebd.: 245).

Eine Untersuchung, die ethische Kodizes aus Europa und aus den islamischen Ländern miteinander vergleicht, verweist einerseits auf diese ›Konkordanz‹ in Bezug auf die Wertigkeiten im Journalismus. Andererseits wurden aber auch Unterschiede in der Haltung zur Pressefreiheit herausgefunden. Obgleich beispielweise in einigen islamischen Ländern das Konzept der Pressefreiheit zwar »formal« und »konstitutionell« in der Verfassung verankert ist, werden in den Kodizes bestimmte Einschränkungen für den Journalismus zugunsten der nationalen, politischen, religiösen oder kulturellen Interessen akzeptiert (Hafez, zit. n. HIMELBOIM/LIMOR 2008: 256).

Hier wird davon ausgegangen, dass die verschiedenen normativen Bedingungen für den Journalismus den »Orientierungsrahmen für die Entscheidungen und Handlungen« (ESSER 1998: 26) der Journalisten darstellen und deshalb »Heteromorphien« (SCHOLL/WEISCHENBERG 1998: 217) in den Selbstbeschreibungen der Medienakteure zur Folge haben. Insofern wäre hier die Fragestellung von Bedeutung, inwieweit die »Handlungsanweisungen« einerseits und die »Orientierungsinstrumente« (HIMELBOIM/LIMOR 2008: 242) andererseits die beruflichen Selbstbilder der Journalisten determinieren.

15 Die Ethikkodizes haben auch zum Ziel, die Solidarität unter den Anhängern zu fördern. Sie erfüllen die integrale Funktion, indem sie Grundüberzeugungen formulieren und daher als das ›Gewissen‹ des Berufs wahrgenommen werden (ALLISON 1986).

16 Weischenberg (2004: 193) sieht diese Werte nicht als »absolut«, sondern eher als »relative Wertigkeiten«, da sie von dem »jeweiligen Bezugssystem« abhängig seien.

3.3 Organisationale und strukturelle Faktoren

Medien sind »organisierte soziale Handlungssysteme« (SIEGERT 1993: 13 zit. n. THOMASS 2007: 17), die in ihrer Gesamtheit wiederum ein System, das Mediensystem, bilden. Zum Mediensystem gehören alle Medien, die nicht nur aktuellen Aussageproduktionen dienen, sondern auch nicht aktuelle Medien. Für die öffentliche Kommunikation einer Gesellschaft sind jedoch insbesondere die an der Aktualität orientierten, periodisch erscheinenden Medien von Bedeutung. Sie sind der wichtigste mediale Machtfaktor in der politischen Gestaltung einer Gesellschaft (THOMASS 2007: 20). Daher sind sie am stärksten den Bemühungen politischer Akteure nach Regulierung, Steuerung oder gar Einflussnahme ausgesetzt. Beate Schneider betrachtet die »Medien nicht nur als technische Artefakte [sondern] als soziale Organisationen, welche auf vielfältige Weise in ökonomische, politische und kulturelle Gegebenheiten eingebunden sind und auf diese einwirken« (SCHNEIDER 1998: 122). Sie sind Ausdruck eines kulturellen und gesellschaftlichen Selbstverständnisses. Bei der Analyse des Mediensystems richtet sich das Interesse auf den systematischen Zusammenhang der Medien, welche für die gesellschaftliche öffentliche Kommunikation von Relevanz sind (THOMASS 2007: 17). Mediensysteme bilden deshalb soziale und politische Strukturen ab. Dies erfordert, die politisch-rechtlichen und technologischen Aspekte der Medien in ihrem Zusammenhang und für die einzelnen medialen Subsysteme (u.a. Rundfunk, Presse, Online-Medien) zu untersuchen (ebd.). Nach Thomaß lassen sich Mediensysteme ferner auf der Makro-, der Meso- und der Mikroebene und in deren wechselseitigen Beziehungen analysieren (THOMASS 2007: 30).

Die organisatorischen und ökonomischen Faktoren der Massenmedien spielen inzwischen eine wichtige Rolle für die Journalismusforschung. Diesen Ebenen spricht die Forschung die stärkste Prägekraft zu (vg. HANITZSCH 2006: 176). Die akteurszentrierte Journalismusforschung ging bislang davon aus, dass die einzelne publizistische Persönlichkeit nicht nur die individuelle journalistische Leistung, sondern den gesamten redaktionellen Arbeitszusammenhang prägt. Doch neue empirische Befunde der Redaktionsforschung verweisen eher auf einen umgekehrten Vorgang, wobei die »Organisationsmuster und Rollenerwartungen« die Einstellungen der einzelnen redaktionellen Rollenträger determinieren bzw. prägen (SCHOLL/WEISCHENBERG 1998: 298). Nach Scholl und Weischenberg (ebd.: 287) sind Massenmedien das Ergebnis der »Institutionalisierung von Kommunikation«, deren Leistungsfähigkeit durch bestimmte Strukturen sichergestellt wird und daher diese Beziehung unter besonderer Berücksichtigung des Organisationszusammenhangs redaktioneller Arbeit untersucht werden kann. Was den Journalismus betrifft, so ist er im Mediensystem in zweifacher Hinsicht organisationsgebunden: Zum einen ist er in der Form von Redaktionen organisiert, für die die Journalisten arbeiten, zum anderen sind die Redaktionen in die Organisationen der privatwirtschaftlichen Medienunternehmen von Presse, Hörfunk, Fernsehen, Online-Anbietern und Nachrichtenagenturen eingebunden (GRITTMANN 2002: 292). Zudem stellen verschiedene Untersuchungen für nahezu alle Journalismusbereiche einen zunehmenden Einfluss von wirtschaftlichen Kriterien fest (vgl. PRESTON/METYKOVA 2009: 88). Scholl und Weischenberg (1998: 217) gehen davon aus, dass die ökonomischen Faktoren weltweit die Prozesse der Aussage-Entstehung in Massenmedien dominieren. Der Grund könnte vor allem im Medienwettbewerb und in der Medienkonzentration sowie in der Abhängigkeit der Medien von der Werbung als Finanzierungsquelle gesehen werden, welche die Organisation des Journalismus beeinflussen (ALTMEPPEN 1996: 504). Altmeppen sieht weltweit eine »Reduktion von Divergenzen und sogar die Konvergenz des Journalismus«, wo insbesondere nordamerikanische Medien und Journalismussysteme mit ihren »kommerziellen-liberalen Strukturen« als Modell dienen (SCHOLL/WEISCHENBERG 1998: 217). Ähnlich argumentieren Hallin und Mancini (2004), die feststellen, dass durch die weltweite ›Expansion‹ und die ›Dominanz‹ von marktwirtschaftlichen, primär an Gewinn orientierten Konzepten ein Strukturwandel ausgelöst wurde, der tendenziell zur Konvergenz von unterschiedlichen nationalen Mediensystemen führe. In diesem Kontext wird die »doppelte Erwartung« von Journalismus in der Gesellschaft als »problematisches Verhältnis« gesehen: »[p]ublizistische[n] Leistungserwartungen« und den »ökonomische[n] Gewinnerwartungen« gerecht werden (ALTMEPPEN 2004: 504). Aus dieser Konstellation heraus ergibt sich die Frage, wie autonom die journalistischen Organisationen in diesem Kontext handeln können und wie stark diese »ökonomische Logik« die Auswahl und Präsentation der Medienangebote beeinflusst (ebd.). Verschiedene Studien legen für nahezu alle Journalismusbereiche einen zunehmenden Einfluss von wirtschaftlichen Kriterien nahe (PRESTON/METYKOVA 2009: 88). Hier sprechen die Studien von der »Kommerzialisierung der Mediensysteme« (HALLIN/MANCINI 2004: 79), womit ein sozialer Prozess bezeichnet wird, in dem sich die journalistischen Organisationen zunehmend den ökonomischen Regeln kapitalistischer Gesellschaften unterwerfen und das soziale Handeln von ökonomischem Kalkül geleitet wird (ALTMEPPEN 1996: 504). Dies führt zunehmend dazu, dass die »ökonomischen Handlungskriterien« stärker an Gewicht gewinnen und die Medien statt der gesellschaftlich erwünschten publizistischen Leistungen »massenattraktive, anspruchslose und damit dysfunktionale Angebote« anbieten (ebd.: 506). In dieser Veränderung wird auch der Wandel sozialer Funktionen des Journalismus gesehen, in welchem der Journalist sein Hauptziel nicht darin sieht, »Ideen zu verbreiten« und »sozialen Konsens zu schaffen«, sondern nur journalistische Inhalte generiert, um »Unterhaltung und Informationen« zu produzieren, die an einzelne »Verbraucher« verkauft werden können (HALLIN/MANCINI 2004: 277).

Im Mittelpunkt dieses Analyseabschnitts stehen das afghanische Mediensystem und seine organisatorischen und ökonomischen Rahmenbedingungen. Folglich werden diese zwei Ebenen des Mediensystems unterschieden und untersucht.

3.4 Berufliche Merkmale und Einstellungen

In diesem Abschnitt werden sieben Untersuchungskategorien beschrieben, die berufliche Einstellungen von Journalisten beeinflussen können. In der ersten Kategorie werden demografische Merkmale, Sozialisation, Ausbildung und Berufsverhältnisse ermittelt. Danach werden die Berufszufriedenheit und die ethischen Maßstäbe im Journalismus aus Sicht der Journalisten untersucht. In der folgenden Kategorie wird der Wahrnehmung des internen sowie externen Einflusses auf die journalistische Arbeit und dem Publikumsbild von Befragten nachgegangen. Abschließend folgt die Erforschung des beruflichen Rollenselbstverständnisses der Journalisten, wobei einerseits nach den Kommunikationszielen und andererseits nach deren Erfolg gefragt wird.[17]

17 Bei der Operationalisierung wird eine Vorgehensweise gewählt, die auf den Forschungsdesigns der Studien *American Journalist* (WEAVER/WILHOIT 1996), *The Global Journalist* (WEAVER 1998), *Journalismus in Indonesien* (HANITZSCH 2004), Nepal, Ägypten, Tansania, Bangladesch Studien (u.a. RAMAPRASAD 2001, 2003, 2005, 2007) sowie *Journalismus in Deutschland* (vgl. hier SCHOLL/WEISCHENBERG 1998) basiert. Dadurch soll einerseits der Anschluss an die internationale Journalismusforschung gefunden und andererseits sollen die Ergebnisse dieser Studie in den Kontext der traditionellen ländervergleichenden Journalismusforschung gestellt werden.

Soziodemografie

In dieser Kategorie werden in der Journalismusforschung die soziodemografischen Merkmale zusammengefasst und danach gefragt, ob die Unterschiede in den beruflichen Einstellungen im Journalismus in Zusammenhang mit soziodemografischen Merkmalen stehen. So wird neben dem Alter das Geschlecht als möglicher Einflussfaktor auf die journalistischen Rollen betrachtet. Über diesen Zusammenhang ist sich jedoch die Journalismusforschung bislang nicht einig. Ehmig (2000: 305) kommt zu dem Schluss, dass sich z. B. jüngere und ältere deutsche Journalisten in ihrem Selbstverständnis unterscheiden. Einige geschlechtsspezifische Studien bestätigen auch, dass Männer und Frauen verschiedene journalistische Rollenmuster bei ihrer Arbeit verfolgen (vgl. LÜNENBORG 2002: 526f.). Hanitzsch (2004: 238) stuft aber den Einfluss des Lebensalters auf die berufsstrukturellen Prozesse im Journalismus als »unbedeutend« ein, da er in seiner Untersuchung zwischen den unterschiedlichen Altersgruppen und Geschlechtern eine »weitgehende Konkordanz« in Bezug auf die journalistische Arbeit (Rollenselbstverständnis etc.) feststellt. Andererseits betont er aber auch, dass die kulturellen Lagermerkmale durchaus in der Lage sind, die »redaktionellen Strukturen im Journalismus zu überlagern« (ebd.).

Professionalisierung und Sozialisation

Das Professionalisierungskonzept stammt aus der Berufssoziologie und dient nach Weischenberg (2002: 490ff.) zur »Einordnung und Bewertung von Berufen unter dem Aspekt der Qualifikationsvoraussetzungen, des Prestiges und der beruflichen Bedingungen.« Er beschreibt unter Professionalisierung im Wesentlichen drei verschiedenen Perspektiven: die Untersuchung allgemeiner berufsstruktureller Prozesse in einer Gesellschaft; die Untersuchung spezieller Abschnitte beruflicher Sozialisation und die Analyse von qualitativen Veränderungsprozessen einzelner Berufe bzw. Berufssparten.

Damit der Prozess der Professionalisierung operationalisiert werden kann, hat für die Bewertung des Prozesses Wilensky (1972: 413, zit. nach WEISCHENBERG 2002: 492) die folgenden fünf Entwicklungsstufen ausgemacht, die Berufe nacheinander durchlaufen müssen, um eine Profession zu werden: (i) Zusammenfassung der Berufsfunktionen in einer Vollzeit- und Hauptbeschäftigung für die Berufsträger und Definition eines ›Vollberufs‹; (ii) Einrichtung von Ausbildungsinstitutionen für den beruflichen Nachwuchs sowie Einigung über Ausbildungsinhalte; (iii) Bildung von Berufsverbänden zur Interessenvertretung; Änderung der Berufsbezeichnung, Trennung von inkompetenten Berufsangehörigen; (iv) staatlicher/gesetzlicher Schutz des eigenen Titels usw. und der eigenständigen Berufsausübung sowie der Berufskontrolle; (v) Zusammenfassung der Berufsregeln in einer Berufsethik und der Versuch, die Berufsausübung zu monopolisieren.

Nach Weischenberg (2002: 493ff.) können die Berufsbilder, die diese Stufen erfolgreich durchlaufen haben, Kompetenz und Autonomie beanspruchen. Demnach beruht berufliche Kompetenz auf spezifischen, in einer systematischen Ausbildung erworbenen Kenntnissen, Wertevorstellungen, Normen und Verhaltensstandards eines Berufes. Als berufliche Autonomie bezeichnen sie die selbstständige Reglung von Problemen der Berufsgruppe. Darüber hinaus beschreiben sie »altruistische Orientierung« (Ausrichtung des Handelns eher am Gemeinwohl als an eigenen Interessen) und »idealistische Belohnung« (Freude an der Arbeit, Belohnung etc.; ebd.) als Einstellungen der Berufsvertreter, die eine Profession kennzeichnen.

Bei der Anwendung dieser Stufen der Professionalisierung des Journalistenberufs können weder Weaver und Wu (1998: 446) in ihrer internationalen Journalismusforschung noch Scholl und Weischenberg (1998) den Journalismus eindeutig als Profession identifizieren. Insofern wird in der Journalismusforschung nicht von »Profession«, sondern vorsichtiger von »Professionalisierung bzw. Professionalisierungstendenzen« gesprochen (HANITZSCH 2004: 99). Rühl (1980: 104) begreift die Professionalisierung von Berufen als einen Prozess der funktionalen »Binnendifferenzierung«, in dem ein »Wandlungsprozess« von allgemeinen Berufen in Berufe spezieller Art stattfindet. Ebenso dazu gehören die »Institutionalisierung von Berufsroutinen« und »Expertisierung von spezifischen Funktionsrollen«, die dann in der »Inszenierung einer spezifischen Sinnstruktur« ihren Ausdruck finden (OFFERHAUS 2006: 3).

Im Journalismus bezieht sich Sozialisation auf berufliche Prozesse, die den Einzelnen betreffen. Im Verlauf der Sozialisation lernt ein Individuum in einem lebenslangen Vorgang, sich in das bestehende Gesellschaftsgefüge zu integrieren. Dabei werden die Normen gelernt und verinnerlicht, die in den Medieninstitutionen jeweils Gültigkeit besitzen. Durch Sozialisation werden Journalisten »Mitglieder« dieser Institutionen (WEISCHENBERG 2002: 490). Thomaß (2001: 133) versteht unter Sozialisation den Prozess, in dessen Verlauf sich der Journalist das praktische, theoretische und soziale

Wissen aneignet, um seinen Beruf ausüben zu können. Ronneberger unterscheidet (1987: 398) zwei Phasen der Sozialisation: In der ersten »Präjournalistischen Phase«, die er auch vorberufliche Sozialisation nennt, ebnen vor allem die primären Sozialisationsinstanzen wie Familie und Schule den Weg für die spätere berufliche Laufbahn. Die zweite Phase ist gekennzeichnet durch die »typischen« Sozialisationsinstanzen der beruflichen Ausbildung, die Medienorganisation. Einen der wichtigsten Aspekte in der Professionalisierung und der journalistischen Sozialisation bildet die journalistische Ausbildung, in der der Journalist »die [an] Arbeits- und Berufsrollen gebundenen Verhaltenserwartungen in mehrschichtigen Sozialisierungs- und Professionalisierungsprozessen« erwirbt (vgl. HANITZSCH 2004: 100; WEISCHENBERG/LÖFFELHOLZ/SCHOLL 1994: 155). Für die Analyse der Professionalisierung und der beruflichen Sozialisation nennt Hanitzsch (2007: 100) folgende Dimensionen, die von zentraler Bedeutung sind: (i) die berufliche Aus- bzw. Weiterbildung; (ii) die Berufserfahrung (Dauer der journalistischen Tätigkeit in Lebensjahren); (iii) Mitgliedschaft in den berufsständigen Organisationen sowie (iv) Nebenbeschäftigungstätigkeiten (wenn es z. B. um die geringe Vergütung journalistischer Tätigkeiten geht).

Berufszufriedenheit

Das Konzept der Berufszufriedenheit zeigt an, wie Journalisten auf die Bedingungen reagieren, unter welchen sie arbeiten. Die Frage, wie die Journalisten auf ihre beruflichen Arbeitsbedingungen reagieren, ist schon Gegenstand mehrerer kommunikationswissenschaftlicher Untersuchungen. Dabei wurden die Journalisten nach der »Berufszufriedenheit« bzw. »Arbeitszufriedenheit« gefragt, um auf diese Weise die objektive und die subjektive Dimension journalistischer Arbeit miteinander vergleichen zu können (vgl. WEISCHENBERG 2005: 429).

Die Arbeitszufriedenheit ist einerseits subjektiv (vgl. WEISCHENBERG 2002: 430), andererseits aber basiert sie auf den objektiven Beschäftigungsbedingungen innerhalb der Medienbetriebe. Um den Ursachen für eine Zufriedenheit bzw. Unzufriedenheit der Journalisten auf den Grund zu gehen, schlägt Hanitzsch (2004: 123) vor, die generelle Einschätzung der Berufszufriedenheit zu den Bewertungen des Arbeitsverhältnisses (vgl. auch WEAVER/WU 1998: 437) in Beziehung zu setzen. Resultierend aus Berufsfaktoren bieten Weaver und Wilhoit eine Item-Batterie, die aus folgenden Kategorien besteht: Höhe des Einkommens, berufliche Sicherheit,

Umfang der Autonomie, die Möglichkeit, Menschen zu helfen sowie die Möglichkeit, die öffentlichen Belange zu beeinflussen. In der vorliegenden Arbeit werden folgenden Items übernommen:

Ethische Maßstäbe

Es wird davon ausgegangen, dass die ethischen Maßstäbe der Journalisten für die Praxis richtungweisend und bestimmend sind und daher zur Erklärung der beruflichen Rollen im Journalismus beitragen können. Das Ziel der vorliegenden Studie ist, die Anwendung ethischer Maßstäbe bei der Berichterstattung (Recherchemethoden, Informationssammlung- und Gestaltung) durch die Journalisten mithilfe der Fragestellung zu untersuchen, welche *konventionellen bzw. unkonventionellen Methoden* der Informationssammlung- und Vermittlung die befragten Journalisten für vertretbar halten und wie sie auf ethische Dilemmas reagieren. Es wird versucht, bestimmte Typen berufsethischer Haltungen zu klassifizieren.

Bei der Analyse der ethischen Maßstäbe bieten sich zwei Vorgehensweisen an: Zum einen wird die Ethik als normativer Anspruch an journalistisches Handeln verstanden und insofern in den journalismustheoretischen Modellen als Einflussfaktor in den strukturellen Dimensionen kategorisiert. So positioniert Donsbach (2010: 342) diese Faktoren in der Professionssphäre und Scholl und Weischenberg (1998) verweisen in ihrem Strukturmodell des Journalismus auf den Normenkontext. Zum anderen können die Einflussfaktoren aber auch als »eigene ethische Maßstäbe und persönliche Wahrnehmung« der Journalisten innerhalb dieser normativen Strukturen erfasst werden (KRASTEVA 2008: 45).

In einigen Untersuchungen der Journalismusforschung wird die ethische Orientierung der Journalisten in Bezug auf die Anwendung fragwürdiger Recherchemethoden operationalisiert, indem Journalisten befragt werden, ob sie bestimmte Methoden befürworten bzw. ablehnen (vgl. WEAVER/WILHOIT 1986; HANITZSCH 2004: 110, 2011: 245). Dies wird damit begründet, dass Recherche eine »zentrale« journalistische Tätigkeit und daher in besonderem Maße geeignet ist, ein journalistisches Problembewusstsein für ethische Fragestellungen zu erfassen (vgl. HANITZSCH 2004: 111).[18] Eine

18 Beim befragten Journalisten regt man auf diese Weise an, über einen ›journalistischen Grundkonflikt‹ nachzudenken: zwischen normengerechtem Verhalten auf der einen Seite und der Re-

bewährte Operationalisierungsstrategie dafür kommt von Weaver und Wilhoit (1991, 1996; vgl. HANITZSCH 2004: 110). Sie besteht aus einer Liste von aus ethischer Sicht kritisch zu bewertenden Recherchemethoden, die durch Journalisten beurteilt werden sollen, um zu sehen, welche auf Zustimmung bzw. Ablehnung stoßen. Dabei ist zu kritisieren, dass in diesen Operationalisierungsstrategien die unterschiedlichen kulturellen Kontexte einzelner Länder nicht berücksichtigt und vor allem die »westliche[n] Werte als Maßstab« angesetzt werden (vgl. JOSEPHI 2005: 385). Die Berücksichtigung der gesellschaftlichen Kontexte können diese ethische Methoden stark beeinflussen aber genauso erklären helfen. So verweisen Henningham und Delano (1998: 157) darauf, dass in den Industrienationen wie Großbritannien der harte Wettbewerb im Medienmarkt zu einer Kultur führe, in welcher die Journalisten zunehmend fragwürdige Methoden einsetzen und ethische Maßstäbe immer flexibler anwenden. Mwesige (2007: 123) sieht diese Zunahme der fragwürden ethischen Methoden, die er auch in den Entwicklungsländern feststellt, im Gegensatz zu Industrieländern im »fehlenden Informationszugang«, vor allem zu staatlichen Quellen.

Wahrnehmung der Einflussfaktoren

Weischenberg, Malik und Scholl (2006: 357) bemerken, dass Journalisten nicht nur auf der Basis ihrer beruflichen Rollen arbeiten, sondern weitere verschiedene Einflussfaktoren wie »innerredaktionelle Bezugspersonen« (interne Einflüsse) und »nicht-journalistische Einflussgruppen« (externe Einflüsse) existieren, die als »Orientierungsgrößen« die Arbeit der Journalisten prägen (vgl. auch HANITZSCH 2004: 112). In den Studien der internationalen Journalismusforschung wird mehrfach belegt, dass vor allem die Orientierung an den Kollegen und am Publikum grundsätzlich wichtiger eingestuft wird als andere Orientierungenshorizonte (vgl. SCHOLL/WEISCHENBERG 1998: 108; HANITZSCH 2004: 192; HANITZSCH 2009: 165f.).[19] Mit anderen Worten wird hier davon ausgegangen, dass für Journalisten

alisierung der journalistischen Primärfunktion, aktuelle Informationen für die Öffentlichkeit auch gegen Widerstände und informationsunwillige Quellen zu sammeln und bereitzustellen, auf der anderen (vgl. WEISCHENBERG/MALIK/SCHOLL 2006:357 zit. n. HANITZSCH 2004: 111).

19 Die Journalismusforschung identifiziert hier insgesamt sechs Dimensionen der Einflusswahrnehmung durch die Journalisten auf ihre alltägliche Arbeit, die innerhalb dieser zwei Kategorien (intern und extern) einzuordnen sind: politische, ökonomische, organisationale, professionelle und prozedurale Einflüsse sowie Referenzgruppen.

die internen Einflussquellen (organisatorischen Faktoren wie Redaktionsleitung, Kollegen etc.) als intensivste Einflussfaktoren darstellen (SCHOLL/WEISCHENBERG 1998: 107; HANITZSCH 2009: 153). Die externen Einflussfaktoren dagegen werden durch den Journalisten eher als einflusslos wahrgenommen werden (WEISCHENBERG/MALIK/SCHOLL 2006: 146).

Die Konzepte der internen und externen Einflüsse sind in der Journalismusforschung dabei sehr unterschiedlich dimensioniert und operationalisiert worden. So schlagen Scholl und Weischenberg (1998: 106) zur Operationalisierung folgende Vorgehensweise vor: entweder über die subjektive Wahrnehmung verschiedener Einflussquellen auf die journalistische Arbeit oder aber über berichtete Reaktionen auf das Produkt der eigenen journalistischen Arbeit zu schließen.

Publikumsbild

In der Journalismusforschung wird ein Zusammenhang zwischen dem Publikumsbild und dem Aufgabenverständnis der Journalisten hergestellt (vgl. WIEDEBUSCH 1989: 13ff.; KÖCHER 1985: 186; WEISCHENBERG 1995: 253ff.). Das Publikumsbild der Journalisten ist oft in der Journalismusforschung »eine zentrale Referenz« (SCHOLL/WEISCHENBERG 1998: 112), da sie eine Konstruktion ist, die den Arbeitszielen der Journalisten zugrunde liegt.

Hier stehen jedoch nicht die tatsächlichen Erwartungen des Publikums im Mittelpunkt. Vielmehr geht es um die journalistischen Vorstellungen von dem, was das Publikum vom Journalismus »erwarten könnte« (vgl. ebd.: 121). Weiterhin sind die Rollen von Kommunikator und Rezipient strikt getrennt und eine Überbrückung nicht möglich. Das Publikumsbild kann daher nur über »wechselseitige Erwartungs- und Eindrucksbildung« erfasst werden. Folgerichtig können demnach in der Untersuchung des Systems ›Journalismus‹ nicht das »tatsächliche Publikum und dessen Erwartung« einbezogen werden, sondern die im Journalismus »kursierenden Publikumsbilder und deren mögliche Handlungsrelevanz« bei den Journalisten (ebd.: 124). Die massenmediale Handlung von Journalisten beschränkt sich nicht nur auf das einfache Formulieren von Aussagen, sondern schließt »vermutete Erwartungen und Reaktionen« des Publikums ein. Daher kann davon ausgegangen werden, dass es von den Kenntnissen und dem individuellen Publikumsbild eines Journalisten abhängt, inwieweit er die vermutete Publikumserwartung in seine Aussagengestaltung einbezieht (WIEDEBUSCH 1989: 258).

Ferner wird in der Forschung unter den unterschiedlichen journalistischen Rollenbildern ein differenziertes Publikumsbild gezeichnet. Die journalistische Rolle des »Kritikers« korreliert mit einem »abwertenden« Bild von den Rezipienten (vgl. DONSBACH 1987: 214). Einer auf die Informationsfunktion abzielenden Rolle unterliegt ein positives Bild vom Publikum, während einem anwaltschaftlichen Rollenselbstverständnis die Vorstellung eines »einflusslosen« und »hilfsbedürftigen« Rezipienten (SCHOLL/WEISCHENBERG 1998: 162-170) unterstellt wird.

Berufliches Rollenselbstverständnis

Allgemeine Begriffsbestimmungen bzw. Erläuterungen vom Rollenselbstverständnis[20] in der Kommunikationswissenschaft stammen häufig aus Nachbardisziplinen. Aus der Soziologie wird der Begriff der ›Rolle‹ übernommen. Er bezeichnet »die Gesamtheit von Erwartungen, die andere Personen an den Inhaber einer sozialen Position stellen« (KRASTEVA 2008: 123). Als Position gilt der »Ort«, den ein Mensch in einer sozialen Beziehung einnimmt (DONSBACH 2008: 1). Das berufliche Rollenselbstverständnis kann als das Ziel und Absicht verstanden werden, welche ein Akteur in seiner Arbeit anstrebt. Diese Ziele und Absichten sind von gesellschaftlichen und organisatorischen Normen und Werten beeinflusst und der Akteur fühlt sich sachlich, zeitlich und sozial in der Lage, sich auch dafür einzusetzen (vgl. BÜSCHGES 1983: 159).

Übertragen auf den Journalismus bedeutet für Donsbach (2005: 415) Rollenselbstverständnis, zu fragen, was die Journalisten als legitime Erwartungen anderer an ihren Beruf ansehen, sodass sie sich diese Erwartungen für ihr Selbstbild und ihr Selbstverständnis zu eigen machen. Das Rollenselbstverständnis wird demzufolge durch jene Erwartungen gebildet, die sich die Inhaber dieser Rolle aneignen und die bei ihnen zu bestimmten regelmäßigen Einstellungen und Verhaltensweisen führen.

Eine einheitliche und allgemein akzeptierte kommunikationswissenschaftliche Definition des journalistischen Selbstverständnisses fehlt allerdings (vgl. KRASTEVA 2008: 143). Das liegt daran, dass die Erwartungen an den Beruf sehr verschieden sind und sich Journalisten weder im inter-

20 Für die Beschreibung des beruflichen Rollenselbstverständnisses werden in der kommunikationswissenschaftlichen Forschung sehr unterschiedliche Synonyme (»Rollenselbstverständnis«, »Berufsverständnis«, »Aufgabenverständnis« oder »Selbstverständnis«) verwendet. Mehr dazu vgl. KRASTEVA 2008: 123.

nationalen Vergleich noch innerhalb eines Landes auf eine einheitliche Rolle festlegen lassen (vgl. DONSBACH 1982: 353).

Somit determinieren die vom Journalisten angestrebten Berufsziele dessen Berufsverständnis und Handeln. Diese wiederum unterliegen gewissen Normen, Werten und Strukturen der Gesellschaft oder Organisation (vgl. KRASTEVA 2008: 25). Außerdem müssen die sachlichen, zeitlichen und sozialen Mittel bedacht werden, die zur Realisierung eigener Vorstellungen einsetzbar sind (vgl. ebd.).

Damit geht auch die Definition von Weischenberg, Malik, Scholl (2006: 10) einher: Das Berufsverständnis ist »Ausdruck oder Voraussetzung für das berufliche Handeln«, da der Akteur eine bestimmte Erwartung an sich selbst hat und somit sein Handeln theoretisch in einem gewissen Rahmen vorgibt.

Man kann also sagen, dass sich im Selbstbild von Kommunikatoren bestimmte berufliche Vorstellungen und Orientierungen sowie zukünftige Ziele vereinen, die über das individuelle berufliche Handeln realisierbar sind.

Lange Zeit hat die Annahme, das berufliche Rollenselbstverständnis von Journalisten sei handlungsleitend und handlungswirksam bei der Berichterstattung, dazu geführt, dass eine Untersuchung der Berufsbedingungen in den Hintergrund trat (WEISCHENBERG/VON BASSEWITZ/SCHOLL 1989: 289).

So unterstellt Donsbach (1987: 118) eine direkte Handlungsrelevanz journalistischer Selbstbilder für die Berichterstattung. Er hebt vor allem den »voluntaristische[n]« Aspekt in der journalistischen Handlung hervor. Das heißt, es wird auf die Auffassungen Bezug genommen, die die Intention des Journalisten in den Vordergrund stellen, die eine sehr wichtige Rolle in der Handlung spielt.

Im Gegensatz dazu kritisiert Rühl (1980, zit. n. WEISCHENBERG/SCHOLL 1998: 159) aus systemtheoretischer Perspektive, dass die Konzentration auf die Erforschung der selbst zugeschrieben Rollen durch die Journalisten, die er ›Binnenperspektive‹ nennt, zur »Vernachlässigung der Makrophänomene« führe, in deren Kontext die Rollen überhaupt erst »identifizierbar« würden. Er erachtet in der von ihm sogenannten ›Selbstidentifikationsforschung‹ die Erhebung des journalistischen Rollenselbstverständnisses als theoretisch und methodisch irrelevant. Als Alternative schlägt er vor, bei der Untersuchung des beruflichen Rollenselbstverständnisses im Journalismus eine ›Makroperspektive‹ einzunehmen.

Weischenberg und Scholl (1998: 160f.) kritisieren diese zwei Positionen: Während bei der ersten die Strukturen der Medienorganisationen einseitig als Hindernis eines »richtigen Journalismus« beschrieben werden, erscheinen sie bei der zweiten als »Garanten« für einen funktionierenden Journalismus. Sie argumentieren, dass ein erheblicher Unterschied zwischen beruflicher Selbstdefinition und dem tatsächlichen Niederschlag in der Handlung besteht. Die Journalisten spiegeln mit ihren Antworten lediglich eine »generalisierte Berufsnorm« wider und sagen nichts über ihre »individuelle und konkrete Absicht« aus. Daher kann theoretisch und methodisch nicht direkt von den Rollenbildern oder Kommunikationsabsichten der Journalisten auf die tatsächliche Umsetzung dieser Rollen geschlossen werden, da meist »organisatorische, technische, politische und ökonomische Bedingungen die Möglichkeiten einschränken, bestimmte Rollenvorstellungen im Berufsalltag auch zu realisieren« (WEISCHENBERG/MALIK/SCHOLL 2006: 355). Insofern ist nach Weischenberg, Löffelholz und Scholl (1994: 160) das Rollenselbstverständnis lediglich eine berufliche Selbstwahrnehmung bzw. ein Selbstkonzept: Sie kann nur »den selbstgesteckten Rahmen des Handelns, also die Beobachtung der sich selbst zugeschriebenen Rolle, die jedoch nicht identisch mit der tatsächlich ausgefüllten oder sogar mit dem konkreten Handeln innerhalb dieser Rolle sein muss«, meinen (vgl. auch HANITZSCH 2007; vgl. Tab. 3 für eine Übersicht).

3.5 Journalistische Leistungen

In diesem Analyseteil werden die Leistungen des ›Systems Journalismus‹, z. B. Medienaussagen, untersucht. Diese Leistungen, im engeren Sinne Berichterstattungsmuster der afghanischen Printmedien, werden einer Inhaltsanalyse unterzogen. Im Mittelpunkt dieser Inhaltsanalyse wird erstens die Fragestellung stehen, welche journalistischen Berichterstattungsmuster in den Print-Erzeugnissen zu ermitteln sind und im Weiteren, ob diese zu ermittelnden Muster mit den erhobenen beruflichen Selbstbildern der befragten Journalisten korrespondieren.

Scholl und Weischenberg (1998: 357) stellen bei der Frage nach dem beruflichen Selbstverständnis fest, dass organisatorische, technische, politische oder ökonomische Bedingungen die Möglichkeiten von Journalisten einschränken, bestimmte Rollenvorstellungen im Berufsalltag zu realisieren. Sie gehen davon aus, dass die Verbindung zwischen dem Rollenselbstverständnis und seiner tatsächlichen Umsetzung nicht nur von den Einstellungen der Journalisten abhängt, sondern von vielen der eben genannten Faktoren beeinflusst wird (vgl. SCHOLL/WEISCHENBERG 1998: 161f.). Aus einer anderen Perspektive sehen auch Thomaß und Tzankoff (2001: 242) dieses »Gefälle zwischen Wunsch und Wirklichkeit«: Insbesondere bei den Journalisten in »Transformationsländern« existiere aufgrund von unsicheren Arbeitsbedingungen oft eine »Kluft zwischen Norm und Wirklichkeit des Aufgabenverständnisses«, in der sie zwar hohe Ansprüche haben, diese aber in ihrem beruflichen Alltag nicht umsetzen können (vgl. KRASTEVA 2008: 32). Ramaprasad und Rahman (2005: 148) stellen ebenso fest, dass bei den Journalisten in den Entwicklungsländern oft eine »Kluft« zwischen dem wahrgenommenen Rollenselbstverständnis und dessen Umsetzbarkeit in der Praxis herrscht (vgl. auch MWESIGE 2004: 77).

Weischenberg (2006: 11) bescheinigt insofern den Ergebnissen, die ausschließlich durch Befragungen zu journalistischen Selbstbildern gewonnen wurden, nur eine »begrenzte Reichweite«, da es theoretisch unzulässig sei, direkt von den Kommunikationsabsichten der Journalisten auf deren tatsächliche Umsetzung (Handlungsrelevanz) zu schließen. Hanitzsch (2004: 103) kritisiert in diesem Zusammenhang, dass viele Journalistenbefragungen dazu neigen, die tatsächliche Umsetzung eben dieser journalistischen Rollen, ohne es schlussendlich explizit nachzuweisen, unreflektiert vorauszusetzen. Der Grund für diese Vernachlässigung sei meistens, dass sich eine Überprüfung der Handlungsrelevanz empirisch nur ›schwer‹ realisieren lasse. Diese setzt die Begleitung der schriftlichen Befragungen durch eine inhaltsanalytische Erhebung der Medienprodukte voraus, was natürlich mit viel Aufwand verbunden ist.

Auf die Kluft zwischen der Absicht und der Umsetzung von beruflichen Einstellungen im Journalismus wurde schon in der Studie *Journalismus in Deutschland* (WEISCHENBERG/MALIK/SCHOLL 2006: 160) hingewiesen. Zur Lösung dieser Problematik wird die Differenzierung des beruflichen Rollenselbstverständnisses vorgeschlagen. Erstens: Das Einstellungskonstrukt sei nur als ein allgemeiner Rahmen für das tatsächliche Handeln zu verstehen. Zweitens: Dieses Konstrukt sei somit nicht als tatsächlich ausgeübte Rolle zu sehen, sondern als ein »voluntaristische[r] Handlungsaspekt.« Drittens: Die »Umsetzung individueller und beruflicher Zielsetzungen« könne nur im »Ausnahmefall redaktioneller Arbeitswirklichkeit« gelingen. Um eine »kritische Einschätzung der Realisierungsmöglichkeiten« zu ermöglichen, wird ein »Perspektivenwechsel« vorgeschlagen, in dem die Umsetzung der Kommunikationsziele »extern« beobachtet werden könnte (WEISCHENBERG/LÖFFELHOLZ/SCHOLL 1994: 160). Somit wird nicht nur nach den Einstellungen gefragt, sondern es werden auch die Medienprodukte der Befragten untersucht, um zu ermitteln, ob sich die beabsichtigten beruflichen Selbstbilder in den journalistischen Leistungen ausdrücken. Konkret wird in der Studie *Journalismus in Deutschland* (SCHOLL/WEISCHENBERG 1998: 323) die Operationalisierung dieses Ansatzes in zwei Schritten verwirklicht: Zum einen werden die Einstellungen nicht nur in ihrer ›voluntaristischen‹ Perspektive, sondern auch in der Konfrontation zu ihrer ›Realisierbarkeit‹ abgefragt (»Gelingt es Ihnen, dieses Ziel im journalistischen Alltag umzusetzen?«). Und, um eine »kritische Einschätzung der Realisierungsmöglichkeiten« zu ermöglichen, greifen die Autoren zum anderen auf einen »Perspektivenwechsel« zurück, indem sie die Handlungsrelevanz »extern« beobachten. Dafür haben sie die journalistischen Leistungen (mittels einer Inhaltsanalyse) der befragten Journalisten untersucht (vgl. auch WEISCHENBERG/MALIK/SCHOLL 2006: 355).

Generell werden in vielen Studien zur Erhebung des beruflichen Rollenselbstverständnisses und der Handlungsrelevanz diese zwei konkreten Vorgehensweisen eingesetzt: Zum einen wird versucht, diese Handlungsrelevanz »direkt oder indirekt« über gezielte Fragen zu ermitteln (vgl. KRASTEVA 2008; RAMAPRASAD/RAHMAN 2006). Zudem werden die Items zum beruflichen Rollenselbstverständnis, den Befragten ein zweites Mal vorgelegt und es wird gefragt, inwieweit es ihnen gelingt, diesen individuellen und beruflichen »voluntaristischen Handlungsaspekt« im beruflichen Alltag umzusetzen. Diese Herangehensweise wird in der vorliegenden Studie ebenfalls eingesetzt, um damit die Einstellungen der befragten Journalisten in »Konfrontation mit ihr Realisierbarkeit« (SCHOLL/WEISCHENBERG 1998: 157) zu untersuchen.

Ein anderes Vorgehen wurde in der Studie *Journalismus in Deutschland* (2005) genutzt. Die Autoren verwenden (vgl. hier SCHOLL/WEISCHENBERG 1998: 322) eine Methodenkombination aus Inhaltsanalyse und schriftlicher Befragung, wobei die Items zum Rollenselbstverständnis weitgehend als Kategorien für die Inhaltsanalyse verwendet werden. Hier wird versucht, den Beweis für die Handlungsrelevanz über die begleitende Inhaltsanalyse zu ermitteln, da die Autoren davon ausgehen, dass weder allein die eine noch die andere Methode zum Ziel führen würde (LOOSEN/SCHOLL 2011: 111).

In der vorliegenden Studie kann es jedoch aus zwei wesentlichen Gründen in der Operationalisierung weniger um den expliziten Zusammenhang zwischen den beruflichen Absichten und der Umsetzung (Handlungsrelevanz) im Journalismus gehen: Zum einen gestehen die Autoren der Deutschlandstudie (SCHOLL/WEISCHENBERG 1998: 358) die »theoretischen und methodischen Nachteile« dieses Perspektivenwechsels selbst ein, indem sie darauf hinweisen, dass man nicht von vornherein von einem Konsens zwischen der Selbstbeschreibung der Journalisten und der »Fremdbeschreibung durch Kodierer« in der Inhaltsanalyse ausgehen kann. Diese könne jedoch dadurch vermieden werden, dass die Kodierung der Einschätzung an die Selbstbeschreibungen der Journalisten angeglichen wird. Konkret bedeutet dies, dass die Überprüfung der einzelnen Items zum Rollenselbstverständnis die Absichten der Journalisten »antizipieren« sollte (vgl. SCHOLL/WEISCHENBERG 1998: 357-363). Diesem Vorschlag folgend werden in dieser Untersuchung ebenfalls die Items zu Ermittlung vom beruflichen Rollenselbstverständnis als Grundlage genommen, aus denen Kategorien für die Inhaltsanalyse konzipiert wurden.

Zum anderen zeigen die Befunde in der Studie *Journalismus in Deutschland* eine unterschiedlich hohe Handlungsrelevanz des Rollenselbstverständnisses, weil dort nur die ›Best-Practice-Beiträge‹ der Befragten der Inhaltsanalyse unterzogen worden sind. Dieses Verständnis entspricht jedoch eher einem »anspruchsvollen Rollenselbstverständnis«, wohingegen die »rein informationsbezogene Routineberichterstattung« darin keinen Niederschlag findet (LOOSEN/SCHOLL 2011: 111).

Journalistische Berichterstattungsmuster

Wyss (2005: 274) bezeichnet journalistische Handlungen als Selektionsentscheidungen, die zielgerichtet und an bestimmten Zwecken orientiert sind. Solche »Zweckorientierungen« (GABATUHLER 2002: 54) können als Anwendung journalistischer Konzepte und Berichterstattungsmuster interpretiert werden. Wenn man der Frage nachgeht, warum sich bestimmte journalistische Berichterstattungsmuster entwickeln konnten, kommt man obligatorisch zur der Frage der Funktionen (vgl. BURKART 2004: 379), die Journalismus und Massenmedien im Idealfall für die Gesellschaft erfüllen sollten (POSCH 2009: 22). Schmidt und Weischenberg (1994: 224f.) bezeichnen die Berichterstattungsmuster als »Gesamtstrategien des Wirklichkeitsbezugs und der Thematisierung, an denen die Journalisten sich orientieren, wenn sie beobachten und beschreiben.« Demnach leiten diese ›Gesamtstrategien‹ im Journalismus gleichermaßen die Produktionsweisen in Medieninstitutionen wie die Handlung der Journalisten (vgl. ebd.).

Die Journalismusforschung führt eine Anzahl von idealtypischen journalistischen Berichterstattungsmustern an, die in zwei Gruppen unterteilt werden können: Die erste Gruppe besteht aus informativ-interpretierenden journalistischen Berichterstattungsmustern. Diese Muster werden als besonders passive und neutral vermittelnde Kommunikation verstanden. Kritisiert werden sie vor allem wegen des Auslassens von Hintergrundinformationen. Die zweite Gruppe bilden die Muster, die insbesondere aus der Kritik zu reinen Informationsmustern entstanden sind und oft als Gegenkonzepte bezeichnet werden (WYSS 2005: 274).

So unterscheiden Scholl und Weischenberg (1998: 111ff.) zwischen Informationsjournalismus, Präzisionsjournalismus, interpretativem Journalismus, neuem Journalismus und investigativem Journalismus: Als Informationsjournalismus bezeichnen sie ein »zentrales« und »dominantes« Berichterstattungsmuster, das in den »westlichen Mediensystemen« auch »objektive Berichterstattung« genannt wird. Vertreter dieser Auffassung erwecken bewusst den Eindruck des »unpersönlichen-technischen, des überparteiischen, des wertneutralen« Journalismus. Der Journalist ist nach dieser Auffassung »neutral-objektiver Vermittler zwischen den Tatsachen und der Gesellschaft.« Diese Auffassung ist jedoch besonders seit den 1960er-Jahren in die Krise geraten, weil das Auslassen der Hintergründe, Ursachen und Interpretationen ein »stark vergröberndes Wirklichkeitsmodell zur Folge« hat (WEISCHENBERG 2002: 667).

Den Präzisionsjournalismus beschreiben Weischenberg als eine Auffassung, die vor allem bei der Reportage auf die Nutzung von sozialwissenschaftlichen Methoden setzt. Als Basis journalistischer Interpretation werden die Instrumente und Validitätskriterien empirischer Sozialforschung angeboten. Eine untergeordnete Rolle spielen dagegen die persönlichen Überzeugungen, parteiisches Denken in Ideologien oder die Vorurteile des Journalisten.

Insbesondere die Vorwürfe der »Vergröberung« und der »Oberflächlichkeit« führten zur Entwicklung von »Gegenentwürfen« zum Informationsjournalismus, die eine »intensive Recherche«, »das Hinterfragen« und die Betonung von ästhetischen Komponenten in der journalistischen Beschreibung in den Vordergrund stellten (WEISCHENBERG 2002: 667). Die Vertreter dieser neuen Entwicklung des sogenannten ›interpretativen Journalismus‹ bekräftigen vor allem, dass den Fakten auch »Zusammenhänge, Hintergründe und Analysen« folgen sollen (ebd.: 115). Dieser Journalismus ist gekennzeichnet durch eine »sehr persönliche Art journalistischer Darstellung«, die in einer »Grauzone zwischen dem System Journalismus und dem Literatursystem« angesiedelt ist (ebd.). Bezeichnend ist der Rückgriff auf »literarische Stilmittel und das Profil des Schreibers« (ebd.).

Der investigative Journalismus ist schließlich ein Konzept, das »schonungslos Korruption in Staat und Gesellschaft« aufdeckt und so zum »Gewissen der Gesellschaft« wird (ebd. 116). Im Mittelpunkt dieses Musters stehen die »Tiefenrecherche von Reportern« (ebd.) und Fakten, die von ihnen aufdeckt werden, obwohl sie von Personen oder Institutionen geheimgehalten werden.

Die Darstellungen von Berichterstattungsmustern können natürlich nicht immer als »wirklichkeitsgetreue Abbildungen« verstanden, sondern eher als »idealtypische Darstellungen« interpretiert werden, die in der Praxis selten in ihrer Reinform vorkommen. Hier können häufig Überschneidungen und Vermischungen auftreten (POSCH 2009: 22). Wenn es auch immer wieder mehr oder weniger Mittel- und Zwischenformen gibt, sind diese letztlich aber einer oder mehreren genannten Kategorien zuordenbar (HAAS 1999: 111). Entscheidend ist die jeweilige journalistische Vorgehensweise: die Themenauswahl, die Formen der Recherche, die textliche Umsetzung und schließlich die Präsentation.

Zwischenfazit

Entscheidend ist, dass aus diesen verschiedenen Ansätzen zur theoretischen Modellierung eine fünfdimensionale Struktur abgeleitet wurde, die den Journalismus bestimmen und beeinflussen kann: gesellschaftlicher Rahmen; rechtlicher Rahmen und Institutionen; massenmediale Struktur; Medienleistungen sowie berufliche Einstellungen.

Erst werden durch die systematische Erforschung der Sekundärliteratur die ethnischen und religiösen Strukturen in Afghanistan erschlossen und die normativen Rahmen und die Organisation der Medien analysiert. Die zentrale Frage lautete hier, ob ein Zusammenhang zwischen diesen Rahmenbedingungen und der beruflichen Einstellungen von Journalisten existiert.

Zweitens stehen im Mittelpunkt der Arbeit die Untersuchung der beruflichen Einstellungen und journalistische Leistungen. Während es beim ersteren um Merkmale und Einstellungen der afghanischen Journalisten geht, werden die journalistischen Leistungen durch die Medienaussagen, im engeren Sinne Berichterstattungsmuster, untersucht. Dabei stehen drei zentrale Zielsetzungen im Mittelpunkt: welche berufliche Einstellung die befragten Journalisten vertreten und welche Berichterstattungsmuster in afghanischen Zeitungen vorkommen. Abschließend wird ermittelt, ob ein Zusammenhang zwischen diesen ermittelten Selbstbildern und Berichterstattungsmustern existiert.

4. METHODENDESIGN

In der Journalismusforschung stehen zur Ermittlung der beruflichen Einstellungen generell drei übliche Datenerhebungsmethoden zur Verfügung: Befragung, Beobachtung und Inhaltsanalyse, zumal davon ausgegangen wird, dass die Verwendung einer einzigen Methode dem komplexen Untersuchungsgegenstand nicht gerecht werden kann (SCHOLL/WEISCHENBERG 1998: 122). Der Grund liegt darin, dass zuallererst mit Befragungen und »Selbstauskünften« der Befragten nur ein »referiertes Verhalten« erfasst, nicht jedoch das »Verhalten oder Handeln selbst« ermittelt werden kann. Ebenso konzentriert sich die Inhaltsanalyse auf die »manifesten Inhalte«, wodurch die »Entstehungsbedingungen« dieser Inhalte aus dem Blickwinkel geraten. Durch die Ermittlung von ausschließlich »sichtbaren Verhaltensweisen« vernachlässigt die Methode der Beobachtung eine »subjektive Sinngebung«, die das Verhalten erst überhaupt motivieren (LOOSEN/SCHOLL 2011: 110).

Rühl (1980: 53f.) kritisiert vor allem die »individualisierte Fragestellung« an Journalisten als Instrument der Journalismusforschung, womit die »Makroebenen« des Systems Journalismus (Organisationsstrukturen) aus dem Blick geraten.

Scholl und Weischenberg (1998: 56) wenden jedoch ein, dass durch die »strukturelle Kopplung« der Journalisten an das System Journalismus in der Form ihrer Mitgliedschaft in den Redaktionen gerade die Journalisten selbst »relevante« und »privilegierte Beobachter« des System Journalismus sind. In dieser Logik werden die journalistischen Akteure inhaltlich-thematisch nicht nach ihren »individuellen Befindlichkeiten«, sondern nach beruflich relevanten Zielen und Problemen befragt.

Letztlich verhalten sich die genannten Zugangswege zueinander »komplementär«, indem sie einerseits zumeist unsichtbare Einflüsse, die oft das

Handeln der Journalisten prägen, erforschen und andererseits Einflussstrukturen, wie sie von den »Akteuren selbst bewusst und in unterschiedlicher Stärke wahrgenommen« werden, untersuchen (HANITZSCH 2004: 112).

4.1 Datenerhebung

Um die Problematik der Selbstauskunft und der objektiven Einflussfaktoren methodisch wechselseitig zu kompensieren, ist in dieser Arbeit ein Mehrmethodendesign gewählt worden. Loosen und Scholl (2011: 111) unterscheiden die Methodenkombination in funktionaler und struktureller Dimension: Während es in der »funktionalen Dimension« um die gegenseitige Ergänzung oder Validierung der Methoden geht, bedeutet die »strukturelle Dimension« die Stärke der Verbindung zwischen den Methoden, wobei beide Dimensionen einander wechselseitig bedingen. Als einfachste Kombination nennen sie die komplementäre Methodenkombination, die vorsieht, dass die Instrumente der eingesetzten Methoden sich aufeinander beziehen. Hierbei bleiben die Methoden im Rahmen einer Untersuchung recht unverbunden nebeneinander stehen und die Ergebnisse werden eher lose aufeinander bezogen. In dieser Studie wurde sich, anlehnend an diese Vorgehensweise, für eine Methodenkombination von vollstandardisierter schriftlicher Befragung und der Inhaltsanalyse entschieden. Während die erste Methode zur Ermittlung beruflicher Einstellungen von Journalisten angewendet wurde, hat die Inhaltsanalyse die Erforschung der Berichterstattungsmuster in den Printmedien zum Ziel.

Befragung

Die Untersuchung beruflicher Merkmale und Einstellungen basiert auf einer vollstandardisierten schriftlichen Befragung. In der Sozialwissenschaft stellt die Befragung eine planvolle, »systematische und reflektierte Erhebungsmethode« dar, die in dieser Disziplin am häufigsten zur Anwendung kommt (KLAMMER 2005: 219). In der Journalismusforschung ist die Befragung eine der »prominentesten Methoden«, woraus die »Reduktion der Beobachtung von Journalismus auf [die] Selbstbeschreibung von Beteiligten am System« resultiert (SCHOLL/WEISCHENBERG 1998: 54). Da die Journalisten strukturell am System Journalismus beteiligt sind, sind sie ein »Kristallisationspunkt der Entstehung öffentlicher Kommunikation« und daher am »ehesten« geeignet für die Beschreibung des Journalismus in der Gesellschaft (ebd.).

Der Fragebogen bestand insgesamt aus 108 Fragestellungen, die in neun Bereiche aufgeteilt waren: Soziodemografie, Ausbildung (Professionalisierung und Sozialisation) sowie Arbeitsverhältnis, Berufszufriedenheit, ethischer Maßstab, Publikumsbild, berufliches Rollenselbstverständnis und seine Handlungsrelevanz, Wahrnehmung von internen und externen Einflussfaktoren. Diese Bereiche wurden mit folgenden Items operationalisiert:

Soziodemografie

Hier werden folgende Fragen gestellt und Auswahlmöglichkeiten angeboten

- Sind Sie weiblich oder männlich? (weiblich oder männlich)
- Wie alt sind Sie?
- Welchen Familienstand haben Sie? (verheiratet, ledig oder geschieden)
- Zu welcher Ethnie gehören Sie? (Paschtun, Tadschik oder Hazara)

Sozialisation und Professionalisierung

In dieser Hinsicht ist zu fragen, welche Qualifikation afghanische Journalisten für ihren Beruf als wichtig ansehen. Dabei ist die formale Ausbildung bedeutsam, die zur Ausübung des Berufes befähigt. Nicht unerheblich ist aber auch der berufliche Werdegang. Auf dieser Ebene werden folgende Fragen im Zentrum der Analyse stehen und wie folgt operationalisiert: (i) *Über welche berufliche Aus- und Weiterbildung verfügen die Journalisten?* Dieser Teilbereich wird mit folgenden Fragen operationalisiert:

- Haben Sie eine formale journalistische Ausbildung?
- Der höchste Grad der Schul- und journalistischen Ausbildung?
- Haben Sie sich während Ihrer journalistischen Ausbildung auf ein Gebiet spezialisiert?
- Auf welchen der folgenden Bereiche (Journalismus, Rundfunkjournalismus oder Kommunikationswissenschaft) haben Sie sich spezialisiert?

Wie sind die Arbeitsverhältnisse?

- Nennen sie bitte Ihren Arbeitsort.
- Wie lautet der Name der Organisation, in der Sie arbeiten?
- Für welche Medien (Rundfunk, Hörfunk, Zeitung, Zeitschrift, Presseagentur oder Online-Medien) arbeiten Sie?
- Klassifizieren Sie sich bitte nach den folgenden Kategorien (Chefredakteur, Redakteur, Mitarbeiter [Reporter])?

- Arbeiten sie neben Ihrem Hauptarbeitgeber noch für andere Medienorganisationen?
- In welchen Arbeitsverhältnis (Vollzeitkraft, Teilzeitbeschäftigter, freiberuflich oder andere) sind sie tätig?
- Haben Sie andere bezahlte Tätigkeiten neben Ihrer Tätigkeit als Journalist?
- Wie hoch ist Ihr monatliches Einkommen?

Welche zeitliche Berufserfahrung weisen die Journalisten auf?
- Wie viele Jahre sind Sie schon im Journalismus tätig?
- Wie viele Jahre sind Sie in Ihrem aktuellen Unternehmen tätig?
- Sind Sie Mitglied in einem journalistischen Verband?

Berufszufriedenheit
Hier wurden folgende Antwortmöglichkeiten vorgegeben:
- Ich bin mit meiner journalistischen Arbeit total zufrieden.
- Ich kann meine journalistische Arbeit sicher ausüben.
- Ich habe die volle Kontrolle über meine Arbeit.
- Ich darf die Entscheidungen, die meine Arbeit beeinflussen, selbst treffen.
- Ich kann als Journalist die öffentliche Aufmerksamkeit beeinflussen.

Ethische Maßstäbe
Die Operationalisierung der vorliegenden Untersuchung wurde von der Studie *The Worlds of Journalism* (HANITZSCH/SEETHALER 2010: 460f.) übernommen, weil davon ausgegangen wird, dass die Rechtfertigung spezifischer Berichterstattungsmethoden sehr stark vom jeweiligen kulturellen Kontext abhängig ist. Dort wird angemerkt, dass die westlichen Werte nicht normativ »besser« oder »professioneller« als andere verstanden werden können, weil die »soziale Funktion des Journalismus in den unterschiedlichen Gesellschaften unweigerlich zu einer Situation führt, in der Journalisten verschiedene Werte tragen«. Zur Operationalisierung dieses Faktors werden die Items bewusst mit dem Anspruch ausgerichtet, »die existierende globale Vielfalt im Journalismus« (ebd.) widerzuspiegeln. Die Liste der angewendeten Items soll auch hier modifiziert zur Operationalisierung beitragen und es sollen diejenigen Items zur Anwendung kommen, die für die Recherche- und Berichterstattungsmethoden relevant sind. In diesem Sinne können zum Instrumentarium der journalistischen

Recherche- und Berichterstattungsmethoden drei Vorgehensweisen gerechnet werden, die mit den folgenden Items operationalisiert werden:

Neutrale

- Ich bleibe in meiner Arbeit strikt unparteiisch.
- Ich biete mit meiner Arbeit nur eine Analyse der Ereignisse und Themen an.
- Ich treffe nur Aussagen, wenn sie durch harte Fakten gesichert sind.

Aktive

- Die Journalisten sollten in jedem Fall fragwürdige Methoden der Berichterstattung vermeiden, auch wenn dies oft das Nicht-Zustandekommen des Berichts bedeutet.
- Die ethischen Grundsätze im Journalismus sind so wichtig, dass sie von Journalisten unabhängig von Situation und Kontext befolgt werden müssen.
- Die Veröffentlichung eines Berichts, der potenziell andere schädigt, ist auf jeden Fall falsch, und zwar auch, wenn durch die Veröffentlichung eigene Vorteile zu erwarten wären.
- Ich mache immer klar, welche Seite in einer Debatte die richtige Position hat.
- Ich verwende nie Informationen, die nicht verifiziert sind.

Flexible

- Ethische Maßstäbe im Journalismus sind oft so aufwendig, dass den Journalisten erlaubt sein sollte, ihre eigenen Werte zu formulieren.
- Die ethischen Maßstäbe verändern sich von Fall zu Fall.
- Es gibt Fälle, in denen ein Schaden vertretbar ist, wenn das öffentliche Interesse überwiegt.

Interne und externe Einflusswahrnehmung

Die vorliegende Studie fragt die Journalisten, wie sie die verschiedenen internen (in der Redaktionen) und externen (außerhalb der Redaktion) Einflussfaktoren auf ihre Arbeit wahrnehmen. Das Verhältnis von internen und externen Einflüssen wird mit folgenden Faktoren identifiziert und operationalisiert:

Interne Einflussfaktoren
- Eigentümer
- Vorgesetzte
- Kollegen
- Konventionen der Redaktion

Externe Einflussfaktoren
- Konventionen des Berufs
- Mediengesetze
- Publikumssicht
- Sensibilitäten der Gesellschaft
- Journalistenverbände
- Religiöse und traditionelle Anführer
- Profitmaximierung
- Regierung
- Kollegen in anderen Medien
- Freunde und Familie
- Wirtschaft

Die entsprechende Frage lautet: »Hier auf der Liste haben wir einige Personengruppen, Verbände und Fragen zusammengestellt. Inwieweit nehmen diese Einfluss auf ihre Arbeit als Journalist? Ist ihr Einfluss sehr groß, eher groß, mittel, eher gering oder sehr gering?«

Publikumsbild

Für die konkrete empirische Operationalisierung des Publikumsbildes in der Journalismusforschung existieren mehrere Verfahren. Grundlegend für diesen Teil der Untersuchung sind die Vorgehensweisen in den Studien *Journalismus in Deutschland* (hier SCHOLL/WEISCHENBERG 1998) und *The Worlds of Journalism* (2010). Dort wurden die befragten Journalisten gebeten, auf einer fünfstufigen Skala Einschätzungen über ihr tatsächliches Publikum abzugeben. Entsprechend wurden auch die afghanischen Journalisten explizit gebeten, ihre eigene Publikumsvorstellung zu beschreiben. Und sie wurden nach der Herkunft des Publikums und den vermuteten Informationsquellen der Rezipienten gefragt. Zur Beschreibung der Publikumsvorstellung wurde folgende Operationalisierung angewendet und die Frage gestellt: »Wie würden Sie Ihr Publikum einschätzen«?
- an Information interessiert
- an Unterhaltung interessiert

- an Politik interessiert
- religiös orientiert
- an Traditionen orientiert
- fortschrittlich
- gebildet
- einflussreich

Dazu wurde gefragt: »Wo schätzen Sie, wohnt Ihr Publikum?«

- Es lebt in Städten.
- Es lebt in Dörfern.

Darüber hinaus wurden die Journalisten gefragt, welchen Informationsquellen ihr Publikum, ihrer Einschätzung nach, am meisten Vertrauen entgegenbringt:

- Massenmedien (Rundfunk, Zeitung) oder
- Traditionellen Kommunikationsquellen (z. B. Kommunikation in der Moschee, auf dem Basar oder in der Familie)

Schließlich wurden sie gefragt, wie sie sich über ihr Publikum informieren:

- durch Leserbriefe
- durch Publikumsforschung
- durch private Kontakte zum Publikum
- durch das, was andere Kollegen über das Publikum sagen oder
- durch andere Quellen

Berufliches Rollenselbstverständnis und seine Handlungsrelevanz

Die Definition des Rollenselbstverständnisses von Weischenberg, Malik und Scholl (2006: 355) bildet die Grundlage vorliegender Untersuchung. Es lassen sich daraus folgende Hauptaufgaben ableiten: Erstens werden die afghanischen Journalisten nach den Kommunikationszielen, die sie anstreben, befragt, da gemäß der Definition das berufliche Rollenselbstverständnis in erster Linie durch die Kommunikationsziele- bzw. Absichten bestimmt wird. Zweitens wird der Frage nachgegangen, inwieweit afghanische Journalisten in der Lage sind, diese Kommunikationsziele in ihrem beruflichen Alltag umzusetzen. Dementsprechend wird das berufliche Rollenselbstverständnis in drei Dimensionen operationalisiert. In den ersten beiden Dimensionen werden die Kommunikationsziele und Absichten der Journalisten abgefragt, die sie in ihrem Beruf erreichen möchten. In der dritten Dimension wird die Umsetzung bzw. das Erreichen der Ziele, die in die konkrete Handlungsrelevanz eingebunden sind, geprüft.

Unter der ersten Dimension werden diejenigen Items subsumiert, die das Rollenselbstverständnis im Sinne des sogenannten ›Objektivistischen Ansatzes‹ und ›Public Journalism‹ indizieren. In diesem Rahmen werden folgende Items in den Aussagenkomplex zum journalistischen Rollenselbstverständnis aufgenommen:[21]

Die Rolle im Sinne des Informationsjournalismus ermitteln die Aussagen:[22]
- möglichst schnelle und genaue Informationen,
- Realität so abbilden, wie sie ist,
- komplexe Sachverhalte erklären und vermitteln,
- Nachrichten ohne faktische Bestätigung nicht bringen,
- Bürger über die Politik und Entscheidungen der Regierung informieren.

Die Rolle im Sinne des kritischen Journalismus wird erfasst durch:
- Gegenpart zur Regierung stellen,
- Nachforschungen zu Aussagen der Regierungsvertreter anstellen,
- Missstände in der Gesellschaft kritisieren.

Die Rolle im Sinne des Meinungsjournalismus
- eigene Ansichten präsentieren,
- sich für den sozialen Wandel einsetzen.

Die Rolle im Sinne des Servicejournalismus wird angezeigt durch die Aussagen:
- auf Nachrichten konzentrieren, die ein breites Publikum erreichen,
- Unterhaltung und Entspannung bieten,
- intellektuelle und kulturelle Interessen des Publikums ansprechen,
- Lebenshilfe für Bevölkerung vermitteln.

In der *zweiten Dimension* werden Items zusammengefasst, die das Rollenselbstverständnis im Sinne eines *Entwicklungsansatzes* präsentieren. So ist hier die Basis die Erkenntnis einiger Untersuchungen, dass die Dimension

21 Die Items wurden aus den Studien *Journalismus in Deutschland* (vgl. SCHOLL/WEISCHENBERG 1998) und *Journalismus in Indonesien* (HANITZSCH 2004) übernommen.

22 Nach Weischenberg, Malik und Scholl (2006: 102) geht es in der Abfragung aktueller Informationen um folgende relevante Dimensionen: die sachliche zielt auf objektive, neutrale und sachliche Abbildung der Realität, die zeitliche meint die Schnelligkeit und die sozial beabsichtigte Verständlichkeit der Informationen.

des Entwicklungsjournalismus, nach dessen Vorstellung der Journalismus einen konstruktiven Beitrag zur Erreichung von Entwicklungszielen leisten soll (KUNZCIK 1986: 262; WONG 2004: 26 zit. n. HANITZSCH 2004: 102), im beruflichen Rollenselbstverständnis von Journalisten eine *wichtige* Rolle spielt (vgl. RAMAPRASAD 2001; RAMAPRASAD/KELLY 2005).

Zur Erforschung des beruflichen Rollenselbstverständnisses im Journalismus diente weltweit oft die Studie *The American Journalist: A Portrait of U. S. News People And Their Work* von Weaver und Wilhoit (1991/1996) als Grundlage.[23] Sie wird oft als Ausgangspunkt genommen (RAMAPRASAD/KELLY 2003: 123), wenn es um die Operationalisierung des beruflichen Rollenselbstverständnisses der Journalisten in Entwicklungsländern geht. Viele Untersuchungen entlehnten Elemente aus dieser Studie. Eine Folgestudie war die Untersuchung *The Global Journalist: News People Around The World*[24] (WEAVER/WU 1998), die vielen Untersuchungen in diesem Bereich als Vorbild diente. Diese bezeichnen die Kritiker als ein Nebeneinander von 25 Ein-Staat-Analysen ohne theoretischen Bezugsrahmen. Darüber hinaus wird auf die Defizite der Instrumenten-, und Populationsäquivalenz, Erhebungsmethoden, Stichprobengrößen sowie Rücklaufquoten hingewiesen, die zum Teil sehr stark voneinander abweichen (vgl. JOSEPHI 2005: 385). Die Operationalisierung in dieser Studie reflektiert vielmehr die »konventionell westlichen beruflichen Rollenselbstverständnisse« und nicht das »Echo der kulturellen Unterschiede im beruflichen Rollenselbstverständnis auf dem Globus« (vgl. HANITZSCH 2010).[25] Diese Unzulänglichkeiten brachten dem Projekt international scharfe Kritik ein.[26] Josephi (2005: 385) kritisiert

23 In dieser Untersuchung hat eine Wissenschaftler-Gruppe um Weaver vier Mal innerhalb von 30 Jahren in einer aufwendigen repräsentativen Befragung Daten erhoben. Sie ermöglichen im Längsschnitt einen Vergleich, wie sich die amerikanischen Journalisten und damit der amerikanische Journalismus verändert haben.

24 In dieser Studie untersuchen Weaver und Wu mittels Befragungen in mehreren Ländern »strukturelle Ähnlichkeiten und Unterschiede des Journalismus« und porträtiert Journalisten aus diesen Ländern.

25 Das heißt, die Operationalisierung des journalistischen Rollenverständnisses unterliegt einem »western bias«, der dazu führt, dass die auf dieser Basis getroffenen vergleichenden Aussagen die journalistische Selbstwahrnehmung »verzerrt« wiedergeben (vgl. HANITZSCH 2010: 259f.).

26 Diese Kritik erklärt Josephi (2005: 385) vor allem mit den »normativen Erwartungen des Professionalisierungsmodells des Journalismus«, welches in der originalen amerikanischen Studie angewendet wurde und als »Maßstab« für andere Länder angewendet wird. Auch Hallin und Mancini kritisieren, dass diese Studie von den Annahmen ausgeht, dass diese Modelle »stark von cross-nationalen normativen Erwartungen und Bestrebungen geprägt« sind (HALLIN/MANCINI 2004: 303).

an diesen Studien vor allem die Anwendung »ungeeigneter Modelle« und »Fragebatterien«, denen oft »eine bestimmte Ideologie zugrunde liegt«, die aber nicht die Praxis der Befragten widerspiegele. Um diese »Dilemmata« zu überwinden, fordert sie neue Wege und die Entwicklung neuer »Fragekonstruktionen«, die näher an den »Arbeitsrealitäten der Journalisten« liegen und mit weniger normativen Annahmen auskommen. Hanitzsch (2004: 121) verweist auch darauf, dass eine »Änderung« dieser Elemente auf der Forschungsagenda vollzogen werden muss.

Es liegen schon einige Vorschläge in dieser Richtung vor, die u. a. Jyotika Ramaprasad (2001; RAMAPRASAD/KELLY 2003; RAMAPRASAD/RAHMAN 2006; RAMAPRASAD/HAMDY 2006), eine amerikanische Kommunikationswissenschaftlerin indischer Abstammung, in die Diskussion eingebracht hat. Ramaprasad hatte schon 2001 eine Studie zur Untersuchung des beruflichen Rollenselbstverständnisses von Journalisten in Tansania entwickelt und diese später mit verschiedenen Partnern in einigen weiteren Entwicklungsländern (Nepal, Bangladesch, Ägypten) durchgeführt. Die Untersuchungen lieferten besonders hilfreiche methodische Anregungen, um eine ›unreflektierte‹ Anwendung des Fragebogens aus *The American Journalist* auf anderen Ländern zu vermeiden bzw. ihn in einer differenzierten Form anzuwenden. Wichtig ist, dass die Forscher nach der kritischen Feststellung, dass das »Weltbild des Entwicklungsjournalismus« (RAMAPRASAD/KELLY 2003: 241) in den Studien *American Journalist* von Weaver und Wilhoit (1986, 1991) und in *The Global Journalist* (WEAVER/WU 1998) nicht ausreichend berücksichtigt wurde, Items anbieten, durch welche die Perspektive der »Journalisten in den Entwicklungsländern« (ebd.) in den Fragenbogen einbezogen werden kann. Mit anderen Worten: Das besondere Verdienst der Studie von Ramaprasad u. a. ist, dass sie den Aussagekatalog über die Kommunikationsziele aus der Studie von Weaver und Wilhoit (1986, 1991) modifiziert bzw. erweitert und damit dem »asiatischen und afrikanischen Kontext« anpasst, indem die »Dimension des Entwicklungsjournalismus« im Aussagekatalog eingebettet.

Ramaprasad schlägt eine Liste von Kommunikationszielen vor, die in zwei Kategorien aufgeteilt sind und für die Operationalisierung der Journalistenerhebungen in Entwicklungsländern angewendet werden können.

Während in der ersten Kategorie die Items zusammengefasst werden, die die globale Perspektive des Journalismus beinhalten – das sind Items, die zur Operationalisierung des beruflichen Rollenselbstverständnisses auch in der komparativen Journalismusforschung eine Anwendung finden (vgl. WEISCHENBERG/MALIK/SCHOLL 1995; HANITZSCH 2004; WEAVER/

WILHOIT 1991; WEAVER/WU 1998) – werden in der zweiten Dimension einige Items angeboten,[27] die die Perspektive der Entwicklungsländer ›mitberücksichtigen‹.

Auf Basis dieser Erkenntnisse haben die Autoren (RAMAPRASAD/KELLY 2003) den Versuch unternommen, die zwei Dimensionen (globale und Entwicklungsjournalismus-Perspektive) theoretisch zu operationalisieren, entwickelten mehrere thematische Untergruppen und besiedelten diese mit den Messungselementen. Zur Operationalisierung der ersten Dimension werden Items vorgeschlagen, die in den anderen Studien (vgl. *Journalismus in Deutschland*, *Journalismus in Indonesien* und *American Journalist*) ebenfalls zur Anwendung kommen.

Für die zweite Kategorie werden Items zum Entwicklungsjournalismus angeboten, die sich zur Erfassung beruflichen Rollenselbstverständnisses im Sinne eines anwaltschaftlichen und vermittlungsorientierten Journalismus eignen:

Im Sinne des *anwaltschaftlichen Journalismus* stehen folgende Items zur Verfügung:

- benachteiligten Menschen in der Gesellschaft eine Chance geben, ihre Ansichten zu öffentlichen Angelegenheiten zum Ausdruck zu bringen.
- den Menschen in den ländlichen Gebieten eine Chance zu geben, ihre Ansichten zu öffentlichen Angelegenheiten zum Ausdruck zu bringen.

Die Rolle im Sinne eines *vermittlungsorientierten Journalismus* zeigen die Items:

- Erklären der Regierungspolitik, wenn sie komplex ist,

27 Innerhalb der zweiten Dimension, in der die Items im Sinne des Entwicklungsjournalismus angeboten werden, wird durch Ramaprasad und Kelly (2003: 243) wiederum zwischen zwei weiteren Perspektiven unterschieden: Entwicklungsjournalismus aus (i) der Perspektive der Entwicklungsländer und aus (ii) einer kritisch-westlichen Perspektive. Während die Verfechter der ersten Perspektive (oftmals Regierungen der Dritten Welt und einige Journalisten) unter dem Begriff des ›Entwicklungsjournalismus‹ nicht nur »positive Berichterstattung« über Regierung, Politik und Projekte erfassen, sondern dieses journalistische Konzept als »objektive«, »regelmäßige« und manchmal »bevorzugte« Berichterstattung über die nationale Entwicklung beschreiben (AGGARWALA 1977), sehen die Kritiker, vor allem aus der entwickelten Welt, darin einen »Euphemismus« für die »staatliche Kontrolle über die Medien«. Während in der ersten Dimension die Rolle der Massenmedien bei der Förderung der nationalen Entwicklung im Mittelpunkt steht, betont die zweite Dimension die »Meinungsfreiheit« und definiert die Freiheit primär als »Freiheit von staatlicher Kontrolle« (RAMAPRASAD/KELLY 2003: 243).

- aktive Unterstützung der Regierungspolitik für die nationale Entwicklung,
- Priorität der Berichterstattung über entwicklungspolitische Maßnahmen und Projekte.

Zur Präzisierung dieser Rolle wurde für die Befragten ein eigenes Item entwickelt. Es soll den afghanischen Kontext widerspiegeln und zusätzlich dazu beitragen, die Rolle der Befragten noch besser verständlich zu machen und sie besser bewerten zu können. Es wird wie folgt formuliert:

- Förderung des Dialogs zwischen verschiedenen ethnischen Gruppen in Afghanistan.

Oft wird in den Studien, die in den Entwicklungsländern durchgeführt werden, das Rollenselbstverständnis im Sinne eines Entwicklungsjournalismus unerklärlicherweise nicht explizit abgefragt (vgl. z. B. HANITZSCH 2004: 111). Der Grund könnte die Feststellung sein, dass jüngere Untersuchungen und Inhaltsanalysen nicht bestätigen konnten, dass dieses berufliche Rollenselbstverständnis als eigenständige und isolierte Selbstkonzeption unter den Journalisten in den Entwicklungsländern Fuß fasst (vgl. RAMPAL 1995; CHAUDHARY 2000; MURTHY 2005; TEVES 2000: 41ff.). Daraus kann abgeleitet werden, dass in den Entwicklungsländern dieses Konzept trotz seiner Präsenz in der journalistische[n] Ausbildung« und innerhalb des »öffentlichen Diskurses im beruflichen Alltag im Gegensatz zu anderen Konzepten nur eine kleine Rolle spielt (vgl. HANITZSCH 2004: 142 [Indonesien]; RAMAPRASAD 2001: 546 [Tansania]; RAMAPRASAD/RAHMAN 2003: 22 [Bangladesch]; RAMAPRASAD/HAMDY 2005: [Ägypten] und RAMAPRASAD/KELLY 2006 [Kambodscha]).

Eine *Sonderdimension* wird als Sonderfall des beruflichen Rollenselbstverständnisses herangezogen: Items zur Religion und zu traditionellen Strukturen sollen den bisher von der komparativen Journalismusforschung vernachlässigten Zusammenhang zwischen religiöser und ethnischer Zugehörigkeit und dem journalistischen Rollenselbstverständnis untersuchen,[28] was bisher in der internationalen Journalismusforschung selten getan wurde ist. Die wenigen Untersuchungen, die diese Zusammenhänge erforscht haben, beschränken sich weitgehend auf die Beschreibung der ethnischen Zusammensetzung der Berufsgruppen (vgl. HANITZSCH 2004: 240). Dass diese »kulturelle[n] Variablen« kaum einen Einfluss auf

28 Eine Ausnahme bildet hier Hanitzsch (2004: 229f.).

die beobachtete Einstellungsdimension im Journalismus ausüben, stellt Hanitzsch (ebd.) in der Studie *Journalismus in Indonesien* fest. Der »Ethnizität« hingegen misst er eine größere Bedeutung bei, vor allem, wenn es etwa um die Bewertung der gesellschaftlichen Rolle von Journalismus in Form von »Kritik und Kontrolle« geht. Insgesamt vermutet er aber, dass die »Natur des Journalismus« auf »sekundäre Differenzierung« wie Ethnizität und Religionszugehörigkeit relativ robust reagiert. Er kommt zum Schluss, dass sie im Gegensatz zu den »Binnenstrukturen« (ebd.) wenig zur Beschreibung komplexer Prozesse des Journalismus beitragen können.

Andere Befunde ergeben sich, wenn es nicht nur bei der Fragestellung bleibt, ob es einen Zusammenhang zwischen religiöser, ethnischer Zugehörigkeit und der journalistischen Einstellung gibt, sondern in einem weiteren Schritt die Journalisten direkt danach gefragt werden, ob diese kulturellen Werte in ihrer alltäglichen Arbeit eine Rolle spielen (vgl. dazu RAMAPRASAD/HAMDY 2006; KHAN 2004). In einer Untersuchung, in der das berufliche Rollenselbstverständnis von ägyptischen Journalisten untersucht wird, wurden die Journalisten direkt gefragt, wie wichtig ihnen die Förderung und Stärkung islamischer Gesellschaften, Traditionen und Werte sei.[29] Sie bewerteten diese Funktion als zweitwichtigste Medienfunktion nach der wichtigsten »genau und rechtzeitige Informationen zu vermitteln«. Die Autoren bezeichnen sogar die Förderung dieser Werte als einen »Grundsatz des Berufs Journalismus« in diesem Land (RAMAPRASAD/HAMDY 2006: 175f.). In einem wesentlichen Punkt unterscheiden sich die ägyptischen Journalisten von »ihren westlichen Kollegen«: Sie sprachen denjenigen Items die »höchste Bedeutung« zu, die die Förderung der Arabismus/(Islamische) Werte operationalisieren, was die Autoren dieser Studie zur folgende Aussage veranlasst:

> »Egyptian journalists also placed two basic journalistic functions – provision of timely and accurate information – in the same league of importance as supporting Arabism/values, indicating possibly that supporting Arabism/values is a basic tenet in their profession or conversely indicating the importance of the function of providing timely, accurate information« (RAMAPRASAD/HAMDY 2006: 180).

29 Die Forscher haben diese Dimension durch die Items u. a. »Defend Islamic societies, traditions and values« und »Strengthen spiritual and moral values« operationalisiert (vgl. RAMAPRASAD/HAMDY 2006: 175f.).

Auf ähnlich Befunde verweist die Studie *Profile of Journalists in Peschawar* von Altaf Khan (2003: 221ff.). Er identifizierte nach einer Faktorenanalyse vier journalistische »Profil-Gruppen«: »Missionary«, »Political Radical«, »Traditional« und »Informer«. Die dritte Gruppe bezeichnet er als traditionell bzw. religionsorientierte Gruppe, die insbesondere das Item »Islamische Werte verbessern« als wichtiges Kommunikationsziel bewertet hatten. Diesen journalistischen Typ beschreibt Khan wie folgt:

> »The term Islamist is not used in the strictest sense, but in contrast with the attitude where religion plays no important role [...] The concern for Islamic values is closely connected to the fear of cultural imperialism, whose instrument are the western media« (2003: 229).

Weiterhin beschreibt der Autor diese Gruppe mit einer religiösen Orientierung, die sich bewusst in der Verantwortung sieht, ihre Religion sowie deren Werte zu verteidigen. Als Quellen für dieses berufliche Rollenselbstverständnis der Journalisten in Pakistan benennt er erstens, dass die traditionelle und soziale Struktur der Gesellschaften diese Haltung unterstützt und zweitens die Ausbildung, weil die Journalisten in ihrer Jugend oft eine religiöse Ausbildung genießen (ebd.).

In dieser Studie wird den Fragen nachgegangen, ob die Religionszugehörigkeit in Afghanistan einen Einfluss auf das berufliche Rollenselbstverständnis hat und welche Rolle die Förderung der gesellschaftlichen (konfessionellen) Werte im Journalistenberuf spielt. So werden einige Items aus den Studien von Khan (2004) und Ramaprasad und Hamdy (2006: 180) übernommen, da sie einen methodischen Beitrag leisten und Medienfunktionen einbeziehen, die für islamisch geprägte Länder spezifisch sind. Zur Operationalisierung des beruflichen Rollenselbstverständnisses, der als *werteorientierter Journalismus* aufgefasst werden könnte, werden folgende Items verwendet:

- *Förderung islamischer Gesellschaft, Tradition und Werte,*
- *Verteidigung islamischer Werte,*
- *Stärkung der (afghanischen) traditionellen moralischen Werte.*

In der dritten Dimension werden schließlich die Arbeitsziele gemäß der Definition ergänzt durch die Handlungsrelevanz, also die Möglichkeit zur Umsetzung der Berufsrolle. Hier wird davon ausgegangen, dass nicht alle Ziele oder Absichten, die Journalisten äußern, die gleiche Bedeutung für die konkrete Ausübung des Berufes haben (vgl. WEISCHENBERG/SCHOLL/MALIK 2006). Die potenzielle Realisierbarkeit der Kommunikationsziele wurde in der Studie folgendermaßen überprüft: Zum beruflichen Rollenselbstverständnis sollten die Befragten angeben, in welchem Maß sie bei der Umsetzung dieser Kommunikationsziele erfolgreich sind. Sie beurteilten, in dem noch einmal die 23 Items (s. Tab. 3) unter der Frage »Gelingt es Ihnen, dieses Ziel im journalistischen Alltag umzusetzen?« im Fragebogen vorgelegt wurden, in welchem Maß sich die Ziele in ihrem beruflichen Alltag auch tatsächlich umsetzen lassen.

TABELLE 3

Operationalisierung

Dimensionen		Ziel	Items	Quellen
Erste	Objektivistischer Ansatz und Public Journalism	Information-, Kritik-, Meinungs-, u. Servicejournalismus	14	Scholl/Weischenberg (hier 1998); Hanitzsch (2004); Weaver/Wu (1998)
Zweite	Entwicklungsansatz	Anwaltschafts-, Vermittlungs- und Dialogjournalismus	5 (1)	Ramaprasad et al. (2001, 2003, 2006a, 2006b); Eigene
Sonder	Förderung von Religion und Tradition	Werteorientierter Journalismus	3	Khan (2004); Ramaprasad et al. (2006b)
Dritte	Handlungsrelevanz	Umsetzung von Zielen	23	Scholl/Weischenberg (1998)

Der Form der Befragung werden in der Sozialwissenschaft drei Probleme attestiert: Erstens kann die postalische Verteilung zu einer geringen Rücklaufquote führen, womit die Repräsentativität infrage gestellt wird. Zweitens fehlt den Befragten oft die Motivation und deshalb bleibt drittens oft unklar, ob tatsächlich die ausgewählte Person den Fragebogen beantwortet hat.

Um diese Probleme soweit wie möglich zu vermeiden, wurde für die Verteilung des Fragebogens nicht der postalische Weg gewählt, sondern er wurde durch ein Team persönlich verteilt. Die Fragebögen sind in den Redaktionen den einzelnen Befragten übergeben worden mit dem Hinweis, dass sie eine Woche Zeit zum Ausfüllen hätten. Die hohe Rücklaufquote von fast 70 Prozent zeigt, dass diese Vorgehensweise richtig war.

Als Nächstes standen die Formulierungen der Fragen im Mittelpunkt. Es wurden geschlossene Frageformulierungen gewählt. In dieser Form werden im Gegensatz zur offenen Frageformulierung die Antwortmöglichkeiten vorgegeben. Die Kategorisierung offener Fragen und die großen Fallzahlen hätten einen enormen Arbeitsaufwand bedeutet. Die Vorteile der geschlossenen Formulierungen sind ferner, dass die Antworten leichter in Zahlencodes umgesetzt und in statistischen Auswertungen verwendet werden können. Diese Tatsache ist für eine explorative Studie in Afghanistan wichtig, sonst bestünde bei offenen Fragen die Gefahr einer Ergebnisverzerrung durch die unterschiedliche Eloquenz der Befragten.

Bei der Skalenbildung steht immer die Frage im Raum, welche Skalenniveaus die Antwortvorgaben aufweisen sollten. Für die Antwortkategorien von geschlossenen Fragen stehen prinzipiell drei Skalenniveaus zur Verfügung: Nominal-, Ordinal-, und Intervallskala (vgl. BROSIUS 2005: 96). Während der erste Skalentyp lediglich auf unterschiedliche Kategorien (dichotom oder polytom) verweist, ist beim zweiten Typ die Vergabe eines Rangplatzes möglich. Der dritte und komplexeste Typ ermöglicht die Verwendung metrischer Werte. Im Fragebogen kommen alle drei Formen zur Anwendung. Die demografischen Daten werden durch ordinale (Geschlecht, Familienstand, Ethnie, Alter, Position und Arbeitsort) und nominale Skalen (Ausbildung, und Arbeitsverhältnis) ermittelt (vgl. Tab. 4 für eine Übersicht).

Antwortmöglichkeiten zum beruflichen Rollenselbstverständnis, zur Handlungsrelevanz, zu ethischen Maßstäben, zur Wahrnehmung der Einflüsse und zum Publikumsbild sind intervallskaliert. Diese Dimensionen wurden mithilfe einer fünfstufigen Skala abgefragt, damit den befragten Journalisten eine »situative Relativierung« ermöglicht werden konnte. Grundlegend hierfür war die Erkenntnis, dass »die berufliche Selbstdimension von Journalisten eine pluralistische Struktur mit jeweils unterschiedlichen Schwerpunktsetzungen« aufweist (WEISCHENBERG 2002: 439)[30]. Dabei stellte sich insbesondere die Frage, ob die Intervallskalen mit einem Mittelpunkt gewählt sollten oder nicht. Die Entscheidung fiel letztlich auf die erste Möglichkeit: Es wurde eine fünfstufige Skala konzipiert, damit die Befragten die Möglichkeit hätten, sich in der Mitte anzuordnen. Es wird dabei davon ausgegangen, dass dieser Wert mit großer Wahrscheinlichkeit tatsächlich vorkommt (vgl. BROSIUS 2005: 98) und es

30 Als besonders problematisch sieht hier Weischenberg (2002: 439), dass bei vielen Untersuchungen diese Dimensionen auf ›entweder-oder-Kategorien‹ reduziert werden und dadurch dem ›Selbstbild-Pluralismus‹ der Journalisten wenig Bedeutung zugemessen wird.

den Befragten ermöglicht, ihre differenzierte und ausgewogene Meinung, die sie wirklich haben, kundzutun.

Es wurde hier auch eine Reliabilitätsanalyse der Skala durchgeführt, um zu sehen, ob und inwieweit die verwendeten Items tatsächlich die gleiche Größe messen. Mit anderen Worten: bis zu welchem Grad die Skala konsistent ist. Zur Berechnung der Skalenreliabilität wurde die Methode Cronbachs α angewendet. Ab einem Cronbachs α von 0,70 wird von einer reliablen Skala ausgegangen (ebd.). Hier lag der Wert bei den Items zum beruflichen Rollenselbstverständnis, zu ethischen Maßstäben, Wahrnehmung der Einflussfaktoren und Publikumsbild zwischen 70 und 80 Prozent.

TABELLE 4
Operationalisierung

Kategorien	Itemszahl	Skalen	Reliabilität α
Demografische Daten	4	ordinale	
Ausbildung	5	nominale	
Arbeitsverhältnis	10	nominale	
Arbeitszufriedenheit	5	intervallskaliert*	71
Berufliche Rolle	23	intervallskaliert	76
Handlungsrelevanz	23	intervallskaliert	73
Ethische Maßstäbe	11	intervallskaliert	71
Einflussfaktoren	15	intervallskaliert	75
Publikumsbild	17	intervallskaliert	71

* Alle fünfstufig skaliert.

Ein weiterer Schritt bestand aus der Übersetzungsphase, in der die in deutscher Sprache konzipierten Fragen ins Persische oder in Paschtu übersetzt wurden. Dabei stellte sich heraus, dass sich bestimmte deutsche Begrifflichkeiten nicht leicht übersetzen lassen, obwohl der Verfasser diese beiden Sprachen perfekt beherrscht. Ein Grund dafür ist, dass diese Begrifflichkeiten in den Zielsprachen zum ersten Mal angewendet werden. Insofern lag darin eine doppelte Herausforderung, diese Begriffe nicht nur gut zu übersetzen, sondern auch den Befragten verständlich zu machen. Kompliziert gestaltete sich die Übersetzung auch aufgrund fehlender kommunikationswissenschaftlicher Lexika in einer der Zielsprachen (Persisch, Paschtu), die man als Hilfsmittel hätte heranziehen können. Außerdem war es fast unmöglich, Übersetzer zu finden, die den Fragebogen von der deutschen Sprache in die Zielsprachen detailliert übertragen konnten. Um diese Probleme zu minimieren, wurde ein anderer Weg eingeschlagen. Der Fragebogen wurde zuerst aus dem Deutschen ins Englische übersetzt, damit er dann aus dem Englischen ins Persische (Dari) und in Paschtu übertragen werden konnte. Dieser Vorgang erleichterte die Übertragung in die Zielsprachen erheblich, denn Englisch ist in Afghanistan im Vergleich zum Deutschen eine etabliertere Sprache.[31] Somit konnte ein Team von Übersetzern dabei behilflich sein, die Fragebögen aus dem Englischen in die Zielsprachen zu übertragen.

Um die Verständlichkeit für die Befragten sicher zu ermöglichen, wurde ferner ein Pretest in mehreren Phasen durchgeführt. Dieser Pretest fand vor der eigentlichen Pretest-Phase erstmals nur für den Übersetzungsprozess statt. Durchgeführt wurde dieser immer mit vier Journalisten, die sich dazu bereit erklärt hatten. Dieser Vorgang wurde in dieser Phase so lange durchgeführt, bis sichergestellt war, dass die Befragten das verstehen, was wirklich zu ermitteln war. Danach wurde eine Fragebogenversion als eigentlicher Pretest mit weiteren Journalisten verwendet. Es sollte getestet werden, ob der Fragebogen für die Befragten in allen seinen Facetten verständlich ist. Dieser Test fand Anfang September 2010 in einer Gruppe von sieben Journalisten statt. Anschließend wurden die Fragen, basierend auf den Ergebnissen des Pretests, noch einmal überarbeitet.

Abschließend wurden in der eigentlichen Feldphase, die zwischen dem 8. Oktober und dem 12. November 2010 lag, die Fragebögen in den Redaktionen verteilt. In der letzten Woche der Phase wurden dann die Fragebögen wieder eingesammelt.

Stichprobe

In den letzten zehn Jahren hat in Afghanistan trotz einer rasanten Medienentwicklung nur wenig kommunikationswissenschaftliche Forschung stattgefunden. Als die einzigen aussagekräftigen Untersuchungen, die sich mit den gesamten Strukturdaten und der Rezeption der afghanischen Medien in letzten zehn Jahren beschäftigen, können die Berichte *Afghan*

31 Das wird u.a. darin deutlich, dass einige kommunikationswissenschaftliche Lexika in den Sprachen Englisch und Persisch und umgekehrt existieren, die bei der Übersetzung der Fragebögen sehr hilfreich waren (vgl. MOHAJERI 1995).

Media 2005 sowie *Afghan Media 2010* gezählt werden, die von der amerikanischen USAID herausgegeben worden sind und alle fünf Jahre wiederholt werden sollen. Allerdings beschäftigen sich diese Berichte im Interesse der Medienindustrie mit den Strukturdaten des Mediensystems, wobei die Anzahl der Rundfunkorganisationen, die Programmstruktur, deren Reichweite und die Rezeption im Mittelpunkt stehen.

Diese Altai-Studie[32] (2010: 125ff.), aber auch andere Quellen benennen nicht die genaue Zahl der in Afghanistan tätigen Medienbetriebe (vgl. Tab. 5 für eine Übersicht). Daher können aus diesen Quellen nur Schätzungen entnommen werden. Die Altai-Studie (2010: 125) berichtet von 850 Print-Erzeugnissen, 175 Hörfunkanstalten und 75 Fernsehsendern. Aufgrund der schmalen empirischen Basis sollten jedoch diese Zahlen mit Vorsicht bewertet werden, zumal die Daten durch die schnellen Entwicklungen im afghanischen Mediensystem nach kurzer Zeit nicht mehr aktuell sein können.

Dieser Umstand führt dazu, dass sozialwissenschaftliche Forschung in Afghanistan zu einer großen Herausforderung wird, die viel Zeit, eine große Organisationsarbeit, aber auch eine große Ausdauer notwendig macht. Verstärkt wird diese Problematik durch den fehlenden Bestand an Basisdaten zum Journalismus und zum Mediensystem.

Eine große Herausforderung ist aus diesen Gründen die Ermittlung der Grundgesamtheit von im Land tätigen Journalisten. Es existieren keine genauen Angaben über die allgemeine Belegschaft und besonders über die Anzahl der tätigen Journalisten in den einzelnen Medienbetrieben. Der einzige Versuch der letzten Jahre, dies zu klären, ist wieder die Altai-Studie (2010: 55f.), die jedoch auch über Schätzungen nicht hinauskommt. Mit den arbeitenden Journalisten beschäftigt sich dieser Bericht auf einigen Seiten, die jedoch lediglich eine deskriptive Auseinandersetzung darstellen (ALTAI 2010: 41-46). Sie verweisen allgemein auf die Mitarbeiterzahlen der großen Medienbetriebe, die sehr unterschiedlich ausfallen. Während der staatliche Fernsehsender RTA 2.600 Mitarbeiter beschäftigt, kommen die nationalen privat-kommerziellen Fernsehsender mit kleineren Teams aus (YAK TV 350 Mitarbeiter, ARIANA 300 Mitarbeiter, davon 50 Journalisten, TOLO TV 150

32 Altai Consulting ist eine amerikanische Consulting-Gruppe. Sie wurde von USAID beauftragt, eine umfassende Bewertung der Medien in Afghanistan durchzuführen. Diese Gruppe führte 2005, 2010 und 2015 diese Untersuchung durch.

Mitarbeiter). Andere Medienbetriebe, wie zum Beispiel die lokalen Printmedien, kommen mit noch weniger Mitarbeitern aus, deren Anzahl zwischen fünf und 50 liegt (ebd.: 65f.).

TABELLE 5
Medienbetriebe in Afghanistan

Mediensegment	Staatlich	Privat	Partei	Gesamtheit der Medienangebote
Printmedien	51	-	-	800
Hörfunk	17	-	-	175
Fernsehen	17	50	8	75

Quelle: Altai 2010: 59f.

Auch die für diese Arbeit unternommenen Recherchen im Informationsministerium und bei den journalistischen Verbänden vor Ort waren wenig erfolgreich. Das Ergebnis der Recherche war, dass in Afghanistan kein Verzeichnis, weder von den staatlichen Institutionen noch von den nationalen Journalistenverbänden, vorliegt, auf dessen Grundlage man eine Bestimmung der Grundgesamtheit von in Afghanistan tätigen Journalisten vornehmen könnte. Der drei Jahrzehnte andauernde Bürgerkrieg hat dazu geführt, dass Daten weder vom zuständigen Informationsministerium noch von anderen Institutionen dokumentiert bzw. verwaltet worden sind. Hinzu kommt, dass sich auch weiterhin weder eine staatliche noch eine universitäre Instanz oder Institution dafür zuständig fühlt, diese Daten zu sammeln.

Um einen ersten Überblick über die Grobstrukturierung der Grundgesamtheit von Journalisten zu erhalten, wurden Schätzungen vorgenommen. Diese orientieren sich an den Zahlen, die wiederholt in unterschiedlichen Quellen genannt werden. Diese Schätzungen gehen davon aus, dass in Afghanistan ca. 6000 Journalisten tätig sind (vgl. ALTAI 2010: 122; BBC 2000, 2012: 13f.). Auch diese Zahl muss mit Vorsicht behandelt werden, da die meisten Journalisten trotz ihrer Vollzeitbeschäftigung in mehreren Medienorganisationen gleichzeitig tätig sind, was die genaue Datenermittlung noch schwieriger macht (vgl. ALTAI 2010: 42).[33]

33 So erübrigte sich auch die Personalerhebung, eine andere übliche Vorgehensweise zur Ermittlung der Grundgesamtheit von Journalisten in der Journalismusforschung. Dabei wird eine

Daher wendet diese Studie ein mehrstufiges Verfahren als Hilfsmittel zur Stichprobenziehung an[34] und weicht nicht vom Anspruch der Repräsentativität ab.

In der Journalismusforschung werden Zufallsstichprobe sowie mehrstufige Verfahren als Hilfsmittel identifiziert, die zur Stichprobenziehung üblich sind. Bei den Zufallstichproben wird nach dem Prinzip einer systematischen Zufallsauswahl eine Stichprobe ermittelt. Bei mehrstufigen Verfahren werden mehrere unterschiedliche Auswahlverfahren hintereinander geschaltet, mit dem Ziel, eine Stichprobe zu erhalten, die ein verkleinertes Abbild der Grundgesamtheit darstellt (vgl. BROSIUS/KOSCHEL 2005: 87). Die mehrstufige Methode kommt insbesondere dann infrage, wenn die Grundgesamtheit entweder sehr groß oder unbekannt ist (ebd.), wie es in der vorliegenden Studie der Fall ist.

Zur Realisierung dieses mehrstufigen Verfahrens wurden folgende Schritte unternommen: Es wurde nach dem Vorschlag von Scholl und Weischenberg (1998: 78f.) *erstens* der Journalismus als Leistungssystem von anderen gesellschaftlichen Teilbereichen und Subsystemen öffentlicher Kommunikation (z. B. Öffentlichkeitsarbeit) abgegrenzt gesehen.[35]

In einem *zweiten Schritt* werden auf der Ebene der Organisation Medienteilsegmente in die Grundgesamtheit mit einbezogen, in welchen Journalismus eine relevante Rolle spielt. Hier sind zu nennen: die *Printmedien* (Tageszeitungen, Wochenzeitungen und Zeitschriften), die *Nachrichtenagenturen* sowie die *Rundfunkmedien*. Journalisten, die für Online-Medien arbeiten, können hier nicht berücksichtigt werden, da sie nicht als eigenes ›Teilsegment‹ betrachtet werden können, weil Online-Journalismus in Afghanistan institutionell noch sehr marginal entwickelt ist (ALTAI

zufällige Liste aus den landesweiten Medienbetrieben ausgewählt und schriftlich nach der Anzahl der festen und freien beschäftigten Journalisten befragt (vgl. HANITZSCH 2004: 115; WEAVER/WU 1998: 5). Jedoch lagen die Ergebnisse dieses Vorgehens in meisten diesen Studien wegen des mangelnden Rücklaufs weit unter den Erwartungen.

34 Hier lehnt sich die Studie an das Verfahren an, das in der Untersuchung *Journalismus in Indonesien* (HANITZSCH 2004: 123) zur Anwendung kommt.

35 Es muss hier die Tatsache erwähnt werden, die dem Verfasser zwar bewusst ist, jedoch nicht vertieft werden kann, dass sich diese Definition von ›Journalismus‹ nur schwerlich auf Afghanistan übertragen lässt. Die Herstellung von Öffentlichkeit durch das Leistungssystem Journalismus kann in Afghanistan nur in einem sehr begrenzten Umfang erfahren werden, denn es existiert keine umfassende Öffentlichkeit. Vielmehr setzt sich die afghanische Gesellschaft aus vielen einzelnen Teilöffentlichkeiten (vgl. WAKILI 2010) zusammen, die insbesondere in den ländlichen Gebieten durch traditionelle Kommunikationsstrukturen organisiert sind (ausführlicher zu dieser Thematik vgl. RAWAN 1993: 111ff.).

2010: 87) und demzufolge nicht als Teil »aktueller und periodischer« Medien, die im Fokus dieser Untersuchung stehen, bezeichnet werden kann. Dazu wurde hier die Struktur des Mediensystems (Organisation und Segment) als Abbild genommen und daraus die Stichprobe gezogen. Das Ergebnis dieses Verfahrens ist eine organisationale, segmentale und regionale Schichtung (vgl. Tab. 6 zur Übersicht). Die Schichtung wurde einerseits fünffach segmental in Zeitungs-, Zeitschriften-, Presseagentur-, Hörfunk- und Fernsehredaktionen aufgeteilt und andererseits dreifach organisational in staatliche, privat-kommerzielle und Partei-Medien geschichtet. So wurden 37 Journalisten (19,1 %) in fünf staatlichen Medienbetrieben wie RTA, bei Zeitungen (drei Betriebe) und in einer Presseagentur befragt. 147 Journalisten (75,4 %) wurden in 28 unterschiedlichen privat-kommerziellen Medienredaktionen befragt. Der Rest der Befragten (11 Journalisten, 5,4 %) war in vier Parteimedienbetrieben tätig. Weiterhin sind 44 Journalisten (22,6 % in 10 Medienbetrieben) bei Zeitungen, 12 Journalisten (6,2 % in vier Medienbetrieben) bei Zeitschriften, 12 (6,2 % in vier Medienbetrieben) in Presseagenturen, 75 (38,5 %, in 12 Medienbetrieben) beim Hörfunk und 52 (26,7 % in acht Medienbetrieben) beim Rundfunk tätig. Dann wurde aufgrund der gesellschaftlichen Heterogenität die Grundgesamtheit in zwei Provinzen geschichtet, damit die Stichprobe einerseits dem Zentrum und andererseits der Peripherie in ihrer ethnischen Vielfältigkeit gerecht wird. Die regionalen Stichproben wurden in der Hauptstadt und in einer Provinz im Osten des Landes (Jalalabad) durchgeführt. Diese zwei Provinzen unterscheiden sich in der Zuordnung zu Zentrum/Peripherie und ihrer ethnischen Zusammensetzung. Kabul ist als Zentrum ethnisch sehr heterogen, mit einer leichten Dominanz der Tadschiken. Die Provinz Jalalabad ist als Peripherie insbesondere durch die ethnische Dominanz von Paschtunen gekennzeichnet. Die Auswahl dieser Provinz entstand aus dem Umstand, dass sie dennoch ethnisch heterogen ist und eine Befragung dort ziemlich sicher durchführt werden konnte, weil die Provinz als relativ sicher gilt. Es wurde auch das Gefälle der Medienstruktur zwischen beiden Provinzen mitberücksichtigt: Es wird davon ausgegangen, dass die meisten Medienbetriebe in der Hauptstadt tätig sind (ALTAI 2010: 51). So werden beispielweise über 350 Print-Erzeugnisse in der Hauptstadt herausgegeben (ALTAI 2010: 51). Über die Hälfte der privaten Fernsehsender ist ebenfalls in Kabul ansässig (ebd.). Zur Berücksichtigung dieses Gefälles wurde in der Stichprobe eine Quotierung gewählt, in der mehr Journalisten aus der Hauptstadt befragt werden sollten. Es wurden 134 Journalisten (68,7 %) aus Kabul und 61 (31,3 %) in Jalalabad befragt.[36]

In einem *dritten Schritt* werden die einzelnen Arbeitsrollen identifiziert, die unmittelbar an der Erstellung redaktioneller Produkte beteiligt sind. Hierzu wurde das Vorgehen allerdings modifiziert.[37] In Afghanistan sind Journalisten, die ihr gesamtes Einkommen aus journalistischer Tätigkeit beziehen und in Vollzeit arbeiten, noch eine Seltenheit (vgl. ALTAI 2010: 123). So werden hier erstens Journalisten befragt, die ihr überwiegendes (i) Einkommen (>50 %) aus journalistischer Tätigkeit beziehen, einschließlich freier Journalisten. Die zweite befragte Gruppe bilden Journalisten, die weniger als die Hälfte ihres Einkommen (ii) (<50 %) aus journalistischer Tätigkeiten beziehen. Die Grundgesamtheit der Studie bilden Journalisten, deren Entscheidungen unmittelbaren Einfluss auf die Nachrichtengebung besitzen. Andere Medienschaffende, die nicht direkt an der Produktion journalistischer Inhalte beteiligt sind, wie z. B. Kameraleute oder Produzenten, werden nicht berücksichtigt. In einem *vierten Schritt* wird zwischen formellen Rollen und journalistischen Kerntätigkeiten wie (i) Chefredakteur (Herausgeber, Hauptverantwortliche), (ii) Redakteur sowie (iii) Mitarbeiter (keine Führungskraft) unterschieden. Die Medienbetriebe, in denen die Befragung stattfand, wurden innerhalb dieser Schichtung per Zufall ausgewählt. Auch die Auswahl der Zielpersonen innerhalb der Redaktionen erfolgte nach dem Zufallsprinzip. Die einzige Vorgabe lautete, pro Redaktion sollte mindestens eine Person, jeweils aus der oberen und mittleren Redaktionsebene, und mindestens eine Journalistin (falls dort beschäftigt) an der Befragung teilnehmen. Allgemein waren alle Redaktionen sehr kooperativ und es wurde keine einzige Verweigerung registriert. Von insgesamt 300 verteilten Fragebögen kamen 230 Fragebögen zurück. Das ist eine zufriedenstellende Rücklaufquote von 70 Prozent. Davon konnten 35 Fragebögen nicht für die statistische Analyse herangezogen werden, da sie entweder unvollständig oder nicht verwertbar waren. Zur empirischen Untersuchung standen letztlich 195 Fälle zur Verfügung.

36 Es sei zu erwähnen, dass eine größere Stichprobe, für die z. B. nicht nur noch mehr Journalisten aus einzelnen Segmenten, sondern auch welche aus anderen Provinzen, aber auch aus dem Bereich Online-Medien einbezogen worden wären, die Repräsentativität weiter erhöht hätte. Der Umstand der politischen Unsicherheit gestattete eine aufwendigere Organisationsarbeit jedoch nicht.

37 Eine ähnliche Vorgehensweise wählt Hanitzsch (vgl. 2004: 123) in seiner Studie *Journalismus in Indonesien*.

TABELLE 6
Schichtung der Stichprobe

Kategorien	Summe	Prozent
Zeitung	44 (10)*	22,6
Zeitschrift	12 (4)	6,2
Presseagentur	12 (4)	6,2
Hörfunk	75 (12)	38,5
Fernsehen	52 (8)	26,7
staatlich	37 (5)	19,1
privat-kommerziell	147 (28)	75,4
Partei	11 (4)	5,6
Kabul	134	68,7
Provinz	61	31,3
Gesamt	N = 195	100

* In Klammern: die Zahl der Medienbetriebe

Inhaltsanalyse

Die Inhaltsanalyse wird als eine der am weitesten verbreiteten Methoden in der Kommunikationswissenschaft bezeichnet, die insbesondere durch diese Fachrichtung ihre Weiterentwicklung und »Kultivierung« erfahren hat (BROSIUS 2009: 139). Allgemein wird die Inhaltsanalyse als eine Methode verstanden, mit der durch eine systematische Analyse von Textmerkmalen Aussagen zum Verfasser und dessen sozialem Kontext sowie den Adressaten der Texte getroffen werden und somit Rückschlüsse auf soziale Wirklichkeit gezogen werden können (KLAMMER 2005: 249). Geht man nach der genauen Definition dieser Methode in der Kommunikationswissenschaft, kann festgestellt werden, dass verschiedene Wirklichkeiten vorhanden sind. Schon im Buch von Bernard Berelson (1952), das in diesem Kontext bis heute als Pflichtlektüre gilt, wird die Inhaltsanalyse als »eine Untersuchungstechnik für die objektive, systematische und quantitative Beschreibung von manifesten Inhalten der Kommunikation« bezeichnet (BERELSON 1952: 18). Zwei weitere Standardwerke der Inhaltsanalyse sind die Werke von Werner Früh (2007) und Klaus Merten (1995), die die Methode allgemein so verstehen, dass sich mit ihrer Hilfe »Inhalte von Texten«, »Merkmale von Mitteilungen« und »soziale Wirklichkeit« beschreiben lassen (BROSIUS 2005: 141). Früh (2007: 25, zit. n. BROSIUS

2005: 141) sieht sie als eine »empirische Methode zur systematischen, intersubjektiv-nachvollziehbaren Beschreibung inhaltlicher und formaler Merkmale von Mitteilungen.« Merten (1995: 59) beschreibt sie als eine Methode »zur Erhebung sozialer Wirklichkeit, bei der von Merkmalen eines manifesten Textes auf Merkmale eines nicht manifesten Kontextes geschlossen werden kann.«

Insgesamt ermöglicht das methodische Instrumentarium der Inhaltsanalyse, Texte so messbar zu machen, dass valide erfasst werden kann, auf welche Kontexte sich die Inhalte beziehen und welche soziale Wirklichkeit sie widerspiegeln (BROSIUS 2009: 143f.). Eine inhaltsanalytische Erhebung kann aber auch das Ziel haben, Rückschlüsse von Texten auf Motive, Ursachen und Gründe der Berichterstattung durch die Kommunikatoren zu ziehen, die im Fall der Kommunikationswissenschaft hauptsächlich journalistische Urheber sind. Hier wird eine Verbindung zwischen den Motiven, den Einstellungen und den Wünschen von Journalisten sowie ihrer Berichterstattung hergestellt (BROSIUS 2009: 146).

Ferner wird zwischen einer quantitativen und qualitativen Inhaltsanalyse differenziert. Die quantitative Inhaltsanalyse hat das Anliegen, formale und inhaltliche Merkmale von Texten zu erfassen und in Häufigkeiten anzugeben, wobei die Häufigkeit als »Indikator für die Intensität einer Meinung, Einstellung oder Wertevorstellung gedeutet wird« (KLAMMER 2005: 255). Sie ist jedoch insofern unbefriedigend, als sie dem manifesten Inhalt Vorrang gibt, und zwar auf Kosten von latenten oder vieldeutigen Inhalten (ebd.). Die qualitative Inhaltsanalyse stellt wiederum einen Ansatz der empirischen, methodisch kontrollierten Auswertung von Texten dar, der den Text in seinen »Kommunikationszusammenhang eingebettet« nach inhaltsanalytischen Regeln auswertet (MAYRING 2000: 3). Dabei werden die Bedeutungen der Texte und die zugrunde liegenden Meinungen und Einstellungen in die Untersuchungen einbezogen (KLAMMER 2005: 255). In der Kritik steht hier der »nicht zu kontrollierende Interpretationsspielraum bei der Bedeutungszuweisung«, die die Kodierer »subjektiv« vornehmen. Scholl und Weischenberg (1998: 62) mahnen auch die »offensichtlichen Nachteile« an: mangelnde methodische Kontrolle (Reliabilität, Validität) und Generalisierung (Repräsentativität). Früh weist auf den Umstand hin, dass diese zwei Spielarten der Methode nicht zu trennen sind, da sie keinen Gegensatz darstellen, sondern beide Vorgehensweisen gegenseitige Elemente berücksichtigen bzw. bedienen (FRÜH 2007: 54).

Stichprobe

Aufgrund des großen Untersuchungsgegenstands[38] können in dieser Studie sicher nicht alle Medienprodukte untersucht werden. Insofern wird eine produktionstechnische, zeitliche und thematische Auswahl getroffen. Der produktionstechnische Schwerpunkt liegt auf der Untersuchung von Printmedien, weil die Analyse von Medienaussagen aus dem Rundfunk sich wegen der nicht erfolgten Archivierung der Produkte noch schwieriger gestalten lässt. Die nachstehenden Zeitungen sind für die geplante Inhaltsanalyse maßgeblich: Die staatliche Tageszeitung *Anis,* die liberale Tageszeitung *8am* sowie die konservative Tageszeitung *Mandegar Daily*. Diese Zeitungen stehen im Mittelpunkt, weil sie alle drei zum einen vornehmlich über politische Themen berichten und durch die Wahl dieser unterschiedlichen politischen Richtungen zum anderen eine mögliche Vielfalt gewährleisten sollen.

Thematisch steht die politische Berichterstattung im Mittelpunkt, die daraufhin untersucht werden soll, welche Berichterstattungsmuster in den untersuchten Zeitungen vorkommen. Da eine globale Untersuchung mit erheblichem Aufwand verbunden wäre und von einem Einzelforscher kaum zu bewältigen, wurden die Beiträge nach einer Systematik ausgewählt. Im Mittelpunkt standen diejenigen Berichterstattungsthemen, welche ›Regierung‹, ›Religion‹, ›Kultur‹, ›Korruption‹, ›Sicherheit‹, ›nationale Entwicklungspolitik‹, ›Wirtschaft‹, ›Armut‹, ›Frauen‹, ›ländliche Gebiete‹, ›Benachteiligte‹, ›Dialog‹, ›Lebenshilfe‹, ›städtische Menschen‹ und ›Tradition‹ zum Gegenstand haben. Nach einer allgemeinen Durchsicht wurden in den drei Zeitungen diejenigen Titel und Texte selektiert und aufgenommen, die diese Themen zum Inhalt bzw. Thema haben und inhaltsanalytisch untersucht. Diese Systematik wurde gewählt, da diese Bereiche mit den Items zum beruflichen Rollenselbstverständnis am besten korrespondieren.

Ein Problem ist die individuelle Zuordnung der Berichterstattung zu den befragten Journalisten. Diese konnte unmöglich von einem Einzelforscher bewältigt werden. Hinzu kommt das Problem, dass in Afghanistan Print-Erzeugnisse kaum archiviert werden, auf die man rückwirkend zurückgreifen könnte. Verschärft wird diese Problematik dadurch, dass für

38 Die befragten Journalisten arbeiten in unterschiedlichen Mediensegmenten und Organisationen. Insofern wäre es optimal, die Medienprodukte von allen Mediensparten einer Inhaltsanalyse zu unterziehen. Diese Leistung ist jedoch durch einen Einzelforscher kaum zu erbringen.

den Bereich der inhaltsanalytische Untersuchungen von Presse-Erzeugnissen fehlen, die möglicherweise als Grundlage für die theoriegeleitete Kategorienentwicklung verwendet werden könnten. Die Vermeidung dieses Problems würde eine »methodische Korrektur« und eine inhaltsanalytische Untersuchung einer größeren Stichprobe der Beiträge notwendig machen (ebd.). Diese wäre aber mit einem deutlichen Mehraufwand verbunden, da bei den befragten Journalisten jeweils eine individuell zugeordnete Berichterstattung untersucht werden sollte. Insofern wurde die Entscheidung für eine modifizierte Vorgehensweise getroffen. Da diese Studie sich als eine explorative Studie versteht, besteht ihr Ziel primär darin, durch die Untersuchung einer repräsentativen Stichprobe zwei Teilaspekte im Journalismus in zwei Schritten zu untersuchen: Im ersten Schritt werden die beruflichen Merkmale und die Einstellungen afghanischer Journalisten durch eine schriftliche Befragung ermittelt. Teil dieses Analyseabschnitts wird ferner die direkte Überprüfung der Umsetzung (Handlungsrelevanz) des beruflichen Rollenselbstverständnisses sein. Im zweiten Schritt werden die journalistischen Berichterstattungsmuster im afghanischen Journalismus durch eine Inhaltsanalyse exemplarisch in drei Zeitungen untersucht.

Mit diesem Ansatz wird die zentrale Zielsetzung verfolgt, zu prüfen, welches berufliche Rollenselbstverständnis die befragten Journalisten vertreten und welche Berichterstattungsmuster in afghanischen Zeitungen vorkommen. Abschließend wird ermittelt, ob es einen Zusammenhang zwischen diesen Selbstbildern und den Berichterstattungsmustern gibt. Eindeutig wird es in der inhaltsanalytischen Erhebung nicht darum gehen, die direkte Handlungsrelevanz befragter Journalisten nachzuweisen. Hier ist das Ziel, wie es Weischenberg (2002: 326) formuliert, den Zusammenhang zwischen den manifesten Merkmalen eines Textes (Leistung) und den Merkmalen eines nicht manifesten Kontextes (berufliches Rollenselbstverständnis) zu ermitteln. Insofern werden entsprechend der Typologisierungen des beruflichen Rollenselbstverständnisses auch die Medieninhalte in unterschiedliche Gruppen von Berichterstattungsmustern gegliedert, die dann direkt an die Typologisierung der Journalisten angeknüpft und mit ihnen verglichen werden sollen.

Um den zeitlichen Rahmen einzugrenzen, wird die Untersuchung der Zeitungen auf den Monat Oktober des Jahres 2010 festgelegt. Als Stichprobe wurden drei Untersuchungswochen ausgewählt. Diese Entscheidung resultierte, wie vorhin erwähnt, aus Mangel an Archiven afghanischer Medienprodukte, wodurch eine retroprospektive inhaltsanalytische Erhebung unmöglich wurde. Daher wurde ein Vorgehen gewählt, in dem parallel zur Durchführung der schriftlichen Befragung (1.10.201 bis 21.10.2010) die Stichprobe der drei Tageszeitungen erhoben wurde (vgl. Tab. 7).

TABELLE 7
Anzahl der Ausgaben und Artikel

Zeitungen	Ausgaben	Artikel (%)	
		Anzahl	Prozent
8 am (unabhängig)	30	70	35
Mandegar Daily (oppositionell)	29	64	32
Anis (staatlich)	28	66	33
Gesamt	87	200	100

Anhand der betrieblichen Strukturen kann in Afghanistan zwischen staatlichen und nicht staatlichen Printmedien unterschieden werden. Die letzteren, die privat-wirtschaftlich organisiert sind, differenzieren sich in unabhängige und Partei-Presse. Daneben erscheint eine nur schwer überschaubare Anzahl von Blättern, die von unterschiedlichen politischen Gruppierungen und Netzwerken herausgegeben werden (ALTAI 2010: 33 sowie 64f.).

Folgende Zeitungen werden einer Inhaltsanalyse unterzogen, weil sie bedeutende und »wichtigste« Zeitungen in Afghanistan sind (ALTAI 2010: 65; BBC 2012): Die Erste ist die staatliche Zeitung *Anis* (*Morgenrot*; Kabul), die bereits 1927 gegründet wurde. Dieses auflagenstärkste staatliche Blatt, das fünf Mal wöchentlich erscheint, bietet verschiedene aktuelle Themen in den Sprachen Persisch und Paschtu an. *Anis* hat eine Auflage von 5000 Ausgaben. Sie berichtet meist über die staatliche Agenda, »in der Regel in einer Argumentationsweise zugunsten der staatlichen Politik« (HAZAR 2010: 34). Die meisten Informationen bezieht sie von der staatlichen Nachrichtenagentur Bakhtar. *Anis* besteht meistens aus zehn Seiten und ist thematisch in die Bereiche Politik, Wirtschaft, Gesellschaft, Feuilleton (Kultur), Technik und Sport unterteilt. Die Artikel sind auffallend lang und in Essayform aufgebaut. Die Titelseite besteht aus Nachrichten, Tatsachenberichten, aber auch aus einem Leitartikel, der meistens sehr kurz ist. In die nächsten Seiten fließen Dokumentationen, Interviews und Reportagen ein. Schließlich finden sich im Kulturteil kreative Textsorten wie Gedichte, Kurzgeschichten, Fortsetzungsromane etc. Generell wurden in diesem Blatt wenig kommentierende Beiträge beobachtet, dafür umso mehr Berichte, deren Quelle die Bakhtar-Presseagentur ist.

Die Zweite ist *Hascht Sobh* (englisch: *8am*; Kabul), eine in Afghanistan »bedeutende«, national verbreitete, privatwirtschaftliche Zeitung (ALTAI 2010: 67). Sie wurde 2006 gegründet, erscheint fünf Mal pro Woche und verzeichnet eine Auflage von 15.000 Exemplaren je Ausgabe. Diese Zeitung, die 65 Redakteure (in verschiedenen Büros in den wichtigsten Großstädten) beschäftigt und ausschließlich auf Persisch verfasst wird, kann nur ein Drittel ihres Budgets durch Abonnements, Verkaufserlöse und Werbeeinnahmen erwirtschaften, sodass der Rest durch internationale Subventionen (Kommission für Menschenrechte) und Spenden gedeckt werden muss. Sie wird dennoch als eine der wenigen »unabhängigen« »Qualitätszeitungen« bezeichnet, die eine »gemäßigt regierungskritische«, »liberale« und »säkulare« Haltung in ihren Berichten und Kommentaren verfolgt (ALTAI 2010: 15). Das Format von *8am* besteht immer aus zehn Seiten und im Layout ist sie eine der wenigen in Farbe gestalteten Zeitungen. Thematisch beschäftigt sich dieses Blatt mit den Ressorts Politik, Wirtschaft, Gesellschaft, Weltpolitik, Feuilleton, Umwelt, Menschenrechte, Gesundheit, Technik und Sport. Inhaltlich sind die Beiträge auch hier sehr kurz gehalten. Die Titelseite besteht aus Nachrichten, Tatsachenberichten über Ereignisse und aus einem Leitartikel, der auch aus Gastkommentaren bestehen kann. Hier kommen oft auch liberale Regierungsvertreter in Kommentaren und Leitartikeln zu Wort. In die nächsten Seiten fließen Dokumentationen, Interviews und Reportagen ein, in denen oft auch persönliche Beobachtungen geschildert werden. Die meinungsorientierten Textsorten in Form von Kommentaren stehen meist auf der zweiten Seite. Tatsachenorientierte Berichte werden aufgeteilt auf die ersten, mittleren bzw. hinteren Seiten, die insbesondere aus Nachrichten, Berichten, Meldungen (Kurznachricht), Dokumentationen und Reportagen bestehen. Schließlich gibt es auch hier die kreativen Textsorten wie Gedichte, Kurzgeschichten und Fortsetzungsromane im Kulturteil. Augenfällig sind ein konstantes Interesse am Thema Menschenrechte sowie das besondere Engagement für die ethnischen Minderheiten in Afghanistan. Dieses wird vor allem durch eine regelmäßig an derselben Stelle veröffentlichte Kolumne, stets vom selben Verfasser, verdeutlicht.

Die Dritte, *Mandegar Daily* (deutsch: *Wartend*; Kabul), kann wegen ihrer politischen Ausrichtung als oppositionelles Blatt bezeichnet werden (ALTAI 2010: 123). Es handelt sich um eine sehr »regierungskritische« Tageszeitung, die in ihrer Berichterstattung den Gegenpol zur staatlichen Presse verkörpert. Sie entstand 2009 durch eine Anschubinvestition des ehemaligen Vizepräsidenten Ahmad Zia Massoud und verzeichnet eine Auflage von 12.000

Exemplaren. Sie erscheint fünf Mal wöchentlich, die Artikel sind meist auf Persisch, gelegentlich aber auch auf Paschtu verfasst. Dieses Blatt besteht aus acht Seiten, die in die drei Bereiche Politik, Weltpolitik und Kultur aufgeteilt sind. Insgesamt sind auch in diesem Blatt die Beiträge sehr kurz gehalten (im Vergleich zu den Quasi-Essays in *Anis*). Auffällig sind eingängige Schlagzeilen, die insbesondere auf der Titelseite platziert werden. Im Gegensatz zum *8am* besteht die Titelseite im *Mandegar Daily* immer aus Leitartikeln oder Kommentaren, während die Berichte und die Nachrichten auf den hinteren Seiten platziert werden. Der Kulturteil besteht aus Essays und Kolumnen, die oft nicht so kurz verfasst sind wie die politischen Kommentare.

Kategoriensystem

Das Kategoriensystem für inhaltsanalytische Erhebungen besteht aus zwei Teilen. Den ersten Teil bilden die formalen Kategorien. Sie wurden durch den Verfasser selbst erhoben. Folgende formale Kategorien wurden in der Untersuchung erfasst.

Für das inhaltliche Kategoriensystem werden die aus den Items zum Rollenselbstverständnis abgeleiteten Kategorien zur Inhaltsanalyse, die von Scholl und Weischenberg (1998: 357-363) für die Untersuchung der Berichterstattungsmuster im Journalismus formuliert wurden, weitgehend übernommen. Einige können jedoch nicht eins zu eins übertragen werden. Einzelne sind überflüssig, andere werden ergänzt und modifiziert, um sie an die vorliegende Untersuchung anzupassen.[39]

Um die exakte Übertragung der Items zum beruflichen Rollenselbstverständnis auf die inhaltsanalytischen Kategorien zu verbessern, werden durch Scholl und Weischenberg (1998: 358) zwei Modifizierungen vorgeschlagen, die in diese Studie Eingang finden. Um die Interkoder-Reliabilität zu erhöhen, werden erstens die Skalenpunkte von einer fünfstufigen zu einer dreistufigen Skala (2 = »trifft zu«, 1 = »teils/teils« und 0 = »trifft nicht zu«) zusammengefasst. Zweitens werden bestimmte Items zu den Selbstbildern aus dem Inhalt der Artikel nicht ersichtlich und können deswegen nicht auf Inhaltsanalyse übertragen bzw. dadurch überprüft werden. Darum wurden folgende Items aus der Erhebung ausgeschlossen: *»die Realität*

39 Die mit einem Stern gekennzeichneten Items sind von Scholl und Weischenberg (1998: 358f.) übernommen.

genauso abbilden, wie sie ist«, »möglichst schnelle Informationen vermitteln«, »sich auf Nachrichten konzentrieren, die ein weites Publikum erreichen«.

Dazu wurden zunächst die Kategorien der inhaltsanalytischen Erhebung, die in deutscher Sprache konzipiert waren, ins Persische übersetzt. Dabei stellte sich auch heraus, dass sich bestimmte deutsche Begrifflichkeiten nur schwer ins Persische übersetzen lassen. Hier wurde besonders Wert darauf gelegt, den Kodierern die Kategorien verständlich zu machen. Um dieser Problematik zu entgehen, wurden die Kategorien mehrere Male übersetzt und einem Pretest unterzogen. Dieser wurde solange fortgesetzt, bis eine relativ große Übereinstimmung zwischen den Kodierern beobachtet werden konnte.

Die Kodierung des *Vermittlungsjournalismus* wird mit folgenden Kategorien durchgeführt:

Priorität der Berichterstattung über entwicklungspolitische Maßnahmen und Projekte: Die Kategorie prüft, wie oft die aktive und positive Berichterstattung über die Förderung der nationalen Entwicklung und über entwicklungspolitische Projekte und Anstrengungen in den Artikeln vorkommt.

Förderung des Dialogs zwischen verschiedenen ethnischen Gruppen in Afghanistan: Diese Kategorie zeigt, inwieweit der Autor in seinem Beitrag den gesellschaftlichen Dialog (unter ethnischen Gruppen) als wichtig wahrnimmt und deswegen explizit diesen Dialog zum Wohle der Gesellschaft als notwendig dargestellt.

*Sich für die Benachteiligten der Gesellschaft einsetzen**: Als ›Benachteiligte‹ werden im gesamtgesellschaftlichen Kontext die klassischen Minderheiten verstanden (SCHOLL/WEISCHENBERG 1998), die im Text nicht nur genannt, sondern auch als unterprivilegierte Bevölkerung dargestellt werden. Als ausschlaggebend bezeichnen die Autoren vor allem die Art der Darstellungsform als »Anwaltschaft für die Belange unterprivilegierte[r] Gruppen« und inwieweit eine »anwaltschaftlich orientierte Problematisierung der Thematik« (ebd.: 360) vorliegt.

Den Menschen in den ländlichen Gebieten eine Chance zu geben, ihre Ansichten zu öffentlichen Angelegenheiten zum Ausdruck zu bringen: Hiermit ist die Wiedergabe eines Meinungsbildes gemeint, das sich insbesondere »durch die aktive Gegengewichtung zur städtischen Berichterstattung« (ebd.) auszeichnet.

Als ländlich werden diejenigen bezeichnet, die nicht in den Großstädten Afghanistans leben.

*Aktive Unterstützung der Regierungspolitik für die nationale Entwicklung**: Damit ist das aktive Anliegen des Autors gemeint, im Artikel die nationalentwicklungspolitischen Maßnahmen und Projekte explizit für den Rezipienten als positiv und notwendig darzustellen und dafür zu werben. Mit national-politischen Projekten sind jene Maßnahmen gemeint, die weder lokale oder regionale noch internationale Bezüge haben, sondern das gesamte Land betreffen.

Erklären der Regierungspolitik, wenn sie komplex ist: Hier ist das Bemühen des Autors gemeint, im Artikel die Regierungspolitik in ihrer Komplexität und in differenzierten Zusammenhängen verständlich darzustellen, um sie für den Rezipienten greifbar zu machen.

Aufklärung der Bürger darüber, wie die Regierung arbeitet: Damit ist die Intention des Autors in seinem Beitrag gemeint, die verschiedenen Regierungsprogramme und Projekte darzustellen, um das Publikum darüber informiert zu halten.

*Dem Publikum eigene Ansichten präsentieren**: Im Text vorhandene Meinungsäußerungen müssen eindeutig dem Autor (Journalisten) zugeordnet werden können. Eine »bloße Wiedergabe eines Meinungsbildes« (ebd.) reicht für die Kodierung nicht aus.

*Sich für den sozialen Wandel einsetzen**: Dies bezeichnet die Tendenz des Autors, bestimmte gesellschaftliche Strukturen als ungerecht wahrzunehmen und deswegen explizit als veränderungsbedürftig darzustellen.

Für die Kodierung des *Informationsjournalismus* werden folgende Kategorien vorgeschlagen:

*Möglichst neutrale und genaue (präzise) Informationen**: Das wichtigste Kriterium dafür ist, inwieweit der Autor in seiner Darstellung inhaltlich ›ausgewogen‹ und ›detailgenau‹ ist. Hier können verschiedene Meinungen (einschließlich des Verfassers) wiedergegeben sein, aber das relevante Bewertungskriterium der ausgewogenen Präsentation hinsichtlich des gesamten Meinungsspektrums muss erfüllt sein.

*Komplexe Sachverhalte erklären und vermitteln**: Diese Kategorie zeigt, inwieweit der Autor das Anliegen hat, einen Sachverhalt in seiner »Komplexität« und in »differenzierten Zusammenhängen« zu beschreiben, zu erklären und darzustellen, um ihn für den Rezipienten verständlich zu machen. »Auf stilistischer Ebene sollte ein gewisser Grad an Differenziertheit, ebensowie das Bemühen um Verständlichkeit, Logik und Sachlichkeit zum Ausdruck kommen«.

Nachrichten ohne faktische Bestätigung nicht bringen: Hier ist die Anliegen des Autors gemeint, Informationen, die nicht bestätigt sind, nicht zu veröffentlichen. Der Autor muss ausdrücklich darauf hinweisen, dass die Informationen faktisch nicht bestätigt sind. Dennoch können sie veröffentlicht werden, aber nicht als bestätigte Informationen.

Die Kodierung von *missionarischer Journalismus* wird durch die folgenden Kategorien unternommen:

Förderung islamischer Gesellschaft, Tradition und Werte: Wichtigstes Kodierungskriterium hierbei ist die explizite Formulierung oder das Aufzeigen von islamischen Werten, Normen und Idealen, die durch den Journalisten explizit als positiv bewertet und möglicherweise als handlungsweisend dargestellt werden.

Verteidigung islamischer Werte: Islamische Werte, Normen und Ideale, die durch den Journalisten explizit als positiv bewertet, jedoch dennoch als verbesserungsbedürftig dargestellt werden.

Stärkung der (afghanischen) traditionellen moralischen Werte: Hier sind explizite Formulierungen oder das Aufzeigen von afghanischen, traditionellen moralischen Werten, Normen und Idealen gemeint, die durch den Journalisten positiv bewertet sowie als vermittlungswürdig und als handlungsanweisend dargestellt werden.

Die Kodierung von *kritischem Journalismus* wird mit folgenden Kategorien unternommen:

*Kritik an Missständen in der Gesellschaft üben**: Als kritisierte Missstände werden alle von Journalisten als solche wahrgenommenen und dargestellten

Verhältnisse, Zustände, Ereignisse und Entwicklungen in der Gesellschaft bezeichnet. Die Kritik muss explizit vom Journalisten geäußert sein.

Sich als Gegenpart der Regierung aufstellen: Hier geht es explizit um eine Gegenposition zur Regierung und weniger um die »Aufdeckung von Missständen« (SCHOLL/WEISCHENBERG 1998: 362). Kern dieser Positionen ist ein »dauerhaftes Misstrauen in die Öffentlichkeitsarbeit der Regierung, indem der Journalist deren Aussagen immer skeptisch behandelt« (ebd.).

*Aussagen und Stellungnahmen der Regierung recherchieren und untersuchen**: Als Aussagen der Regierung werden ihre Verlautbarungen und die der ihr angeschlossenen Institutionen (Verwaltung) gezählt. Die Überprüfung dieser Aussagen richtet sich explizit gegen reine Verlautbarungen und impliziert eine Kontrollabsicht des Journalisten. Die Darstellung ist durch detaillierte Hintergrundinformationen (inklusive Verweise auf eigene Recherchen) sowie argumentierendes Abwägen bis hin zur Gegendarstellung der von Regierungsinstitutionen eingegangenen Informationen gekennzeichnet.

Die Kodierung von *unterhaltendem Servicejournalismus* wird mit folgenden Kategorien unternommen:

*Dem Publikum Lebenshilfe bieten**: Die beabsichtigten Orientierungs- und Ratgeberfunktionen müssen in Form expliziter Ratschläge, Hilfeleistungen und Handlungsempfehlungen ausgedrückt werden. Imperativformulierungen und direkte Adressierung des Publikums sind Indikatoren für diese Ratgeberfunktion.

*Intellektuelle und kulturelle Interessen des Publikums ansprechen**: Thematisch bedient dieser Bereich vor allem die ›Hochkultur‹ und umfasst die klassischen Feuilleton-Bereiche. Es können aber auch populärkulturelle Themen nicht ausgeschlossen werden, da die kulturellen Interessen von den jeweiligen Zielgruppen abhängig sind. Die Berichterstattungsmuster sind Rezensionen, Veranstaltungsbesprechungen, Satire, Glossen und kulturelle Kommentare.

*Unterhaltung und Entspannung anbieten**: Als wichtigste Bewertungskriterien für den Unterhaltungswert einer Veröffentlichung werden die Darstellungsform und der Schreibstil, weniger jedoch die Thematik beachtet. Zumal zur Präzisierung dieser Kategorie noch folgende Unterkategorien untersucht werden: *Ist ein Bild, eine Karikatur oder eine Zeichnung vorhanden? Sind grafische Elemente (Tabellen, Kästchen mit Zusatzinformationen) im Beitrag vorhanden?*

Nach der ersten Sichtung der drei Zeitungen wurde festgestellt, dass sich die staatliche Zeitung *Anis* von den anderen beiden unterschied. In den Beiträgen dieser Zeitung konnte nach erstem Eindruck eine Berichterstattung identifiziert werden, die durch einen sehr regierungsfreundlichen Journalismus geprägt war. Hier wurde versucht, die Regierung und Regierungsvertreter positiv darzustellen. Um diese Art der Berichterstattung, die mit der »opportunistischen Journalistenrolle« (HANITZSCH/SEETHALER 2010: 486) vergleichbar ist, zu ermitteln, mussten zwei weitere Kategorien einbezogen werden:

Werben für die Regierungspolitik[40]: Der Autor ist in seinem Beitrag explizit um eine positive Darstellung der Regierung und Regierungsvertreter bemüht. In dieser Position kommt Regierungskritik kaum vor.

Positive Darstellung von nationalen Persönlichkeiten: Hier ist der Autor in seinem Beitrag bemüht, die Akteure der Regierungspolitik (Präsidenten, Minister und andere Regierungsvertreter) positiv zu behandeln. Kritik kommt kaum vor.

In der Inhaltsanalyse können sich immer wieder Mehrdeutigkeiten durch den Unterschied der latenten und manifesten Inhalte ergeben. Die zentrale Forderung bei der Entwicklung eines Kategorieschemas ist zum einen »die Vollständigkeit« (BROSIUS 2009: 160f.). Damit wird gewährleistet, dass das Schema mit allen Unterkategorien und Ausprägungen das theoretische Konstrukt der Untersuchung »umfassend« und »exklusiv« widerspiegelt (ebd.). Zum anderen muss »die Trennschärfe« der Kategorien garantiert sein, indem sie sich in ihren Ausprägungen »wechselseitig« ausschließen und alle Ausprägungen sich auf das »gleiche Merkmal« beziehen (ebd.).

So kann durch exakte Kodiervorschriften[41] die intersubjektive Überprüfbarkeit gewährleistet werden. Intra- und Interkoder-Reliabilitätsmes-

40 Die folgenden Items wurden von Hanitzsch und Seethaler 2010: 486 übernommen.

41 Ein Kategorienschema ist eine Handlungsanleitung, in der vorgeschrieben wird, wie die Kodierer mit den zu analysierenden Medieninhalten umgehen sollen. In dieser Anleitung werden alle Kategorien im Detail beschrieben, sodass die größtmögliche Reliabilität und Validität

sungen sichern diese Überprüfbarkeit zusätzlich ab (SCHOLL/WEISCHENBERG 1998: 358). Durch den Reliabilitätstest wird die Frage beantwortet, ob das Messinstrument zuverlässig misst. Brosius (2009: 162) beschreibt diese Prüfung, die sowohl während der Pretest-Phase als auch während der Kodierung vorgenommen wird, als Messung der »Übereinstimmung zwischen verschiedenen Kodierern«. Dazu soll beobachtet werden, ob ein Kodierer »zuverlässig gleichbleibend sein Material verschlüsselt« (ebd.). Im Reliabilitätstest geht es darum, die übereinstimmenden und nicht übereinstimmenden Kodierentscheidungen zu dokumentieren. Anschließend kann auf Basis dieser Dokumentation ein Reliabilitätskoeffizient berechnet werden. Dieses kann durch zwei Tests überprüft werden. Durch die Intrakoder-Tests wird gemessen, wie ein Kodierer einen Teil seines verschlüsselten Materials mit einem zeitlichen Abstand zum zweiten Mal kodiert. Hier geht man davon aus, dass der Kodierer sich nicht an seine ersten Verschlüsselungen erinnern kann. Der Interkoder-Test beinhaltet die Prüfung der Übereinstimmung zwischen den unterschiedlichen Kodierern. Als einfachste Messung der Übereinstimmung bezeichnet Brosius (2009: 163) die Feststellung des folgenden »Zahlwertes«: Indem man die Anzahl der übereinstimmenden Kodierungen von zwei Kodierern nimmt und diese durch die Anzahl aller Kodierungen teilt, wird der Reliabilitätskoeffizient ermittelt, der zwischen 0 und 1 schwanken kann. Der kombinierte Reliabilitätskoeffizient aller Kategorien dokumentiert dann die Güte des Codebuches. Mit anderen Worten steht dieses Ergebnis dafür, wie gut es gelungen ist, die Kodierer zu übereinstimmenden Kodierungen anzuleiten. Eine perfekte Reliabilität würde einer Übereinstimmung von 100 Prozent ($r=1$) entsprechen. Nach Neuendorf (2002: 143) ist jedoch schon eine Übereinstimmung von mehr als 90 Prozent ($r>.90$) ›sehr gut‹. Eine Übereinstimmung von mehr als 80 Prozent ($r>.80$) bezeichnet sie als ›gut‹. Eine Übereinstimmung unterhalb von 80 Prozent ($r<.80$) ist dagegen ›noch akzeptabel‹, worüber jedoch in der Methodenliteratur viel diskutiert wird.[42]

der Kategorien garantiert ist und alle involvierten Kodierer möglichst einheitlich kodieren können (BROSIUS 2009: 158).

42 So wird bspw. empfohlen, für die formalen Variablen einen Reliabilitätswert von 100 Prozent ($r=1$) Übereinstimmung zu erreichen (RÖSSLER 2005: 192).

TABELLE 8
Ergebnisse vom Interkoder- und Intrakoder-Test

Kommunikationsziele	Inter-Koder-Test	Intra-Koder-Test
Neutrale und genaue (präzise) Informationen	0.84	0.86
Komplexe Sachverhalte erklären und vermitteln	0.83	0.78
Dem Publikum eigene Ansichten präsentieren	0.84	0.83
Kritik an Missständen üben	0.84	0.78
Sich als Gegenpart der Regierung aufstellen	0.67	0.72
Nachrichten ohne faktische Bestätigung nicht bringen	0.77	0.81
Aussagen und Stellungnahmen der Regierung recherchieren	0.69	0.73
Sich für die Benachteiligten der Gesellschaft einsetzen	0.68	0.70
Erklären der Regierungspolitik, wenn sie komplex ist	0.74	0.79
Förderung des Dialogs zwischen verschiedenen ethnischen Gruppen in Afghanistan	0.69	0.76
Priorität für die Berichterstattung über Entwicklungspolitik	0.70	0.72
Politik und Entscheidungen der Regierung informieren	0.72	0.76
Propagieren von der Regierungspolitik	0.78	0.80
Sich für den sozialen Wandel einsetzen	0.72	0.77
Intellektuelle und kulturelle Interessen des Publikums ansprechen	0.75	0.81
Den Menschen in den ländlichen Gebieten eine Chance geben	0.77	0.74
Aktive Unterstützung der Regierungspolitik	0.79	0.83
Positive Darstellung von nationalen Persönlichkeiten	0.75	0.76
Islamische Werte, Normen und Ideale vermitteln	0.76	0.75
Dem Publikum Lebenshilfe bieten	0.81	0.77
Vermittlung von afghanischen Werten und Normen	0.77	0.79
Unterhaltung und Entspannung anbieten	0.72	0.77
Verteidigung islamischer Werte	0.81	0.78
Gesamt	0.78	0.77

Um den Pretest durchzuführen, wurden zwei Kodierer eingesetzt. Dabei wurde das Ziel verfolgt, die Schwachstellen des Kategoriensystems aufzudecken. Reliabilitätsprobleme ergaben sich insbesondere bei der Übersetzung der Kategorien, die sich für die Kodierer als inhaltlich mehrdeutig zeigten und deswegen mehrfach verbessert werden mussten. Abschließend führten zwei Kodierer die Inhaltsanalyse durch. Diese beiden Kodierer vollzogen auch den Intrakodertest. Zwei weitere Probekodierer führten den Interkoder-Test durch. Der Interkoder-Test wurde mit 20 Artikeln aus der Stichprobe ausgeführt. Hier wurde der Reliabilitätskoeffizient nach Krippendorff (Krippendorffs α) errechnet, da dieser in der Forschungspraxis statistisch gesehen als der Beste zur Beurteilung der Reliabilität gilt (vgl. NEUENDORF 2002: 143).

Dabei ergab der Interkoder-Reliabilitätstest für alle 23 Variablen einen Durchschnittswert von $\alpha=78$. Die niedrigsten Werte lagen in den Kategorien ›Vermittlungsjournalismus‹ und ›kritischer Journalismus‹ zwischen $\alpha=65$ und $\alpha=75$. Der Intrakoder-Reliabilitätstest durch die Kodierer wurde ähnlich berechnet. Hier lag der Wert bei $\alpha=77$ (vgl. Tab. 8 unten für eine Übersicht). Mit diesem Wert ist die notwendige, wenn auch nicht hinreichende Bedingung für die Validität der Inhaltsanalyse erreicht (vgl. KRIPPENDORF 1980: 129f.). Eine größere Übereinstimmung konnte aber nicht erreicht werden. Dieser Tatsache hat sicherlich mit den Übersetzungen zu tun, da die Kategorien nicht eins zu eins ins Persische übertragen werden könnten.

4.2 Datenanalyse

Die Anwendung multivariater Datenauswertungsverfahren gehört inzwischen in der Journalismusforschung zum Standardrepertoire (vgl. SCHOLL/WEISCHENBERG 1998: 367; HANITZSCH 2004: 125), zumal allzu oft eine genaue und nachvollziehbare Beschreibung dieses »hochgradig kontingenten« Verfahrens vernachlässigt wird (HANITZSCH 2004: 125). Auch in dieser Untersuchung kommen neben uni- und bivariaten Statistiken die Hauptkomponentenanalyse (Faktorenanalyse) und die Regressionsanalyse zum Einsatz. Dabei wird wie in den anderen Studien (HANITZSCH 2004: 127; SCHOLL/WEISCHENBERG 1998: 364) so vorgegangen, dass diese Auswertungsmethoden komplementär eingesetzt werden. Während die Faktorenanalyse zur Beschreibung von Rollendifferenzierungen der beruflichen Selbstbeschreibung verwendet wird, kommt die Regressionsanalyse zum Einsatz, um »die Richtung und Stärke der Abhängigkeit« dieser Rollenbeschreibungen von »systematischen Prozessen« (HANITZSCH 2004: 127) im Journalismus zu kennzeichnen.

Faktorenanalyse

Eine Faktorenanalyse ist eine nicht personenbezogene Analyse der Variablendimensionen, in der mehrere Variablen (Items) empirisch auf wenige Dimensionen (Faktoren) verdichtet werden. Ziel dieses Verfahrens sind die Dimensionsreduzierung und das Erkennen von Strukturen in den Daten. Es werden aus den Gewichtungen der Faktorenanalyse Werte (Faktorwerte) für jeden Faktor und jeden Befragten berechnet bzw. extrahiert, die dann als Dimensionsvariablen weiter verwertet werden können (BÜHL/ZÖFEL 2005: 465). Zur verbalen Kennzeichnung der extrahierten Faktoren ist es notwendig, jene Variablen, d. h. Aussagen zu identifizieren, die eine hohe Ladung auf dem jeweiligen Faktor haben. Diese Aussagen stehen dann deswegen mit dem Faktor in Korrelation, da sie inhaltlich in diesem »Bedeutungsraum« angesiedelt sind (WIEDEBUSCH 1989: 283). Das Vorzeichen der Gewichtszahlen gibt an, wo innerhalb des Koordinatensystems die einzelnen Aussagen angesiedelt sind. Hohe negative Ladungen bestimmen ebenso wie positive Ladungen einen Faktor und tragen zu seiner inhaltlichen Strukturierung bei (ebd.). Dahinter steht die Idee, in einer theoretischen Dimension oder einem Faktor (Einstellung) die Gruppen von Items von Einstellungsskalen über ein beobachtetes Korrelationsmuster widerzuspiegeln (ebd.). Dabei wird davon ausgegangen, dass die hoch miteinander korrelierenden Variablengruppen Aspekte einer gemeinsamen zugrundeliegenden Dimension messen.

Bei der Faktorenanalyse sind einige Entscheidungen notwendig, um die Güte dieses Interpretationsmodells zu maximieren. Zuallererst geht es um die Auswahl des Schätzverfahrens, da hier verschiedene Verfahren zur Verfügung stehen. Als gängigste Variante wird die Hauptkomponentenanalyse (PCA) bezeichnet (KAPPELHOFF 2007: 8), die auch in der vorliegenden Studie zur Anwendung kommt. Sie unterscheidet sich von anderen Techniken der Faktorenanalyse, da sie kein statistisches Modell der beobachteten Variablen als Grundlage braucht. Hier werden die ursprünglichen Variablen nacheinander so extrahiert, dass jeweils die maximale verbleibende Varianz der Daten erklärt wird (BROSIUS 2009: 23). Das geschieht, indem die gesamte Varianz, die eine Variable gemeinsam mit anderen Variablen hat, zerlegt wird. Je stärker die Originalvariablen korrelieren, umso weniger Hauptkomponenten sind notwendig, um einen Großteil des ursprünglichen Informationsgehalts zu erhalten (ebd.).

Zweitens steht die Entscheidung im Mittelpunkt, wie viele Komponenten (Faktoren) bei der Analyse extrahiert werden sollen, wofür zwei Vorgehensweisen existieren. Zum einen gibt es im Regelfall das ›Kaiser-Kriterium‹, womit ein Faktor zumindest mehr als die Varianz eines einzigen Items erklären soll und deswegen zum Extrahieren die Option der ›Eigenwerte über eins‹ gewählt wird. Zum anderen kann man aber auch als ›Alternative‹ die Anzahl der zu extrahierenden Faktoren vorgeben, womit dann mittels sogenannten ›Screeplot‹ die Zahl bestimmt werden kann. Dieser Test stellt die Eigenwerte der Faktoren grafisch dar und kann so als Entscheidungshilfe bei der Frage helfen, wie viele Faktoren für eine optimale Lösung extrahiert werden sollten (vgl. KAPPELHOFF 2007: 8). Beim ›Knick‹ (›elbow‹) des Eigenwerteverlaufs, ab dem sich die Eigenwerte langsam fallend der Abszisse nähern, wird die Extraktion abgebrochen. Der Screetest ist ein rein ›optisches‹ Analyseverfahren, objektive Kriterien dafür, wo der ›elbow‹ im Einzelfall liegt, existieren nicht (HARTIG/JUDE 2004: 3). In dieser Studie kam das zweite Verfahren zum Einsatz. Durch die erste Vorgehensweise wurden sowohl bei der Auswertung der Befragungsergebnisse, aber auch in der inhaltanalytischen Erhebung jeweils sieben Faktoren verdichtet, die jedoch weder trennscharf noch gut interpretierbar waren. Daher wurde die zweite Schätzungsmethode verwendet, indem die Grafik nach dem ›elbow‹ jeweils auf fünf Faktoren verweist, die trennscharf und gut interpretierbar waren.

Um die Daten noch sinnvoller interpretieren zu können, wird drittens empfohlen, die Faktoren in einem weiteren Rechenschritt untereinander rotieren zu lassen. Als das sinnvollste Verfahren wird dabei die Varimax-Rotation bezeichnet (KAPPELHOFF 2007: 8), die auch in dieser Studie verwendet wird. Sie hilft die Anzahl der Variablen mit hohen Werten für jeden Faktor zu reduzieren und so die Interpretation der Faktoren zu vereinfachen.

Viertens kann weiterhin die Güte der Faktorenlösung durch das Kaiser-Meyer-Olkin-Maß (KMO) beobachtet werden, was ebenfalls in dieser Untersuchung geschehen ist, da dieses zusätzliche Auskunft über die Güte der Faktorenanalyse geben kann. So deutet ein KMO-Wert über .70 auf eine zufriedenstellende und ein Wert über .80 auf eine besonders gute Lösung hin (BÜHL/ZÖFEL 2005: 467).

Schließlich musste die Güte der Analyse mittels des Anteils der Varianz von Variablen, der durch die Hauptkomponente erklärt wird (R^2), beobachtet werden. Hier werden die Werte, die von 0 bis 1 reichen, durch

Multiplikationen mit den Faktoren in Prozentwerte umgerechnet, wobei Werte über 50 Prozent als zufriedenstellende und über 70 Prozent erklärte Varianz als gute Lösungen angesehen werden können (SCHOLL/WEISCHENBERG 1998: 375). Tabelle 9 unten fasst das gewählte Vorgehen bei der Faktorenanalyse noch einmal zusammen.

TABELLE 9
Faktorenanalyse

Verfahren	Entscheidungen und Auswertungen
Auswertungsmethode	Hauptkomponentenanalyse (PCA)
Zahl der Faktoren	Mittels Screetest u. ›elbow‹ ermittelt
Rotationsverfahren	Varimax
Güte der Faktorenlösung	Kaiser-Meyer-Olkin (KMO)
Güte der Analyse	Durch den Anteils der Varianz (R^2)

Regressionsanalyse

Die Regressionsanalyse wird als eines der flexibelsten und am häufigsten eingesetzten statistischen Verfahren in der Sozialwissenschaft bezeichnet, die für die Analyse von Beziehungen bzw. Zusammenhängen zwischen einer abhängigen Variable (zu erklärende Variable oder auch Kriterium genannt) und einer (einfachen) oder mehreren (multiplen) unabhängigen Variablen (als erklärende Variablen oder auch als Prädiktoren bezeichnet) dient (BACKHAUS/ERICHSON/WEIBER 2006: 2). Hier kommt die zweite Variante zur Anwendung. Sie kann den Zusammenhang zwischen Variablen erkennen, erklären und die Werte der abhängigen Variablen schätzen und prognostizieren (ebd.). Der entscheidende Vorteil der multiplen Regressionsanalyse ist, dass bi- bzw. multivariate Korrelationen durch die »Einfachheit der Effektstruktur« (SCHOLL/WEISCHENBERG 1998: 377) in einem Modell betrachtet werden können, das aus einer abhängigen Variablen und aus mehreren unabhängigen Variablen besteht (HANITZSCH 2004: 128). So kann eine Auskunft darüber gegeben werden, welche Art von Zusammenhängen zwischen den Variablen besteht und eine Vorhersage über den Wert einer (abhängigen) Variablen aus den Werten anderer (unabhängiger) Variablen, indem man die Netto-Effekte der zusammengestellten Variablen berechnet. Die Einteilung der zu untersuchenden Variablen wird in abhängigen und unabhängigen Variablen ›vorab‹ aufgrund eines sachlogischen Vor-Urteils festgelegt (BACKHAUS/ERICHSON/WEIBER 2006: 3).

In der Regressionsanalyse müssen die abhängigen und unabhängigen Variablen metrisch skaliert sein. Anders skalierte Variablen (z. B. binär-zweiteilige) können zwar auch metrisch behandelt und in der Regressionsanalyse berücksichtigt werden, nachdem sie (nominal skaliert) in binäre Variablen zerlegt worden sind (BACKHAUS/ERICHSON/WEIBER 2006: 3). Hier wurde die Regressionsanalyse fast in allen Fällen mit metrisch skalierten Faktorenwerten gerechnet. Die nominal skalierten Faktoren, die mehr als zwei Ausprägungen aufwiesen, wurden für die Modelle der Regressionsanalyse in K-1-Dummy-Variablen zerteilt, die jeweils zwei Ausprägungen aufweisen.

Zur Schätzung der Regressionen wurde das übliche Vorgehen der ›Methode der kleinsten Quadrate‹ gewählt. Damit werden die Regressionsgewichte so geschätzt, dass sich mit der Linearkombination der Prädiktoren die höchste Korrelation zwischen den geschätzten und den beobachteten Werten ergibt (vgl. dazu BÜHL/ZÖFEL 2005: 5).

Aus Gründen der Vergleichbarkeit werden die standardisierten Beta-Koeffizienten für die Interpretation benutzt. Die unabhängigen Variablen wurden je nach Interesse über die schrittweise oder über die Einschlussmethode in die Analyse aufgenommen. Damit werden nacheinander die Variablen mit den höchsten partiellen Korrelationskoeffizienten mit der abhängigen Variablen in die Gleichung aufgenommen. Hier wird dann jeweils die unabhängige Variable mit dem kleinsten partiellen Korrelationskoeffizienten ausgeschlossen, soweit der zugehörige Regressionskoeffizient nicht signifikant ist. Zuvor wurde ein Signifikanzniveau von 0,1 beim Rückwärtsschritt (Ausschluss) und ein 0,5 für den Vorwärtsschritt (Einschluss) zugrunde gelegt.

Die Güte des Gesamtmodells wurde mit dem korrigierten Bestimmtheitsmaß (korr. R^2) überprüft. Dieses Bestimmtheitsmaß ist eine nominale Größe, die im Wertebereich zwischen Null und Eins liegt. Man geht davon aus, dass, je größer es ist, der Anteil der erklärten Streuung an der Gesamtstreuung umso höher liegt. Dabei wird das korrigierte Bestimmtheitsmaß um eine Korrekturgröße vermindert, die umso höher ausfällt, je größer die Zahl der Prädikatoren und je kleiner die Zahl der Freiheitsgrade ist (BACKHAUS/ERICHSON/WEIBER 2006: 22; BÜHL/ZÖFEL 2005: 123). Die Signifikanzprüfung des Gesamtmodells erfolgte durch einen F-Test. Dieses Maß drückt aus, wie gut sich die Regressionsfunktion an die beobachten Daten anpasst (BACKHAUS/ERICHSON/WEIBER 2006: 24). Wenn hier der globale F-Test ergibt, dass die Regressionskoeffizienten ßj Null sind, kann man davon ausgehen, dass ein Zusammenhang in der Grundgesamtheit besteht (vgl. ebd. 2006: 24f.). Die einzelnen Regressionskoeffizienten wurden einem T-Test unterzogen. Die Normalverteilungs-, Linearitäts- und Additivitätsbedingungen wurden nicht verletzt, somit waren die Prämissen der Regressionsanalyse erfüllt. Tabelle 10 unten fasst die verwendeten Verfahren der Regressionsanalyse noch einmal zusammen.

TABELLE 10
Multiple Regressionsanalyse

Verfahren	Entscheidungen und Auswertungen
Skalen	Metrisch
Nominal skalierte Faktoren	K-1-Dummy-Variablen zerteilt
Schätzung der Regressionen	Methode der kleinsten Quadrate
Vergleichbarkeit u. Interpretation	Stand. Beta-Koeffizienten
Methode	Schrittweise und Einschluss
Güte des Gesamtmodells	Korrigierte Bestimmtheitsmaße (korr. R^2)
Signifikanzprüfung des Gesamtmodells	F-Test
Regressionskoeffizienten	T-Test

In dieser Untersuchung wurde auch in einigen Fällen die multinomiale logistische Regressionsanalyse verwendet. Dieses Verfahren bietet einen wichtigen Vorteil: Erstens verlangt sie relativ wenige Voraussetzungen und es können sowohl metrisch skalierte als auch ordinalskalierte Faktorenwerte einbezogen werden, was in der vorliegenden Studie der Fall ist. Aus der Perspektive der linearen Regression erweitert diese multinomiale logistische Regressionsanalyse das Anwendungsspektrum des Regressionsansatzes auf kategorial ausgeprägten abhängigen Variablen (ebd.). Dadurch kann die Analyse des Einflusses mehrerer unabhängiger Variablen auf eine ›kategoriale‹ abhängige Variable durchgeführt und die Trennfähigkeit beobachteter Variablen zwischen den Gruppen bestimmt werden (BACKHAUS 2000: 105).[43] Der Hauptnutzen dieses Verfahrens für die vorliegende Studie

43 Der Unterschied zwischen den beiden Varianten liegt darin, dass bei der linearen Regressionsanalyse die metrische abhängige Variable direkt geschätzt wird. Die logistische Regressionsanalyse versucht aber nur, die Wahrscheinlichkeit des Eintretens der Werte der in der Regel nominalen abhängigen Variablen zu berechnen. Würde man diese Wahrscheinlichkei-

liegt jedoch darin, dass seine Skalenanforderung recht offen ist und die abhängigen Variablen nicht dichotom sein müssen, wie es bei den anderen Formen der Fall ist. Sie kann mehr als zwei Kategorien aufweisen und kann nominal oder ordinalskaliert sein (BÜHL/ZÖFEL 2005: 360).

Dieses Verfahren nimmt für jede Variablenstufe eine eigenständige Schätzung des Einflusses auf die Zugehörigkeit zu einer Ausprägung der abhängigen Variablen vor. Wobei für metrisch skalierte unabhängige Variablen eine einzige Schätzung stattfindet, indem der Zusammenhang zwischen der Veränderung der kontinuierlichen unabhängigen Variablen einerseits und der Wahrscheinlichkeit der Zugehörigkeit zu einer betrachteten Kategorie (der abhängigen Variable) andererseits analysiert wird (BACKHAUS/ERICHSON/WEIBER 2006: 107). So können nicht nur die Unterschiede zwischen verschiedenen untersuchten Gruppen bestimmt werden, indem für die Gruppen die Zugehörigkeitswahrscheinlichkeiten ermittelt werden. Es werden auch Aussagen bezüglich der Veränderung eben dieser Wahrscheinlichkeit möglich, wenn z. B. eine beobachtete Variable im Modell einen anderen Wert annimmt (BACKHAUS/ERICHSON/WEIBER 2006: 105). Zusammenfassend ist das Grundprinzip der logistischen Regression, dass sie den Wahrscheinlichkeitsübergang einer kategorial ausgeprägten Variablen in Abhängigkeit von den Ausprägungen der unabhängigen Variablen unter der Annahme der logistischen Verteilung der Residuen modelliert.

Es gibt aber einige Forderungen und Voraussetzungen des Verfahrens: Erstens gibt es benötigte Mindest-Fallzahlen, die in der Literatur mit einer absoluten Untergrenze von 50 Beobachtungen angegeben werden, wobei hinreichende und aussagekräftige Ergebnisse erst ab mehr als 100 Fällen erwartet werden, was in der vorliegenden Studie erfüllt ist (vgl. Tab. 11 für bessere Übersicht). Dazu wird eine mögliche Geringhaltung der Zahl von unabhängigen Variablen empfohlen, da deren große Zahl zu »explodierenden Beobachtungen« führen und die Grundannahme des Verfahrens verletzen könnte (BACKHAUS/ERICHSON/WEIBER 2006: 107). Auch diese Anforderung ist in der Untersuchung erfühlt, da in allen Regressionsmodellen die Zahl der unabhängigen Variablen sechs nicht übersteigt.

ten mit einer linearen Regression schätzen, ergäben sich auch Werte jenseits von [0,1], was zur Verletzung der Prämissen der Regression führen würde und damit nicht zulässig wäre (LOOSEN/SCHOLL 2005: 1).

Im Folgenden werden nun die Schritte der Schätzungen und Deutungen des logistischen Regressionsmodells in der vorliegenden Studie vorgestellt.

Im ersten Schritt erfolgte die Schätzung der Koeffizienten im Modell. Ziel der logistischen Regression ist es, die Koeffizienten βj derart zu schätzen, dass eine optimale Trennung der Ausprägungen der abhängigen Variablen erreicht ist (BACKHAUS/ERICHSON/WEIBER 2006: 113). Dabei wurde zu dieser Schätzung die übliche ›Maximum-Likelihood-Methode‹ verwendet. Durch diese Methode wird die β-Kombination gesucht, die durch die Likelihood-Funktion maximiert wird und damit die bestmögliche Trennung zwischen den Ausprägungen (die zwischen 0 und 1 liegen) der Variablen ermöglicht. Bei unabhängigen Variablen gilt dabei, dass die Höhe des β-Wertes anzeigt, wie gut es um deren Trennkraft bestellt ist, wobei gilt: je größer, desto besser. Denn hohe β-Werte bedeuten, dass eine große Steigerung der logistischen Funktion vorhanden ist, womit wiederum der Wahrscheinlichkeitsübergang auf einen engeren Wertebereich begrenzt ist (BACKHAUS/ERICHSON/WEIBER 2006: 113).

Im zweiten Schritt wurde die Güte des Gesamtmodells dadurch beurteilt, wie gut die unabhängigen Variablen in ihrer Gesamtheit zur Trennung der Ausprägungen der abhängigen Variablen beitragen. Dafür wurden die am häufigsten verwendeten Methoden zur Prüfung der Modellgüte, die Devianz, der Likelihood-Ratio-Test und McFaddens-R^2 (McF-R^2), eingesetzt. Beim ersten Verfahren wird davon ausgegangen, dass, je besser das Modell zur Trennung der Ausprägungen der abhängigen Variablen beiträgt, desto näher der LL-Wert seinem Maximum von Null ist, da die Devianz sich aus der Multiplikation des LL-Wertes des geschätzten Modells (mit -2.) ergibt. Daher kann das Modell umso besser beurteilt werden, je kleiner ihr Wert (Signifikanz näher zum Null) ausfällt (BACKHAUS/ERICHSON/WEIBER 2006: 115).

Insgesamt ermöglicht die Devianz einen Test der Nullhypothese, ob das Modell eine passende Lösung liefert. Beim Likelihood-Ratio-Test (LR-Test) kann eine Antwort auf die Frage nach der Signifikanz des Modells und damit nach der Übertragbarkeit der Ergebnisse auf die Grundgesamtheit gegeben werden. McF-R^2 liefert eine Auskunft über die Trennkraft der unabhängigen Variablen. Sie stellt ein Maß dafür, ob die unabhängigen Variablen insgesamt vergleichbar gemacht werden kann. Beim McF-R^2 wird in der Regel bereits bei Werten im Bereich von 0,2 und 0,4 von einer guten Modellanpassung gesprochen (BACKHAUS/ERICHSON/WEIBER 2006: 116).

Neben McF-R^2 existieren zwei weitere Maße, die eine Gütebeurteilung des Modells zulassen. Das sind Cox & Snells-R^2 und Nagelkerkes-R^2, die

TABELLE 11

Multinominale logistische Regressionsanalyse

Verfahren	Entscheidungen und Auswertungen
Schätzungsmethode	Maximum-Likelihood-Methode (zwischen 0 u. 1; je größer, desto besser)
Güte des Gesamtmodells	Devianz (je näher zu 0, desto besser ist das Modell)
Signifikanz einzelner Koeffizienten	Likelihood-Ratio-Test (je näher zu 0, desto besser das Modell)
	McF-R^2 (Werte im Bereich von 0,2 und 0,4 gut)
	Cox & Snells-R^2 (erreicht niemals 1)
	Nagelkerkes-R^2 (Werte ab 0,5 gut)
	Wald-Test (Werte kleiner als 0,05 zeigen Signifikanz des jeweiligen Prädikators)

auf demselben Weg wie McF-R^2, jedoch mit leichten Modifikationen verfahren[44]. Der LR-Test und McF-R^2 können zusätzlich einen Aufschluss über ein mögliches ›Overfitting‹[45] liefern.

Schließlich wurde die Signifikanz einzelner Koeffizienten innerhalb des Modells überprüft. Diese statistische Absicherung wurde über den Wald-Test ermittelt. Dieser Test prüft über den Standardfehler, ob die einzelnen Prädiktoren einen signifikanten Einfluss haben, womit außerdem die Prädiktoren des Modells untereinander verglichen werden können. Die Werte, die kleiner als 0,05 sind, zeigen einen signifikanten Beitrag des jeweiligen Prädikators (NIKETTA 2005: 5).

Zwischenfazit

In dieser Studie wurde eine Methodenkombination aus einer vollstandardisierten schriftlichen Befragung und einer Inhaltsanalyse eingesetzt. Während die erste Methode zur Ermittlung beruflicher Einstellungen

44 Das Cox & Snells-R^2-Verfahren ist vom Prinzip her dem McF-R^2 sehr ähnlich. Anders ist jedoch, dass es über die Likelihoods (anstatt der Log-Likelihoods) berechnet und an der Fallzahl gewichtet wird. Sie wird auch ähnlich wie McF-R^2 interpretiert, wobei das Problem besteht, dass ein Cox & Snells-R^2-Wert nie 1 erreicht. Nagelkerkes-R^2 kann den Maximal-Wert von 1 erreichen. Allgemein gelten Werte ab 0,5 als gut (vgl. GARBADE 2009: 22f.).

45 In der Regressionsanalyse wird mit ›Overfitting‹ (Deutsch: Überanpassung) ein Modell charakterisiert, das zusätzliche, irrelevante Regressoren (erklärende Variablen) enthält. Werden dagegen relevante Variablen außer Acht gelassen, spricht man von ›Underfitting‹ (BACKHAUS et al. 2006: 84f.; HANITZSCH 2004: 128).

verwendet wurde, hatte die Inhaltsanalyse die Erforschung von Berichterstattungsmustern in Printmedien zum Ziel. Das berufliche Rollenselbstverständnis wurde in drei Dimensionen operationalisiert. Unter der ersten Dimension wurden diejenigen Items subsumiert und den befragten Journalisten vorgelegt, die das Rollenselbstverständnis im Sinne der Ansätze des objektivistischen Journalismus, des Public Journalism und des Entwicklungsjournalismus indizieren. Ferner wird eine weitere Dimension als Sonderfall des beruflichen Rollenselbstverständnisses herangezogen und den Journalisten wurden Items zu den Kommunikationszielen bezüglich der religiösen und traditionellen Werteförderung vorgelegt. Ziel war es herauszufinden, inwieweit diese in der journalistischen Einstellung eine Rolle spielen. In der dritten Dimension wurden schließlich die Arbeitsziele durch die Handlungsrelevanz ergänzt, also die Möglichkeit zur Umsetzung der Berufsrolle. Daher wird hier der Frage nachgegangen, inwieweit afghanische Journalisten in der Lage sind, diese Kommunikationsziele in ihrem beruflichen Alltag umzusetzen. Alle Fragen werden in der geschlossenen Form formuliert. Als Antwortmöglichkeiten kamen nominale, ordinale und Intervallskala-Formen zur Anwendung. Dem Fakt, dass die Grundgesamtheit der Journalisten nicht bekannt war und nur Schätzungen existieren, wurde in der Stichprobe mit einem mehrstufigen Verfahren Rechnung getragen. Als Abbild wurde das afghanische Mediensystem genommen und daraus die Stichprobe gezogen.

Im Mittelpunkt der Inhaltsanalyse steht erstens die Fragestellung, welche journalistischen Berichterstattungsmuster in den Print-Erzeugnissen zu ermitteln sind und im Weiteren, ob diese ermittelten Muster mit den erhobenen beruflichen Selbstbildern von befragten Journalisten korrespondieren. Aufgrund des großen Untersuchungsgegenstands wurde eine zeitliche, thematische und produktionstechnische Auswahl getroffen. Die inhaltlichen Kategorien werden aus den Items zum Rollenselbstverständnis abgeleitet und für die Untersuchung der Berichterstattungsmuster in Presse-Erzeugnissen formuliert.

Zur Auswertung der Daten wurde hier in drei Schritten vorgegangen. Zuerst wurden alle Daten von Inhaltsanalyse und schriftlicher Befragung mittels Einzelfall- und deskriptiver Statistik analysiert. Um die Zusammenhänge und Beziehungen zwischen Daten weitgehend ausschöpfen zu können, wurden sie auch multivariaten Analysen wie Faktoren- und Regressionsanalyse unterzogen. Das gesamte Untersuchungsmodell wurde wie in Abbildung 1 gezeigt dimensioniert.

ABBILDUNG 1
Untersuchungsmodell

Quelle: Eigene Darstellung

5. UMFELD DER JOURNALISTEN IN AFGHANISTAN

In diesem Kapitel sollen zunächst das Umfeld der Medien, worunter die historischen Entwicklungen im Land, soziokulturellen Strukturen in der Gesellschaft, medienpolitischen Rahmenbedingungen der Medien sowie massenmediale Strukturen in Afghanistan zusammengefasst, einer systematischen Literaturanalyse unterzogen werden, um dann die Einzelergebnisse zum Rollenkontext in Beziehung zu setzen.

5.1 Gesellschaftliche Rahmen

In einer Untersuchung über die Massenmedien im Iran und in Pakistan – die allgemein auch für Afghanistan zutreffend ist – resümiert Rawan (2000: 24) wie folgt: Um die Kommunikationsbeziehungen nachvollziehen zu können, bedarf es zuvor der Erörterung einiger »relevanter Prämissen« wie »das Verhältnis sozialer und ethnischer Strukturen und religiöser Gemeinschaften«, da diese für die Fragestellung von erheblicher Bedeutung sind. Denn erst durch die Erfassung dieser »objektiven Gegebenheiten (signifikante, kulturelle und religiöse Normen) können die Rahmen für das Verstehen der Entwicklung der Kommunikationsbeziehungen entwickelt« werden (RAWAN 2000: 24).

Gerade Afghanistan weist sich als ein Staat und eine Gesellschaft aus, welche aus verschiedenen ethnischen Gruppen zusammengesetzt ist, was eine gute Grundlage für die Untersuchung von Zusammenhängen zwischen Ethnizität und den beruflichen Einstellungen im Journalismus darstellt. Diese Erkenntnis gilt besonders deshalb, weil die afghanische Gesellschaft überwiegend durch traditionelle Wertestrukturen geprägt ist und dort religiös sowie ethnisch definierte Gemeinschaften die wichtigsten gesellschaftlichen Identitäts- und Handlungsreferenzen bilden (vgl. SCHETTER 2009: 2).

Soziale Strukturen

Die Islamische Republik Afghanistan ist ein Binnenstaat im südlichen Asien mit ca. 29 Millionen Einwohnern (CIA 2010) und weist eine enorme ethnische und konfessionelle Vielfalt auf, deren Ausdruck auch die Vielzahl unterschiedlichster Volksgruppen ist (vgl. SCHETTER 2009: 123). Dennoch können erstens nicht diese ethnischen Gruppen zum zentralen »Identitätsbezug« der afghanischen Bevölkerung erhoben werden, wenn auch allzu oft »außenstehende Betrachter« dazu neigen. Sie stellen in der Praxis eher ein »verschwommenes Gebilde« dar, was es schwierig macht, Grenzen zwischen den einzelnen ethnischen Gruppen zu ziehen und präzise Zahlen der ethnischen Gruppen herzustellen. Es werden zwischen 50 und 200 ethnische Gruppen vermutet, wovon Paschtunen, Tadschiken, Hazara und Usbeken die vier größten Volksgruppen bilden (ORYWAL 1986: 77). Zweitens lassen sich diese Ethnien kaum lokalisieren, da häufig mehrere Volksgruppen zusammen innerhalb eines Siedlungsgebietes leben. Fast 78 Prozent der Bevölkerung leben in ländlichen Gebieten (ebd.). Aufgrund des lang anhaltenden Bürgerkriegs existieren kaum gesicherte statistische Daten. Die Zahlen für Mitglieder einer Volksgruppe schwanken teilweise beträchtlich und sind zum Teil Hochrechnungen älterer Zahlen (ebd.).

Schetter (2009: 125) differenziert zwischen folgenden ethnischen Kategorien[46] durch ihre Sprache, Konfession sowie ihren geschätzten Anteil an der Gesamtbevölkerung (vgl. Tab. 12 für eine Übersicht):

Die *Paschtunen* (ca. 40 bis 50 %) bilden die größte ethnische Gruppe in Afghanistan und leben im südlichen und östlichen Afghanistan sowie im nordwestlichen Pakistan (ebd.: 123). Sie sprechen Paschtu, eine eigenständige ostiranische Sprache. Der ›ungeschriebene Ehren- und Rechtskodex‹, das ›Paschtunwali‹, regelt das Zusammenleben der Paschtunen, wenngleich einzelne Inhalte von Stamm zu Stamm variieren und das Paschtunwali

46 In diesem Zusammenhang schlägt Schetter (2009: 123) den Begriff ›Stamm‹ für die Beschreibung dieser Gemeinschaften vor, die sich über einen »gemeinsamen Ahnherrn« identifizieren, welcher dann in verschiedene Unterstämme gegliedert ist, die sich wiederum in Substämme und Clans verästeln.

im 20. Jahrhundert seinen zwingenden Charakter für die in den Städten lebenden Paschtunen verlor.

Die *Tadschiken* (ca. 20 bis 35 %) stellen die zahlenmäßig zweitgrößte ethnische Gruppe, die im ganzen Land, jedoch besonders stark in der Region Zentral-, West-, und in Nordostafghanistan sowie in großen Städten angesiedelt ist. Der Begriff ›Tadschike‹ wird für Menschen verwendet, welche nicht zur paschtunischen, ethnischen Kategorie gezählt werden, persisch sprechende Sunniten sind und nicht in Stämmen organisiert sind. Die Tadschiken sind ein bestimmender Faktor in der Bildungsschicht und im Wirtschaftssystem.

Die *Hazara* (ca. 7 bis 20 %) sind die ethnische Gruppe, welche turko-mongolisches Aussehen haben und zu schiitischen Konfessionsgruppe gehören. Diese Ethnie hat sich konzentriert in Zentralafghanistan, dem Gebiet des Hazaradschat, angesiedelt. Sie stellen in Afghanistan die am stärksten benachteiligte und ausgegrenzte Gruppe dar (vgl. SCHETTER 2009). Seit dem ausgehenden 19. Jahrhundert waren die Hazara meist von einer paschtunischen Elite beherrscht und unterdrückt worden (vgl. SCHMIDT 2010: 2). Dazu leben in Afghanistan weitere nationale Minderheiten. Das sind erstens im Norden lebende *Usbeken* (ca. 8 bis 15 %), die der sunnitischen Richtung des Islams anhängen.[47]

TABELLE 12

Ethnien in Afghanistan

Ethnien	Sprachen	Konfession	Anteil in %
Paschtunen	Paschto	Sunniten	40 - 50
Tadschiken	Dari (= Persisch)	Sunniten	20 - 35
Usbeken	Usbekisch	Sunniten	8 - 15
Hazara	Dari	Schiiten	7 - 20
Aimak	Dari	Sunniten	3 - 6
Turkmenen	Turkmenisch	Sunniten	1 - 3
Belutschen	Belutschi	Sunniten	<1
weitere Ethnien			

Quelle: Schetter 2009: 124

47 Weitere in Afghanistan anzutreffende Volksgruppen sind Turkmenen, Araber, Kasachen, Tataren und Mongolen in Nordafghanistan, Nuristani und Pashai in Ostafghanistan sowie Hindus und Sikhs, die in ost- und südafghanischen Städten leben (vgl. SCHETTER 2009: 129).

Die Volkszugehörigkeit gewann in der afghanischen Politik im Verlauf der letzten ca. 100 Jahre stetig an Bedeutung. Obgleich der afghanische Staat den »Zugang zu staatlichen Ressourcen auch über ethnische Zugehörigkeiten« steuerte, gab es Konflikte zwischen den Volksgruppen in Afghanistan vor dem Ausbruch des Krieges 1979 nur auf lokaler Ebene auf (SCHETTER 2009: 118). Den Staat sahen die meisten Einwohner als etwas »Abstraktes, weit Entferntes und Feindliches« (ebd.) an, sodass die Diskussion über die nationale Identität einer kleinen Schicht urbaner Intellektueller vorbehalten blieb (SCHETTER 2009; RAWAN 1995). Trotz neuer gesellschaftlicher Entwicklungen und der Tendenz zu nationaler Eigenständigkeit konnte sich das Bewusstsein im Sinne einer »Nationalbewegung« nicht durchsetzen (SCHETTER 2009: 127), sodass viele Afghanen nach wie vor ihre Stämme und Clans weitaus wichtiger einschätzen als eine »gemeinsame ethnische Identität«.

Ein weiterer Aspekt in diesem Kontext ist, dass den entscheidenden Einfluss meistens nicht die Mitglieder des Staates, sondern die ›Stammesführer‹ und ›Stammesältesten‹ oder eben jene Warlords (Kriegsfürsten), die viel Geld und Waffen besitzen, ausüben, weshalb Afghanistan als ›Stammesgesellschaft‹ bezeichnet wird (vgl. SCHETTER 2009: 111, vgl. auch RAWAN 1995). Besonders in der afghanischen Provinz kommt den regionalen und lokalen Stammesführern entscheidende Bedeutung zu, da immer wieder der Erfolg der Zentralregierung in Kabul, das Land zu stabilisieren, vom Vermögen abhängt, die Entscheidungen in diesen Provinzen durchzusetzen (vgl. SCHATTER 2009: 130). Daraus ergibt sich ein kompliziertes Verhältnis zwischen dem zentralen Staat, der schon immer nur auf Kabul beschränkt war, und seinen Provinzen, wo neben »modernen Elementen ebenso persönliche Loyalitäten, Stammesinteressen und religiöse Gesetze« eine Rolle spielen (ebd.).

Religiöse Gemeinschaften

Aus starker Vielfalt der Ethnizität resultiert das »afghanische Selbstverständnis«, das insbesondere auf dem Islam basiert (RZEHAK 2009: 169f.). Die islamische Religion bildet »ein umfassendes Glaubens-, Denk- und Rechtssystem, das alle Fragen des alltäglichen Lebens durchdringt.« Das führt dazu, dass alle »Bereiche des Lebens nach islamischen Prinzipien und Gewohnheiten« gestaltet werden müssen. Diese ›Prinzipien und Gewohnheiten‹ bestimmen sowohl das öffentliche Leben als auch das Handeln des Einzelnen und sind oft für große Teile der Bevölkerung ›verbindlich‹. »Afghanische Kultur ist stets auch islamische Kultur. Religiosität und Frömmigkeit prägen die grundlegenden Moralvorstellungen über Gut und Böse, Anstand, Scham, Laster sowie Ehre und durchdringen damit den gesamten Alltag« (ebd.).

Die große Mehrheit der Bewohner Afghanistans sind *Sunniten*[48], die als Kodex ihrer religiösen Anschauungen und Rechtsnormen neben dem Koran auch die Sunna anerkennen (ebd.). Dazu gehören in Afghanistan mehr als vier Fünftel der Gläubigen, die meisten *Paschtunen*, die *Tadschiken*, die *Usbeken* und *einige Hazara*. Die *Schiiten* in Afghanistan bilden heute die zweitgrößte islamische Konfession mit besonderem Brauchtum und eigener Rechtstradition. Zu ihnen gehört der Großteil der *Hazara*[49].

Da die Religion des Islam als dominierende Weltanschauung Afghanistans fest in allen sozialen Schichten verwurzelt ist, spielen die islamischen Geistlichen (der Klerus) im geistigen Leben eine wichtige Rolle (RAWAN 1996: 47). Obwohl Sunniten und Schiiten keine einheitliche Führung und geschlossene Organisationsstruktur haben, verfügen sie durchaus über »hierarchische Strukturen«, die als religiöse Stiftungen in die staatliche Verwaltung eingebunden sind, wodurch dort insbesondere »Geistliche und Theologen« eine wichtige Rolle spielen (RZEHAK 2010: 170f.).

Diese Geistlichen und Theologen lassen sich in folgende Kategorien einteilen (RZEHAK 2010: 172f.; RAWAN 1993, 2000, 2002a): Einen besonderes großen Einfluss haben die Anführer religiöser *Orden* (Rohanion) und höhere theologische *Gelehrte* (Ulema). Besonders in der ersten Gruppe sind Personen zu finden, die eine große ökonomische Macht haben und dadurch gute Beziehungen mit dem Staat pflegen. Zur zweiten Gruppen gehören: eine mittlere Schicht der zahlreichen *Moscheevorsteher* (Imame) und *Mullahs*, lokale *Richter* (Kadi), Leiter und Lehrer islamischer Bildungseinrichtungen (Achund) sowie Personen, die an einer islamischen Hochschule studiert haben (Maulawi). Schließlich sind die *Koranrezitatoren* (Kari), *Prediger* (Chateb) und *Gebetsrufer* (Muezzin) hinzuzuzählen.

48 Die Sunniten stellen in den meisten islamischen Ländern die Mehrheit der Muslime, mit Ausnahme von Iran, Irak, Bahrain, Aserbaidschan, Oman und Libanon. Die Schiiten, betrachten Alī, den Schwiegersohn und Vetter des Propheten Mohammed, als dessen designierten Nachfolger (Kalif), jedoch politisch und nicht religiös betrachtet, und als ihren ersten Imam. Die Mehrheit der Muslime dagegen forderte die Wahl eines Anführers aus dem Stamme Mohammeds, der kein Familienmitglied des Propheten sein musste.

49 Man geht davon aus, dass in Afghanistan ca. 99 Prozent der Bevölkerung muslimisch, wobei ca. 80 Prozent als Sunniten und 19 Prozent als Schiiten gelten (CIA 2010).

Kommunikationstrukturen

Historisch gesehen war die Rolle von Massenmedien in Afghanistan stets sehr beschränkt. Aufgrund der »starken traditionellen Ausprägung des Wertesystems« (RAWAN 1993: 122) konnten die technischen Massenmedien in der Vergangenheit lediglich einen beschränkten Bevölkerungskreis erreichen. Insofern weisen in Ländern wie Afghanistan (mehr dazu vgl. RAWAN 2000: 60, 2002a, 2002b) die Kommunikationsebenen eine zweigeteilte Struktur auf, was auch ›Zwei-Stufen-Kommunikation‹ genannt wird (vgl. KATZ/LAZARSFELD 1955). Einerseits existieren Medien, die die modernsten Technologien nutzen und die überwiegend die städtische Bevölkerung ansprechen. Andererseits gibt es aber ein der einheimischen Struktur entsprechendes »separates traditionelles Kommunikationssystem«. Mit dem Begriff ›Zwei-Stufen-Kommunikation‹ haben sich schon Katz und Lazarsfeld in ihren Studien zur Funktion der Kommunikation in ›sozialen Systemen‹ – genauer zur ›Diffusion von Innovationen‹ – Ende der 1950er-Jahre in den USA beschäftigt.[50] Sie konstatieren, dass die »Diffusion von Innovationen nicht nur durch die Massenmedien erfolgt, sondern in einer ›Zwei-Stufen-Kommunikation‹ geschieht, in der die »Meinungsführer« als »Knotenpunkte im Kommunikationsnetz« (MALETZKE 1996: 14) einer Gruppe fungieren. Insofern bezeichnen sie die »bestehenden Normen« und »Meinungsführer« als »wichtige Bestandteile eines solchen sozialen Systems« (RAWAN 1993: 144). Meinungsführer werden »am frühesten Adopter«, wenn Innovationen auf Gruppennormen (BECKER 1970: 29) basieren. Auch Rogers (1955: 122) schreibt, dass »zwischenmenschliche Kommunikation« den Diffusionsprozess einer Innovation durch die Schaffung einer »Masse von Adopters« mit »Hilfe von Meinungsführern« beschleunigt (Roger 1955: 122, zit. nach KNOKE/KUKLINSKI 1982).

In Afghanistan waren in der Vergangenheit die modernen Massenmedien und der Journalismus ein Phänomen der Urbanität, deren Glaubwürdigkeit in der Peripherie beschränkt blieb (RAWAN 1993: 20). Die eingeschränkte Wirkung der modernen Massenmedien hatte auch zur Folge, dass besonders große Teile der Bevölkerung in ländlichen Gebieten tradi-

50 Demnach wird ein soziales System als »eine Reihe von miteinander verbundenen Einheiten gesehen, die gemeinsam zur Problemlösung tätig sind, um ein gemeinsames Ziel zu erreichen« (ROGERS 2003: 23).

tionelle Kommunikationskanäle dazu nutzten, Botschaften zu empfangen, weiterzugeben und – noch wichtiger – sie zu akzeptieren (RAWAN 1993: 23).

Beide Kommunikationssysteme in unterschiedlichen Ebenen stehen »nur lose miteinander in Verbindung und bilden selbstständige Kommunikationssysteme« (RAWAN 1993: 44). Das traditionelle Kommunikationssystem wird maßgebend von ›Face-to-Face-Verhältnissen‹ bestimmt. Im Gegensatz zur Massenkommunikation, welche im Kontext der Industriegesellschaften entstanden ist und ein aus fließenden Menschengruppen bestehendes Publikum aufweist, als deren notwendiger Baustein sich der Journalismus entwickelte, umfasst die traditionelle Kommunikation kleinere Gruppen und besitzt einen territorial begrenzten Charakter, oft persönlich strukturiert in gegenseitiger vertrauter Umgebung (RAWAN 2000: 56).[51] »[Das traditionelle Mediensystem] ist integrierter Teil des Lebens der Massen, besitzt eine große Varietät, ist ohne große Kosten leicht zugänglich, wird von unterschiedlichen Altersgruppen geschätzt, besitzt wegen seines interpersonalen Charakters eine große Akzeptanz, da die Möglichkeit sofortiger Rückkopplung gegeben ist, und es ist selbst Träger spezifischer Themen. [...] durch Unterhaltungswert und lokale Sprache besitzt [es] weitere Legitimation« (Lent John zit. n. RAWAN 2000: 57). Die wichtigsten Bausteine bilden in der Struktur dieses Kommunikationssystems nach den Bedürfnissen der Menschen organisierte Kommunikationszentren: Stammesvollversammlung, Dorfvollversammlung, Moscheen, Familie, ferner die Treffpunkte bei Märkten, Festen sportlicher oder ritueller Art und bei religiösen Feiertagen (RAWAN 1992: 44ff.). Abschließend kann hinsichtlich des traditionellen Kommunikationssystems konstatiert werden, dass die Meinungsführer des Informationsmonopols dieser traditionellen Kommunikationskanäle vor allem in der afghanischen Oberschicht bei den Stammesfürsten und Geistlichen zu suchen sind.[52] Die materiellen, religiö-

51 In diesem Zusammenhang lässt sich nach Wakili (2007) das normative Konzept von Öffentlichkeit nur schwerlich auf politische Systeme übertragen, die stark von traditionellen Kommunikationsstrukturen geprägt sind, so wie das afghanische. Die rechtsstaatliche Demokratie ist, wie kein anderer Staatstypus, auf Öffentlichkeit bezogen und von Öffentlichkeit abhängig. Den Medien wird die Aufgabe zugeschrieben, Öffentlichkeit herzustellen und somit für Diskussionsfähigkeit innerhalb der Gesellschaft zu sorgen.

52 Zwei Arten von Meinungsführern identifiziert Rawan (1993: 47): Polymorphe Führer befassen sich mit einer Vielzahl von Themen und monomorphe Führer befassen sich mit nur einem Thema. Dorfvorsteher in Afghanistan sind polymorphe Vorsteher, da das, was sie sagen und tun, jeden sehr betrifft. Allerdings werden Meinungsführer auch durch die Normen des sozialen Systems begrenzt.

sen und traditionellen Grundlagen der Oberschicht erlauben es ihnen, als »Wortführer« zu dominieren (RAWAN 2000: 53). Aus diesem Umstand ergibt sich zunächst, dass in Ländern wie Afghanistan, die islamisch geprägt sind, auf der Grundlage des Islams keine Grenzen zwischen Religion, Politik und Ethik existieren. Des Weiteren existiert in den »traditionell stammesstrukturierten Gesellschaften« das Individuum nur im »Klan« (RAWAN 2000: 58), welcher mitverantwortlich für das Betragen jedes dazugehörigen Individuums ist. Dabei wird in einer Gemeinschaft ein religiöser und traditioneller Führer nicht nur aus religiöser bzw. aus traditioneller Sicht um Rat und Informationen gebeten, sondern auch in politischen und sozialen Angelegenheiten (vgl. RAWAN 2000: 68). Insofern spielen nach Rawan (ebd.) die traditionellen und religiösen Meinungsführer »eine entscheidende Rolle bei der öffentlichen Meinungsbildung« (RAWAN 1993: 121). Diese gesellschaftliche Struktur lässt Rawan (1993: 121) zu der These kommen, dass sich ein »funktionierendes« Kommunikationssystem in Afghanistan nur durch die Verbindung von modernen und traditionellen Kommunikationsformen realisieren lasse. Seine theoretische These wird durch einige der neuesten qualitativen Studien über Medienentwicklung in Afghanistan teilweise bestätigt (vgl. ALTAI 2005, 2010), lässt sich aber auch differenzieren. Der Frage, ob traditionelle Informationsquellen oder Massenmedien (Rundfunk, Hörfunk) als vertrautere Kanäle zur Befriedigung des Informationsbedarfs von der Bevölkerung bevorzugt werden, ist eine Studie (ALTAI 2010: 143f.) nachgegangen. Alle Befragten – auch in den ländlichen Gebieten – bezeichneten einstimmig die technische Massenmedien mit großem Abstand als die wichtigsten Informationsquellen über die Themen Nachrichten, Gesundheit, Politik und Entwicklungsprojekte. Ein Thema jedoch bildete eine Ausnahme: Wenn es um religiöse Informationen und Themen ging, wurden von den Befragten »religiöse Persönlichkeiten« als »vertrauenswürdigste Quelle« benannt (ALTAI 2010: 146). Auch lokalen traditionellen Persönlichkeiten wurde bis zu einem gewissen Grad Vertrauen entgegengebracht (aber auf einem sehr niedrigen Niveau), wenn es um lokale Nachrichten und Entwicklungsprojekte geht. Diese qualitative Studie zeigt, dass die Befragten noch häufig Informationen, Beratung sowie ›faktische Daten‹ aus traditionellen Quellen schätzen. Insbesondere dann, wenn sie bestimmte Information suchen, für die sie sich jedoch nicht an die Medien wenden können. Insofern werden die Massenmedien zwar ausnahmslos als wertvolle und zuverlässige Informationsquelle im Allgemeinen, aber nicht für spezifische Antworten auf spezifische Fragen gewertet. Die Studie (ALTAI

2010: 143) kommt in dieser Hinsicht zu dem Schluss, dass »die Haltung der Afghanen gegenüber den Massenmedien äußerst rational« ist. Die Autoren bemerken, dass trotz einer intensiven Medienentwicklung bzw. Verschiebung in den letzten zehn Jahren besonders in den ländlichen Gebieten Afghanistans die Menschen zur Befriedigung ihres Informationsbedürfnisses immer noch dazu neigen, die herkömmlichen und traditionellen Informationsquellen zu nutzen (vgl. Tab. 13).

TABELLE 13

Meinungsführer und traditionelle Kommunikation

Meinungsführer	
Traditionelle Meinungsführer	Stammesführer
	Stammesälteste
	Warlords
Religiöse Meinungsführer, Mullahs, Maulawi und Muezzin	Rohanion (Orden)
	Ulema (Gelehrte)
	Imame
	Kadi
	Achund
	Kari
	Chateb
Traditionelle Kommunikation (Zentren)	Stammesvollversammlung
	Dorfvollversammlung
	Moscheen
	Familie
	Märkte
	Feste

Quelle: Eigene Darstellung

Politische Entwicklungen

Nach den Terrorangriffen auf das World Trade Center vom 11. September 2001 rückte Afghanistan ins Blickfeld der Weltöffentlichkeit, nachdem im Oktober des gleichen Jahres das puritanische Taliban-Regime durch eine von den USA geführte Internationale Militärintervention (Operation ›Enduring Freedom‹) entmachtet wurde. Danach hat sich die internationale Gemeinschaft der Aufbauarbeit als Schwerpunkt ihres Wirkens verpflichtet.

Dabei wurde in diesem Entwicklungsprozess der ›Stabilisierungseinsatz‹ mit den drei Schwerpunkten Friedenskonsolidierung, Modernisierung und Demokratisierung eingeleitet (THEIR 2009: 3).

Ein Rückblick in die Geschichte Afghanistans zeigt, dass der dortige permanente Konflikt zwischen zwei nach Afghanistan importierten, fremden und nicht im Land verwurzelten politischen Systemen – dem Kommunismus und dem Islamismus – verschiedene Phasen durchlaufen hat, die noch immer Auswirkungen auf die derzeitige Situation im Lande haben (vgl. WIELAND-KARIMI 2004: 256). Das Resultat der permanenten Konflikte in Afghanistan war, dass alle staatlichen Strukturen zusammengebrochen waren und die Regierung außerhalb der Hauptstadt so gut wie keinen Einfluss hatte. Nach mehr als 20 Jahren Krieg in Afghanistan reichen die traditionellen lokalen und staatlichen Institutionen zur friedlichen Konfliktlösung nicht mehr aus. Jetzt wird erhebliche Unterstützung aus dem Ausland benötigt, um die Gewaltspirale zu beenden und zu verhindern, dass der Bürgerkrieg erneut ausbricht und das Land wieder zum Stützpunkt für internationalen Terrorismus wird. Was es hingegen gibt, sind Machtstrukturen in den Regionen (vgl. GLATZER 2003: 9). Für den Befriedungsprozess ist dabei entscheidend, dass Afghanistan bislang nicht die Kriterien eines ›funktionierenden‹ Staates erfüllt hat, und somit als gescheiterter Staat (failed state) gilt.[53] So verwiesen Schetter und Wimmer (2002: 1) schon 2002 darauf, dass der Aufbau moderner staatlicher Institutionen neben der Linderung unmittelbarer Armut das Hauptziel des Aufbauprogramms darstellen sollte. Denn ohne staatliches Gewaltmonopol und andere grundlegende staatliche Funktionen wird Afghanistan aus dem Teufelskreis von politischer Desintegration, endemischen Konflikten, Armut und wirtschaftlichem Zerfall nicht ausbrechen können. Die Wiederaufbauprojekte sollten insbesondere in den Sektoren, welche staatliche Kernaufgaben wie Erziehung, Justiz und Gesundheit betreffen, über staatliche Ausführungsinstitutionen abgewickelt werden (vgl. ebd.).

Da in Afghanistan nach wie vor ein offener Krieg geführt wird (›War against Terror‹ bzw. ›Enduring Freedom‹) und interne Konflikte nur mit Mühe so weit kontrolliert werden können, dass es nicht zu offenen mi-

53 Die drei Kernfunktionen des Staates sind: Sicherheit, Wohlfahrt und Legitimität/Rechtsstaatlichkeit, wobei der Sicherheit eine zentrale Bedeutung zukommt: »Keine Entwicklung ohne Sicherheit« (vgl. SCHNECKENER 2007: 12-14).

litärischen Auseinandersetzungen kommt, kann keinesfalls von einer ›Postkonflikt-Situation‹ gesprochen werden. Die Konfliktsituation ist noch immer vielschichtig und höchst komplex.

Exkurs: (fragiler) Staat

Die entwicklungspolitischen Debatten der vergangenen Jahre wurden besonders durch die Phänomene der innerstaatlichen Konflikte, des Staatszerfalls und der fragilen Staatlichkeit geprägt, weil von diesen Prozessen viele Entwicklungsländer betroffen sind und die Entwicklungspolitik mit diesen Bedingungen arbeiten muss (vgl. HOPP/LESCH 2004: 2).[54] Die internationale Politik interessierte sich für diese Phänomene bis zum Ende der 1990er-Jahre des letzten Jahrhunderts nur am Rande. Fragile Staaten galten als ein Problem mit primär lokalen und regionalen Folgen, die »punktuell auch ein militärisches Eingreifen von außen erforderlich machten« (SCHNECKENER 2007: 99). Infolge der Terroranschläge vom 11. September 2001 hat sich jedoch diese Sicht ›dramatisch‹ verändert. »Keine ernst zu nehmende sicherheitspolitische Analyse oder Strategie verzichtet auf den Hinweis, dass fragile Staaten Gefährdungen für die eigene Sicherheit bedeuten können« (ebd.), da diese Staaten als mögliche Rückzugsräume für den internationalen Terrorismus gelten (GROSSER/HOFFMANN 2007: 1). Insofern gilt, dass »nicht mehr militärisch starke Staaten als primäre Gefahr gelten, sondern jene, die vom inneren Zerfall bedroht sind« (SCHNECKENER 2004: 99). Diese Sichtweise resultiert aus der Tatsache, dass fragile Staaten nicht lokale Probleme bleiben, sondern »sie Probleme auch auf internationaler Ebene verursachen«. Vor diesem Hintergrund ist für die internationale Gemeinschaft die Dringlichkeit gewachsen, »Lösungsansätze« für die von den fragilen Staaten ausgehende »Gefährdungslage« zu entwickeln (GROSSER/HOFFMANN 2007: 1).

Der Begriff ›fragile Staatlichkeit‹ impliziert, dass ein Staat so schwach ist, dass er nicht mehr in der Lage ist, die grundlegendsten Funktionen einer

54 Begriffe wie ›Nation-Building‹ sowie ›Staatsbildung‹ wurden erstmals zu Beginn der 1990er-Jahre verwendet, weil sich die Perspektive des Kalten Krieges seitdem verschoben hatte und Konflikte nicht mehr klar in das schlichte Schema gepresst werden konnten. Wilke (2004: 23) kritisiert jedoch an diesen Begriffen die »normativ-strategische Begriffsverwendung«, da Staatsbildung als politische Zielvorstellung zur Erreichung konkreter Politikziele im Mittelpunkt steht.

staatlichen Ordnung zu erfüllen, da seine staatliche Autorität vollkommen zusammengebrochen ist und er die elementarsten Leistungen wie Sicherheit und Wohlfahrt gegenüber seiner Bevölkerung nicht erbringen kann (SCHNECKENER 2004: 104). ›Fragil‹ deutet darauf hin, dass sowohl »empirisch als auch konzeptionell« stabile, intakte oder konsolidierte Formen von staatlichen Institutionen nicht existieren (ebd.: 101; vgl. auch RUBIN 2007: 165).

Was die Prioritäten beim Staatsaufbau nach Konflikten anbelangt, so herrscht weitgehend Konsens darüber, dass der Verbesserung der Sicherheitslage in gescheiterten Staaten Vorrang zukommt (vgl. MAIR 2004: 96f.), da diese als wichtigste Voraussetzung für Fortschritte auf anderen Gebieten, wie etwa bei der Armutsbekämpfung, Demokratisierung und beim Wiederaufbau des Wirtschaftssystems gesehen wird (WIMMER/SCHETTER 2002: 16). State-Building ist ein wichtiger Teil des ›Nation-Building‹-Prozesses, der die gesellschaftliche Entwicklung als Ganzes umfasst (SCHNECKENER 2004: 115). Mittlerweile haben sich unter dem Stichwort ›Security First‹ Reformen im staatlichen Sicherheitssektor zu einem zentralen Baustein im State-Building entwickelt (DEBIEL/KLINGEBIEL 2005: 8).

Afghanistan gilt weltweit als einer fragilsten Staaten (PAGE/SIDIQI 2012: 4). Dieses Land, das seit mehr als drei Jahrzehnten unter Krieg und Bürgerkrieg leidet, ist immer noch mit ernsthaften innergesellschaftlichen Konflikten konfrontiert. Glatzer (2003: 6) identifiziert folgende Konfliktebenen in Afghanistan, die, bedingt durch strukturelle Probleme und Prozessfaktoren, zu einer instabilen gesellschaftlichen Lage im Land führen: Zentrum vs. Peripherie, regionale Zentren vs. regionale Peripherien sowie Ethnizität und Wirtschaft. Eine der Hauptkonfliktlinien verläuft zwischen Kabul und dem Rest des Landes. Das ›kosmopolitische‹ Kabul stand der Welt von Bauern und Nomaden immer schon eher fremd und verständnislos gegenüber, während die Landbevölkerung in Kabul das »sittlich verdorbene Zentrum einer undurchschaubaren Macht« (ebd.) sieht. Das Hinterland in Afghanistan ist ebenfalls nicht homogen, sondern besitzt wiederum verschiedene Zentren und Peripherien. Regionale Zentren sind die Städte Herat, Kandahar und Mazar, desweiteren Jalalabad und Bamyan. Daneben gibt es die regionalen Peripherien, d. h. das Hinterland der Regionalzentren, um dessen Kontrolle sich die lokalen Machthaber streiten und das von Kabul noch weniger erreicht wird als die Regionalzentren. Das Ergebnis ist eine Schere des ungleichen wirtschaftlichen und politischen Wiederaufbaus, der Nährboden für radikale und antidemokratische Umtriebe.

In diesem Kontext wurde Ethnizität bewusst und je nach Situation als Instrument eingesetzt. Den Konfliktakteuren und jeweiligen Klientelen ging es oft nicht um ethnische Dominanz oder andere traditionelle Werte, sondern um politische Macht, um Einfluss und um materiellen Gewinn (BAJOHR 2005). Die politische Instrumentalisierung ethnischer Zugehörigkeit ist ein Phänomen, das vor allem in den 1990er-Jahren in ausgeprägter Form zu beobachten war (ebd.). Aber auch heute noch besteht die Gefahr, dass sich die Staatsgewalt in den Händen einer ethnischen oder regionalen Gruppierung konzentriert. Die internationale Gemeinschaft hat es sich daher zum Ziel gesetzt, staatliche Institutionen (Regierung, Verwaltung, Armee, Polizei) zu schaffen, die religiös, ethnisch und regional ausbalanciert sind (SCHETTER 2009: 26-27; BAJOHR 2005).

Zu den Hauptproblemen des Landes gehören nicht nur die zerstörte wirtschaftliche Infrastruktur und die Folgen der jahrelangen Dürre. Vor allem der Drogenexport ermöglicht ›destabilisierenden politischen Kräften‹ im Lande, sich selbst zu stabilisieren, Waffen zu importieren und Milizen zu finanzieren.

Nach Glatzer (2002: 29) lässt sich der Konflikt in Afghanistan heute am besten verstehen, wenn man die politische Arena des Landes wie einen Markt betrachtet, »auf dem politische Akteure frei von staatlichen oder ethischen Gesetzen auf den verschiedenen sozialen und lokalen Ebenen nach persönlichem Machterwerb und Machterhalt streben«. Die Kommandanten und Warlords (Kriegsfürsten) sind die neuen Akteure, die während des Krieges in Afghanistan vielfach den Stammesfürsten verdrängt haben. Sie üben inzwischen eine umfassendere Macht in allen militärischen, zivilen und ökonomischen Bereichen der Gesellschaft aus (ebd.: 25). Diese Akteure benötigen nach Barnett Rubin (2000 zit. n. GLATZER 2003: 34) als Zentren ihrer Entfaltung staatsfreie Gebiete, in denen das staatliche Gewaltmonopol und die öffentlichen Ordnungsstrukturen nicht mehr oder noch nicht wieder wirksam sind.

Dann fungiert nach wie vor die militärische Opposition der Taliban, die als die Störer des politischen Systems gilt. Die Taliban traten erstmals im Jahre 1994 in Erscheinung. Nachdem sie nach einem schnellen Feldzug im September 1996 die Hauptstadt Kabul eingenommen hatten, errichteten sie gleich das *Islamische Emirat Afghanistan*. Dieses wurde dann im Oktober 2001 durch die afghanischen und internationalen Truppen wieder gestürzt. Die wiederbelebten Taliban führen seit 2003 ausgehend von Pakistan einen terroristisch-militärischen Krieg gegen die demokratische Islamische Republik Afghanistan mit dem Ziel, das System zu stürzen und ihr eigenes wieder einzuführen (vgl. ebd.).

Staatsbildung und Medienkommunikation

Hippler (2004: 115) bemängelt, dass der Begriff ›Nation-Building‹, in dessen Rahmen die Staatsbildung stattfinden soll, wenn er auch inzwischen zunehmend benutzt wird, kaum ausgeführt oder theoretisch bearbeitet werde. Der Autor (2004: 3) unterscheidet zur Präzisierung zwei Begriffsverwendungen von Nation-Building. Zum einen nennt er die auf die reale Analyse historisch-gesellschaftlicher Prozesse abzielende und zum anderen die normativ orientierende Verwendung. Im ersten Fall wird der Begriff verstanden als »ein Prozess sozio-politischer Entwicklung, der idealtypisch aus zuerst locker verbundenen Gemeinschaften eine gemeinsame Gesellschaft mit einem ihr entsprechenden ›National‹-Staat meist über eine längere historische Zeitspanne werden lässt. Im zweiten Fall wird Nation-Building als »eine politische Zielvorstellung, auch eine Strategie zur Erreichung konkreter Politikziele« verstanden. Allerdings gibt es nach Hippler (2004: 5) in allen Prozessen des Nation-Building »bestimmte Kernelemente, ohne die der Prozess kaum dauerhaft erfolgreich verlaufen könnte.«

Er unterscheidet in drei zentrale Elemente für erfolgreiches Nation-Building. Als erste entscheidende Komponente bezeichnet er »die Herausbildung eines funktionsfähigen, sein Staatsgebiet tatsächlich kontrollierenden Staatsapparats«.[55] Als zweite Komponente für erfolgreiches Nation-Building sieht er eine *integrative Ideologie*, denn solange »die primäre Identität und Loyalität bei einer ethnischen oder ethnoreligiösen Gruppe liegt und die ›nationale‹ Identitätsebene nachgeordnet bleibt«, müsse ein Nationalstaat prekär bleiben (HIPPLER 2004: 5). Als drittes Element eines erfolgreichen Nation-Building-Prozesses sieht er die *Integration einer Gesellschaft* »aus den zuvor bestehenden, lose verbundenen Gruppen«. Grundlegend sei hier, dass sich »die Kommunikationsmuster zwischen den sozialen Gruppen so weit verdichten, dass Kommunikation nicht im Wesentlichen

55 Dabei steht die Staatsbildung für ihn nicht allein deshalb im Zentrum, weil ihre moderne, nationalstaatliche Form eines der wichtigsten Ergebnisse von Nation-Building ist, sondern weil er meist zugleich der entscheidende Akteur ist (HIPPLER 2004: 16).

innerhalb der Gruppen stattfindet« (2004: 5). Dies impliziere ein bedeutsames Maß an innergesellschaftlicher Kommunikation, die durch Massen- und Kommunikationsmedien begünstigt werden muss. Wenn auch die Binnenkommunikation der Gruppen weiterhin stärker bleiben mag als die zwischen ihnen, so bezeichnet er »ein bestimmtes Maß der Kommunikationsdichte zwischen ihnen als ein Erfordernis für erfolgreiche und dauerhafte Nationenbildung« (ebd.). Daher benennt er landesweite Massenmedien für die Etablierung eines nationalen politischen und kulturellen Diskurses als ›Schlüsselvariablen‹. Von besonderer Relevanz für Nationenbildung wird also die mediale Infrastruktur bezeichnet (ebd.). Zusammenfassend kann festgestellt werden, dass besonders die Integrationsfunktion im Mittelpunkt steht, die Massenmedien in diesem Prozess erbringen könnten. Die Funktion ist insofern bedeutend, weil sich die Gesellschaft in einem Prozess in einem Konflikt verschiedener Gruppen und Verbände befindet, die durch vielfältige Interessen bzw. Differenzen organisiert ist. Dabei besteht ständig die Gefahr des Auseinanderklaffens sowie der Desintegration. Denn je instabiler die Gesellschaft ist, desto dringender benötigt sie Integration. Integration herzustellen und zu bewahren, kann daher als ein gesellschaftliches Ziel begriffen werden, das im Staatsbildungsprozess mithilfe der Massenmedien erreicht werden kann. Diese Forderung kann weitgehend im Einklang mit dem Konzept vom Entwicklungsjournalismus gesehen, wonach der Journalismus einen konstruktiven Beitrag zur Erreichung von Entwicklungszielen leisten soll, um so zur nationalen Entwicklung beizutragen (vgl. KUNCZIK 1986: 262-264; WIMMER 2005: 1).

Die Forderung nach der Integrationsfunktion der Massenmedien ist nicht neu und ihr wurde gerade für die Entwicklungsländer eine große Bedeutung eingeräumt. Die zentrale Annahme ist hier, dass Massenmedien (Zeitung, Hörfunk und Fernsehen) nicht nur programmatisch, sondern tatsächlich eine außerordentliche bedeutsame Rolle als Vermittler von entwicklungspolitischen Programmen für die Bildung und Festigung einer nationalen Identität, von diesbezüglichen Wertorientierungen, Sach- und Strukturinformationen sowie Bewertungen zukommt. Viele diese Länder setzen sich aus einem zum Teil explosiven Gemisch verschiedener Ethnien, Religionen, Sprachen und Traditionen zusammen. Hedebro schreibt in diesem Kontext den Massenmedien das Potenzial zu Vermittlung des Sinns von »Nation-Sein« (*sense of nation*) zu (1882: 16). McQuail stellte in seinem Ansatz eines »spezifische[n] Medienmodell[s] für die

Entwicklungsländer« als ein wichtiges gemeinsames Merkmal die »Akzeptanz ökonomischer Entwicklung an sich« und die Herausbildung einer Nation als oberste Zielsetzung dar (1983: 95). In der Tat verweisen einige Untersuchungen darauf, dass in der dritten Welt die Massenmedien an der Herausbildung eines nationalen Bewusstseins unmittelbar beteiligt waren. Einige Beispiele zeigen aber auch, diese normativen Bemühungen der Medien häufig gescheitert sind (mehr dazu vgl. HANITZSCH 2004: 123). So schrieb Hanitzsch (1999: 26), dass z.B. in Indonesien nach dem Wegfall der »starken Führungspersönlichkeiten« die tiefen ethischen und religiösen Gräben innerhalb der Gesellschaft wieder aufgebrochen seien, da sie in ihrer Substanz niemals wirklich beseitigt waren.

Zwischenfazit

Bei der Untersuchung der gesellschaftlichen Entwicklung (Wertekontext) wurde festgestellt, dass erstens die afghanische Gesellschaft überwiegend durch traditionelle Wertestrukturen geprägt ist und dort religiös sowie ethnisch definierte Gemeinschaften die wichtigsten gesellschaftlichen Handlungsfaktoren bilden. Zweitens wurde aus der politischen Perspektive eruiert, dass Afghanistan als ein gescheiterter Staat (*failed state*) gilt und als wichtigstes Ziel in diesem Kontext die Herausbildung eines nationalen Staates gesehen wird, in dessen Rahmen von Massenmedien besonders eine Integrationsfunktion erwartet wird.

Der Erkenntnis der Journalismusforschung folgend, dass im Ländervergleich die beruflichen Selbstbilder von den jeweiligen nationalen Rahmenbedingungen der nationalen Mediensysteme abhängig sind (vgl. HANITZSCH 2004 und 2009; SCHOLL/WEISCHENBERG 1998: 107), wird die Frage lauten: Was ergibt sich aus den kulturellen und historischen Gegebenheiten für den Journalismus in Afghanistan? Es wird erstens gefragt, inwieweit die einflussreichen gesellschaftlichen Akteure eine intervenierende Rolle im Journalismus aus Sicht der Befragten spielen. Entstehen dadurch berufliche Einstellungen bei Journalisten, die für Afghanistan spezifisch sind, jedoch von den Befunden der Journalismusforschung abweichen? Konkret werden zwei Fragen im Mittelpunkt stehen (vgl. in Tab. 14 eine Übersicht der Fragen). Erstens werden die Journalisten gefragt, inwieweit sie die traditionellen und religiösen Akteure als Einflussquelle auf ihre Arbeit wahrnehmen. Ferner geht es darum, ob die ethnische und religiöse Zugehörigkeit einen Einfluss auf berufliche Einstellungen hat und ob diese dazu führt, dass die Förderung der traditionellen und religiösen Werte in ihrem Beruf eine bedeutende Rolle spielt.[56]

TABELLE 14
Operationalisierung

Kategorien	Fragestellungen
Gesellschaftliche Akteure	Inwieweit wird der Journalismus von diesen gesellschaftlichen Strukturen und Akteuren beeinflusst?
	Entsteht dadurch ein afghanisches berufliches Rollenselbstverständnis bei Journalisten, das von den Befunden anderer Forschungsbefunde abweicht?
›Zwei-Wege-Kommunikation‹	Inwieweit nehmen Journalisten Zwei-Wege-Kommunikation als solche wahr und inwieweit werden die Selbstbilder beeinflusst?
Entwicklungsjournalismus	Inwieweit leisten bei den Journalisten die Kommunikationsziele einen konstruktiven Beitrag zur Erreichung von Entwicklungszielen und zur nationalen Entwicklung? Wie unterscheiden sich diese Kommunikationsziele von anderen Untersuchungsergebnissen?

5.2 Medienpolitische Rahmenbedingungen

In diesem Abschnitt wird zunächst ein kurzer Überblick über die Entwicklung der rechtlichen Grundlagen nach 2001 (Regierungssturz der Taliban) geliefert. Diese Entwicklungen werden anhand der relevanten Dokumente und Gesetze dahingehend analysiert, inwieweit sie die Handlungsspielräume der Journalisten prägen und vor allem, welche Rechte und Pflichten dieser normative Rahmen den Journalisten bietet. Aufbauend auf den theoretischen Voraussetzungen wird hier folgenden Fragen nachgegangen: Welche Regeln (*Polity*) werden durch die Medienordnung für das journalistische Handeln in Afghanistan formuliert? Welche Akteure

56 Zur Operationalisierung werden Items aus der Studie übernommen, die Medienfunktionen einbeziehen, die für islamisch geprägte Länder spezifisch sind (KHAN 2004; RAMAPRASAD/ HAMDY 2006: 180).

regeln mit welchen Zielen (*Polities*) das journalistische Handeln? Welche Auswirkungen (*Policies*) haben diese Regeln in der Realität? Wie verändern diese Regeln das journalistische Handeln? Als maßgeblich gelten hier die Mediennormen sowie die Medienethik, die anhand einer Dokumentanalyse, d. h. durch eine systematische Untersuchung der rechtlichen Grundlagen der Kommunikationspolitik, erforscht werden.

Medienpolitik

Seit mehr als zehn Jahren läuft der internationale Stabilisierungseinsatz, der mit dem auf dem Petersberg bei Bonn 2001 beschlossenen Programm *Bonner Roadmap* zum Aufbau eines afghanischen Zentralstaates begann und den demokratischen Grundregeln verpflichtet ist.[57] Im Rahmen des Wiederaufbauprogramms für Afghanistan sollte die Förderung der Medien durch internationale Akteure eine zentrale Rolle spielen. Das Hauptziel war die Entwicklung eines professionellen Mediensystems, das »als Stützpfeiler des Aufbauprozesses« (ESHAQ 2007) fungieren konnte. Die Grundannahme dieser Förderungsaktivitäten war, dass im Aufbauprozess eine »Innergesellschaftliche Kommunikation zwischen verschiedenen gesellschaftlichen Gruppen« als »stabilisierender Faktor« wirken werde. Die Medien sollten aber auch ihre Informationsfunktion erfüllen und mit ihrer »Nation Building-Funktion« vornehmlich die »Nationale Identität und Einigkeit« fördern (RASHID 2009: 43 und 85). Den Medien wurde hinsichtlich des Wiederaufbaus und der Demokratisierung in Afghanistan von Anfang an eine wichtige Rolle eingeräumt. Besonders deutlich wird das im *National Development Framework* (NDF).[58]

57 Die *Bonner Roadmap* ist das Abschlussdokument der ersten Afghanistan-Konferenz, die von den Vereinten Nationen (UN) organisiert wurde und vom 27. November bis zum 5. Dezember 2001 auf dem Petersberg bei Bonn stattfand. An der Konferenz nahmen vier Delegationen verschiedener afghanischer Gruppierungen mit insgesamt 28 Delegierten teil. Dazu zählten elf Delegierte von der Nordallianz (Vertreter von Tadschiken, Hazara und Usbeken), elf Delegierte von der paschtunisch geprägten Rom-Gruppe, die sich im Wesentlichen aus Exil-Afghanen um den ehemaligen afghanischen König Mohammed Zahir konstituierte, drei Delegierte von der Peschawar-Gruppe, die ein breites Bündnis meist traditioneller Paschtunen und gemäßigter Taliban vertraten, und drei Delegierte von der Zypern-Gruppe, welche vor allem die Hazara mit Verbindungen in den Iran vertreten sollte. In diesem Dokument wurde ein Entwicklungsstufenplan für geordnete und demokratische Verhältnisse in Afghanistan vereinbart.

58 Das ist ein von der afghanischen Regierung und der internationalen Gemeinschaft beschlossener nationaler Fahrplan, durch den die Ziele, die in der ›Petersberg-Konferenz‹ gesetzt wurden, erreicht werden sollen.

Dieses besteht aus drei Programmsäulen: ›Human Capital and Social Protection‹, ›Physical Infrastructure‹ sowie ›Trade & Investment, Public Administration and Rule of Law, Security‹. Jede dieser Säulen basiert auf einer eigenen Wiederaufbaustrategie, aber mit korrespondierenden Budgets. Die Medienförderung und die Medienentwicklung befinden sich in der ersten Programmsäule ›Human Capital and Social Protection‹ (MOIC 2003: 6). In diesem Kontext ist seitens der afghanischen Regierung eine grundsätzliche Kommunikationspolitik formuliert. Diese zeichnet sich dadurch aus, dass die wichtigsten Kommunikationsaufgaben staatlicher Institutionen, wie dem Ministry of Information and Culture (MoIC), umschrieben, realisiert oder reglementiert werden sollen. Dieses Ministerium wurde schon im Fahrplan der ›Petersberg-Konferenz‹ für den Aufbau sowie die Regulierung des Mediensektors autorisiert. Die Kommunikationspolitik in Afghanistan lässt sich aber auch neben den oben genannten im NDF gesetzten Zielen, besonders aus der Analyse offizieller Dokumente und Verlautbarungen des MoIC erschließen. In ihnen ist ein elaboriertes Zielsystem konstruiert. Darin werden die Medien in einen Gesamtzusammenhang gestellt bzw. funktional organisiert und koordiniert. Die generellen Ziele der Kommunikationspolitik werden besonders in einem Strategiepapier, dem vom MoIC herausgegebenen *Securing Afghanistan's Future: Accomplishments and the Strategic Path Forward Culture, Media and Sport Technical Annex* dargelegt und die Ziele des Medienaufbaus folgendermaßen zusammengefasst: Die nationale Einigung und Bewahrung der nationalen Kultur gehören zu den hauptsächlichen medienpolitischen Zielen. Dazu kommen wesentliche Ziele der afghanischen Medienpolitik, die Sicherung von Meinungsfreiheit, Informationsfreiheit und Medienvielfalt sowie die Förderung und Bewahrung afghanischer Kultur, Religion und Sprache. Diese Ziele basieren auf den soziokulturellen Traditionen sowie dem gesellschaftlichen Selbstverständnis und werden deswegen verfassungsrechtlich festgeschrieben. Es wird betont, dass im Aufbau und in der Herstellung einer demokratischen Gesellschaft in Afghanistan die unabhängigen und pluralistischen Medien »unerlässlich« seien (MOIC 2003: 4ff.). Als ein multikulturelles und multiethnisches Land braucht Afghanistan pluralistische Medien. Sie müssen das Bewusstsein für ›die nationale Einheit‹ und die ›Menschenrechte‹ reflektieren. Ihrer Rolle, insbesondere im Prozess der ›Friedenskonsolidierung‹ und der ›Konfliktbewältigung‹, wird ›äußerste Bedeutung‹ beigemessen. Folgerichtig wird betont, dass zu dieser Zielerreichung nicht nur professionelle Medien und Medientätige notwendig sind, die von Einflüssen der verschiedenen Interessengruppen unabhängig sind, sondern auch stabile Rechtsgrundlagen, in denen die Medientätigen ihre Aufgaben erfüllen können. So sieht der Staat es als seine Aufgabe an, ›Meinungsfreiheit‹, ›Pressefreiheit‹ und ›Medienpluralismus‹ durch das Gesetz zu garantieren. Viele Punkte dieser Zielvereinbarungen sind das Resultat mehrerer vorausgegangener Diskussionen und Beratungen sowie Empfehlungen, die zwischen der afghanischen Regierung und den internationalen Organisationen stattgefunden haben. So wurden im ersten Seminar, am 18. April 2002 in Kopenhagen, dem *International Seminar on Future Challenges for Public Broadcasting in Afghanistan*, einem Forum für afghanische Medienvertreter, ihre Bedürfnisse und ihre Einschätzung für den Aufbau des Rundfunks und der Printmedien präsentiert (MOIC 2002). Das Seminar bewirkte folgende Empfehlungen: Die Sicherstellung der Verantwortlichkeit und Transparenz der Medien, sowohl für staatliche als auch für private Medien; die Selbstbestimmung der Massenmedien und die Schaffung eines unabhängigen Verbands für die Medienakteure, damit professionelle Kodizes für das ethische Verhalten der Journalisten entworfen werden können. Das zweite Seminar *The International Seminar on Promoting Independent and Pluralistic Media in Afghanistan* fand im September 2002 in Kabul statt. Das Thema war die weitere Förderung von unabhängigen und pluralistischen Medien. Zum Abschluss wurde eine Erklärung abgegeben, in der die Bedeutsamkeit der Gesetze, welche die Medien fördern und schützen, hervorgehoben wurde. Die sogenannte ›September-Erklärung‹ (UNESCO: 2002: 2ff.) spricht sich für ein Gesetz aus, das die Medienpolitik der Regierung transparent machen soll (vgl. Tab. 15).

TABELLE 15
Ziele der Medienförderung in Afghanistan

Zielkomplex
... den Rechtsrahmen von Medien institutionalisieren.
... die unabhängigen und freien Medien fördern.
... die mediale Infrastruktur erweitern.
... die staatlichen in nationale und politisch unabhängige Medieninstitution transformieren.
... die Professionalisierung des Journalismus fördern.
... die Bildung und die Vernetzung von Journalistenverbänden.

Diesen Zielen entsprechend haben die internationalen Akteure das afghanische Mediensystem seit 2002 mit unterschiedlichen Strategien und Zielen gefördert. Die Aktivitäten und Strategien können gemäß der Einteilung von Franqué (2008: 141f.) auf drei Ebenen des Mediensystems identifiziert werden.[59] Sie haben auf der *Makroebene* beim Ausbau des Rechtsrahmens gewirkt, indem sie den nationalen Akteuren rechtliche Hilfe bei der Gestaltung der neuen Ordnung leisteten. Auf der *Mesoebene* wurden die technische Infrastruktur sowie die Organisation der Medien aufgebaut und auf der *Mikroebene* versuchte man, die Journalistenausbildung zu professionalisieren und die Bildung von Journalistenverbänden zu unterstützen (vgl. ALTAI 2010: 29f.). In der Umsetzung war in den letzten Jahren ein komplexes Netz aus Akteuren für die Demokratieförderung[60] im Allgemeinen und die Unterstützung des afghanischen Mediensektors im Speziellen tätig. Die wichtigsten beteiligten Akteure in der Gestaltung der neuen Medienordnung waren die internationalen und nationalen Akteure. Mit nationalen Akteuren sind hier der afghanische Staat (Regierung und Parlament), die in der Medienindustrie tätigen Medienakteure, die Zivilgesellschaft und die Journalistenverbände gemeint. Das Spektrum der internationalen Akteure, die sich an der Demokratieförderung beteiligen, kann man in drei Kategorien unterteilen: Internationale Organisationen, einzelne Nationalstaaten sowie die Nichtregierungsorganisationen (NGOs). Verallgemeinernd wird davon ausgegangen, dass die ersten zwei Genannten im Aufbau demokratischer Institutionen tätig sind, während die dritte Gruppe, die NGOs[61], versuchen, diese aufgebauten Institutionen durch politische Bildung, Medienförderung, Politikberatung und Förderung zivilgesellschaftlicher Gruppen mit Leben zu füllen (SANDSCHNEIDER 2003: 22).

59 Sie klassifiziert drei Strategien für die Förderung der Medien durch die internationalen Akteure: Auf der Makroebene wird durch rechtliche Hilfe und Beratung der Ausbau des Medienrechtsrahmens gefördert, auf der Mesoebene werden besonders durch die finanzielle Unterstützung kommerzieller Anbieter die »Dezentralisierung« und das »Pluralisierungsprinzip« stimuliert und schließlich wird durch Trainingsangebote für Journalisten deren Professionalisierung vorangetrieben (FRANQUÉ 2008: 141f.).

60 In Afghanistan waren seit 2001 ca. 2000 NGOs aktiv am Wiederaufbau und an der Demokratisierung, einem Teil der Medienförderung, beteiligt.

61 Was die NGOs betrifft, ist die begriffliche Abgrenzung zwischen staatlich und nicht staatlich problematisch. Gerade im Bereich der Demokratieförderung gibt es eine ›Grauzone‹, in der sich Förderagenturen befinden, die zwar formell unabhängig und privatrechtlich organisiert sind, faktisch jedoch unter starker staatlicher Finanzabhängigkeit stehen und teilweise auch als verlängerter Arm staatlicher Institutionen zur Durchführung von Beratungsprojekten fungieren (vgl. SANDSCHNEIDER 2003: 22f.).

Zu erwähnen sind hierbei die zur ersten Kategorie gehörenden Organisationen US Agency for International Development (USAID), die Europäische Kommission (EK), The United Kingdom Department for International Development (DFID) und, in geringerem Maße, einige Botschaften europäischer Länder sowie kleinere Hilfseinrichtungen, wie etwa das Goethe-Institut und die Heinrich-Böll-Stiftung, die zur zweiten Kategorie gehören.[62] Die Amerikanische Organisation USAID ist der größte Akteur, da er die bisher höchsten Investitionen, insbesondere im privaten Mediensektor, getätigt hat (vgl. ALTAI 2010: 123). Die primären Ziele ihrer Mission für die Förderung des Mediensektors in Afghanistan beschrieb diese Organisation folgendermaßen: »Förderung des medienrechtlichen Rahmens nach westlichem Vorbild« und Ausbau eines unabhängigen Rundfunks mit der Aufgabe, die »afghanische Gesellschaft für wichtige nationale Entwicklungen und Themen zu sensibilisieren und darüber aufzuklären« (BARKER 2008: 116). Schließlich ist ›Internews‹ eine weitere wichtige Organisation, die zur dritten Kategorie gehört und über große materielle Ressourcen verfügt und meist als Implementierungsorganisation[63] der USAID-Projekte fungiert.[64] Resultate dieser Zusammenarbeit zwischen nationalen und internationalen Akteuren sind die aktuellen rechtliche Rahmenbedingen der Massenmedien in Afghanistan, auf die im nächsten Teil eingegangen wird.

Neue Verfassung

In der Mediengeschichte des Landes gab es zwei sehr kurze Phasen, in denen staatlich unabhängige Printmedien von der Verfassung zugelassen waren. Vorher waren Medienstrukturen und Politik meistens so miteinander verflochten, dass die Medienpolitik mehr einem »östlich-realsozialistischen Medienmodell« (RAWAN 2002: 11) entsprach. Die erste Phase dauerte von 1949 bis 1952, als die damalige Regierung relativ offene Wahlen gewährte und ein liberales Parlament gewählt wurde. Das damalige Parlament verabschiedete ein Pressegesetz, in dem die Meinungs- und Pressefreiheit verankert waren.

62 Eine ausführliche Beschreibung von Tätigkeiten dieser Organisationen bietet Altai (2010: 29ff.).

63 Zu dieser Kategorie gehören weiterhin Aina, IWPR, IMS sowie BMC. Sie bieten der afghanischen Regierung, den Medien und den Journalisten Hilfestellungen beim Auf- und Ausbau unabhängiger und pluralistischer Medien an.

64 Allein zwischen 2002 und 2005 investierte USAID 23 Millionen Dollar in den Mediensektor in Afghanistan. Die größten Projekte wurden dabei durch ›Internews‹ durchgeführt (vgl. ROHDE 2005: 9).

Dieser Schritt führte zur Entstehung mehrerer staatlich unabhängiger Zeitungen. Dieser Phase wurde aber schon 1953 ein Ende bereitet, als die neu gewählte Regierung alle nicht staatlichen Zeitungen aus politischen Gründen wieder verbot. Die zweite Phase der unabhängigen Medien in Afghanistan begann 1964 mit der Verabschiedung der afghanischen Verfassung, womit das sogenannte ›Jahrzehnt der Demokratie‹ begann. Es erschienen mehrere unabhängige Zeitungen und das Land erlebte eine ›relative Pressefreiheit‹ und die Diversifizierung der Pressestrukturen, insbesondere in den Großstädten (vgl. TARZI 2007: 48). Der Militärputsch von 1973 beendete aber dann nicht nur die 200-jährige Monarchie in Afghanistan, sondern auch den zweiten Versuch der Institutionalisierung der Pressefreiheit.

Eine Verfassung mit garantierter Meinungs-, Presse-, und Informationsfreiheit wurde in Afghanistan erst 2004 ratifiziert. Die *Bonner Roadmap* hatte festgelegt, dass für Afghanistan ein neuer Verfassungsentwurf bis November 2003 ausgearbeitet werden sollte, der schließlich auf einer konstitutionellen Ratsversammlung am 4. Januar 2004 verabschiedet wurde. Zentrale Charakteristika der neuen Verfassung sind: das politische System als präsidentielles Regierungssystem mit einer legislativen Nationalversammlung, die aus zwei Häusern besteht: der Wolesi Dschirga (Haus des Volkes) und der Meschrano Dschirga (Haus der Älteren). Des Weiteren bekennt sich die Verfassung zum kulturellen Pluralismus (fünf offiziell anerkannte Sprachen) und zum islamischen Rechtssystem mit unabhängigem Verfassungsgericht (vgl. RUBIN 2004: 8).

Die neue Verfassung gewährt den Medien eine grundlegende formellrechtliche Freiheit. Sie verbietet jegliche Form staatlicher Zensur und garantiert die Grundsätze der Meinungs- und Pressefreiheit. Außerdem stärkt die Verfassung die Meinungsfreiheit noch dadurch, dass sie die internationalen Konventionen wie die *Allgemeine Erklärung der Menschenrechte* anerkennt. Ferner bietet sie folgende konstitutionelle Garantien für die Medien (vgl. ARTICLE 19 2004: 7ff.): Erstens werden Meinungsfreiheit und Pressefreiheit im Artikel 34 als »unantastbar« anerkannt. Die Verfassung gewährt »jedem Afghanen das Recht, seine Gedanken durch Sprache, Schrift, Bild sowie andere Mittel« auszudrücken. Ebenso wird jedem afghanischen Bürger das Recht eingeräumt, seine Meinung »ohne vorausgehende Absprache mit den staatlichen Institutionen, jedoch in der Übereinstimmung mit dem Gesetz zu verbreiten und zu veröffentlichen.« Zweitens wird in der Verfassung das Recht der Informationsfreiheit (des Zugriffs auf öffentliche Informationen) ausdrücklich anerkannt: Artikel 50 Informationen aus der öffentlichen Verwaltung und Büros: Die Bürger von Afghanistan haben das Recht, Zugang zu den Informationsquellen der Regierung und anderen öffentlichen Verwaltungseinrichtungen zu bekommen. »Diesem Recht werden keine Grenzen gesetzt, außer, wenn diese gegen die nationale Sicherheit und die Rechte der anderen verstoßen« (Article 19 2004).

Schließlich erkennt die afghanische Verfassung den Vorrang der internationalen Erlasse und Konventionen an: Artikel 7 [Internationales Gesetz]: »Der Staat hält sich an die UN-Charta, an internationale Verträge, und internationale Konventionen, die Afghanistan unterschrieben hat sowie an die allgemeine Erklärung der Menschenrechte.«

Mit dieser Verfassung wurde den Medien in Afghanistan eine grundlegende und rechtliche Stabilitätssicherung gewährt. Ebenso werden aber, durch diese Verfassung für Journalisten bestimmte Rechte eingeschränkt und dadurch eine Rechtunsicherheit geschaffen. Dies entsteht aus dem Artikel 3, wonach »kein Gesetz gegensätzlich zum Glauben und den Bestimmungen des Islams sein darf.« Hier werden jedoch keine klaren Informationskategorien oder Kriterien aufstellt. Diese Artikel erlauben so unterschiedliche Interpretationen, dass Einflussnahmen von sehr unterschiedlichen Seiten möglich werden (vgl. HAZAR 2009).

Neue rechtlichen Rahmen der Massenmedien

Die regulierende Basis für das Mediensystem in Afghanistan umfasst verschiedene Rechtsvorschriften.[65] Die normative Grundlage bildet das ›Mass Media Law of Afghanistan‹ (im Folgenden MMLA). In den letzten Jahren (zwischen 2001 und 2012) wurde dieses Gesetz vier Mal durch das Parlament geändert (März 2002, April 2004, Juni 2006) und die letzte Fassung 2009 verabschiedet.

Dieser Änderungsprozess wurde insbesondere durch die Spannungen zwischen den reformistisch orientierten Akteuren und den konservativen Akteuren geprägt.[66]

65 Weitere drei Gesetze regulieren die Medienstruktur: die Fernmeldedienste-Verordnung Act (TSRA), die Information and Communication Technologies Policy (IKT-Politik) und die Telecommunication und Internet Policy (TIP).

66 Es wird beteuert, dass eine Dichotomie zwischen jenen Mitgliedern der Regierung existiert, die eine strenge Trennung zwischen dem Staat und der Religion befürworten (Reformisten) und jenen, die die Integration intakt halten wollen (Konservative) (vgl. RASHID 2009).

Zur konservativsten Behörde wird auch der Oberste Gerichtshof gezählt, der aufgrund seines restriktiven Vorgehens gegen die Medien immer wieder für Proteste sorgte. Die Tendenz, bestimmte progressive und liberale Ideen zu unterstützen, führt ständig zu Religionskonflikten. Dies ist in den Provinzen besonders stark ausgeprägt, wo die gesellschaftliche und wirtschaftliche Entwicklung seit der Entmachtung der Taliban langsamer vorangegangen ist. Wegen dieser eher zögernden Entwicklung hält die Regierung, deren Mitglieder aus beiden Lagern stammen, dennoch an einer restriktiven Medienpolitik fest, die wenig Änderungen in Hinsicht auf religiöse oder traditionelle Lebensstile zulässt. Diese pragmatische Politik resultiert vor allem daraus, Proteste einer konservativen Bevölkerung zu vermeiden.

Die Reformisten bestehen aus der afghanischen Zivilgesellschaft, journalistischen Verbänden, der Medienindustrie, aber auch aus einigen Abgeordneten sowie Regierungsvertretern,[67] die von internationalen Akteuren unterstützt und beraten wurden. Die Konservativen bestehen aus einigen Regierungsvertretern, religiösen und traditionellen Anführern sowie ehemaligen Warlords, die entweder selbst im Parlament vertreten sind oder durch ihre Netzwerke die parlamentarischen Prozesse beeinflussen. Die konservativen Akteure werden zusätzlich durch die traditionellen und religiösen Autoritäten sowie einige außerparlamentarische Gruppierungen unterstützt. Während die Reformisten grundsätzliche Änderungen in der neuen Medienordnung anstrebten, in der der Staat eine zurückhaltende Regulierungsrolle übernehmen sollte, forderten die Konservativen eine mächtigere, intervenierende Rolle des Staates in der Medienregulierung und den Medieninhalten. So verlief der Gestaltungsprozess in zwei Phasen: Die erste Phase (2002 - 2006) war ein Triumph der reformistischen Akteure, gekennzeichnet durch die Wiedereinführung des Pressegesetzes von 1963 im Jahr 2002, das viele progressive Ideen förderte. Eine Neuerung war, dass zum ersten Mal in der afghanischen Mediengeschichte privater Rundfunk zugelassen wurde. Die zweite Phase (2004 - 2009) war gekennzeichnet durch den Widerstand der Journalisten und der zivilgesellschaftlichen Akteure, die eine Modifizierung des Mediengesetzes verlang-

67 Insbesondere in den medienrechtlichen Fragen wurden sie neben der United States Agency for International Development (USIA) von der BRITISH BROADCASTING CORPORATION (BBC) World Service Trust, der DEUTSCHEN WELLE und dem Kanal FRANCE INTERNATIONAL unterstützt (ALTAI 2010: 26).

ten, da sie im wiedereingeführten Gesetz einige kritische Stellen – etwa blasphemische Gesetze – feststellten und kritisierten. Die konservativen Kräfte kritisierten die ›Deregulation‹ und verlangten weitere rechtliche Einschränkungen insbesondere für die Medieninhalte. Wegen der hohen Zahl von Interessenskonflikten jedoch war die komplette Umsetzung all dieser Forderungen der beiden Seiten nicht möglich. Der Umstand führte schließlich dazu, dass ein Kompromiss entstanden ist.

Im Februar 2002 wurde das Pressegesetz vom April 1965 im Wesentlichen als »Kopie« (HAZAR 2009: 179) mit 49 Artikeln in neuen Kapiteln wiederhergestellt. Das ›progressive Mediengesetz‹ von 1965 ermöglichte damals zum ersten Mal neben staatlichen Medien einen rechtlichen Rahmen zur Entstehung der privaten und freien Printmedien. Die wichtigsten Erneuerungen im neuen Gesetz (2002) waren jedoch einerseits die gesetzliche Entmonopolisierung des Staates in Bezug auf die elektronischen Medien und Presseagenturen, festgeschrieben im Artikel 12, und andererseits die Zulassung des privaten Rundfunks. Mit diesem Schritt wurde zum ersten Mal in der Geschichte eine Legitimationsbasis für die Ausrichtung des privaten Rundfunksystems am Vorbild der kommerziellen Medien geschaffen. Ferner wurde die Freiheit der Presse vom Staat als zentrales Gut erklärt und alle bisherigen Gesetze, die eine Zensur erlaubten, traten außer Kraft (ebd. 2010: 56).

Die rasante Medienentwicklung verlangte weitere Veränderungen und die Anpassung des Mediengesetzes an die neuen Realitäten. In der Kritik standen die Unschärfe der Begrifflichkeiten und die mangelnde Regelung des Informationszugangs. So wurde das Informationsministerium durch die internationalen Akteure und die Zivilgesellschaft unter Druck gesetzt, um diese Veränderungen vorzunehmen. Das Ministerium verfasste einen Gesetzesentwurf, der im Jahr 2004 durch das Parlament beschlossen wurde. Dieses Gesetz 43 bezog sich in zehn Kapiteln auf den Artikel 34 der afghanischen Verfassung und den Artikel 19 der Erklärung der Menschenrechte. Zum ersten Mal kategorisierte es Begriffe wie ›unabhängige‹, ›Freie‹, ›Private‹ Massenmedien und entsprach so den Medienstrukturen. Ein weiterer wichtiger Fortschritt war die Regelung des Informationszugangs. In Artikel 5 wurde ausdrücklich darauf hingewiesen, dass Journalisten das Recht haben, einen Zugang zu allen Informationen zu bekommen. Alle Institutionen (staatliche und nicht staatliche) wurden dazu verpflichtet, diesen Zugang zu gewähren, außer bei Informationen, die gegen die nationalen Interessen verstoßen. Dazu sahen die Artikel 42 und 43 die Schaffung einer

Kommission vor, die Medienverstöße ahnden sollte. Doch auch diese Fassung stand in der Kritik. Als kritisch wurde die Tatsache gesehen, dass der Vorsitz dieser Kommission für den Informationsminister vorgesehen war. Weiterhin strittig waren die antiblasphemischen Gesetze und deren ›vage Begrifflichkeit‹. Das Gesetz untersagte Medieninhalte, die den Prinzipien des Islams oder anderer Religionen widersprechen bzw. Personen entehren, ohne jedoch eine genaue Definition zu liefern, was den Religionen widerspricht oder was zur Entehrung bestimmter Personen führen kann.

Die Diskussionen führten 2006 zur weiteren Modifizierung der Gesetzeslage. So fand Anfang 2005 unter der Leitung der UNESCO ein Treffen statt, an dem knapp 300 nationale (staatliche, zivilgesellschaftliche) und internationale Medienakteure teilnahmen und über die Aktualisierung der Gesetzeslage debattierten. Abschließend wurde eine Erklärung abgegeben, in der die Notwendigkeit einer weiteren gesetzlichen Regelung gefordert wurde. Daraufhin erarbeitete eine Kommission einen Gesetzesentwurf mit 42 Artikeln in neun Kapiteln und überreichte ihn dem Informationsministerium. Dabei wurden einige Änderungen vorgenommen. Zum Beispiel, dass der Vorsitz der Kommission für Medienverstöße nicht mehr für den Informationsminister vorgesehen war. Diese Fassung enthielt auch zwei weitere neue Punkte,[68] die im Vergleich zur letzten Fassung kein Fortschritt waren. Erstens legte das Gesetz fest, dass die staatlichen Medien nicht mehr allein der Regierung unterstellt sind, sondern dem Staat (Regierung und Parlament). Der zweite Punkt verpflichtet die Medien, ihre Programme im Rahmen der islamischen Prinzipien zu konzipieren, die die gesellschaftliche Moral bewahren sollen, sowie keine Programme auszustrahlen, die die ›psychische Sicherheit‹ der Gesellschaft gefährden. Gab es in den älteren Gesetzen zwei Einschränkungen für ›Medieninhalte‹, so wurden diese in dieser Fassung auf vier erhöht, was ein eindeutiger Erfolg für die Konservativen war. Diese Einschränkungen wurde seitens dieser Akteure mit dem nationalen Interesse, der Unsicherheit und der Existenz von Terroristen im Land, aber vor allem auf der Grundlage der afghanischen Wertesphäre gerechtfertigt (vgl. ESHAQ 2007).

68 Es wurde auch um folgende Punkte erweitert: Artikel 7: Antwortpflicht der Medienanstalten für Medienbeschwerden; Regelung zur Gegendarstellung; Artikel 22: Verpflichtung zur ausgeglichenen Darstellung der öffentlichen Personen; Artikel 23: Archivierung der ausgestrahlten Medieninhalte für ein Jahr; Verpflichtung der Medien auf die Produktion und Ausstrahlung von Bildungsprogrammen etc.

Die bisher letzte Fassung des Gesetzes (elf Kapitel mit 54 Artikeln) wurde nach einer langen Diskussion[69] zwischen den Journalisten, dem Parlament und der Regierung am 16. Juli 2009 im Amtsblatt veröffentlicht. Darin ist eine Anzahl progressiver Schritte der Medienpolitik zu sehen, was viele Experten dazu verleitet, das Gesetz als das ›liberalste Mediengesetz‹ in der Region zu bezeichnen (vgl. ALTAI 2010; RASHID 2009: 56). Allgemein wird diese Fassung zwar als Erfolg für die afghanischen Medienvertreter gesehen, weil sie im ›Review-Prozess‹ viele ihrer Aufforderungen im Gesetz integrieren konnten, obwohl die Konservativen ebenfalls einige Forderungen in dem Gesetz durchsetzen konnten (ALTAI 2010: 27). Insgesamt ist nicht zu übersehen, dass die afghanische Medienordnung viele Punkte aufweist, die mit den Erklärungen der beiden unter der Koordination der UNESCO abgehaltenen Seminare identisch sind. Im Artikel 2 in den Absätzen 1 und 2 werden als allgemeine Ziele der Medienpolitik formuliert: »Förderung und Gewährleistung des Rechts von Meinungsfreiheit und Pressefreiheit; Schutz von Journalistenrechten und Sicherstellung der Voraussetzungen der Entwicklung freier Massenmedien«. Dazu wird jeder afghanische Journalist im Artikel 6 Absatz 6 aufgefordert, zur »Unterstützung der gesunden Entwicklung der Medien wirksam zu werden.« Das bedeute die »Ausstrahlung der genauen Nachrichten und Informationen«, die »Förderung von Lernen und Wissen in der Gesellschaft«, die »Förderung der Kultur des Landes« und »das Widerspiegeln der öffentlichen Meinung in Übereinstimmung mit journalistischen Normen, Prinzipien und Werten (Ehrlichkeit, Unparteilichkeit und Gleichgewicht)«. Der wichtigste Fortschritt in dieser Fassung ist, dass im Artikel 5 expliziert wird, dass die Regierung den Zugang zu Informationen gewähren muss, »es sei denn, diese gefährden die nationale Sicherheit des Landes.« Ferner wird den Journalisten zum ersten Mal das ›Zeugnisverweigerungsrecht‹ zugesprochen. In Artikel 6 Absatz 2 wird den Journalisten erlaubt, die Quelle ihrer Informationen nicht offenlegen zu müssen, es sei denn, sie gefährde die »nationale Sicherheit.« Weiterhin wird in Absatz 1 für die Journalisten »der

69 An diesem Prozess waren u.a. die unabhängige Afghanische Journalistenvereinigung (AIJA), die nationale afghanische Journalistenunion (ANJU), das Ministerium für Information und Kultur (MoIc), die UN Assistance Mission in Afghanistan (UNAMA) und der UN Educational, Scientific and Cultural Organisation (UNESCO) beteiligt. Vertreter aus diesen Organisationen trafen sich regelmäßig seit Juni 2010, um einen anderen Gesetzesentwurf auszuarbeiten, der der Regierung und dem Parlament vorgestellt werden sollte (ALTAI 2010: 24).

gesetzliche Schutz bei der Ausübung ihrer beruflichen Tätigkeit« geltend gemacht, einschließlich der Veröffentlichung von »kritischen Berichten.« Eine weitere Entwicklung ist, dass die medienpolitische Selbstorganisation weiter expliziert wurde (vgl. eine Übersicht der Medienorgane in der Tabelle 16 unten). Das Gesetz sieht drei Institutionen für die Regulierung der Medienpolitik in Afghanistan vor. Nach Artikel 41 ist der High Media Council (HMC) für die »Planung, Gestaltung und Formulierung der langfristigen Medienpolitik« zuständig. Der wichtigste Fortschritt im Vergleich zu den vorherigen Gesetzen besteht darin, dass der Vorsitz des Rates nicht mehr für den Informationsminister vorbehalten ist, sondern in freier Wahl durch die 13 Mitglieder des Rates bestimmt wird. Die beiden anderen Institutionen sind die »Commission of Mass Media« und die »Commission of National Radio Television Afghanistan« (Artikel 41, Absatz 4). Die erstgenannte der beiden jeweils siebenköpfigen Kommissionen ist für die »Evaluierung der Tätigkeiten von Massenmedien«, die Lizenzerteilung sowie die »Rechtsfolgen von Persönlichkeitsrechtsverletzungen durch Massenmedien« zuständig (Artikel 42, Absatz 3). Die zweite Kommission soll die Struktur von staatlichen Medien regeln. Der Intendant des staatlichen Rundfunks hat auch den Vorsitz der zweiten Kommission inne.

TABELLE 16

Medienregulierende Organe in Afghanistan

Kommission	Aufgaben	Mitglieder	Wahlmodus
High Media Council	Gestaltung der nationalen Medienpolitik	13	Vorsitz (frei wählbar aus Mitgliedern
Commission of Mass Media	Aussicht über die Aktivitäten (Beschwerden) der Massenmedien	7	Vorsitz wird von HMC genannt
Commission of National Radio Television	Regelung und Aufsicht der staatlichen Medien	7	Intendant, auch der Vorsitzende

Bei der Präzisierung der Artikel über die blasphemischen Medieninhalte gab es jedoch Rückschritte. Zur Diskussion standen hier schon immer die Artikel, die im Gesetz »Grauzonen« genannt werden. Ein Blasphemie-Gesetz definiert strikte Einschränkungen für bestimmte Medieninhalte (vgl. Tab. 17). Danach werden alle Medienorganisationen aufgefordert, sich an die Werte und Normen des Islams zu halten. Es verbietet Medieninhalte, die den Prinzipien des Islams oder anderer Religionen widersprechen bzw. Personen entehren. Es fehlt jedoch eine genaue Beschreibung darüber, was den Religionen widerspricht oder was zur Entehrung bestimmter Person führen kann (TARZI 2009: 44). Aus Mangel dieser fehlenden ›Definitionen‹ bietet das Gesetz einen großen Interpretationsspielraum. Hier haben sich vor allem die religiös-konservativen Akteure durchsetzen können, die als Basis ihrer Aufforderungen das soziokulturelle und religiöse Selbstverständnis der afghanischen Gesellschaft betonten. Dieses Vorgehen wird auch mit der Kritik begründet, dass die Medien durch die ökonomische Freiheit nur der Profitgenerierung Vorrang gewähren und auf Unterhaltungsformate setzen, die »unislamisch« und »unafghanisch« seien die »Erosion der sozialen Werte« (KAMAL 2009: 43) darstellten. Hier hat die Gesetzgebung eine überaus interpretationsoffene Rechtsgrundlage für die Kommunikationsfreiheit hinterlassen, da sich hier sich die reformorientierten Akteure nicht durchsetzen konnten. Die blasphemischen Artikel wurden auf acht »verbotene Inhalte« (Artikel 45) erhöht, wovon einige noch »sehr vage formuliert« sind (ALTAI 2010: 25).

TABELLE 17
Verbotene Inhalte im afghanischen Mediengesetz

Artikel 45: »Produktion, Reproduktion, Veröffentlichung und Ausstrahlung folgender Programme und Inhalte der Massenmedien [...] sind nicht zulässig:«
... die im Widerspruch zu den Grundsätzen und Bestimmungen der Religion des Islams stehen.
... die gegen andere Religionen und Sekten sind.
... die Personen beleidigen oder diffamieren.
... die beleidigend oder verleumderischen für rechtliche Personen sind oder deren Persönlichkeit und Glaubwürdigkeit schaden.
... die im Widerspruch zur Verfassung stehen und Verbrechen durch das Strafgesetzbuch sind.
... Veröffentlichung und Verbreitung (Förderung) von anderen Religionen als der Religion des Islams.
... die Preisgabe der Identität und Ausstrahlung von Bildern der Gewaltopfer, in einer Weise, die ihre gesellschaftliche Würde beschädigen
... die der psychologischen Sicherheit, dem moralischen Wohl der Menschen, vor allem von Kindern und Jugendlichen, schaden.

Auf der Grundlage dieser Artikel wurden schon mehrmals durch das Informationsministerium, oft auf Druck der religiösen und traditionellen Autoritäten, Warnungen an die Medien gerichtet. Den Medien wurde mit »rechtlichen Schritten« gedroht wurde, wenn sie ihre Programme nicht im Rahmen der »afghanischen Kultur, Religion und Werte« konzipieren und ausstrahlen (vgl. HUSSAINI 2012). Nur selten geht es jedoch um Religion. »Der Vorwurf der Blasphemie ist in Afghanistan zu einem Instrument der Hexenjagd geworden, um kritische Journalisten oder Medien mundtot zu machen«, schreibt Mir Hazar, ein bekannter Journalist aus Afghanistan (2011: 23).

Die Medienakteure kritisieren auch die »Unklarheit« dieser Artikel, in denen nicht verdeutlicht werde, was genau die Begriffe »Anti-Religion und Anti-Kultur« seien (ebd.). Hier werden bestimmte Ausnahmen in der Mediengesetzgebung als notwendig erachtet, wenn es z. B. darum geht, eine Agitation zum Hass gegen eine Religion oder eine andere Ethnie zu verhindern (RASHID 2010: 23). Aber diese Ausnahmen müssen sehr deutlich formuliert sein, um Missbrauch zu verhindern und vor Instrumentalisierung zu schützen (ARTICLE 19 2004: 13). Hier befürchten die Medienakteure, die Pressefreiheit mit juristischen Argumenten zum Schutz nationaler, islamischer, gesellschaftlicher und persönlicher Interessen zu beschneiden. Generell muss der Staat unter Umständen regulierend eingreifen, um die Einhaltung von Grenzen der Medienfreiheit (Schutz von Persönlichkeitsrechten, Staatssicherheit, Moral, Sittlichkeit etc.) durch Einschränkungen gewährleisten zu können. Diese staatlichen Regulierungen sind sogar zulässig und notwendig (VALENTIN 2007: 2).

Davon kann man ableiten, dass die afghanischen Medienakteure die Wertesphäre als Legitimation für einige Einschränkungen von Pressefreiheit akzeptieren und im Rahmen der »sozialen Verantwortung« (RASHID 2009: 122) diese generell nicht infrage stellen. Sie kritisieren jedoch die mangelnde Explizierung der Rechtslage dieser Einschränkungen.

Das Problem bleibt eine strukturelle Einschränkung, in der einerseits die Pressefreiheit fixiert ist, diese andererseits jedoch wieder durch zahlreiche juristische Argumente zum Schutz nationaler, gesellschaftlicher, persönlich-individueller, aber vor allem islamischer Interessen erheblich eingeschränkt wird (vgl. Tab. 18). Dies führt in vielen Fällen zu Vorwürfen der Diffamierung gesellschaftlicher Eliten, welche sich oft nicht gescheut haben, diese »Grauzonen des Gesetzes« (HAZAR 2009: 33) für ihre partikularen Interessen zu instrumentalisieren. Daraus ergibt sich der Umstand, dass afghanische Journalisten bei sensiblen Themen die »rote Grenzlinie« nicht überschreiten, was zur weitverbreiteten Tabuisierung einiger Themen und zur Selbstzensur als einem »strategischen Mechanismus zum Selbstschutz« führt, der als Vorsichtmaßnahme angesichts der großen gesellschaftlichen Unsicherheit angewendet wird (ebd.).

TABELLE 18
Medienordnung in Afghanistan

Mediengesetze	Freiheiten	Einschränkungen	Probleme
Die Verfassung	Meinungsfreiheit und Pressefreiheit	Blasphemisches Gesetz	interpretationsoffen
Mass Media Law	keine Zensur	Blasphemische Medieninhalte (8)	interpretationsoffen
	Freiheiten: Meinungs-, Pressefreiheit u. Zugang zu Informationen		
	Explizieren der Medienorgane		
	Informantenschutz		

Journalistenverbände

In Afghanistan bestehen derzeit fünf einflussreiche journalistische Vereinigungen, wovon eine (ANJU) staatlich ist.[70] Bereits seit 2003 wurden mehrere Anstrengungen unternommen, um diese »fragmentarisch organisierten« Vereinigungen unter ein Dach zu bringen, jedoch ohne Erfolg (WAKILI 2007: 82). So existiert keine »einheitliche« »starke« Journalistenvereinigung oder Gewerkschaft, die sich für die Pressefreiheit, die ethischen, ökonomischen sowie beruflichen Rechte der Journalisten einsetzen könnte (ebd.: 80). Daraus ergibt sich auch, dass keine einheitlichen Kodizes der Journalistenverbände ermittelt werden können.

Die eigenen, verabredeten Grenzen des Journalismus, in Form von Kodizes oder Ethik werden hier am Beispiel von zwei Journalistenverbänden vorgestellt. Die älteste Vereinigung ist ›National Journalists Union of Af-

70 Das sind: Afghanistan National Journalists Union (ANJU), Afghanistan's Independent Journalists Association (AIJA), Association of Free Journalists in Afghanistan (AFJA), Nai Supporting Open Media in Afghanistan sowie Southern Asia Women's Association in Afghanistan (SAWAA).

ghanistan‹ (NJUN), welche schon seit 1979 besteht, aber zwischen 1990 und 2002 während des Bürgerkriegs nicht aktiv war. 2002 wurde diese staatliche Vereinigung wieder aktiviert und zählt nach eigenen Angaben 2500 Mitglieder und 18 regionale Büros in den Provinzen (vgl. WAKILI 2007: 81). Im Jahr 2005 wurde die neue Journalistenvereinigung ›Afghanistan's Independent Journalists Association‹ (AIJA) mit dem Ziel gegründet, »sich aktiver als die bisher bestehenden Vereine für die Pressefreiheit, die Rechte der Journalisten und mehr Professionalität einzusetzen« (ebd.). Es können im Gegensatz zur NJUN, in der auch Schriftsteller ein Recht zur Mitgliedschaft haben, nur Personen Mitglied werden, die nicht nur Absolventen einer journalistischen Fakultät sind, sondern ihr Einkommen auch durch journalistische Tätigkeit verdienen. In einer von der Vereinigung veröffentlichten Charta werden die Aufgaben der Journalisten wie folgt definiert: Sie sollen für die wichtige Rolle sensibilisiert werden, die sie in der Gesellschaft spielen können. Die Vereinigung möchte sich für eine bessere »Mediengesetzeslage« einsetzen, damit die »Rechte der Journalisten bei den Gesetzen mit einbezogen werden« (WAKILI 2007: 84). Dazu sollen internationale journalistische Standards im afghanischen Journalismus etabliert werden. In der Praxis bedeutet dies, dass Werte wie »die klare Trennung von Meinung und Fakten«, »eindeutige Definition von verschiedenen Darstellungsformen«, »journalistische Sorgfaltspflicht« und »fundierte Recherche« eingehalten werden. Die Organisation sieht es als ihre Aufgabe, diese Werte als Standards festzulegen, die für Journalisten im ganzen Land gelten (ebd.: 83). In Afghanistan existieren keine einheitlichen Kodizes, die ethische Normen und Standards für die Journalisten bestimmen.[71] Hier sollen exemplarisch zwei unterschiedliche Kodizes vorgestellt werden.

Der Kodex der Berufsethik der Journalistenvereinigung ›Afghanistan's Independent Journalists Association‹ (AIJA) ist in vier Abschnitte unterteilt: Wahrheitssuche (16 Artikel), Vermeidung der Verstöße gegen Bürgerrechte (7 Artikel), journalistische Unabhängigkeit (4 Artikel) und journalistische Verantwortung (4 Artikel). Einführend wird jeder Journalist im ersten Abschnitt zur Einhaltung von Grundrechten wie Gewissensfreiheit, berufliche Solidarität, Gerechtigkeit und Demokratie ermahnt. In Artikel 2 heißt es:

71 So machen nach Wakili (2007: 83) die ethnische Vielfalt und die gesellschaftliche Struktur mit ihren kulturellen und religiösen Eigenheiten einen eigens auf Afghanistan zugeschnittenen Normenkatalog notwendig.

Ein Journalist ist ein gewissenhafter Journalist, wenn dieser »wahrhaft« versucht, der Öffentlichkeit zu dienen. In Artikel 3 wird weitergeführt, dass jeder Journalist auf der Suche nach der Wahrheit die Informationen wahrhaftig und gerecht sammeln, prüfen und interpretieren sollte. Im zweiten Abschnitt werden die Verstöße angeführt, die ein Journalist vermeiden sollte. So wird ausgeführt, dass jeder Journalist unbedingt Verstöße gegen »Rasse, Geschlecht, Alter, Religion, Ethnizität, Geografie und den sozialen Status der Individuen« unterlassen sollte. Er muss »ihre kulturellen Werte« kennen und muss versuchen, diese nicht zu verletzen. Im dritten Abschnitt wird, um den freien Austausch von Meinungen zu ermöglichen, empfohlen, alle gesellschaftlichen Auffassungen (auch der Opposition) zu vermitteln. Dazu sollen öffentliche Themen »offen« diskutiert werden und die Leistung der Regierung in dieser Hinsicht transparent gemacht werden. Der Journalist hat hier die Aufgabe der »Überwachung und Aufsicht«.

Der Kodex[72] der Berufsethik der staatlichen Journalistenvereinigung ›National Journalists Union of Afghanistan‹ ist in zwei Abschnitten (Verstöße gegen Bürgerrechte [11 Artikeln] und Journalistische Pflicht [8 Artikeln]) verfasst, wo gleich im ersten Artikel der Journalist als derjenige bezeichnet wird, welcher in seiner beruflichen Praxis religiöse, sexuelle, ethnische, sprachliche und kulturelle Verstöße vermeidet. Ferner wird in Artikel 6 an die Journalisten appelliert, »die nationalen Interessen in Übereinstimmung mit den geltenden Gesetzen zu erkennen und in deren Rahmen ihre journalistische Arbeit zu verrichten.« Generell entsprechen beide Kodizes den Grundwerten, die aus westlicher Sicht für ein pluralistisches Mediensystem kennzeichnend sind, und enthalten keine Handlungsbeschränkungen, die dieser Sichtweise gravierend entgegenstehen würden. Anders ist jedoch, dass es in beiden Kodizes als das wichtigste Ziel bezeichnet wird, sich im Journalismus für die nationale Einheit einzusetzen und die ethnischen und sprachlichen Konflikte zu bekämpfen.

5.3 Massenmediale Strukturen

Die Analyse dieser Ebenen gibt einen Überblick über die aktuelle Struktur der Massenmedien in Afghanistan und deren wirtschaftliche Basis. Kon-

72 http://www.anju.af/index.php/2012-09-17-13-44-19

kretes Ziel dieses Abschnittes ist es, zu beschreiben, wie sich das afghanische Mediensystem seit 2001 entwickelte. Zunächst werden jedoch die historischen und politischen Hintergründe zum besseren Verständnis der aktuellen Entwicklungen dargestellt.[73]

Mediengeschichte

Afghanistan blickt auf eine etwa 150-jährige Geschichte moderner Medien zurück, in der das Mediensystem eine wechselvolle Geschichte durchlaufen hat. Sie reicht von Experimenten mit einer unabhängigen Presse in den 1950er- und 1960er-Jahren bis hin zum Taliban-Regime (1996 bis 2001), das alle Medien brutal unterdrückte.

Afghanistan hat in seiner Mediengeschichte nur ansatzweise eine Tradition unabhängiger Medien erlebt. Diese waren vorwiegend staatlich organisiert und standen unter der ständigen Kontrolle der Regierung. Die Journalistenausbildung wurde hauptsächlich von den jeweiligen politischen und ideologischen Mächten des Landes geprägt, die sie als Instrument zur Durchsetzung ihrer Interessen sahen (TARZI 2009: 1).

Die erste afghanische Zeitung wurde 1873 gegründet (RAWAN 2002a: 11). Es dauerte aber bis 1923, bis im Rahmen von zahlreichen fortschrittlichen Reformen des damaligen Königs Amanullah Khan (1918 - 1929) die erste Verfassung verabschiedet wurde und damit weitere Druckerzeugnisse entstehen konnten. Infolge dieser progressiven Politik kamen bereits 1923 mehr als 20 zumeist staatliche Zeitungen heraus. 1928 wurde mit dem staatlichen RADIO AFGHANISTAN der Hörfunk gegründet, der anfangs jedoch nur in Kabul empfangen werden konnte. Die Reformen riefen aber auch einen erheblichen Widerstand konservativer gesellschaftlicher Kreise hervor, die diese Maßnahmen als »verdorben und westlich« ansahen und den König 1929 ins Exil zwangen (ebd.: 12). 1940 wurde die erste staatliche Nachrichtenagentur Bakhtar (BNA) gegründet; zu dieser Zeit konnte RADIO AFGHANISTAN in einem Großteil des Landes empfangen werden. Das

73 Aus forschungsökonomischen Gründen werden hier die bereits erzielten Forschungsergebnisse herangezogen. Informationen zur medienspezifischen ökonomischen Situation der Medien in Afghanistan beziehen sich auf die Studien und Berichte von Altai (2010). Dann soll kurz der Frage nach der Ausbildung der Journalisten nachgegangen werden. Grundlage dafür bilden die Dokumente über das Ausbildungssystem in Afghanistan. Als Quelle sollen weiterhin die Dokumente der Journalistenverbände dienen.

staatliche Fernsehen NATIONAL RADIO TELEVISION AFGHANISTAN (NRTA) entstand 1976. Es konnte meistens nur in der Hauptstadt empfangen werden. Als die Taliban 1996 die Hauptstadt eroberten, wurde das Fernsehen gemäß ihrer radikalen Auslegung des Islams verboten.

Aktuelle massenmediale Strukturen

Nach 2001 erfuhren die Medien in Afghanistan eine neue »Ära der Freiheit« (TARZI 2009: 46) und einen grundlegenden Wandel. Seitdem haben zahlreiche internationale Akteure versucht, dort ein Mediensystem aufzubauen. Die Ergebnisse zeigen sich in der Liberalisierung der Mediengesetze und in einem Gründungs-Boom von Medieneinrichtungen, der wiederum zu einem schnellen Anstieg von publizistischen Angeboten führte. Diese intensive Diversifizierung des Mediensystems wird als einer der größten Erfolge im Post-Taliban-Afghanistan gefeiert.

Ende 2015 waren im afghanischen Informationsministerium neben staatlichen Medieneinrichtungen über 75 Fernseh- und 175 Hörfunkanbieter sowie rund 800 Periodika registriert (ALTAI 2010: 50). In den letzten vier Jahren wurden durchschnittlich neun Fernseh- und 20 Hörfunkanbieter pro Jahr gegründet, was ein jährliches Wachstum von 20 Prozent bedeutet. Den größten Zuwachs verzeichneten dabei die Hauptstadt Kabul und vier weitere Großstädte.

Presse

Die Gesamtzahl der in Afghanistan herausgegebenen Periodika beläuft sich inzwischen auf über 800 Titel, deren Gesamtdruckauflage jedoch nicht bekannt ist (ALTAI 2015: 63 u. 76). Die hohe Titelzahl ist nicht zuletzt darauf zurückzuführen, dass Periodika kurzfristiger aufgebaut bzw. kostengünstiger produziert werden konnten als Rundfunkeinrichtungen. Überdies ließen sie sich als greifbarer und sichtbarer Beleg des Engagements leichter den internationalen Akteuren präsentieren (vgl. TUTAKHEL 2006: 24). Ungeachtet der hohen Titelzahl spielen Periodika und insbesondere die Zeitungen wegen der hohen Analphabetenrate in der Bevölkerung und des defizitären Zirkulationssystems jedoch nur eine begrenzte Rolle. Informationsquelle sind sie nur für eine kleine städtische Bildungsschicht. Hinzu kommt ein starkes Gefälle der Zeitungsdichte zwischen Stadt und Land, dessen Ursachen auch darin liegen, dass Afghanistan keine Tradition einer regionalen Presse besitzt. Während in Kabul über 350 Periodika erscheinen, gibt es Provinzen im Süden des Landes, in denen keine einzige regionalspezifische Zeitung existiert (vgl. ALTAI 2010: 63). Aber auch in den größeren Städten erreichen die Zeitungen nur eine sehr kleine Leserschaft, wie überhaupt die Auflage der afghanischen Druckerzeugnisse allgemein sehr niedrig ist. Das thematische Spektrum der Presse konzentriert sich hauptsächlich auf Berichte und Kommentare, Stellungnahmen und Analysen, während die Nachrichtenvermittlung ausschließlich durch den Hörfunk und das Fernsehen erfolgt. Von den heutigen Zeitungen verdient lediglich ein kleiner Teil diese Bezeichnung. Bestehende Defizite in der Ausbildung von Journalisten und ein nicht immer seriös recherchierender ›Partisanenjournalismus‹ beeinträchtigen die Qualität der oft aggressiven, partikularen Anliegen verpflichteten Presseberichterstattung. Darüber hinaus prägen ungenaue oder verzerrte Informationen, Verschwörungstheorien und implizite Verleumdungen häufig den Zeitungsjournalismus (vgl. KAMAL 2006; ALTAI 2010: 63).

Das entscheidende Problem der gesamten Presse liegt in ihrer Finanzierung: Da die wirtschaftliche Situation des Landes auch in nächster Zukunft keine hinreichenden Werbe-Einnahmen erwarten lässt und andererseits die Leserbindung gering ist, werden sich die meisten Periodika, wie bislang, nur durch Subventionen am Markt halten können (vgl. FRAENKEL 2010: 17 u. 22f.).

Die wichtigsten staatlichen Zeitungen sind *Hewad* (*Heimat*; Kabul), *The Kabul Times* und als auflagenstärkstes Blatt *Anis* (*Morgenrot*; Kabul), welche mehrmals wöchentlich erscheinen und verschiedene aktuelle Themen für ein breites Publikum anbieten. Sie haben einen niedrigen Umlauf und berichten meistens über die staatliche Agenda, »in der Regel in einer Argumentationsweise zugunsten der staatlichen Politik« (HAZAR 2009: 34). Ihre Informationen beziehen sie hauptsächlich von der staatlichen Nachrichtenagentur Bakhtar.

Bedeutende national verbreitete privatwirtschaftliche Zeitungen sind *Hascht Sobh* (*8am*; Kabul) und *Mandegar Daily* (*Wartend*; Kabul). Daneben existiert eine nur schwer überschaubare Anzahl von Blättern, die von unterschiedlichen politischen Gruppierungen und Netzwerken herausgegeben werden. Diese unregelmäßig erscheinenden Periodika (mit einer Auflage von jeweils weniger als 5000 Exemplaren je Ausgabe) »reflektieren« die Vielfalt der gegenwärtig in Afghanistan bestehenden politischen Richtungen (vgl. ebd.: 33; ALTAI 2010: 64f.).

Als auflagenstärkste und »beliebteste« Periodika gelten die Zeitschriften *Killid* (*Schlüssel*; Kabul) und *Morsal* (*Blume*; Kabul) mit einer Auflage von je 20.000 Exemplaren pro Ausgabe. Die beiden populären Blätter, die eine Mischung aus Unterhaltung und Service-Journalismus bieten und eine gemäßigte regierungskritische Haltung verfolgen, sind als einzige Zeitschriften regelmäßig auch in allen Provinzen verbreitet (ALTAI 2010: 66).

Hörfunk

Afghanistan verfügt über ein duales System aus staatlich und privatwirtschaftlich organisierten Rundfunkeinrichtungen, wobei der Hörfunk das einzige landesweit verbreitete Massenmedium ist. Wegen der mangelnden Stromversorgung, der hohen Anschaffungskosten für Fernsehempfangsgeräte und der schlechten Infrastruktur ist das Fernsehen (wie auch die Presse) dagegen ein eher städtisches Medium (vgl. FRAENKEL 2010: 19).

Diese Verhältnisse dokumentieren sich auch in der hohen Zahl von 175 Hörfunkeinrichtungen (September 2010), die in organisatorischer Hinsicht drei Gruppen bilden: Der staatliche, der privatrechtliche und der Community-(Gemeinde-)Hörfunk.

Der staatliche Hörfunk NATIONAL RADIO AFGHANISTAN (NRA) besitzt den größten Zuhöreranteil (24 %) unter den afghanischen Hörfunkanbietern (vgl. ALTAI 2010: 58). Seine sprachlich zwischen Dari und Paschtu ausgewogenen Programme konzentrieren sich meist auf nationale Themen, in denen vorwiegend »die positiven Entwicklungen und Regierungsaktivitäten« im Vordergrund stehen (vgl. ebd.: 60; FRAENKEL 2010: 12).

Zur Gruppe der privatrechtlichen Hörfunkanbieter zählen KILLID FM und ARMAN FM, die in Kabul gegründet wurden, von dort ihre Verbreitung schrittweise auf weitere Großstädte ausgedehnt haben und inzwischen eine nationale Reichweite vorweisen können. Die beiden Hörfunkeinrichtungen finanzieren sich im Wesentlichen durch Werbe-Einnahmen. Der populärste Sender aus dieser Gruppe, die zumeist Unterhaltungsformate sendet, ist ARMAN FM der *Moby-Gruppe*, der durch eine Anschubfinanzierung von USAID aufgebaut wurde (vgl. ROHDE 2005: 21).

Die Community-Radiosender schließlich wurden in der Erwartung eingerichtet, dass sie die gesellschaftliche Entwicklung in ihrer lokalen und kulturellen Vielfalt spiegeln sollten (ALTAI 2010: 54). Diese Sender, die durchweg nur lokale Reichweiten besitzen und zumeist kaum mehr als 15 Mitarbeiter beschäftigen, konzentrieren sich folglich auf lokale Sprachen und Themen, setzten jedoch in manchen Fällen durchaus innovative Impulse im afghanischen Hörfunk. Dieser Gemeinde-Hörfunk finanziert sich häufig aus Werbe-Einnahmen und Subventionen, die wiederum über USAID und Internews geleistet werden.[74]

Staatliches Fernsehen

Die dem Informationsministerium unterstellte staatliche Gesellschaft RADIO TELEVISION AFGHANISTAN (RTA), die 1974 ihren Sendebetrieb aufgenommen hat, beschäftigt heute ca. 2600 Mitarbeiter (RASHID 2009: 20). Obwohl RTA von der afghanischen Regierung finanziert wird, betreibt sie in ihrem Programm zusätzlich Werbung; sie ist die einzige Fernsehanstalt mit nationaler Reichweite und einem Netz von lokalen und überregionalen Studios in allen Provinzen. Das 24-stündige Vollprogramm von RTA zielt auf die »Stärkung der nationalen Einheit« (ALTAI 2010: 111). Trotz der großen infrastrukturellen Ressourcen erreicht RTA nur einen Zuschauermarktanteil von 7 Prozent. Die Ursache für die mangelnde Akzeptanz dafür liegt wohl darin, dass der staatliche Rundfunk als »transformationsresistentes Relikt« (ALTAI 2010: 112) gilt, da sich die Transformation von staatlichen in öffentlich-rechtliche Medieneinrichtungen und insbesondere von RTA als ein sehr schwieriger und schleppender Prozess erwiesen hat (mehr dazu FRAENKEL 2010: 18). Die Regierung verhinderte, dass das Staatsfernsehen einer staatsunabhängigen Kommission unterstellt wird. Als Grund hierfür kann gesehen werden, dass in Afghanistan inzwischen die privatwirtschaftlichen Medieneinrichtungen auf dem Vormarsch sind und die meisten von ihnen »eine sehr regierungskritische Haltung« vertreten. Die Regierung ist daher bemüht, RTA als ein »sympathisierendes Kommunikationsmedium« unter ihrer Kontrolle zu behalten (vgl. RASHID 2009: 78 u. 80). Als Folge dieser Politik wird dieses Medium in weiten Teilen der afghanischen Bevölkerung als ein Verlautbarungsinstrument der afghanischen Regierung angesehen.

74 Internews hat 38 unabhängige Community-Radios in Afghanistan gegründet (vgl. INTERNEWS 2007).

Privatwirtschaftliches Fernsehen

Das privatwirtschaftliche Fernsehen entwickelte sich schrittweise seit 2002 und verfügt inzwischen über eine starke gesellschaftliche Akzeptanz und wirtschaftliche Position in Afghanistan. Die Haupteinnahmequelle dieser Fernsehanbieter bildet die Werbung, die sich größtenteils aus Informationskampagnen internationaler Akteure wie der Internationalen Sicherheitsunterstützungstruppe (ISAF) und zum geringeren Teil aus kommerzieller und staatlicher Werbung zusammensetzt (vgl. ALTAI 2010: 51). Im privatwirtschaftlichen Fernsehsektor lassen sich vier Gruppen hinsichtlich der politischen und wirtschaftlichen Abhängigkeit sowie der Besitzverhältnisse unterscheiden (z.T. mit einigen Überschneidungen): nationale Anbieter, ethnisch orientierte Fernsehanbieter, ferner solche mit einem religiösen oder einem Parteihintergrund sowie lokale bzw. regionale Anbieter, die ihre Programme nur in bestimmten Provinzen ausstrahlen (vgl. Tab. 19 für eine Übersicht des Rundfunks in Afghanistan).

TABELLE 19
Rundfunk in Afghanistan

Organisation	Einrichtungen	Orientierung	Finanzierung
staatlich			
	RTA	generell u. mehrsprachig	Regierungsmittel
nicht staatlich			
nationale	Tolo TV, Ariana TV	generell u. mehrsprachig	Werbeeinnahmen
ethnisch orientierte	Shamshad Lemar	einsprachig	Werbeeinnahmen
Regionale	Shaiq	lokal, regional	Werbeeinnahmen, Subventionen
privat-religiöse	Tamodon	religiöse Motive	Private Quellen (Kriegsfürsten)
private Partei	Noorin TV	partei-politische Motive	Private Quellen (Kriegsfürsten)

Quelle: Eigene Darstellung

Zur ersten Gruppe gehören diejenigen Gesellschaften, die große Teile ihrer Erlöse aus kommerzieller Werbung erzielen. Ihr Angebotsprofil gleicht sich insofern, als sie mit ihrem Programm ein allgemeines ethnien-übergreifendes Publikum erreichen wollen. Zu nennen ist das gut etablierte ARIANA TV, das eine sehr hohe technische Reichweite im ganzen Land und einen landesweiten Zuschauermarktanteil von rund 25 Prozent besitzt. Dieser Sender gehört Hesanullah Bayat, einem wichtigen afghanischen Geschäftsmann, der gleichzeitig Eigner der größten afghanischen Telekommunikationsgesellschaft ist. Das Unternehmen beschäftigt fast 300 Mitarbeiter, darunter mehr als 50 Journalisten. Die Programme werden in verschiedenen Landessprachen ausgestrahlt und verfolgen eine gemäßigte Haltung, »weder offenkundig konservativ-religiös noch sehr liberal« (ALTAI 2010: 52).

Unangefochtener Marktführer mit ein Zuschaueranteil von mehr als 48 Prozent ist jedoch TOLO TV, das mit einer Anschubfinanzierung von USAID gegründet wurde und heute Teil der bereits erwähnten *Moby-Gruppe* ist, einem Medienkonzern mit 750 Mitarbeitern und einem jährlichen Umsatz von 20 Millionen Dollar. Dieser Konzern umfasst mehrere Hörfunk- und Satellitenfernseheinrichtungen, Zeitschriften, Produktionsfirmen sowie Werbeagenturen. TOLO TV gilt als das »innovativste unter den afghanischen Fernsehangeboten« (ALTAI 2010: 54) das durch seinen investigativen Journalismus und seine Unterhaltungsangebote als »Triebkraft« (ebd.) im gesamten Mediensektor wirkte, wegen seiner sehr progressiv-liberalen und regierungskritischen Linie aber auch oft im Mittelpunkt von heftigen Kontroversen stand (mehr dazu vgl. BARKER 2005: 123 u. RASHID 2009: 20). Dieser Sender wird von einem Teil der afghanischen Gesellschaft als westliches Produkt bewertet und folglich heftig kritisiert. Für einen anderen Teil gilt es als das beliebteste Fernsehprogramm (ALTAI 2010: 68).

Die zweite Gruppe bilden diejenigen Fernsehanbieter, die gezielt ein Publikum mit einer bestimmten Sprache erreichen möchte. Der jeweilige Programmanteil an Dari und Paschtu stellt in Afghanistan ein heikles Thema dar. Dari ist die dominante Sprache in den afghanischen Medien, was oft zur »mangelnden Lokalisierung der Medieninhalte« führt (ebd.). Besonders die paschtunische Bevölkerung sieht sich benachteiligt, weil die meisten Medien (insbesondere in Kabul) den beiden offiziellen Sprachen des Landes, Persisch und Paschtu ungleichen Raum gewähren (vgl. RASHID 2009: 54). Folglich sind in einem Segmentierungsprozess einige privatwirtschaftliche Fernsehanbieter entstanden, die besonders die paschtunische Bevölkerung erreichen und durch einsprachige Programme ansprechen. Der bekannteste unter ihnen ist SHAMSHAD TV, der rund 60 Mitarbeiter beschäftigt und mit seinen liberalen Programmen einen Zuschaueranteil von sechs Prozent erreicht. LEMAR TV ist ein weiteres, rein paschtu-sprachiges Fernsehangebot der *Moby-Gruppe*, das am gesamten nationalen Zuschauermarkt den dritten und unter den einsprachigen Fernsehanbietern den ersten Platz hält. LEMAR TV und TOLO TV, die zwei Hauptprogramme *Moby-Gruppe*, erzielen zusammen mehr als die Hälfte des nationalen Zuschaueranteils (vgl. ALTAI 2010: 55 und 113; FREANKEL 2010: 12). Zur dritten Gruppe gehören die ›offenen‹, religiösen oder parteipolitisch orientierten Fernsehanbieter. Sie entstanden vor allem in den letzten acht Jahren und tragen sich nicht primär durch Werbe-Einnahmen, sondern werden hauptsächlich aus persönlichen Quellen finanziert, teilweise aber auch durch bestimmte politische Parteien sowie Nachbarländer.

Der Grund für diese Entwicklung liegt im Artikel 12 des Mediengesetzes, in dem gestattet wird, dass jede/r »Bürger, politische Partei, gesellschaftlichen Organisationen und privates Unternehmen in Übereinstimmung mit den Bestimmungen dieses Gesetzes, elektronische Medien einrichten« darf. Einerseits wurde mit diesem Artikel erstmals privaten Personen, politischen Parteien und gesellschaftlichen Organisationen gestattet, eine Rundfunkorganisation zu gründen. Andererseits haben es allerdings die Gesetzgeber vernachlässigt, bei der Formulierung die Organisationseigentümer zur Wahrung journalistischer Standards aufzufordern oder sich als Medienakteure diesen Standards gesetzlich zu verpflichten (JADGARI 2011: 1). Inzwischen haben viele politische Parteien von diesem Artikel Gebrauch gemacht und Rundfunkorganisationen gegründet, die offen ihre politischen Ziele verfolgen, ohne auf diese Standards zu achten. Dies dokumentiert zum einen die Vielfalt der afghanischen Gesellschaft, zum anderen ist auch eine Tendenz zu beobachten, dass diese Mediensegmente immer mehr »islamistische und ethnozentrierte Rhetorik« verwenden (ALTAI 2010: 47). Unter den neuen Medieneigentümern finden sich neben reichen Geschäftsleuten auch ehemalige Warlords. Die Deregulierung der Märkte bietet ihnen die Chance, zum einen das aus dubiosen Finanzquellen stammende Kapital zu legalisieren und zum anderen mit eigenen Medienangeboten ihre (politisch-ökonomischen) Interessen zu verfolgen. Wenn auch die in diesen Fernsehgesellschaften tätigen Journalisten in der Regel eine gewisse Freiheit in ihrer täglichen Arbeit genießen, steht deren allgemeine politische Richtung im Einklang mit dem Gründer bzw. Finanzier. Dort spielt die Gewährleistung der journalistischen Kenntnisse des professionellen Journalismus oder journalistische Ethik eine untergeordnete Rolle (IWPR 2010: 2f.). Die wichtigsten religiösen Programme sind *Kawsar TV*, ein Angebot für die schiitische Bevölkerung, sowie TAMADON TV und DAAWAT TV. Von ihnen erzielt TAMADON TV, das 2007 vom ehemaligen

Kriegsfürsten und jetzigen Religionsgelehrten Ayatollah Asef Mohseni gegründet wurde, mit 5 Prozent den größten Zuschaueranteil. Von den Fernsehsendern mit einem Parteihintergrund sei exemplarisch das 2008 vom ehemaligen Präsidenten Burhanuddin Rabbani gegründete NOOR TV erwähnt (vgl. ALTAI 2010: 55 und 111).

Die vierte Gruppe, die lokalen oder regionalen Fernsehanbieter, bestehen vor allem in den großen Städten außerhalb von Kabul. Sie wurden häufig von ortsansässigen Geschäftsleuten gegründet und verfügen nur über eine regionale Reichweite. Ihre Programme sind standortgebunden und beschränken sich überwiegend auf lokale Nachrichten, während sie ihre Unterhaltungsteile zumeist aus dem Ausland importieren. Die Hauptfinanzierungsquelle dieser Anbieter bilden Subventionen aus dem Ausland, daneben erzielen sie, allerdings zu kleineren Teilen, auch Erlöse aus der lokalen Fernsehwerbung (vgl. ALTAI 2010: 55; FRAENKEL 2010: 12).

Nachrichtenagenturen

Neben der schon weiter oben erwähnten staatlichen Agentur *Bakhtar* (BNA) bestehen zehn weitere, meist in Kabul ansässige privatwirtschaftliche Nachrichtenagenturen. BNA beliefert überwiegend die staatlichen Medieneinrichtungen; ungeachtet ihrer langen Geschichte und »großen personellen und materiellen Ressourcen« spielt die Agentur auf dem nationalen Nachrichtenmarkt eine eher unbedeutende Rolle. Unter den unabhängigen privaten Nachrichtenagenturen besitzt *Pajhwok News Agency* eine führende Position in Afghanistan; sie wurde 2004 durch die Finanzierungshilfe von USAID eingerichtet und kooperiert als einzige afghanische Nachrichtenagentur mit internationalen Agenturen (z. B. Reuters), wohingegen ausländischen Agenturen auf dem afghanischen Nachrichtenmarkt noch keine nennenswerte Rolle spielen (vgl. ALTAI 2010: 47).

Mediennutzung

Im Krieg wurde die gesamte Infrastruktur Afghanistans zerstört. Die vorhandene Technologie ist auf altem Stand. Es fehlen Grundlagen wie Gebäude, Strom und Bücher, aber auch technische Infrastruktur wie Computer, Internetverbindung oder Kabel. Die Straßen sind meistens in einem schlechten Zustand. Das Überlandstraßensystem und das nationale Postsystem sind durch den Krieg so stark beschädigt, dass sie funktionsunfähig sind. Nach Schätzungen leben in Afghanistan 85 Prozent der Bevölkerung in den ländlichen Gebieten. Diese Menschen durch solche Infrastruktur überhaupt zu erreichen, beansprucht mehrere Tage. Die Stromversorgung bleibt weit hinter der Nachfrage zurück und ist unzuverlässig. Nur wenige Haushalte haben einen Elektrizitätsanschluss.

Daraus resultieren große regionale und soziale Disparitäten. Die Medienentwicklung hat sich in den letzten vier Jahren nur auf die Hauptstadt und einige andere Großstädte konzentriert. Verschärft wird die Situation durch die geringe Reichweite der Medien, was bedeutet, dass einem großen Teil der Bevölkerung der Zugang zu Medien allein aus technischen Gründen verwehrt bleibt. Diese Tatsache verdeutlicht die regionale Disparität und enthüllt die städtisch-ländliche Dichotomie des Medienpluralismus.

Genaue Daten über die Mediennutzung existieren nicht, jedenfalls nicht auf einer Grundlage, die den internationalen Standards entsprechen würde. Auch die Medienunternehmen führen selten Umfragen durch, vielmehr basieren deren Kenntnisse nur auf Schätzungen.

Als erste hat Altai mit der Studie *Afghan Media 2005* erstmals versucht, systematisch medienrelevante Basisdaten zu erheben. Demnach nutzen insgesamt 84 Prozent der afghanischen Bevölkerung zumindest von Zeit zu Zeit den Hörfunk, das Fernsehen, die Presse oder das Internet. Ende 2010 hörten 63 Prozent mehr oder weniger regelmäßig Hörfunk und 48 Prozent besaßen ein Fernsehgerät (2005: 36 %), dagegen las nur eine Minderheit (13 %) Zeitungen und Zeitschriften; nur 6 bis 8 Prozent der Bevölkerung besaßen einen Internetzugang, das Telefon (Handy) nutzen aber 61 Prozent. Für die Fernsehnutzung ist ein starkes Zentrum-Peripherie-Gefälle charakteristisch: Während die Ausstattung der Haushalte mit Hörfunkgeräten in städtischen und ländlichen Gebieten fast ausgeglichen ist (89 % bzw. 85 %), liegt die Zahl der Haushalte mit Fernsehgeräten in den Städten um vielfaches höher als in ländlichen Gebieten (89 bzw. 26 %). Trotz der starken Position des Hörfunks erweist sich der Fernsehmarkt als schnell wachsender Markt, obschon seine Reichweite außerhalb der urbanen Räume immer noch marginal ist (vgl. ALTAI 2010: 56, 65 u. 98ff.; ALTAI 2005: 26).

Medienökonomie

Ein Prozess der Konvergenz ist in den letzten Jahren auch im afghanischen Mediensystem zu beobachten. Sie wurde insbesondere durch die internationalen Akteure beschleunigt, die privatwirtschaftlich organisierte Medieneinrichtungen vor allem mit dem Argument intensiv förderten, dass die Marktmechanismen am ehesten Medienvielfalt hervor brächten (BAKER 2012). Daher wurde im neuen *Afghan Law on Mass Media* zum ersten Mal in der Geschichte des Landes auch privater Rundfunk gestattet: Bisher waren nur Zeitungen in privater Hand.

Schon Anfang 2002 wurde darüber diskutiert, welche Medienordnung und Struktur den afghanischen Verhältnissen am besten entsprechen würde (vgl. KAMAL 2006). Durchgesetzt hat sich letztlich – nicht zuletzt forciert durch erhebliche Investitionen von USAID im privaten Mediensektor – ein marktreguliertes Modell nach US-amerikanischem Vorbild, in dem die Medienfreiheit durch ökonomische Freiheit bestimmt wird und der am Gemeinwohl orientierte Rundfunk (wie in den europäischen Ländern) eher eine marginale Rolle spielt. Der private Mediensektor wurde gemäß der Überzeugung intensiv gefördert, dass »wettbewerbsorientierte Medien den Demokratisierungsprozess beschleunigen« können (TUTAKHEL 2006: 24). Mit dem Aufbau von privatwirtschaftlichen Medien wurde bereits 2003 begonnen, was zur starken Diversifizierung des afghanischen Mediensektors und seiner Entwicklung zu einem wachsenden Wirtschaftszweig führte. Die Medienbranche erzielte 2010 mit einem Umsatz von 95 Millionen Dollar ca. 30 bis 50 Millionen Dollar Gewinn.

Dennoch bleibt die nachhaltige, von Subventionen unabhängige, wirtschaftliche Eigenständigkeit der Medien eine der größten Herausforderungen in Afghanistan. Ausgereifte Konzepte dafür sind indes nicht vorhanden, ganz abgesehen davon, dass sie auch in Hinsicht auf die gesamtwirtschaftliche Lage auf absehbare Zeit kaum zu verwirklichen wären.

Die entscheidende Ursache dafür liegt darin, dass die Diversifizierung des Mediensektors in viel rasanterem Tempo verlief als die gesamtwirtschaftliche Entwicklung.

Afghanistan ist trotz der intensiven wirtschaftlichen Unterstützung durch das Ausland in den letzten Jahren noch immer eines der ärmsten Länder der Welt – bedingt durch die unsichere politische Lage, eine schwache Verwaltung sowie ein mangelhaftes Gesundheits- und Bildungssystem, ferner durch begrenzte Arbeitsmöglichkeiten und weit verbreitete Armut. Unter den schwachen gesamtwirtschaftlichen Rahmenbedingungen konnte sich keine solide Werbewirtschaft entwickeln. Ferner besteht das Problem darin, dass die nachhaltige finanzielle Selbstständigkeit von Medien aufgrund der herrschenden wirtschaftlichen Rahmenbedingungen bislang ein unrealisierbares Ziel bleibt. Insofern geht mit dem explosiven Wachstum der Medienangebote keine Garantie für ihre finanzielle und redaktionelle Unabhängigkeit einher, weil, wie es Fraenkel (2010: 16) auf den Punkt bringt, in diesem Umfeld »das Privateigentum der Medien nicht automatisch eine wirtschaftliche Unabhängigkeit« bedeutet.

Deshalb werden die meisten Medieneinrichtungen auch künftig auf ausländische Subventionen angewiesen sein. Von der »kleinen Werbemarktnische« (ALTAI 2010: 59), die in den letzten Jahren entstanden ist und in welcher insbesondere die großen afghanischen Telekommunikationsanbieter und Banken als werbetreibende Branchen vertreten sind, profitieren vor allem die großen Medienkonzerne. Der Wettbewerb um den Werbekuchen hat jedoch zur Folge, dass die meisten Medienunternehmen hauptsächlich nach Gewinn streben, anstatt ihre publizistischen Funktionen zu erfüllen. Insbesondere die privaten Rundfunkanbieter, die fast ein Drittel des gesamten Zuschaueranteils erreichen, ersetzen die »programmpolitischen Ideale, die ein Nationalbewusstsein fördern sollen, schrittweise durch renditeorientierter Formate«, indem sie auf massenattraktive und kostengünstige, meist aus dem Ausland importierte Unterhaltung setzen, um dadurch ihre Werbe- bzw. Anzeige-Einnahmen zu erhöhen (HAZAR 2009: 12). Die am meisten bevorzugten Programme des privatwirtschaftlichen Fernsehens sind Telenovelas, die einen Zuschauermarktanteil von 46 Prozent erzielen. Diese sind zugleich aber besonders in religiösen und konservativen Kreisen sehr umstritten, die in diesen Programmen eine »hinduistische Missionierung von Afghanistan« sehen (KAMAL 2008: 8). Hinzu kommt, dass sich im privaten Mediensektor, den inzwischen fünf Mehrkanal-Mediengruppen dominieren, eine Konzentration abzeichnet, während sich ausländische Medienunternehmen zurückhalten – hauptsächlich wegen der innenpolitischen und wirtschaftlichen Unwägbarkeiten, aber auch deshalb, weil Afghanistan als unrentabler Markt eingeschätzt wird (FRAENKEL 2010: 36).

Journalistenausbildung

Die Altai-Studie (2010: 123) zeigt, dass der Journalismus in Afghanistan nach 2001 beachtlich an Popularität gewonnen hat und sein sozialer Status erheblich gewachsen ist. Dieser Umstand ergibt sich insbesondere aus dem Grund des guten Arbeitsmarktes und der Verdienstmöglichkeiten, die durch die neu entstandenen Medienorganisationen angeboten werden. Als Beweis für die wachsende Beliebtheit wird die Anzahl der journalistischen Ausbildungsprogramme angeführt, die in den letzten Jahren rasant gestiegen ist (ALTAI 2010: 122).

In Afghanistan existierten bis dahin keine professionellen und unabhängigen journalistischen Ausbildungssysteme. Die enge Verflochtenheit von Medienstrukturen und Politik entzog der Entwicklung einer professionellen und unabhängigen Ausbildung die Grundlage (RAWAN 2002a: 11). Seit dem ersten journalistischen Ausbildungsangebot an der Universität Kabul im Jahr 1951 wurde die Journalistenausbildung hauptsächlich von den jeweiligen politischen und ideologischen Zuständen und Regierungen des Landes geprägt, die diese als Instrument zur Durchsetzung ihrer Gesinnung nutzten. Schon die erste journalistische Fakultät (Kabul Faculty of Journalism) wurde von der damaligen Regierung mit der Absicht gegründet, die »journalistische Ausbildung im Kontext staatlicher Kontrolle zu organisieren«, um Journalisten nach ihrer Ideologie ausbilden zu können (RAWAN 1993: 122). Danach kamen zwei weitere Journalistenstudiengänge im Westen und Norden Landes hinzu, die ebenfalls nicht anders organisiert waren. So haben in all diesen Einrichtungen, die eine vierjährige journalistische Ausbildung anboten, trotz vieler Regierungswechsel keine nennenswerten Veränderungen in der Struktur und Lehrweise stattgefunden. Am Ende der journalistischen Ausbildung standen durch viel »Theorielast« und wenig »Praxisbezug« nur »regimetreue Journalistenabsolventen« (WAKILI 2007: 92).

Erst seit 2002 kann die Entwicklung eines Ausbildungssystems beobachtet werden, das neben den staatlichen Ausbildungseinrichtungen weitere journalistische Ausbildungsformen zulässt. Das journalistische Ausbildungssystem lässt sich in drei Ausbildungsprogramme differenzieren: staatlich-universitäre Programme, Trainingsprogramme, die von nationalen und internationalen Ausbildungseinrichtungen für ein bis vier Wochen angeboten werden und darüber hinaus das Journalistikstudium an einigen privaten Universitäten (vgl. eine Übersicht der journalistischen Ausbildungseinrichtungen in Tab. 20).

Aktuell befinden sich in Kabul und Khost die beiden einzigen Hochschulen mit einer Fakultät für Journalistik (vgl. ALTAI 2010: 123). In den staatlichen Universitäten sind geschätzte 2000 Studenten eingeschrieben.

Die Provinzen Herat, Mazar-e-Sharif und Kapisa bieten an ihren jeweiligen Universitäten ein Department of Journalism, das in die Fakultät für Literatur eingebettet ist. Kritisiert wird, dass insgesamt sowohl die Departments als auch die journalistischen Fakultäten kaum »praktisches Wissen« bieten und mit »veralteten Theorien« arbeiten (RASHID 2009: 76).

TABELLE 20

Journalistische Ausbildungseinrichtungen in Afghanistan

Organisationen	Einrichtungen	Lehrplan	Kritik
Staatliche Einrichtungen	Fakultäten für Journalistik Kabul und Khost Departments of Journalism Herat, Mazar-e-Sharif und Kapisa	Vier Jahre	Wenig Praxisorientierung
Nichtregierungsorganisationen	Mediothek (Deutschland)	Zwischen einer Woche und drei Monaten	Kurze Programme, nicht nachhaltig
	International Media Support		
	Internews/Nai Supporting Open Media		
	Institute for War and Peace Reporting	Zwischen einer Woche und drei Monaten	
	Media Support Solution		
	Deutsche Welle		
	In-house mentoring/coaching		
	Private Universitäten		

Quelle: Eigene Darstellung und nach Altai 2010: 46

An der Fakultät für Journalistik der Universität Kabul sind 500 Studenten (30% davon weiblich) eingeschrieben, die Zahl wächst jedes Jahr. Hier wird ein Vierjahreslehrplan mit einem Masterabschluss unter der Leitung von 19 Professoren angeboten. Das Programm umfasst in den ersten zwei Jahren allgemeine Themen und hat ab dem dritten Jahr eine weitere Schwerpunktsetzung: Rundfunk, Hörfunk oder Presse. Während des vierten Jahres, können die Studenten intern (Redaktion der Universität) ein Praktikum über einen Zeitraum von drei Monaten absolvieren, um ihre »praktischen Erfahrungen« zu erweitern. Der »theorielastige« Lehrplan der Journalistischen Fakultät in Kabul besteht hauptsächlich aus zwei Lehrwerken (WAKILI 2007: 92). Eines befasst sich mit der »Geschichte der Printmedien in Afghanistan« und das andere mit dem Titel *News* (seit 2004 erhältlich) ist ein »Konglomerat« von medientheoretischen Aufsätzen von Marshall McLuhan und Johan Galtung. Dazu werden Religion und afghanische Geschichte im Lehrprogramm angeboten (ebd.). Aus diesen Defiziten resultiert, dass die universitäre Ausbildung von vielen Experten als ungeeignet angesehen wird, um Journalisten auszubilden, welche für neue, unabhängige Medienorganisationen arbeiten können.

In den Aktivitäten der Medienförderung hat die Professionalisierung der afghanischen Medienschaffenden einen wichtigen Platz eingenommen. Afghanistan wurde im journalistischen Ausbildungsbereich »zu einem Entwicklungsland, wo weltweit die meisten Trainingsprogramme für Medienschaffende angeboten werden« (ALTAI 2010: 56). Seit 2001 haben diese Programme eine bedeutende Rolle bei der Professionalisierung des afghanischen Journalismus gespielt, indem versucht wurde, die Journalistenausbildung zu professionalisieren und Journalistenverbände institutionell und infrastrukturell zu vernetzen. So sind die »internationalen journalistischen Standards« eine »neue Erscheinung« (ebd. 68) im afghanischen Journalismus, die den afghanischen Journalisten durch Seminare und Weiterbildungsangebote von internationalen Medientrainern vermittelt werden. Die zahlreichen Hilfsorganisationen versuchen in ihren Ausbildungsprogrammen insbesondere »praxisorientierte Kurse« anzubieten, um damit die »Lücken zwischen der universitären Ausbildung und der beruflichen Praxis« zu schließen (WAKILI 2007: 94). Die Lehrenden sind oft erfahrene Journalisten aus westlichen Ländern, welche in ihrem Urlaub ihre Erfahrung an afghanische Journalisten weitergeben.

Die meisten Trainingsprogramme für Medienschaffende werden von NAI Afghan Media Support, Mediothek Afghanistan, und dem Institute for War and Peace Reporting (IWPR), angeboten. Trainingsprogramme werden auch vom internationalen Rundfunk wie der BBC und der DEUTSCHEN WELLE präsentiert. Die Gemeinsamkeit besteht in diesen Ausbildungsprogrammen darin, dass sie erstens kurzfristig angelegt sind (meistens ein bis vier Wochen) und zweitens werden in diesen Programmen inhaltliche Themen wie Prinzipien des Friedensjournalismus, Kriegsberichterstattung, investigativer Journalismus, Wahlberichterstattung, Videojournalismus und ferner Sicherheits- sowie Mediengesetztraining angeboten, die in einem Curriculum sowohl theoretisch als auch praktisch konzipiert sind. Schließlich richten sich fast alle Ausbildungsprogramme an schon berufstätige Journalisten.

Ein Handbuch, das in diesen Ausbildungsprogrammen vom Institute for War and Peace Reporting (IWPR) als Standardwerk angewendet wird, ist das *Reporting the Future: a Handbook for Afghan Journalists*[75] und hat sich

75 Das Buch wurde vom englischen NGO Institute for War and Peace Reporting (IWPR) herausgegeben, das seit 2001 im Rahmen verschiedener Ausbildungsprogramme zahlreiche afghanische Journalisten ausgebildet hat.

folgendes Ziel gesetzt: Es soll dazu beitragen, den afghanischen Journalisten in zweierlei Hinsicht zu helfen. Zum einen dient es der Vermittlung der Ideen und Konzepte des internationalen Journalismus (Themen sind: Warum sind Sie Journalist? Internationaler Journalismus, Menschenrechte und Journalismus). Und zum anderen bietet es praktische Anleitungen grundlegender Techniken des Journalismus (z. B. Journalismus und Sicherheit, Beschaffung von Informationen, Auswahl der Informationen, Strukturierung der Berichte, richtige Verwendung von Informationen, richtig Zitieren sowie Journalismus und Wirtschaft).[76] Der Journalismus soll insbesondere der Gesellschaft dienen. Damit der Journalismus dieses Ziel erreichen kann, wird zum einen der Journalist als Vermittler zwischen Bürger und Staat vorausgesetzt. Dieser soll einerseits durch seine Berichte die staatlichen Akteure auf die gesellschaftlichen Probleme aufmerksam machen und andererseits versuchen, die Voraussetzung für »eine informierte Öffentlichkeit« zu schaffen, da diese Öffentlichkeit einen Druck zur Veränderung dieser Probleme schaffen kann (2002: 5). Weiterhin wird zum guten Journalismus ein kritischer Journalismus im Sinne des ›Watchdog‹-Journalismus gezählt. Dieser Journalismus soll den Menschen Zugang zu Informationen ermöglichen, indem er »auf die Finger ihrer politischen Anführer schaut« und »die staatliche Politik prüft« (ebd.: 6ff.). Ein Journalist soll beobachten, ob »ein bestimmter Politiker ehrlich und fair ist« (ebd.). Der Journalismus wird als System bezeichnet, das viel Einfluss auf eine Gesellschaft ausüben kann, jedoch dadurch ebenso die Journalisten dazu verleiten kann, sich von »Macht angezogen zu fühlen« und dadurch »Objektivität« und »Unparteilichkeit« einzubüßen und selbst »enger Verbündeter der politischen Führung« (ebd.) zu werden. Daher werden als wichtigste Werte des Journalismus *Unparteilichkeit*, bzw. *Unvoreingenommenheit*, *Genauigkeit*, *Fairness* und *Schutz der Quellen* angeführt.

Zusätzlich werden seit einiger Zeit in den einzelnen Medienorganisationen intern Ausbildungsprogramme durchgeführt, da die Organisationen die Bedeutung von Investitionen in den Aufbau von Kapazitäten realisiert haben und deswegen ihre eigenen internen Schulungseinrichtungen gegründet haben. Besonders in den kommerziellen Sendern werden viele

76 Zu diesem Zweck gibt es 12 Übungen im Buch. Einige von ihnen sind am Ende mit Antworten versehen. Die anderen haben keine Antworten, da sie im Unterricht mit einem Lehrer bearbeitet werden sollen. Dazu bietet dieses Buch ein Glossar auf der Rückseite, in dem viele Konzepte erklärt werden, die für afghanische Journalisten neu sind.

junge Leute aus allen möglichen Bereichen angestellt, die dann journalistisch weitergebildet werden. Diese Programme sind jedoch auch umstritten und die Absolventen werden oft abwertend als ›Kurs- oder Workshopjournalisten‹ bezeichnet, da sie keinen richtigen universitären Abschluss haben.

Die Ergebnisse der Ausbildungsangebote sind jedoch insgesamt gemischt, weil die afghanischen Journalisten das erworbene Wissen, bedingt durch die gesellschaftlichen Gegebenheiten, oft nicht einsetzen können. Einer der Hauptgründe dafür ist die Sicherheitslage der Journalisten. Es gibt nicht annähernd eine dritte Gewalt, die Journalisten in ihren Recherche- und Zeugnisverweigerungsrechten schützt. Seit 2002 wurden in Afghanistan 24 Journalisten ermordet, ohne dass ein einziger Täter zur Rechenschaft gezogen worden wäre (mehr dazu NAI 2016; vgl. http://data.nai.org.af/).

Zwischenfazit

Im Norm- und Strukturkontext wurde auf die Medienentwicklung nach 2001 eingegangen, in der das Mediensystem in Afghanistan eine neue »Ära der Freiheit« (TARZI 2009: 46) und einen grundlegenden Wandel erfuhr. Die wachsende Liberalisierung der Medienrechte und der Gründungsboom von Medieneinrichtungen, der wiederum zu einem schnellen Wachstum von publizistischen Angeboten führte, sind die Indikatoren dieses Wandels. Das Land besitzt inzwischen ein duales Mediensystem aus staatlich und privatwirtschaftlich organisierten Medieneinrichtungen. Das privatwirtschaftliche Fernsehen entwickelte sich schrittweise seit 2002 und verfügt inzwischen über eine starke gesellschaftliche Akzeptanz und wirtschaftliche Position in Afghanistan. Unter den schwachen gesamtwirtschaftlichen Rahmenbedingungen konnte sich keine solide Werbewirtschaft entwickeln. Deshalb sind die meisten Medieneinrichtungen auf externe Subventionen angewiesen, was sich auch künftig kaum ändern wird.

Hier wird von Interesse sein, was sich aus den normativen und organisatorischen Gegebenheiten der Massenmedien für den Journalismus ergibt. Es wird erstens gefragt, inwieweit die organisatorischen und strukturellen Verhältnisse der Massenmedien einen Einfluss auf die Einstellungen der Befragten haben. Entstehen dadurch berufliche Einstellungen bei Journalisten, die sowohl organisationsgebunden als auch segmental spezifisch sind? Konkret wird die Frage im Mittelpunkt stehen, ob berufliche Merkmale und Einstellungen von befragten Journalisten in den verschiedenen Redaktionen unterschiedlich sind und was die Differenzen sind.

6. MERKMALE UND EINSTELLUNGEN DER JOURNALISTEN

Die beruflichen Merkmale und Einstellungen wurden über verschiedene Indikatoren ermittelt. In der ersten Kategorie wurden demografische, soziale und professionale (Ausbildung) Merkmale ermittelt. Ziel war hier, herauszufinden, ob die Unterschiede in den beruflichen Einstellungen im Zusammenhang mit diesen Merkmalen stehen. In der zweiten Kategorie wurden ethische Maßstäbe bei der Berichterstattung (Recherche- und Berichterstattungsmethoden) aus Sicht der afghanischen Journalisten untersucht. Hier wurde davon ausgegangen, dass diese Maßstäbe zur Erklärung der beruflichen Rollen im Journalismus beitragen können (vgl. SCHOLL/WEISCHENBERG 1998: 212). In der dritten Kategorie wurde der Wahrnehmung des internen sowie externen Einflusses auf die journalistische Arbeit nachgegangen. Hier wurden die Journalisten gefragt, wie sie subjektiv die verschiedenen internen (in den Redaktionen) und externen (außerhalb der Redaktion) Einflussfaktoren auf ihre Arbeit wahrnehmen. In der vierten Kategorie wurden die Befragten gebeten, ihre eigene Publikumsvorstellung zu beschreiben. In der fünften Kategorie stand die Ermittlung des beruflichen Rollenselbstverständnisses der Journalisten im Mittelpunkt. Abschließend wurden die Berichterstattungsmuster untersucht und mit dem Rollenselbstverständnis verglichen.

6.1 Soziodemografie

Ein typischer Journalist kann in Afghanistan auf Basis der Befunde wie folgt beschrieben werden: männlich, durchschnittlich 31 Jahre alt, verheiratet, verfügt über einen Bachelor-Abschluss und verdient durchschnittlich ca. 13.000 Afghani im Monat (umgerechnet 250 Euro). Für diese Untersuchung wurden insgesamt 195 Journalisten befragt, wovon 166 (85,1 %) männlich und nur 29 (14,9 %) weiblich sind (vgl. Tab. 21). Sie haben ein durchschnittliches Alter von 31,4 Jahren. 58 Prozent der Journalisten sind verheiratet. In ethnischer Hinsicht gehören 53,3 Prozent zu den Paschtunen, 39 Prozent zu den Tadschiken und 7,7 Prozent zu den Hazara. 134 Journalisten (68,7 %) leben in Kabul und 61 (31,3 %) in Jalalabad. Insgesamt sind 95 der Befragten (48,7 %) Mitarbeiter der unteren Redaktionsebene, 72 (36,9 %) Redakteure und 28 (14,4 %) Chefredakteure. Von den insgesamt 195 Journalisten arbeiten 75 (38,5 %) in Fernsehredaktionen, 52 (26,7 %) beim Hörfunk, 44 (22,6 %) in Zeitungsredaktionen, 12 (6,2 %) in Zeitschriftenredaktionen und 12 (6,2 %) in Presseagenturen. Darüber hinaus sind 147 (54,7 %) in privatwirtschaftlichen, 37 (19 %) in staatlichen und 11 (5,6 %) in parteipolitisch orientierten Medienorganisationen journalistisch tätig.

TABELLE 21
Soziodemografie

Kategorien	Summe	Anteil in Prozenten
Kabul	134	68,7
Provinz	61	31,3
Frauen	29	14,9
Männer	166	85,1
Jung[a]	115	59,0
Mittel	41	21,0
Alt	39	20,0
Ledig	82	42,1
Verheiratet	113	57,9
Paschtunen	104	53,3
Tadschiken	76	39,0
Hazara	15	7,7
Zeitung	44 (10)*	22,6
Zeitschrift	12 (4)	6,2
Presseagentur	12 (4)	6,2
Hörfunk	75 (12)	38,5
Fernsehen	52 (8)	26,7
Staatliche	37 (5)	19,1
Private	147 (28)	75,4

Kategorien	Summe	Anteil in Prozenten
Parteipolitische	11 (4)	5,6
Gesamt	195	100

* In Klammern: die Zahl der Medienbetriebe
[a] Für bessere Unterscheidung wurden die Befragten in drei Gruppen aufgeteilt. In der ersten, jüngeren, Gruppe wurden Unter-30-Jährige (18 - 30) zusammengefasst. Der zweiten Gruppe gehören die Journalisten eines mittleren Alters (31 - 39) an. Schließlich wurden in der dritten Gruppe Journalisten kategorisiert, die älter als 40 Jahre waren.

50 Prozent der Journalistinnen sind jünger als 32 Jahre und verdienen weniger als ihre männlichen Kollegen. Innerhalb der oberen Ebene der Redaktionen beträgt ihr Anteil 17,9 Prozent (von 28 Chefredakteuren sind 5 weiblich), auf der untersten Ebene 21,1 Prozent (von 95 Mitarbeitern sind 20 weiblich) und von 72 Redakteuren sind nur sechs weiblich. Relativ hoch ist der Anteil an weiblichen Journalisten in den Redaktionen der Hauptstadt mit 31 Prozent, während er in Jalalabad nur bei 9,8 Prozent liegt. Journalistinnen arbeiten verhältnismäßig häufiger für die kommerziellen Medien. Während dort 17 Prozent der befragten Journalistinnen tätig sind, arbeiten weniger als 14 Prozent in den staatlichen Redaktionen.

TABELLE 22

Durchschnittsalter, Frauenanteil und Hochschulabschluss

Kategorien	Durchschnitts-alter	Journalistinnen	Hochschul-abschluss
Zeitung	34,71	11,4	62,1
Zeitschrift	33,33	25,2	9,1
Presseagentur	30,67	16,7	10.8
Radio	30,02	23,1	42,0
Fernsehen	30,33	9,3	75,0
Staatlich	37,50	13,5	54,0
Privat-kommerziell	30,15	17,0	53,1
Partei	30,90	0,0	45,3
Kabul	32,02	31	47,7
Provinz	30,21	9,8	44,4
Gesamt	31,3 Jahre	29 (14,9 %)	104 (53,3 %)

Die ältesten Journalisten sind in den Redaktionen der staatlichen Medien zu finden, wobei das Durchschnittsalter bei 37 Jahren liegt, während es in den privatwirtschaftlichen und parteipolitischen bei nur 30 Jahren liegt. Auffällig ist, dass die Journalisten in Jalalabad durchschnittlich jünger sind: Ihr Alter beträgt im Schnitt 30 Jahre, in Kabul 32,2 Jahre. Als auffällig kann die Tatsache bezeichnet werden, dass Journalistinnen (die jüngste befragte Journalistin ist 18 Jahre und die älteste 51 Jahre alt) im Vergleich zu Journalisten (der jüngste ist 18 Jahre und der älteste 65 Jahre alt) durchschnittlich jünger sind. Aufgrund des höheren Alters der Journalisten in den Redaktionen der staatlichen Medien sind unter den Befragten nur 24,5 Prozent ledige Journalisten. Hoch ist in den absoluten Zahlen der Anteil der Ledigen (46,3 %) in den Redaktionen der privatwirtschaftlichen Medien. Es erscheint als folgerichtig, dass das Durchschnittsalter im Gegensatz zu staatlichen Redaktionen relativ niedrig ist (vgl. Tab. 22).

Das Einkommensniveau der befragten Journalisten kann insgesamt – gemessen an den Durchschnittslöhnen in Afghanistan – als relativ gut bezeichnet werden: 68 Prozent der befragten Journalisten verdienen über 10.000 Afghani im Monat (ca. 200 Euro). Nur 34 Prozent haben ein Einkommen zwischen 5.000 und 10.000 monatlich (100 bis 200 Euro). 22 Prozent der befragten Journalisten geben an, dass sie 20.000 (ca. 300 bis 400 Euro), 15 Prozent 15.000 und 30 Prozent 10.000 Afghani monatlich verdienen.

Gut verdienende Journalisten finden sich vornehmlich in den privatwirtschaftlichen Medien. Von denjenigen, die angeben, dass sie 20.000 Afghani monatlich verdienen, arbeiten 95 Prozent bei diesen Anbietern, bei den staatlichen hingegen nur 5 Prozent. Während der Anteil der Verdiener von 5000 Afghani/Monat in den staatlichen Medien bei 51 Prozent liegt, ist er in den staatlichen Medien deutlich niedriger bei nur 27 Prozent.

Im segmentalen Vergleich können keine nennenswerten Unterschiede festgestellt werden, außer dem kleinen, dass Großverdiener eher in den privatwirtschaftlichen Medien tätig sind, während in den Printmedien vor allem die Kleinverdiener zu Hause sind (vgl. Tab. 23).

Bestätigt wird die These, dass Journalisten der höheren Einkommensklassen meistens in den städtischen Medien anzutreffen sind (vgl. dazu auch HANITZSCH 2004: 132). In Kabul verdienen 29 von 44 Journalisten 20.000 Afghani monatlich, während es in Jalalabad nur 14 sind. Dieser Trend bestätigt sich auch in den unteren Kategorien der Mehrverdiener (mit über 10.000 Afghani Einkommen im Monat), von denen die Mehrheit in den Hauptstadtredaktionen arbeitet. Der Großteil der Kleinverdiener (mit einem Monatseinkommen bis 5000 Afghani) lebt und arbeitet in der Provinz.

TABELLE 23
Einkommen

Kategorien	Häufigkeit	Prozent
20.000 - 25.000	44	22,6
15.000	29	14,9
10.000	59	30,2
5000	62	31,8
1000	1	0,5
Gesamt	195	100
Gute Verdiener (20.000)		
Staatlich	5,4	2
Privatwirtschaftlich	28,4	42
Parteipolitisch	0	0
Kabul	29	65,9
Provinz	14	34,1

Im Vergleich der ethnischen Gruppen untereinander können keine großen Unterschiede festgestellt werden, außer dass sich viele Großverdiener unter den tadschikischen Journalisten (27 von 44 Großverdienern) finden, während die meisten Kleinverdiener paschtunische Journalisten (44 von 62 Journalisten) sind.

Nach dieser ersten Auswertung wurden die Befunde durch eine Regressionsanalyse bestätigt. Dabei wurde das Einkommen als abhängige Variable, Geschlecht, Alter, Ethnie, Arbeitsort, Segment und Organisation wurden als unabhängige Variablen definiert (vgl. Tab. 24). Ziel war, herauszufinden, ob eine Signifikanz zwischen den abhängigen und einer oder mehreren unabhängigen Variablen besteht. Haben diese unabhängigen Variablen einen Einfluss auf das Einkommen der Journalisten?

Mittels dieser Analyse konnte in dieser Stichprobe ein Einfluss der unabhängigen Variablen ›Medienorganisation‹ auf die abhängige Variable ›Einkommen‹ verifiziert werden.

So hat sich herausgestellt, dass die Verdienstmöglichkeiten in Redaktionen der profitorientierten privat-kommerziellen Medien deutlich besser sind, da sie durch die Werbe-Einnahmen finanziell besser ausgestattet sind. Im Gegensatz dazu müssen sich die staatlichen Medienredaktionen aufgrund ihrer Abhängigkeit von staatlichen Finanzquellen und Parteimedien wegen mangelnder Werbe-Einnahmen mit geringeren Gehältern begnügen. Diese These wird auch durch die Regressionsanalyse bestätigt, indem das Modell darauf verweist, dass zwischen Organisation und Ein-

TABELLE 24
Regressionsanalyse zum Einkommen

Effekt	Kriterien für die Modellanpassung	Likelihood-Quotienten-Tests		
	-2 Log-Likelihood für reduziertes Modell	Chi-Quadrat	Freiheitsgrade	Signifikanz
Konstanter Term	261,253[a]	,000	0	.
Geschlecht	282,493	21,239	8	,000
Altersgruppe	276,297	15,044	4	,058
Ethnizität	265,329	8,501	8	,035
Territorialität	283,210	21,957	8	,005
Segment	269,755	4,076	4	,933
Organisation	294,828	33,574	16	,000

Die Chi-Quadrat-Statistik stellt die Differenz der -2 Log-Likelihoods zwischen dem endgültigen Modell und einem reduzierten Modell dar. Das reduzierte Modell wird berechnet, indem ein Effekt aus dem endgültigen Modell weggelassen wird. Hierbei liegt die Nullhypothese zugrunde, nach der alle Parameter dieses Effekts 0 betragen.
[a] Dieses reduzierte Modell ist zum endgültigen Modell äquivalent, da das Weglassen des Effekts die Anzahl der Freiheitsgrade nicht erhöht.

kommen eine Signifikanz besteht. Dazu kann ebenfalls festgestellt werden, dass sich die unabhängigen Variablen ›Geschlecht‹, ›Arbeitsort‹ und ›Organisation‹ positiv auf das Einkommen auswirken können. Dabei kann von den Variablen ›Mediensegment‹, ›Alter‹ und ›Ethnizität‹ keine Auswirkung auf das Einkommen erwartet werden.

Professionalisierung und Sozialisation

Die meisten befragten Journalisten besitzen nur einen Bachelor-Abschluss: Insgesamt 45 Prozent der befragten Journalisten haben dieses Bildungsniveau. Nur 8 Prozent (17 Journalisten) der Befragten können den höherwertigen Masterabschluss vorweisen. 23 Prozent der Befragten geben an, dass sie lediglich Abitur haben und 3 Prozent sind sogar ohne Schulabschluss als Journalisten tätig. Ferner befinden sich ca. 17 Prozent noch im Studium und können keine Abschlüsse vorweisen. Diese Journalisten sind an einer staatlichen Universität in Kabul bzw. der Provinz eingeschrieben (vgl. Tab. 25). Es kann auch davon ausgegangen werden, dass die noch in der Ausbildung befindlichen Befragten häufig Angebote der internationalen Organisationen wahrnehmen, die selten eine Laufzeit von mehr als sechs Monaten haben. Die geringe Anzahl der tätigen Journalisten ohne einen Abschluss kann auf den Medienboom seit 2001 zurückgeführt werden, der eine starke Nachfrage an Journalisten zur Folge hatte und das journalistische Ausbildungssystem überforderte. Es kann festgestellt werden, dass die universitären Einrichtungen in den letzten Jahren nicht in der Lage waren, die Nachfrage des Marktes zu befriedigen. Der Anteil der befragten Journalisten mit einem universitären Journalistik-Abschluss ist recht niedrig.[77]

TABELLE 25
Bildungsniveau

Kategorien	Häufigkeit	Prozent
Abschluss		
Bachelor-Abschluss	88	45,1
Master-Abschluss	16	8,0
Abitur	45	23,1
kein Abitur	6	3,1
Einige Zeit Studium, noch kein Abschluss	33	16,9
Einige Zeit Arbeit, kein Abschluss	4	2,1
verweigert	3	1,7
Spezialisierung		
Ja	131	67,2
Nein	64	32,8
In welchem Fachgebiet?		
Rundfunk	63	32,3
Presse	43	22,1
Kommunikationswissenschaft	23	11,8
Anderes Fach	66	33,8

Zusätzlich wurde der Frage nachgegangen, ob die Befragten in ihrer unterschiedlichen journalistischen Ausbildung eine Art Spezialisierung erfahren haben. Eine Mehrheit von 67,2 Prozent beantwortet diese Frage positiv. Das heißt, diese Befragten haben in ihrer journalistischen Ausbil-

77 Diese Befunde stehen im Widerspruch mit den Ergebnissen einer Befragung von Wakili (2007: 115), wo 48 Prozent von Befragten einen Masterabschluss hatten.

dung in einem der Fachgebiete eine Spezialisierung erfahren: 32,3 Prozent geben an, dass sie diese Spezialisierung im Rundfunkbereich erworben haben. In Presseredaktionen sind 22,1 Prozent ausgebildet worden. Knapp 12 Prozent geben sogar an, dass sie in der Kommunikationswissenschaft (Communication Studies) ausgebildet worden sind, obwohl dieses Fach in Afghanistan nicht angeboten wird. Man kann davon ausgehen, dass sie im Ausland studiert haben.

Insbesondere scheinen die privatwirtschaftlichen Medienorganisationen attraktive Arbeitsplätze für Journalisten mit höheren (Master und Bachelor) Abschlüssen zu sein (s. Tab. 23). Fast 76 Prozent der Bachelor-Absolventen arbeiten bei diesen Arbeitgebern und nur 18 Prozent bei staatlichen Organisationen. Nicht anders ist es bei Master-Absolventen. Hier arbeiten nur 25 Prozent für die staatlichen Medien, während mehr als 70 Prozent bei nicht staatlichen Organisationen tätig sind. Weniger bedeutend oder signifikant ist der Unterschied zwischen der Provinz und der Hauptstadt (vgl. eine Übersicht in Tab. 26). 50 (56,8 %) der 88 Journalisten mit einem Bachelor-Abschluss und sogar 14 (88 %) der 16 mit Master-Abschlüssen arbeiten in der Hauptstadt.

Aus diesen Zahlen kann die These abgeleitet werden, dass eine bessere journalistische Ausbildung die Chancen auf ein höheres Einkommen deutlich verbessert (vgl. HANITZSCH 2004: 123). Von 44 Journalisten, die mehr als 20.000 Afghani verdienen, sind 22 mit Bachelor- und 6 mit Master-Abschluss. Insgesamt sind aber im Bereich der kommerziellen Medienbetriebe mehr Journalisten ohne journalistisch relevante Ausbildung anzutreffen. 68 der 86 befragten Journalisten, die keinen Hochschulabschluss haben, arbeiten bei nicht staatlichen Medien. Eine Erklärung dafür könnte sein, dass die kommerziellen Medien ihren Nachwuchs immer häufiger aus den eigenen Ausbildungseinrichtungen rekrutieren, in welchen sie ihr Personal auch kontinuierlich weiterbilden möchten. Über keine journalistische Ausbildung verfügen etwa 7,7 Prozent der Journalisten, die meisten von ihnen (75,4 %) arbeiten in den kommerziellen Medien. In Bezug auf die Territorialität ist lediglich ein kleiner Unterschied festzustellen. Von 88 Bachelor-Absolventen sind 38 in der Provinz tätig und von 16 Absolventen mit Master-Abschluss nur zwei. Auch unter den ethnischen Gruppen ist das höhere Ausbildungsniveau gleich verteilt, wobei die Zahl der Bachelorabschlüsse der tadschikischen Ethnie etwas höher liegt. Bezüglich der Geschlechter kann festgestellt werden, dass insbesondere die Befragten mit höherer Ausbildung meist männlich sind.

TABELLE 26
Ausbildungsniveau

Kategorien	Bachelor (in Zahlen)	Master (in Zahlen)
Kabul	50	14
Provinz	38	2
Staatlich	16	4
Privat-kommerziell	67	11
Partei	5	1
Zeitung	17	7
Zeitschrift	8	0
Presseagentur	4	1
Radio	33	6
Fernsehen	26	2
Frauen	11	1
Männer	77	15
Paschtunen	38	8
Tadschiken	47	8
Hazara	6	0
Gesamt	88	17

Die befragten Journalisten verfügen über durchschnittlich über 6,95 Jahre Berufserfahrung. Stellt man die Frage, wie lange die Journalisten in ihren aktuellen Organisationen arbeiten, liegt der Durchschnitt bei 4,5 Jahren. Die längste Berufserfahrung haben Journalisten bei den staatlichen Medien (11,8 Jahre), während sie bei nicht staatlichen Medien nur 5,7 Jahre und bei Parteimedien 6,8 Jahre beträgt. In den Redaktionen der Printmedien arbeiten Journalisten mit den längsten Erfahrungen (9,4 Jahre). Beim Rundfunk liegt sie bei 5,5 Jahren, was in Kombination mit niedrigem Alter darauf schließen lässt, dass der Rundfunksektor und die Presseagenturen (Berufserfahrung 6,33 Jahre) insbesondere für Berufseinsteiger attraktiv sind (vgl. Tab. 27).

Auffällig ist, in absoluten Zahlen, die geringe Mitgliedschaft in den Journalistenverbänden. 51,8 Prozent der Journalisten geben an, dass sie in keinem Journalistenverband organisiert sind, während nur 47,7 Prozent in einem der zahlreichen Berufsverbände Mitglied sind. Der Anteil der Mitglieder in diesen Verbänden aus kommerziellen Medienanstalten ist 47,6 und aus staatlichen Anstalten nur 48,6 Prozent. Interessant ist das Verhält-

TABELLE 27
Berufserfahrung und Arbeitsverhältnis

Kategorien	Berufserfahrung (in Jahren)	Aktuelle Arbeit (in Jahren)	Vollzeit-beschäftigt (in Prozent)
Kabul	7,3	4,9	61,2
Provinz	6,5	3,4	50,8
Staatlich	11,8	9,7	83,8
Privat-kommerziell	5,7	3,2	51
Partei	6,8	4,0	63,6
Zeitung	9,2	6,5	59,1
Zeitschrift	7,5	4,2	58,3
Presseagentur	6,3	3,5	58,3
Radio	5,4	3,0	46,2
Fernsehen	6,6	4,4	65,3
Frauen	6.0	4,7	58,6
Männer	7,1	4,4	57,8
Paschtunen	6,2	3,8	56,7
Tadschiken	8,2	5,6	61,8
Hazara	5,0	3,0	46,7
Jung	4,74	2,9	74,4
Mittel	7,00	5,10	67,5
Alt	13,46	8,44	49,6
Durchschnitt	6,9	4,5	57,9

nis im Vergleich zwischen der Hauptstadt und der Provinz. In der Provinz beträgt der Anteil der Journalisten mit einer Mitgliedschaft 52,3 Prozent (45,5 % Nichtmitglieder), während er in Kabul mit nur 40,7 Prozent deutlich niedriger liegt. Die Mehrheit der weiblichen Journalisten (55,2 %) gibt eine Mitgliedschaft an, während bei den männlichen Journalisten 43,4 Prozent diese Frage mit »Ja« beantworten. Zwischen den verschiedenen Mediensegmenten ist ein Unterschied zu erkennen (vgl. Tab. 28).

57,9 Prozent der Befragten (113 Journalisten) sind vollzeitbeschäftigt, 26,2 Prozent (52 Journalisten) arbeiten in Teilzeit. Darüber hinaus geben 11,8 Prozent (23 Journalisten) an, dass sie als Freiberufler und 4,1 Prozent (7 Journalisten), dass sie neben ihrer journalistischen Tätigkeit in einem anderen Arbeitsverhältnis gebunden seien.

TABELLE 28
Mitgliedschaft in Journalistenverbänden

Kategorien	Mitgliedschaft (in Prozent)
Kabul	40,7
Provinz	52,3
Staatlich	48,6
Privat-kommerziell	47,6
Partei	46,3
Zeitung	34,1
Zeitschrift	66,7
Presseagentur	33,3
Radio	61,5
Fernsehen	45,3
Frauen	55,2
Männer	43,4
Paschtunen	41,3
Tadschiken	56,6
Hazara	47,6
Jung	41,7
Mittel	45,5
Alt	66,7
Gesamt	47,7

Vergleicht man nun die einzelnen individuellen Merkmale, können nur marginale Unterschiede festgestellt werden. So sind die Geschlechtergruppen fast gleich auf alle Arbeitsstatusgruppen verteilt. Auch unter den ethnischen Gruppen können hier nur graduelle Unterschiede gesehen werden, mit der Ausnahme, dass die Ethnie der Hazara doppelt so hoch (40 %) wie die anderen ethnischen Gruppen in Teilzeit beschäftigt sind. Kleine Unterschiede können auch bezüglich der Territorialität abgeleitet werden. Differenzen können zwischen den unterschiedlichen Altersgruppen abgeleitet werden, da nicht zu übersehen ist, dass vor allem jüngere Journalisten viel häufiger als ihre älteren Kollegen in prekären Arbeitsverhältnissen tätig sind. Wenn man der Frage nachgeht, in welchen Mediensegmenten die drei Gruppen der Befragten tätig sind, kann festgestellt werden, dass die meisten Vollzeitbeschäftigten in den Redaktionen des Fernsehens und der Presse tätig sind, während im Hörfunk die größte Gruppe der Teilzeitbeschäftigten zu finden ist und in den Presseagenturen hauptsächlich Freiberufler arbeiten. In Vollzeitbeschäftigung arbeiten bei den staatlichen Medien mehr Befragte, als bei den nicht staatlichen Medien. Von den befragten Journalisten gehen 47,7 Prozent mindestens einer nicht journalistischen Nebentätigkeit nach (vgl. eine Übersicht in der Tab. 29). In diesem Punkt bestehen nur kleine Unterschiede zwischen den Geschlechtergruppen. Die männlichen Journalisten geben an, dass sie noch mehr als ihre weiblichen Kollegen auf eine Nebentätigkeit angewiesen sind. Das ist auch bei den jüngeren und paschtunischen Journalistengruppen und Hazara zu beobachten, da sie deutlich häufiger angeben, einer Nebentätigkeit nachzugehen. Prekäre Arbeitsverhältnisse herrschen in der Provinz vor, sodass mehr als die Hälfte der Journalisten angibt, neben ihrem Beruf auf eine weitere Verdienstmöglichkeit angewiesen zu sein. Das Gleiche gilt für Journalisten der Hörfunkredaktionen. Aber auch in den privat-kommerziellen Medien gehen viele Journalisten einer Nebentätigkeit nach. Grundsätzlich kann festgestellt werden, dass, je geringer das Einkommen ist, desto häufiger eine Nebentätigkeit aufgenommen wird. Daraus könnte geschlussfolgert werden, dass diejenigen Journalisten, die einer Nebentätigkeit nachgehen, gleichzeitig diejenigen mit dem geringen Einkommen sind. In Gesamtzahlen ist jedoch zu beobachten, dass Journalisten aus fast allen Verdienstgruppen einer Nebentätigkeit nachgehen.

TABELLE 29

Nicht journalistische Nebentätigkeiten

Kategorien	Nebentätigkeit (in Prozent)[a]
Kabul	23,1
Provinz	50,8
Staatlich	16,2
Privatwirtschaftlich	37,4
Parteipolitisch	9,1
Zeitung	25,1
Zeitschrift	16,1
Presseagentur	25,2
Radio	52,3
Fernsehen	25,3
Frauen	27,6
Männer	32,5

Kategorien	Nebentätigkeit (in Prozent)[a]
Paschtunen	35,6
Tadschiken	28,9
Hazara	40,1
Jung	35,7
Mittel	27,5
Alt	25,6
Gesamt	47,7

[a] Die Prozentzahl, die auf die Frage: »Gehen Sie einer nicht journalistischen Tätigkeit nach?« mit »ja« geantwortet haben

Berufszufriedenheit

In Afghanistan gibt es bisher keine Studien, die die Berufszufriedenheit der afghanischen Journalisten erhoben haben. Ausnahmen bilden die Beschreibungen der Arbeitsbedingungen afghanischer Journalisten in den Berichten internationaler Akteure (vgl. ALTAI 2010: 123). Sie bezeichnen den afghanischen Journalismus als einen Beruf mit einem sehr gefährlichen Umfeld.[78] In den letzten 14 Jahren (vgl. http://data.nai.org.af/) wurden 36 Journalisten ermordet. Hinzu kommt, dass der Journalismus als konkurrenzgeprägter Beruf bezeichnet wird, in welchem die Journalisten ohne gewerkschaftliche Absicherung und mit sehr eingeschränkter Sicherheit für ein vergleichsweise geringes Gehalt arbeiten (ebd.: 45ff.).

Trotz dieses Umstands kann überraschenderweise festgestellt werden, dass afghanische Journalisten mit ihrem Beruf grundsätzlich zufrieden sind. Der Grund der überraschenden Zufriedenheit liegt vielleicht darin, dass sich die Journalisten als Teil der Medienentwicklung sehen, die als große Erfolgsgeschichte in Afghanistan seit 2001 bezeichnet wird. Zum ersten Mal in der Geschichte des Landes können sie im Rahmen rechtlicher und struktureller Medienfreiheit arbeiten. Vor allem die Journalistinnen sind glücklich, nach Jahren der »häuslichen Isolation« endlich wieder arbeiten zu dürfen und motiviert ihre Zukunft selbst in die Hand zu nehmen (vgl. HAZAR 2009: 22). Diese Euphorie wird lediglich durch die Sicherheitslage des Journalismus getrübt.

78 Vgl. die Internetseite einer afghanischen Journalistenorganisation in Kabul, die u. a. die Gewalt gegen die Journalisten im Land dokumentiert und archiviert: www.data.nai.org.af

TABELLE 30
Arbeitszufriedenheit

Aussagen	N	MW	Prozent[a]	Prozent[b]
Ich bin mit meiner journalistischen Arbeit total zufrieden.	195	4,41	85,1	3,0
Ich habe die Kontrolle über meine eigene Arbeit.	195	4,34	87,2	4,6
Ich kann als Journalist das öffentliche Interesse beeinflussen.	195	4,34	86,1	4,1
Ich darf die Entscheidung, die meine Arbeit beeinflusst, selbst treffen.	195	3,87	76,6	16,5
Ich kann meine journalistische Arbeit sicher ausführen.	195	3,64	56,4	16,4

a Die Prozentzahl der Journalisten, die »voll zufrieden« bzw. »zufrieden« sind.
b Die Prozentzahl der Journalisten, die sehr unzufrieden sind.

Generell zeigt sich die Mehrzahl der Journalisten in Afghanistan mit den Arbeitsbedingungen zufrieden.[79] Die Befragten bewerten die Aussage »Ich bin mit meiner Arbeit total zufrieden« am höchsten. 59,5 Prozent der befragten Journalisten antworten auf diese Frage mit »voll zufrieden« und 25,6 Prozent sind mit den Umständen des journalistischen Alltags »zufrieden«. Teils unzufrieden zeigen sich lediglich 11,9 Prozent und mit ihrer Arbeit weitgehend bzw. sehr unzufrieden sind 3 Prozent. In den Kontext der Zufriedenheit mit ihrer journalistischen Tätigkeit kann auch eingeordnet werden, wenn die Mehrheit der afghanischen Journalisten davon ausgehen, dass sie als Journalist die Interessen der Öffentlichkeit vertreten und dieses Interesse auch beeinflussen können. Trotz dieses Umstands, kann grundsätzlich festgestellt werden, dass afghanische Journalisten mit ihrem Beruf zufrieden sind (vgl. Tab. 30).

Positiv bewerten sie auch die Aussage »Ich habe viel Kontrolle über meine Arbeit«: 52,8 Prozent stimmen »voll« und 34,4 Prozent »weitge-

79 In ihren Stellungnahmen zu diesen Items konnten die Journalisten zwischen fünf Möglichkeiten wählen. Diese Items wurden mit einer fünfstufigen Skala verwendet: 5 = »extrem zufrieden«, 4 = »sehr zufrieden«, 3 = »etwas zufrieden«, 2 = »wenig zufrieden« und 1 = »überhaupt nicht zufrieden«. Aus den Einschätzungen sind für jedes Item dann die Mittelwerte errechnet worden. Die Ergebnisse werden in ihrer zusammengefassten Form von Mittelwerten oder Prozentwerten als Selbstbeschreibungen der journalistischen Berufsgruppen interpretiert.

hend« zu, aber nur 4,6 Prozent der Befragten lehnen diese Aussage weitgehend ab. Ähnlich positiv ist die Bewertung der Aussage »Ich darf selbst die Entscheidungen treffen, die meine Arbeit beeinflussen«. Während fast 72 Prozent der Befragten weitgehend bzw. völlig zustimmen, lehnen nur 16,5 Prozent der Befragten diese Aussage völlig ab.

Gänzlich anders wird die Frage bewertet, ob sich die Befragten in ihrer Arbeit sicher fühlen. Nur 33,3 Prozent fühlen sich sehr sicher, 43,3 Prozent fühlen sich nur teils sicher. 16,4 Prozent fühlen sich gar nicht sicher. Hier bestätigt sich die Vermutung, dass Afghanistan der gefährlichste Platz für den Journalismus sei und dieser Umstand sich auf die Einstellung der befragten Journalisten niederschlägt.

Setzt man die einzelnen Segmente miteinander ins Verhältnis, erhält man verschiedene Ergebnisse, auch wenn die Unterschiede klein sind. Die Journalisten äußern sich in den verschiedenen Redaktionen ähnlich voll zufrieden mit ihrer Arbeit: In staatlichen 83,8 Prozent, in kommerziellen 85,1 Prozent und 90,9 Prozent bei Parteimedien. Besonders untermauert werden diese Befunde durch den Anteil der Befragten, die angeben, dass sie »viel Kontrolle« über ihre Arbeit haben: Bei den privatwirtschaftlichen sind es 88,4 Prozent, bei staatlichen 81,2 Prozent und bei Parteimedien immerhin 77,6 Prozent (vgl. Tab. 74). Auch die These, dass insbesondere Journalisten in höheren Ebenen der Redaktionen zufriedener mit ihrer Arbeit sind (HANITZSCH 2004: 186), wird durch die Ergebnisse bestätigt: 86,4 Prozent der Chefredakteure, 85,7 Prozent der Redakteure und 83,4 Prozent der Mitarbeiter sind mit ihrer Arbeit sehr zufrieden. Auffällig sind hier aber die Differenzen zwischen den Geschlechtergruppen, denn der Anteil weiblicher Journalisten in Afghanistan, die mit ihrer Arbeit zufrieden sind, ist deutlich höher als der Vergleichswert ihrer männlichen Kollegen: 89,6 Prozent der Journalistinnen geben an, dass sie sehr zufrieden sind, während bei männlichen Kollegen dieser Wert bei 84,3 Prozent liegt. Andererseits fühlen sich nur 54,2 Prozent der männlichen Journalisten in ihrer Arbeit sicher, während dieser Wert interessanterweise bei ihren Kolleginnen bei 69 Prozent liegt. Wenn es um die Kontrolle über die eigene Arbeit geht, liegt der Anteil bei männlichen Journalisten höher (86,1 %) als bei weiblichen (83,1 %). Auffallend unterschiedlich bewerten die Befragten die Zufriedenheit bezüglich der Territorialität. Journalisten aus Kabul zeigen sich weit zufriedener (89,6 %) als die Befragtengruppe aus Jalalabad (65,4 %). Unterschiedlich wird auch die Frage nach der Kontrolle über die eigene Arbeit bewertet. Während in Kabul 90,3 Prozent der Befragten behaupten, dass sie Kontrolle über ihre

Arbeit haben, sind es in Jalalabad nur 70,3 Prozent. Unzufrieden zeigen sich hauptsächlich diejenigen Befragten, die nicht in einer Vollbeschäftigung tätig sind. Entlang der Ethnien bewerten alle drei Gruppen die Aussage bezüglich der Arbeitszufriedenheit recht ähnlich, während die Unterschiede bei der Bewertung der Sicherheit auffallend sind.

TABELLE 31
Erklärfaktoren für die Arbeitszufriedenheit

Effekt	Kriterien für die Modellanpassung	Likelihood-Quotienten-Tests		
	-2 Log-Likelihood für reduziertes Modell	Chi-Quadrat	Freiheitsgrade	Signifikanz
Konstanter Term	265,498[a]	,000	0	.
Geschlecht	267,554	2,056	4	,725
Ethnizität	278,456	12,958	8	,113
Territorialität	287,117	18,106	16	,004
Segment	274,445	8,947	4	,318
Position	281,147	15,649	8	,006
Arbeitsverhältnis	283,603	21,620	12	**,004**
Organisation	269,866	4,368	8	,822

Die Chi-Quadrat-Statistik stellt die Differenz der -2 Log-Likelihoods zwischen dem endgültigen Modell und einem reduzierten Modell dar. Das reduzierte Modell wird berechnet, indem ein Effekt aus dem endgültigen Modell weggelassen wird. Hierbei liegt die Nullhypothese zugrunde, nach der alle Parameter dieses Effekts 0 betragen.
a. Dieses reduzierte Modell ist zum endgültigen Modell äquivalent, da das Weglassen des Effekts die Anzahl der Freiheitsgrade nicht erhöht.

In einem Modell wurden durch die Regressionsanalyse die Aussage »ich bin mit meiner Arbeit zufrieden« als abhängige Variable definiert; Geschlecht, Ethnie, Arbeitsort, Segment, Organisation, Position und Arbeitsverhältnis als unabhängige Variablen. Es sollte in dieser Stichprobe ermittelt werden, ob diese unabhängigen Variablen einen Einfluss auf die Arbeitszufriedenheit der Journalisten haben. Während nach der Regressionsanalyse zwischen Berufszufriedenheit und Geschlecht, Ethnie, Segment aber auch Organisation kein signifikanter Zusammenhang besteht, können der Arbeitsort und die Position in der Redaktion einerseits und eine Nebentätigkeit andererseits die Berufszufriedenheit signifikant beeinflussen. In dem Modell kann gesehen werden, dass die Differenz zwischen diesen unabhängigen Variablen und der abhängigen Variablen kleiner als 0,05 ist oder nah bei diesem Wert liegt. Daraus kann man ableiten, dass berufliche Zufriedenheit insbesondere unter den Journalisten hoch ist, die in den Redaktionen in der Hauptstadt tätig sind, wohingegen sie in den Redaktionen in der Provinz vergleichsweise niedrig ausfällt (vgl. Tab. 31). Einen ähnlichen Einfluss hat auch, ob ein Journalist einer Nebentätigkeit nachgeht, um eine weitere Verdienstmöglichkeit zu haben. So sind Journalisten, die wenig Einkommen haben und gezwungen sind, sich in ein zusätzliches Arbeitsverhältnis zu begeben, generell weniger zufrieden. Zufrieden zeigen sich hingegen die Journalisten in gehobenen Positionen.

Ethische Maßstäbe

Die Forschung geht davon aus, dass medienrechtliche Rahmenbedingungen Konsequenzen für den Umgang der Journalisten mit ethischen Normen haben. Insbesondere dort, wo medienrechtliche Unsicherheit herrscht, neigen die Journalisten dazu, auf ethische Dilemma-Konstellationen flexibler zu reagieren und sich an den potenziellen Konsequenzen ihres Handelns zu orientieren (HANITZSCH 2010: 234). Diese Feststellung kann hier nicht bestätigt werden: Obwohl festgestellt wurde, dass in Afghanistan eine gewisse medienrechtliche Unsicherheit herrscht (vgl. Neue rechtlichen Rahmen der Massenmedien: S. of), lehnen die Befragten weitgehend flexible Methoden in der Informationsverwertung ab.[80] In der Gesamtwertung schätzen die Befragten die Unparteilichkeit (4,63) im Journalismus am höchsten, was sich in den Angaben zur Aussage »Ich bleibe strikt unparteiisch in meiner Arbeit« niederschlägt. Danach folgt Zuverlässigkeit (4,50), die mit der Aussage, dass Journalisten den Anspruch haben, nur Beweise zu verwenden, die durch harte Fakten und zuverlässige Quellen gesichert sind, berechnet wird.[81] Bekräftigt

80 An dieser Stelle wird deutlich darauf hingewiesen, dass diese Befunde durchweg auf Selbstauskünften der befragten Journalisten beruhen und bei der Interpretation mit Vorsicht zu behandeln sind.

81 Diese Items wurden ebenfalls mit einer fünfstufigen Skala bewertet, mit der die Befragten differenziert abwägen konnten, ob die Aussagen zu den Berufszielen jeweils 5 = »extrem wichtig«, 4 = »sehr wichtig«, 3 = »etwas wichtig«, 2 = »wenig wichtig« und 1 = »überhaupt nicht wichtig« zutreffen. Aus den Einschätzungen sind für jedes Item dann die Mittelwerte errechnet worden.

wird dieses Verhalten mit der Platzierung des ethischen Grundsatzes ›Fairness‹ (4,39), den die Journalisten unabhängig von der Situation und dem Kontext verfolgen sollten. Die geringste Zustimmung (3,43) findet die Aussage, dass ein Journalist bei der Konfrontation mit einem ›ethischen Dilemma‹ seine eigenen Methoden als Maßstäbe anlegen sollte. Schwieriger scheint es für die Befragten zu sein, sich selbst zu verschiedenen Sachverhalten zu positionieren, da sie die Aussage »Ich mache immer klar, welche Seite in einer Debatte die richtige Position hat« relativ niedrig bewerten. Aber insgesamt entspricht dies dem journalistischen Wert der Unparteilichkeit, der von den Befragten am höchsten bewertet wird (vgl. Tab. 32).

TABELLE 32

Ethische Maßstäbe

Die journalistischen Maßstäbe	N	MW	SA
Ich bleibe in meiner Arbeit strikt unparteiisch.	195	4,63	,717
Ich treffe nur Aussagen, wenn sie durch harte Fakten gesichert sind.	195	4,50	,922
Die ethischen Grundsätze im Journalismus sind so wichtig, dass sie von Journalist eingehalten werden sollten.	195	4,39	,948
Ich biete mit meiner Arbeit nur eine Analyse der Ereignisse und Themen an.	195	4,37	,906
Ich bleibe von den Informationen immer fern, die nicht verifiziert sind.	195	4,34	,954
Die Journalisten sollten in jedem Fall fragwürdige Methoden der Berichterstattung vermeiden, auch wenn dies oft das Nichtzustandekommen des Berichts bedeutet.	195	4,18	,962
Es gibt Fälle, in denen ein Schaden vertretbar ist, wenn das höhere öffentliche Interesse überwiegt.	195	3,86	,976
Die ethischen Maßstäbe verändern sich von Fall zu Fall.	195	3,83	,978
Ich mache immer klar, welche Seite in einer Debatte die richtige Position hat.	195	3,82	,985
Veröffentlichung eines Berichts, die potentiell andere schädigt, ist auf jeden Fall falsch, und zwar auch, wenn durch die Veröffentlichung eigene Vorteile zu erwarten wären.	195	3,82	,993
Ethische Maßstäbe im Journalismus sind oft so aufwendig, dass den Journalisten erlaubt sein sollte, ihre eigenen Werte zu formulieren.	195	3,43	,997

Im Vergleich der Unterscheidungsmerkmale bleibt das Bild im Allgemeinen eher ambivalent und es zeigen sich kaum kontrastreiche Profile. Allen Gruppen ist gemeinsam, dass sie Recherchemethoden, die neutral sind und mit journalistischen Werten wie Unparteilichkeit, Zuverlässigkeit und Fairness zu tun haben (mit kaum nennenswerten Differenzen), am deutlichsten zustimmen und flexible Recherchemethoden weitestgehend ablehnen.

In der Gegenüberstellung der Provinzen zeigt sich, dass die Befragten der Stichprobe eine Bevorzugung neutraler Methoden vor aktiven Methoden der Informationsbeschaffung für vertretbar halten. Sie reagieren damit auf das ›ethische Dilemma‹, das Ansetzen eigener Maßstäbe, sehr ablehnend. Es scheint aber, dass die Journalisten in der Hauptstadt mehr Wert (4,44) auf Neutralität, Unparteilichkeit und Zuverlässigkeit legen als ihre Kollegen in der Provinz, die eher Unparteilichkeit und die Zuverlässigkeit der Quellen indizieren. Die Unterschiede zwischen ethnischen Gruppen hingegen sind marginal, da die Journalisten aus allen ethnischen Gruppen die flexiblen Methoden zurückweisen und Neutralität, Zuverlässigkeit und Fairness am meisten zustimmen.

Einige Unterschiede können beim Vergleich der Medienorganisation festgestellt werden: Während bei staatlichen und privatwirtschaftlichen Medien nur graduelle Unterschiede zu erkennen sind, kann man sehen, dass bei Parteimedien vor allem die Aussage zum ethischen Dilemma (»Ethische Maßstäbe im Journalismus sind oft so aufwendig, dass die Journalisten ihre eigenen Methoden anwenden sollten.«) nicht an letzter Stelle, sondern kurz nach dem Mittelwert (3,82) platziert wird.

Da diese deskriptive Statistik noch wenig aussagekräftig ist, wurde anschließend in einem weiteren Analyseschritt mittels einer Hauptfaktorenanalyse versucht, die Items zu ethischen Maßstäben zu dimensionieren. Dadurch sollte die Haltung der befragten Journalisten hinsichtlich ihrer Einstellung gegenüber verschiedenen Berichterstattungs- und Recherchemethoden differenziert werden.[82] Diese Analyse extrahierte drei Dimensionen, die zusammen 49 Prozent der Varianz erklären und die in der Auszählung angedeutete dreidimensionale Unterscheidung bestätigen (vgl. Tab. 33 unten).

82 Auch hier soll reflektierend festgestellt werden, dass bei relativ kleinen Fallzahlen bei der Intepretation Vorsicht geboten ist.

TABELLE 33
Drei-Faktorenlösung zu den ethischen Maßstäben

Ethische Maßstäbe [Typ]	Vorsichtige	Flexible	Neutrale	Kommunalität
Ich verwende nie Informationen, die nicht verifiziert sind.		,755		,574
Die Journalisten sollten in jedem Fall fragwürdige Methoden der Berichterstattung vermeiden, auch wenn dies oft das Nichtzustandekommen des Berichts bedeutet.		,715		,531
Ich bleibe in meiner Arbeit strikt unparteiisch.		,476		,300
Die ethischen Grundsätze im Journalismus sind so wichtig, dass sie von Journalisten unabhängig von Situation und Kontext befolgt werden müssen.		,428		,222
Die ethischen Maßstäbe verändern sich von Fall zu Fall.	,662			,496
Ethische Maßstäbe im Journalismus sind oft so aufwendig, dass die Journalisten ihre eigenen Methoden anwenden sollten.	,660			,493
Es gibt Fälle, in denen ein Schaden vertretbar ist, wenn das öffentliche Interesse überwiegt.	,578			,337
Die Veröffentlichung eines Berichts, die potenziell andere schädigt, ist auf jeden Fall falsch, und zwar auch, wenn durch die Veröffentlichung eigene Vorteile zu erwarten wären.	,548			,322
Ich biete mit meiner Arbeit nur eine Analyse der Ereignisse und Themen an.			,722	,521
Ich treffe nur Aussagen, wenn sie durch harte Fakten gesichert sind.	,440		,617	,591
Ich mache immer klar, welche Seite in einer Debatte die richtige Position hat.			,592	,497
Eigenwert	2,26	1,46	1,19	KOM 0,85
Erklärte Varianz (%)	23,6	13,9	11,8	**49,3**

Extraktionsmethode: Hauptkomponentenanalyse, Rotationsmethode: Varimax mit Kaiser-Normalisierung.

Unter der ersten Dimension werden die Items zusammengefasst, die auf die Methoden und Ansichten eines *vorsichtig recherchierenden* Journalisten hindeuten. So lehnen diese Journalisten Informationen ab, die nicht faktentreu, und Methoden, die fragwürdig sind. Sie haben sich zum Ziel gesetzt, strikt unparteiisch zu sein und bezeichnen die ethischen Maßstäbe im Journalismus als so wichtig, dass sie kontext- und situationsunabhängig eingehalten werden sollten.

Der zweiten Dimension zugeordnete Journalisten verhalten sich gegensätzlich zur ersten Gruppe. Diese zweite Gruppe kann *flexibel recherchierende* Journalisten genannt werden. Die zu dieser Dimension gehörenden Journalisten bezeichnen die ethischen Maßstäbe im Journalismus als situationsabhängig, da sie diese als viel zu aufwendig einschätzen. Daher vertreten sie die Meinung, ethische Maßstäbe individuell interpretieren zu können, was so weit gehen kann, dass sie ein bestimmtes Maß an Schaden in Kauf nehmen, wenn ein Bericht im öffentlichen Interesse liegt. Jedoch setzen sie sich hier bestimmte Grenzen, indem sie behaupten, auf einen Bericht zu verzichten, wenn dieser potenziell bestimmte Personen schädigt.

Der dritten Dimension zugeordnete Journalisten bewegen sich zwischen den beiden zuletzt genannten Dimensionen und können als *neutral recherchierende* Journalisten bezeichnet werden. Sie möchten in ihren Berichten nur neutrale Analysen bieten und Aussagen erst dann treffen, wenn sie durch harte Fakten gesichert sind. Dabei vertreten sie durchaus die Meinung, es sei notwendig, sich klarzumachen, welche Seite in der Berichterstattung die richtige Position hat. Zwischen den Geschlechtern scheint weitgehend Konsens zu herrschen, wenn es um die grundsätzlichen ethischen Maßstäbe und Methoden in der Informationssammlung geht. Beide Gruppen bewerten insbesondere die vorsichtigen und neutralen Recherchemethoden im Journalismus in gleicher Weise positiv und lehnen den Einsatz flexibler bzw. problematischer Recherchemethoden weitgehend ab. In den unterschiedlichen Altersgruppen wird von der jüngeren Gruppe bezüglich der Methoden zur Informationssammlung die Sicht vertreten, dass es legitim sei, flexible Methoden anzuwenden, während die älteren Kollegen diesen weitgehend kritisch gegenüberstehen. Ausgehend von ethnischen Gruppen stehen insbesondere die Hazara-Journalisten flexiblen Recherchemethoden sehr ablehnend gegenüber. Diese Methoden scheinen in den Rundfunk-Redaktionen eher bevorzugt zu werden als in Printmedien-Redaktionen, in denen vorwiegend die vorsichtig-neutralen Methoden befürwortet werden. Hinsichtlich der Medienorganisationen bewerten die Befragten aus den privatwirtschaftlichen Medien die vorsichtigen Methoden als geeignet. Schließlich wurde durch die Regressionsanalyse zu ermitteln versucht, ob die Zugehörigkeit zu bestimmten individuellen und kulturellen Gruppen dazu führt, dass unterschiedliche ethische Maßstäbe verfolgt werden (vgl. Tab. 34). Mit anderen Worten: Haben die individuellen, kulturellen und organisatorischen Merkmale Einfluss auf ethische Maßstäbe der Journalisten? In diesem Regressionsmodell wurden die aus der Hauptfaktorenanalyse dimensionierten drei Typologien abhängiger Variablen definiert. Als unabhängige Variablen wurden Geschlecht, Alter, Ethnie, Arbeitsort, Segment und Organisation festgelegt. So sollte bestimmt werden, ob diese unabhängigen Variablen einen Einfluss auf die Einstellung zum ethischen Maßstab der Journalisten haben.

TABELLE 34

Regressionsanalyse zu den ethischen Maßstäben

Effekt	Kriterien für die Modellanpassung	Likelihood-Quotienten-Tests		
	-2 Log-Likelihood für reduziertes Modell	Chi-Quadrat	Freiheitsgrade	Signifikanz
konstanter Term	230,562[a]	,000	0	
Geschlecht	230,939	,377	2	,828
Altersgruppe	231,693	1,131	4	,889
Ethnizität	232,270	1,708	4	,789
Territorialität	230,705	,142	2	,931
Segment	243,289	12,727	8	,122
Organisation	236,802	6,239	4	,182

Die Chi-Quadrat-Statistik stellt die Differenz der -2 Log-Likelihoods zwischen dem endgültigen Modell und einem reduzierten Modell dar. Das reduzierte Modell wird berechnet, indem ein Effekt aus dem endgültigen Modell weggelassen wird. Hierbei liegt die Nullhypothese zugrunde, nach der alle Parameter dieses Effekts 0 betragen.
a. Dieses reduzierte Modell ist zum endgültigen Modell äquivalent, da das Weglassen des Effekts die Anzahl der Freiheitsgrade nicht erhöht.

Mit der Regressionsanalyse konnte beobachtet werden, dass in dieser Stichprobe zwischen der Einstellung zu ethischen Maßstäben und Geschlecht, Alter, Ethnie, Arbeitsort sowie Organisation wenig Zusammenhang besteht. Diese unabhängigen Variablen können die Einstellung zu den ethischen Maßstäben nicht signifikant beeinflussen.

Wahrnehmung der Einflussfaktoren

Nun wird der Frage nachgegangen, inwieweit die Journalisten in Afghanistan Versuche der Einflussnahme auf ihre redaktionelle Arbeit wahrnehmen und wie sie diese in ihrer Intensität bewerten.[83]

Dabei wurde versucht, zwischen den Einflüssen zu differenzieren, die ihren Ursprung in zwei Bereichen haben: Bei den internen Einflüssen wurde nach redaktionellen Organisationsstrukturen (Redaktionsleitung, Kollegen in der Redaktion etc.) gefragt und bei den externen Einflüssen wurde das Umfeld der Redaktionen (Personen und Organisationen aus Gesellschaft, Politik, Wirtschaft und Religion etc.) miteinbezogen. Modifiziert wurde dazu hier der Fragestellung nachgegangen, ob und inwieweit die befragten Journalisten die traditionellen und religiösen Anführer in Afghanistan als Einflussquelle wahrnehmen.

Die Befunde der Journalismusforschung, dass insbesondere interne Einflussquellen durch Journalisten am intensivsten wahrgenommen werden (vgl. HANITZSCH 2004 und 2009; SCHOLL/WEISCHENBERG 1998: 107), können für den afghanischen Journalismus nicht bestätigt werden. Wie die Bewertungen der wahrgenommenen Einflussquellen zeigen, nehmen die afghanischen Journalisten nicht die internen Einflussfaktoren, sondern insbesondere externe Einflüsse auf ihre tägliche Arbeit sehr intensiv wahr. Dieses Ergebnis korrespondiert mit den Befunden der Studie *The Worlds of Journalism* (HANITZSCH 2011), in der die Befragten in einigen Entwicklungsländern angaben, die stärksten Einflüsse von externen Quellen wahrzunehmen (HANITZSCH 2011: 490).

Insgesamt zeigen die Ergebnisse ein sehr heterogenes Bild von Einflüssen, welche die afghanischen Journalisten im Hinblick auf ihre Arbeit wahrnehmen (vgl. Tab. 35).

83 Die Journalisten wurden gefragt, inwieweit sie die einzelnen Einflussquellen bzw. -faktoren wahrnehmen. Die Antwortoptionen lauteten: »extrem einflussreich«, »sehr einflussreich«, »etwas einflussreich«, »wenig einflussreich« und »überhaupt nicht einflussreich«.

TABELLE 35
Einflusswahrnehmung

Einflussquellen	N	MM	SA
Konventionen des Berufs	195	4,19	,770
Konventionen der Redaktion	195	4,17	,790
Mediengesetze	195	4,13	,797
Publikumssicht	195	3,94	,811
Vorgesetzte	195	3,87	,824
Eigentümer	195	3,71	,845
Sensibilitäten der Gesellschaft	195	3,62	,855
Kollegen	195	3,48	,860
Journalistenverbände	195	3,42	,870
Religiöse und traditionelle Anführer	195	3,34	,873
Profitmaximierung	195	3,28	,879
Politik	195	3,05	,899
Kollegen in anderen Medien	195	2,98	,901
Freunde und Familie	195	2,98	,930
Wirtschaft	195	2,47	,965

Die stärksten Einflüsse auf eigene redaktionelle Arbeit haben aus Sicht der Befragten professionelle Faktoren, vor allem durch die Konventionen des Berufs (4,19), gefolgt von den Einflüssen durch die Konventionen der Redaktion (4,17). Ebenfalls als einflussreiche externe Quelle werten die Befragten den medienrechtlichen Rahmen (4,13). Gerade diese Einschätzung überrascht insofern nicht, als schon die einschlägigen Berichte (CARY 2012 u. a.) über die Medienentwicklung in Afghanistan darauf Hinweise geben. Außer dem zunehmenden politischen Druck sind es, wie bereits erwähnt, die rechtlichen Einschränkungen der journalistischen Tätigkeit durch die Medienrechte (insbesondere durch das Blasphemie-Gesetz) und die daraus resultierende Selbstzensur. Eine sehr wichtige Rolle scheint auch das Publikum (Leser, Zuhörer und Zuschauer) zu spielen. Die Befragten setzen den Einfluss des Publikums auf ihre Arbeit an vierte Stelle (3,94). Der Anteil der Befragten, welche dem Publikum einen eher größeren oder sehr großen Einfluss auf ihre Arbeit zuschreiben, liegt bei knapp 80 Prozent.

Als den externen Einflussquellen nachrangig bewerten die befragten Journalisten interne Redaktionsstrukturen wie Vorgesetzte (3,87) und Redaktionseigentümer (3,71) als Quellen, die ihre journalistische Arbeit beeinflussen. Im mittleren Bereich wird die Sensibilität der Gesellschaft (3,62) als einflussreich bezeichnet. Interessant ist, dass der Einfluss dieser Quelle als deutlich stärker wahrgenommen wird als der Einfluss von Kollegen der Redaktion (3,48), Journalistenverbänden (3,42) und durch die Profitmaximierung (3,28). Die externen politischen Einflussfaktoren wie die Regierung (3,05) oder Geschäftsleute (2,47) werden als am wenigsten einflussreich bewertet. Wenig Einfluss geht auch von den Referenzgruppen wie Kollegen in anderen Medien (2,98), Familie und Freunden (2,98) aus. Währenddessen scheinen Kollegen aus der eigenen Redaktion einen etwas größeren Einfluss zu haben (3,48).

Interessant ist auch, dass die Befragten ihren Vorgesetzten und höheren Redakteuren nur einen mittleren Einfluss auf die redaktionelle Arbeit einräumen. Darüber hinaus wird der Einfluss aus den lebensweltlichen Referenzgruppen ebenfalls als niedrig eingeschätzt, was übrigens auch die Journalistenverbände betrifft, deren Einfluss nur ein mittlerer Platz eingeräumt wird (vgl. Tab. 73).

Dieses ist auch bei den afghanischen Besonderheiten zu beobachten. Wenngleich aus Sicht der befragten Journalisten die Einflussgruppen aus der afghanischen Gesellschaft, wie traditionelle und religiöse Würdenträger, weniger Einfluss haben als die internen organisatorischen Strukturen, bewerten sie sie doch im Verhältnis als einflussreicher als politische Einflussquellen oder auch wirtschaftliche Dispositionen. Anders ist es bei gesellschaftlichen Sensibilitäten, die sogar noch vor Journalistenverbänden als einflussreich bzw. als Bezugsgröße für die Journalisten gesehen werden.

Aus dem Gesamtbild kann abgeleitet werden, dass die befragten Journalisten in Afghanistan im Gegensatz zu den bisherigen Befunden der Journalismusforschung einen relativ hohen Einfluss eher von den externen professionellen Strukturen wahrnehmen, wohingegen sie den organisatorischen Einflussfaktoren mit Ausnahme von Konventionen der Redaktion eher eine untergeordnete Rolle einräumen. Die Befragten messen die Einflüsse der politischen, wirtschaftlichen und gesellschaftlichen, aber auch der lebensweltlichen Bereiche.

In ähnlicher Weise nehmen die Journalisten in der Provinz externe und interne Einflüsse wahr. Sowohl die in der Hauptstadt als auch die in der Provinz arbeitenden Journalisten gewichten die externen Einflüsse deutlich stärker als die internen. Als besonders einflussreich zu nennen sind insbesondere die Konventionen des Berufs. Wirtschaftliche Dispositionen hingegen spielen für beide Gruppen eher eine untergeordnete Rolle.

Fühlen sich die Journalisten in der Provinz mehr von externen Faktoren wie sozialen Sensibilitäten oder traditionellen und religiösen Anführern beeinflusst, scheint dies für Journalisten in Kabul eine geringere Rolle zu spielen. Sie empfinden den Einfluss des Publikums und der Chefredakteure auf ihre Arbeit also deutlich stärker.

Wenn man die Profile der beiden Geschlechter miteinander vergleicht, können nur kleine Unterschiede festgestellt werden. Journalistinnen räumen den externen Einflussquellen (Konventionen der Redaktion und des Berufs) einen relativ großen Wert ein, während sie die externen Einflüsse Politik und Wirtschaft eher als gering bewerten. Bei den männlichen Kollegen hingegen scheinen insbesondere aus der externen Einflussgruppe die Sensibilitäten der Gesellschaft eine wichtige Rolle zu spielen. Einigkeit besteht bei den Geschlechtern darin, dass beide die externen Einflüsse auf ihre Arbeit als entscheidender wahrnehmen als die internen Einflüsse, mit der Ausnahme, dass die weiblichen Journalisten die Ansicht vertreten, dass sie intern insbesondere durch die Chefredakteure in ihrer Arbeit beeinflusst werden. Insgesamt sind jedoch die Unterschiede in der Gesamtwertung eher sehr gering.

Die externen und internen Einflüsse werden von alle drei ethnischen Gruppen mit nur marginalen Unterschieden bewertet. Journalisten verschiedener Altersgruppen bezeichnen insbesondere Konventionen und Ethik des Berufs als einflussreich. Eine Ausnahme bildet die Gruppe von jungen Journalisten, die angeben, in ihrem Beruf spielten vor allem die internen Konventionen der Redaktion eine wichtige Rolle. Darüber hinaus ist allen Gruppen gemeinsam, dass sie die internen Einflusskategorien im Durchschnitt als einflussreich auf ihre Arbeit bezeichnen.

Die Befunde lassen zudem darauf schließen, dass Journalisten, je höher ihre Positionen in der Redaktion sind, zwar einem geringeren Einfluss aus den Bereichen Politik, Wirtschaft und Religion, dafür aber einem größeren Einfluss des Publikums und der Eigentümer ausgesetzt sind, während dieser Einfluss in den unteren Ebenen aus der Unternehmungsleitung stärker ist. Die Gruppe mit besserer journalistischer Ausbildung scheint resistenter gegen Einflüsse aus externen Institutionen zu sein.

Ähnlich bewertet werden die Einflüsse von Journalisten aus den unterschiedlichen Medienorganisationen, mit dem kleinen Unterschied, dass Journalisten aus privatwirtschaftlichen und parteipolitischen Medienredaktionen im Gesamtvergleich die Referenzgruppe ›Publikum‹ als einflussreicher auf die journalistische Arbeit bezeichnen. Interessant ist auch, dass befragte Journalisten aus staatlichen Medien die Einflüsse aus politischen Quellen unerwartet nur als mittelmäßig einflussreich wahrnehmen. Eine kleine Auffälligkeit bildet der Umstand, dass von allen Journalisten aus unterschiedlichen Mediensegmenten, insbesondere von jenen, die den professionellen Einflussquellen gleich ausgesetzt sind, die Fernsehjournalisten das Publikum als stärkere Einflussquelle im Vergleich zu den anderen Gruppen bezeichnen. Des Weiteren wurde der Versuch unternommen, die verschiedenen Items zur Wahrnehmung der Einflussquellen auf die journalistische Arbeit einem faktorenanalytischen Verfahren mit dem Ziel der Reduktion in ihren Hauptdimensionen zu unterziehen. Durch diese Analyse wurden zwei Dimensionen extrahiert, die eine Gesamtvarianz von 46 Prozent erklären könnten (vgl. Tab. 36). Die erste Dimension fasst die Einflussquellen zusammen, deren Ursprung *außerhalb der redaktionellen Strukturen* liegt. Dazu zählen die Wirtschaft, die Politik, die Sensibilitäten der Gesellschaft, die Journalistenverbände, die Referenzgruppen aus verschiedenen Lebensbereichen, aber auch Einflussquellen aus der Arbeitswelt. Als zweite Dimension kann hier die Gruppe der Einflussfaktoren aus den *internen redaktionellen Strukturen* bezeichnet werden. Die Quellen dieser Einflussfaktoren werden innerhalb der Redaktion verortet. Dazu zählen die Vorgesetzen, die Eigentümer, die Kollegen in der eigenen Redaktion, die Publikumssicht und die Redaktion. Darüber hinaus zeigen sowohl die Einbeziehung der Profitmaximierung als auch die professionellen Konventionen der Redaktion, dass diese auch zu den internen Einflussfaktoren gezählt werden. In dieser Dimension werden zusätzlich die Faktoren ›Mediengesetze‹ und ›Konventionen des Berufs‹ einbezogen, was darauf schließen lässt, dass die Befragten diese zu den internen Einflussfaktoren zählen.

Hier zeigen die Befunde ein anderes Bild. Demnach sind die befragten Journalisten der Meinung, dass sie in ihrer täglichen journalistischen Arbeit den internen Einflussquellen insgesamt viel stärker ausgesetzt sind. Setzt man die einzelnen befragten Gruppen miteinander ins Verhältnis, können verschiedene Tendenzen festgestellt werden. Beide Geschlechtergruppen nehmen insbesondere Einflüsse wahr, deren Ursprung innerhalb der redaktionellen Strukturen liegt. Ähnlich ist die starke Wahrnehmung des Einflusses aus internen Quellen innerhalb der Altersgruppen, mit der Ausnahme, dass die Gruppe der älteren Journalisten im Unterschied zu ihren jüngeren Kollegen den externen redaktionellen Einflüssen stärker ausgesetzt ist. Die ethnische Gruppe der Paschtunen beurteilt ebenfalls

TABELLE 36
Zwei-Faktorenlösung zu der Einflusswahrnehmung

Einflusswahrnehmung [Quellen]	Externe	Interne	Kommunalität
Wirtschaft	,725		,563
Freunde und Familie	,689		,683
Kollegen in anderen Medien	,678		,640
Politik	,672		,435
Religiöse u. traditionelle Anführer	,651		,612
Journalistenverbände	,560		,469
Sensibilitäten der Gesellschaft	,501		,618
Mediengesetze		,731	,652
Konventionen des Berufs		,690	,679
Vorgesetzte		,590	,662
Kollegen in der Redaktion		,550	,514
Konventionen der Redaktion		,526	,298
Eigentümer		,475	,480
Profitmaximierung		,447	,504
Publikumssicht		,432	,527
Eigenwert	3,97	1,96	KOM=76,0
Erklärte Varianz (%)	29,4	16,9	**46,3**

Extraktionsmethode: Hauptkomponentenanalyse, Rotationsmethode: Varimax mit Kaiser-Normalisierung.

die externen Einflussquellen als besonders stark, während die anderen ethnischen Gruppen die internen Einflüsse als eher relevant bewerten. Letztere werden auch von den Befragten in Kabul als einflussreicher wahrgenommen als in der Provinz, wo die externen Einflussquellen dominieren. In den einzelnen Mediensegmenten können nur kleine Unterschiede festgestellt werden. Außer den Journalisten aus den Printmedien berichten alle Befragten von einer starken Einflusswahrnehmung aus externen Quellen. Eine deutliche Unterscheidung bezüglich der Einflusswahrnehmung kann innerhalb der staatlichen und privatwirtschaftlichen Redaktionen festgestellt werden. Während die staatlichen und parteipolitischen Redaktionen erwartungsgemäß den internen Einflussquellen ausgesetzt sind, bezeichnen die befragten Journalisten in den privatwirtschaftlichen Medien die externen Quellen als einflussreich.

TABELLE 37

Regressionsanalyse zur Einflusswahrnehmung

Effekt Likelihood-Quotienten-Tests	Kriterien für die Modellanpassung	Likelihood-Quotienten-Tests		
	-2 Log-Likelihood für reduziertes Modell	Chi-Quadrat	Freiheitsgrade	Signifikanz
Konstanter Term	142,383[a]	,000	0	.
Geschlecht	143,902	1,519	1	,218
Altersgruppe	143,615	1,232	2	,540
Ethnizität	143,265	,882	2	,644
Territorialität	142,583	,199	1	,655
Segment	150,817	8,434	4	,077
Organisation	147,514	5,131	2	,077

Die Chi-Quadrat-Statistik stellt die Differenz der -2 Log-Likelihoods zwischen dem endgültigen Modell und einem reduziertem Modell dar. Das reduzierte Modell wird berechnet, indem ein Effekt aus dem endgültigen Modell weggelassen wird. Hierbei liegt die Nullhypothese zugrunde, nach der alle Parameter dieses Effekts 0 betragen.
a. Dieses reduzierte Modell ist zum endgültigen Modell äquivalent, da das Weglassen des Effekts die Anzahl der Freiheitsgrade nicht erhöht.

Abschließend wurde eine Regressionsanalyse vorgenommen, um zu ermitteln, ob zwischen der abhängigen Variablen ›Einflusswahrnehmung‹[84] und den unabhängigen Variablen wie Geschlecht, Alter, Ethnie, Arbeitsort, Segment oder Organisation ein signifikanter Zusammenhang besteht (vgl. Tab. 37). Das Regressionsmodell der Stichprobe verweist auf nicht signifikante Zusammenhänge zwischen der Einflusswahrnehmung und den Unterscheidungsmerkmalen, da die Signifikanz zwischen der abhängigen und allen unabhängigen Variablen größer als 0,05 ist. Aus diesem Umstand lässt sich die Aussage ableiten, dass die unabhängigen Variablen die Einflusswahrnehmung der Befragten in dieser Stichprobe kaum signifikant beeinflussen können.

84 In diesem Regressionsmodell wurden die aus der Hauptfaktorenanalyse extrahierten zwei Dimensionen als abhängige Variablen definiert.

Publikumsbild

Die Befunde zeigen, dass die afghanischen Journalisten insgesamt ein differenziertes, aber positives Bild von ihrem Publikum (Zuschauer, Zuhörer und Leser) haben.[85] Sie sehen insgesamt ein Publikum, das, mit einem Mittelwert von 4,17, stark an Informationen interessiert ist (vgl. Tab. 38). An zweiter Stelle folgt das Bild von einem progressiven Publikum (4,01), das kaum traditionsorientiert ist (3,30). Darüber hinaus vermuten die Befragten, dass ihr Publikum stärker an politischen (3,82) und weniger an religiösen Themen (3,76) oder an Unterhaltung (3,40) interessiert ist. Vertreten wird auch die Vorstellung, dass das Publikum keinen sehr großen Einfluss (3,47) auf die Arbeit der Journalisten ausübt. Es wird mehrheitlich als gebildet (3,81) wahrgenommen (vgl. Tab. 38). Die anderen Antworten waren eindeutig: Die Journalisten sind der Meinung, dass ihr Publikum die Massenmedien mehr schätzt als die traditionellen Informationsquellen und ihnen großes Vertrauen entgegenbringt (4,32), während sie die traditionellen Kommunikationskanäle mit 3,32 bewerten.

In einem weiteren Schritt wurde der Fragestellung nachgegangen, wie die Journalisten in Afghanistan zur dieser Vorstellung über ihr Publikum kommen. Die Befunde zeigen, dass sie am ehesten »durch private Kontakte« (3,81) eine Vorstellung von ihrem Publikum bekommen.[86] Danach folgen die Aussagen »durch das, was die anderen Kollegen sagen« (3,74), »durch Publikumsforschung« (3,71) und »durch Publikumsbriefe bzw. Reaktionen« (3,21). Ob die Befragten auch andere Quellen nutzen, um Informationen über ihr Publikum zu bekommen, wird mit nur 1,76 verneint.[87]

Geht man nun auf die einzelnen Charakteristika ein, die die Journalisten dem Publikum zuschreiben, kann man aus der Häufigkeitstabelle zusammenfassend ablesen, dass die meisten ihr Publikum für sehr infor-

85 Zunächst wurden die Journalisten befragt, was ihnen einfällt, wenn sie an das Publikum denken und wie sie dieses beschreiben würden. Die Nennungen wurden in acht Antwortkategorien mit einer fünfstufigen Skala (1 »stimme überhaupt nicht zu« und 5 »stimme völlig zu«) zusammengefasst und anschließend ausgewertet.

86 Andere Studien nennen private Kontakte erst an dritter Stelle (vgl. WEISCHENBERG/MALIK/SCHOLL 2006: 163; HANITZSCH 2004: 195). In diesen Studien informierten sich die Journalisten über ihr Publikum vor allem durch Reaktion (Briefe), aber auch durch die Publikumsforschung.

87 Die Fragestellung lautete: »Wie informieren sich die Journalisten über ihr Publikum?« Die Nennungen wurden in fünf Antwortkategorien (über Leserbriefe, Meinungsforschung, Kollegen, private Kontakte und andere Mittel) mit einer fünfstufigen Skala (1 »stimme überhaupt nicht zu« und 5 »stimme völlig zu«) zusammengefasst und anschließend ausgewertet.

mationsorientiert halten. An zweiter Stelle sehen sie ihr Publikum als progressiv, d.h. man unterstellt dem Publikum ein Interesse am Fortschritt der Gesellschaft. Umgekehrt denken die Journalisten, dass ihr Publikum kaum traditionsorientiert ist. Interessanterweise gehen die Journalisten davon aus, dass ihr Publikum dennoch eher religions- als unterhaltungsorientiert ist.

Ferner schätzen die Journalisten das Publikum als gebildet ein, was bedeuten könnte, dass entweder die Journalisten ein verzerrtes Bild von ihrem Publikum haben, da in Afghanistan die Analphabetenrate bei 80 Prozent liegt, oder sie vermuten ihr Publikum insbesondere in den Städten, wo der größte Teil der Bildungsschicht lebt. Die zweite Vermutung bestätigt die Bewertung der Frage, ob die Befragten ihr Publikum eher in den Peripherien oder in den Städten vermuten. Sie gehen mehrheitlich davon aus, dass ihr Publikum mehr in den Städten (3,81) als in den Peripherien (3,18) lebt.

Anschließend wurden die Massenmedien den traditionellen Kommunikationsquellen gegenübergestellt und die Journalisten hinsichtlich des Vertrauens, welches ihr Publikum diesen zwei Informationsquellen entgegenbringt, befragt.

Die Antworten waren eindeutig: Die Journalisten sind der Meinung, dass ihr Publikum die Massenmedien mehr schätzt als die traditionellen Informationsquellen und ihnen großes Vertrauen entgegenbringt (4,32), während sie die traditionellen Kommunikationskanäle mit 3,32 bewerten.

TABELLE 38
Publikumsbild

Publikumsbild	N	MW	SA
Informationsorientiert	195	4,17	,870
Fortschrittsinteressiert	195	4,01	,882
Politikinteressiert	195	3,82	,897
Gebildet	195	3,81	,911
Religionsinteressiert	195	3,76	,924
Einflussreich	195	3,47	,945
Unterhaltungsorientiert	195	3,40	,955
Traditionsorientiert	195	3,30	,960

Beobachtet man die Publikumsvorstellung entlang der Unterscheidungsmerkmale, können nur graduelle Unterschiede festgestellt werden. Sowohl männliche als auch weibliche Journalisten sehen ihr Publikum in erster Linie als informationsorientiert (4,32 bei Frauen und 4,14 bei Männern). Weiterhin betonen Frauen bei ihrem Publikum das Politikinteresse (4,14), während die männlichen Journalisten eher das Progressive (3,98) hervorheben. Dass es sich um ein gebildetes Publikum handelt, glauben weibliche Journalisten etwas mehr (3,92) als ihre männlichen Kollegen (3,79). Die Traditionsorientierung des Publikums platzieren beide an letzter Stelle. Beide Gruppen vermuten mehrheitlich ihr Publikum in den Städten (4,21 Frauen, 3,74 Männer), abweichend vermuten die weiblichen Journalisten noch weniger als die männlichen Kollegen (2,61 Frauen, 3,27 Männer), dass ihr Publikum in den Peripherien lebt. Nicht anders ist es bei der Bewertung der Frage, welchen Informationsquellen ihr Publikum mehr Vertrauen entgegenbringt. Beide gehen von der Dominanz der Massenmedien über die traditionellen Kanäle aus. Die Vorstellung vom Publikum bekommen die Journalistinnen mehr über Kollegen (3,96), während ihre männlichen Kollegen diese meistens durch private Kontakte (3,80) erhalten. In Kabul und Jalalabad vermuten die Journalistinnen, dass ihr Publikum vor allem an Informationen interessiert ist (4,15 Kabul und 4,21 Jalalabad). Während in Kabul die Befragten ihr Publikum mehr an Unterhaltung als an religiösen Themen interessiert sehen, verhält es sich bei den Journalisten in der Provinz umgekehrt. Die letzteren bezeichnen erwartungsgemäß ihr Publikum auch mehr als religionsorientiert (4,2) denn als unterhaltungsorientiert (3,33). Eine andere Vermutung scheint sich auch zu bestätigen: Die Befragten in Jalalabad vermuten ihr Publikum vor allem in den Peripherien (in den Dörfern mit einem Wert von 3,57, in den Städten mit 3,32), während die Journalisten in Kabul weniger (2,98) davon ausgehen, dass ihr Publikum in Dörfern lebt. Bei der Einschätzung des Vertrauens in die Informationsquellen liegen beide Gruppen gleich und vermuten, dass das Publikum den Massenmedien mehr Vertrauen entgegenbringt als anderen Quellen.

Kaum ein Unterschied kann in der Publikumsvorstellung zwischen den Volksgruppen festgestellt werden. Fast alle Gruppen sehen ihr Publikum an Informationen interessiert, dabei sehen nur die Journalisten von der Volksgruppe der Hazara ihr Publikum noch mehr an Politik (4,13) und erst an zweiter Stelle an Informationen (4,00) interessiert. Auch der Publikumseinfluss wird von allen Gruppen als gleich gering gesehen, wenn auch die Hazara diesen als ein wenig einflussreicher werten (3,73) als die beiden anderen Gruppen (Paschtunen 3,52, Tadschiken 3,36). Die Verortung des Publikums in den Städten ist bei allen Journalisten der verschiedenen

Volksgruppen kaum durch Differenzen gekennzeichnet, ebenso verhält es sich beim Vorrang von Massenmedien als Informationsquelle.

Gering abweichend sind auch die Publikumsvorstellungen der Journalisten der verschiedenen Medienorganisationen und Mediensegmente. Nach Vorstellung aller Journalistengruppen ist das Publikum informationsinteressiert, progressiv, vor allem an Politik interessiert und gebildet. Andererseits halten die Journalisten ihr Publikum für vergleichsweise wenig unterhaltungs- und traditionsorientiert, aber auch insgesamt für wenig einflussreich. In eine ähnliche Richtung neigen alle Journalisten verschiedener Segmente, wenn es um die Verortung des Publikums in den Städten und die Dominanz der Massenmedien als Informationsquellen geht. Von den Journalisten der staatlichen und kommerziellen Medien werden die Informationsorientierung und das Progressive des Publikums betont, während die Journalisten in den parteipolitischen Redaktionen davon ausgehen, dass ihr Publikum insbesondere an Politik und Religion interessiert ist. Den Einfluss des Publikums auf ihre Arbeit bezeichnen alle diese Gruppen als gleich gering. Auch in Bezug auf die Verortung des Publikums und die Wichtigkeit der Massenmedien als Informationsquelle stehen die Journalisten in den einzelnen Segmenten einander eher nah, wenn sie zum Beispiel alle ihr Publikum in den Städten vermuten und die Massenmedien als wichtigste Informationsquelle bezeichnen.

Ein recht heterogenes Bild zeichnet sich aber ab, wenn es um Informationen über das Publikum geht. Während die Journalisten von Fernsehen, Presseagenturen und auch Zeitschriften angeben, dass sie ihre Informationen aus Privatkontakten beziehen, informieren sich Journalisten in den Zeitungsredaktionen bei Hörfunkredaktionen oder bei anderen Kollegen von der Publikumsforschung.

In einem weiteren Schritt wurden die Items zum Publikumsbild einer Hauptfaktorenanalyse unterzogen und dimensioniert, die eine Varianz von 45,4 Prozent insgesamt erklären. Dadurch wurde das Publikumsbild der befragten Journalisten in zwei Dimensionen extrahiert, wobei die erste Dimension (Hauptfaktor) hinsichtlich ihrer Erklärungskraft dominiert (vgl. Tab. 39). Laut den Eigenschaften, die der ersten Dimension zugeordnet werden, deuten die Journalisten das Publikum als in den *Peripherien lebende, traditionsorientierte und an religiösen Medieninhalten interessierte Gruppe*. Insgesamt bringt das dieser Dimension zugeordnete Publikum den traditionellen Informationsquellen – gekennzeichnet durch Moscheen, Basare etc. – mehr Vertrauen entgegen als den technischen Massenmedien. Darüber hinaus wird dieses Publikum durch die befragten Journalisten als unpolitisch bezeichnet, da ihnen unterstellt wird, sich weniger für politische Themen zu interessieren, aber dafür mehr mit passiven Merkmalen ausgestattet und insbesondere an Unterhaltung interessiert zu sein. Die zweite Dimension umfasst die Einstellung der Befragten, die ihr Publikum in den *urbanen Zentren* vermuten. Sie bezeichnen das dieser Dimension zugeordnete Publikum als *gebildet, fortschrittlich*, nicht nur mit aktiven Merkmalen an *politischen* Themen, sondern darüber hinaus auch besonders an *Informationen* interessiert. Schließlich kann die Zweiladung des Items in Bezug auf die Einflussmöglichkeit auf ihre Arbeit dahingehend gedeutet werden, dass die Journalisten in beiden Dimensionen ihr Publikum als einflussreich bewerten.

TABELLE 39
Zwei-Faktorenlösung zum Publikumsbild

Publikumsbild [Typ]	Peripheres	Urbanes	Kommunalität
religionsinteressiert	,809		,582
traditionsorientiert	,789		,585
unterhaltungsorientiert	,564		,501
Landbevölkerung	,507		,382
traditionelle Quellen	,436		,502
gebildet		,819	,676
fortschrittsinteressiert		,753	,580
informationsorientiert		,576	,567
Städter		,461	,615
einflussreich	,338	,380	,567
politikinteressiert		,332	,581
Massenmedien		,240	,645
Eigenwert	2,5	1,96	KOM=0,63
Erklärte Varianz (%)	26,3	18,7	**45,0**

Extraktionsmethode: Hauptkomponentenanalyse, Rotationsmethode: Varimax mit Kaiser-Normalisierung

Überprüft wurde auch, ob es hinsichtlich dieser zwei Dimensionen Unterschiede in den einzelnen befragten Journalistengruppen gibt. Insgesamt zeigt sich, dass die befragten Journalisten ihr Publikum mehrheitlich der zweiten Dimension zurechnen. Stellt man indessen einzelne Gruppen zueinander in Vergleich, können nur in Details der Bewertung

Unterschiede festgestellt werden. Beide Geschlechtergruppen bewerten ihr Publikum als primär urbanes Publikum. Innerhalb der Altersgruppen und der ethnischen Gruppen bezeichnen die Älteren einerseits und die ethnische Gruppe der Tadschiken andererseits ihr Publikum eher als urban. Ein starkes urbanes und progressiv orientiertes Publikumsbild finden wir häufiger auch bei privatwirtschaftlichen und Printmedien. Diese Feststellung trifft nicht auf die Befragten in der Provinz, aber auf die in den Redaktionen staatlicher Medien zu (vgl. Tab. 40).

TABELLE 40
Regressionsanalyse zum Publikumsbild

Effekt	Kriterien für die Modellanpassung	Likelihood-Quotienten-Tests		
	-2 Log-Likelihood für reduziertes Modell	Chi-Quadrat	Freiheitsgrade	Signifikanz
konstanter Term	145,525[a]	,000	0	,
Geschlecht	146,240	,715	2	,699
Altersgruppe	148,366	2,842	1	,241
Territorialität	149,660	4,135	2	,155
Segment	146,333	,808	1	,369
Ethnizität	146,741	1,216	2	,544
Organisation	152,187	6,662	2	,142

Die Chi-Quadrat-Statistik stellt die Differenz der -2 Log-Likelihoods zwischen dem endgültigen Modell und einem reduziertem Modell dar. Das reduzierte Modell wird berechnet, indem ein Effekt aus dem endgültigen Modell weggelassen wird. Hierbei liegt die Nullhypothese zugrunde, nach der alle Parameter dieses Effekts 0 betragen.
a. Dieses reduzierte Modell ist zum endgültigen Modell äquivalent, da das Weglassen des Effekts die Anzahl der Freiheitsgrade nicht erhöht.

Die Items zur Publikumsvorstellung der afghanischen Journalisten wurden im nächsten Schritt einer multinominalen logistischen Regressionsanalyse unterzogen. Die Regressionsanalyse bestätigt in dieser Stichprobe insgesamt den Befund, dass Merkmale wie Geschlecht, Ethnie, Ort, Mediensegment, aber auch Organisation kaum einen Einfluss auf das Publikumsbild haben und keine Signifikanz zwischen diesen Unterscheidungsmarkmalen und der Publikumsvorstellung besteht.

6.2 Berufliches Rollenselbstverständnis

Um das berufliche Rollenselbstverständnis der afghanischen Journalisten zu ermitteln, wurde eine Aussagenliste von insgesamt 23 Items über mögliche Kommunikationsziele im Journalismus zur Bewertung angeboten. Die Liste der Items wurde den Befragten in Form zweier separater Fragen über mögliche »Aufgaben für einen Journalisten« (und zwar »ein Journalist sollte…?«[88] und »Ich habe in meiner täglichen Arbeit in der Umsetzung dieses Ziel…«) vorgelegt. Ziel war es, mit der ersten Frage die Kommunikationsziele und mit der zweiten Frage die Umsetzung dieser Ziele durch den Befragten zu ermitteln. Wenn man nun die gesamte Item-Batterie einem Vergleich unterzieht, kann festgestellt werden, dass das berufliche Rollenselbstverständnis unter afghanischen Journalisten insgesamt pluralistisch verfasst ist (vgl. Tab. 41). Eindeutig ist jedoch, dass unter den befragten Journalisten das berufliche Rollenselbstverständnis im Sinne des Informationsjournalismus bei Weitem dominiert. Mit anderen Worten: Unter den Befragten erhalten diejenigen Rollenbilder die größte Zustimmung, die auf Informationsvermittlung ausgerichtet sind. Indikator dafür ist, dass die Items des Informationsjournalismus eine sehr hohe Zustimmung finden.[89] Die höchste Bewertung (4,70) erhalten diejenigen Items, die diese Art des Journalismus am stärksten indizieren: »möglichst schnelle und genaue Informationen« vermitteln. Im gesamten Zustimmungsbereich wird diese Funktion als wichtigstes Kommunikationsziel bezeichnet, das ein Journalist in seinem Beruf erreichen sollte. Mehr als neun von zehn Journalisten (184; 94,4%) empfinden genaue und schnelle Informationsvermittlung als sehr bzw. extrem wichtig. Ebenso hohe Zustimmung (4,61) erhält das Item »Realität so abbilden, wie sie ist«. Neun von zehn Befragten (90,8%) bewer-

88 In ihren Stellungnahmen zu diesen Items konnten die Journalisten zwischen fünf Möglichkeiten wählen. Diese Items wurden mit einer fünfstufigen Skala verwendet, mit der die Befragten differenziert abwägen konnten, ob die Aussagen zu den Berufszielen jeweils 5 = »extrem«, 4 = »sehr«, 3 = »etwas«, 2 = »wenig« und 1 = »überhaupt nicht« zutreffen. Aus den Einschätzungen wurden für jedes Item die Mittelwerte errechnet. Die Ergebnisse werden in ihrer zusammengefassten Form von Mittelwerten oder Prozentwerten als Selbstbeschreibungen der journalistischen Berufsgruppen interpretiert.

89 Auch an dieser Stelle wird deutlich darauf hingewiesen, dass diese Befunde wegen relativ kleiner Fallzahlen keinen Anspruch auf Repräsentativität haben, zumal sie lediglich durchweg auf Selbstauskünften der befragten Journalisten beruhen. Daher ist hier das Ziel, Aussagen nur über diese Stichprobe zu machen und zu verweisen, dass die Befunde selbstreflektierend und vorsichtig zu interpretieren sind.

ten das Item nach der Informationsvermittlung im Zustimmungsbereich als sehr bzw. extrem wichtig. Bekräftigt wird diese Tatsache dadurch, dass diese Items eine sehr niedrige (erstes Item sogar niedrigste) Standardabweichung aufweisen, was darauf schließen lässt, dass die Wichtigkeit dieser Kommunikationsziele unter afghanischen Journalisten unumstritten ist und sie übereinstimmend ihre wichtigste Hauptaufgabe darin sehen, schnell und präzise sowie realitätsnahe Informationen an ihr Publikum zu bringen. In ähnlicher Richtung kann auch die starke Zustimmung für die weiteren Aussagen des Informationsjournalismus, wie das Kommunikationsziel »Bürger über die Politik und Entscheidungen der Regierung informieren« gedeutet werden, das große Zustimmung (4,57) unter den befragten Journalisten genießt. Hier sind auch sieben von zehn Journalisten (89,6) der Meinung, dass dieses Ziel im Journalismus sehr bzw. extrem wichtig ist. Ebenso Zustimmung findet in diesem Zusammenhang das Item »Komplexe Sachverhalte erklären und vermitteln« (4,24; 161 52,3%). Weniger Zustimmung findet unter der Befragten die Aussage »Nachrichten ohne faktische Bestätigung nicht bringen« (3,85; 141 50,8%). Dies scheint insbesondere dem Umstand geschuldet zu sein, dass die Journalisten die Realisierung dieses Ziels nicht garantieren können und deswegen nur wenig geneigt sind, dieser Aussage zuzustimmen. Insgesamt zeigt die eindeutige und große Zustimmung zu den ersten wichtigen Kommunikationszielen des Informationsjournalismus, dass die afghanischen Journalisten die klassischen Werte des Journalismus mit seinen Leitbegriffen ›Objektivität‹, ›Neutralität‹ und ›Unparteilichkeit‹ hoch (vgl. DEUZE 2005: 453; HANITZSCH 2004: 141) bewerten. Dieser Konsens unter den befragten Journalisten über den Informationsjournalismus lässt zu dem Schluss kommen, dass diese eindeutig als Teil der ›Primärrolle‹ (mehr dazu vgl. WEISCHENBERG 2002: 326 und 437ff.) verstanden werden. Interessant ist, dass für die afghanischen Journalisten nach Informationsvermittlung das wichtigste Ziel die Kommunikation im Sinne eines ›werteorientierten Journalismus‹ ist. Hier wurden die Items »Verteidigung islamischer Gesellschaft, Tradition und Werte« und »Verbesserung der islamischen Werte« jeweils mit einem Mittelwert von 4,51 und 70,3 Prozent der Befragten als sehr bzw. extrem wichtig eingestuft. Dabei scheinen die Befragten übereinstimmend die Ansicht zu vertreten, dass dazu auch das Kommunikationsziel »Stärkung der afghanischen traditionellen moralischen Werte« gehört, welches eine Zustimmung von 4,30 erhält und von 56,9 Prozent als sehr bzw. extrem wichtig eingeordnet wird. Ebenso hoch bewerten die Befragten neben dem Informationsjournalismus das Kommunikationsziel des Meinungsjournalismus: »sich für den sozialen Wandel einsetzen« (4,58; 68,2), wobei sie eine andere Aussage dieses Konzepts, »eigene Ansichten präsentieren« (2,73), weitgehend ablehnen, denn nur 14,9 Prozent der Befragten schätzen dieses Kommunikationsziel als extrem oder sehr wichtig ein. Auf den folgenden Plätzen werden hauptsächlich Kommunikationsziele bewertet, die mit dem Servicejournalismus korrespondieren. Dabei schneiden durch die befragten Journalisten in dieser Item-Gruppe in der Reihenfolge Aussagen aus dem am populären Journalismus orientierten Nachrichtenkonzept (HANITZSCH 2004: 143), wie: »auf Nachrichten konzentrieren, die ein breites Publikum erreichen« (4,48; 71,3), »intellektuelle und kulturelle Interessen des Publikums ansprechen« (4,40; 59,0%) und »Lebenshilfe für die Bevölkerung anbieten« (4,39; 60,5%) etwas besser ab als »Unterhaltung und Entspannung anbieten« (3,67; 33,3%). Von den drei Kommunikationszielen, die mit dem kritischen Journalismus korrespondieren, wird die Aussage »Nachforschungen zu Aussagen der Regierungsvertreter anstellen« (3,98; 40,0%) als wichtigste gewertet. Darüber hinaus bezeichnen die Befragten die Kommunikationsziele »einen Gegenpart zur Regierung stellen« (3,96; 44,6%) und »Missstände in der Gesellschaft kritisieren« (3,93; 42,1%), als wichtig. Die Aussagen, die die Kommunikationsziele des Entwicklungsjournalismus indizieren, rangieren eher in mittleren und hinteren Zustimmungsbereichen. Dabei ist aus dieser Gruppe die Aussage: »Förderung des Dialogs zwischen verschiedenen ethnischen Gruppen« (4,38) für afghanische Journalisten am wichtigsten, da 67,2 Prozent der Befragten sie als extrem wichtig einstufen. Danach folgt: »den Menschen in den ländlichen Gebieten einen Chance geben« mit 4,11 und 48,2 Prozent Zustimmung und49,2 Prozent der Befragten sehen eine große Bedeutung in der, »aktive[n] Unterstützung der Regierungspolitik für die nationale Entwicklung« (4,10). Nur 45,6 Prozent glauben, das »Erklären der Regierungspolitik, wenn sie komplex ist« (3,96) sei extrem wichtig. Lediglich 39,5 Prozent der Befragten stufen die mit dem Entwicklungsjournalismus korrespondierende Aussage zur »Priorität der Berichterstattung über entwicklungspolitische Maßnahmen und Projekte« (3,92) und die Aussage: »benachteiligten Menschen in der Gesellschaft eine Chance geben, ihre Ansichten zu öffentlichen Angelegenheiten zum Ausdruck zu bringen« (3,89; 38,5%) als sehr bzw. extrem wichtig ein. Insgesamt finden die reinen Kommunikationsziele, die mit einem Rollenselbstverständnis im Sinne des Entwicklungsjournalismus übereinstimmen, relativ wenig Zustimmung unter afghanischen Journalisten.

TABELLE 41
Bewertung der Kommunikationsziele

Kommunikationsziele	N	MW*	SA	%**
möglichst schnelle und genaue Informationen vermitteln	195	**4,70**	0,661	**94,4**
Realität so abbilden, wie sie ist	195	**4,61**	0,788	**90,8**
sich für den sozialen Wandel einsetzen	195	**4,58**	0,701	**68,2**
Bürger über die Politik und Entscheidungen der Regierung informieren	195	**4,57**	0,824	**89,6**
Förderung islamischer Gesellschaft, Tradition und Werte	195	**4,51**	0,921	**70,3**
Verteidigung islamischer Werte	195	**4,51**	0,933	**70,3**
auf Nachrichten konzentrieren, die ein breites Publikum erreichen	195	**4,48**	1,027	**71,3**
intellektuelle und kulturelle Interessen des Publikums ansprechen	195	**4,40**	0,864	**59,0**
Lebenshilfe für Bevölkerung anbieten	195	**4,39**	0,937	**60,5**
Förderung des Dialogs zwischen verschiedenen ethnischen Gruppen	195	**4,38**	1,060	**67,2**
Stärkung der (afghanischen) traditionellen moralischen Werte	195	**4,30**	1,028	**56,9**
komplexe Sachverhalte erklären und vermitteln	195	**4,24**	1,015	**52,3**
den Menschen in den ländlichen Gebieten eine Chance geben...	195	**4,11**	1,111	**48,2**
aktive Unterstützung der Regierungspolitik für die nationale Entwicklung	195	**4,10**	1,140	**49,2**
Nachforschungen zu Aussagen der Regierungsvertreter anstellen	195	**3,98**	1,074	**40,0**
sich als Gegenpart zur Regierung stellen	195	**3,96**	1,226	**44,6**
Erklärung der Regierungspolitik, wenn sie komplex ist	195	**3,96**	1,272	**45,6**
Missstände in der Gesellschaft kritisieren	195	**3,93**	1,186	**42,1**
Priorität der Berichterstattung über entwicklungspolitische Maßnahmen und Projekte	195	**3,92**	1,159	**39,5**
benachteiligten Menschen in der Gesellschaft eine Chance geben...	195	**3,89**	1,164	**38,5**
Nachrichten ohne faktische Bestätigung nicht bringen	195	**3,85**	1,497	**50,8**
Unterhaltung und Entspannung bieten	195	**3,67**	1,303	**33,3**
eigene Ansichten präsentieren	195	**2,73**	1,433	**14,9**

* Skala von 5 = »extrem wichtig« bis 1=»überhaupt nicht wichtig«
** Anteil der Antworten »extrem wichtig« und »sehr wichtig«

Diese Resultate sind insofern wenig überraschend, da sie in Übereinstimmung mit Ergebnissen anderer Studien stehen, die das berufliche Rollenselbstverständnis von Journalisten in den Entwicklungsländern untersucht haben (vgl. HANITZSCH 2004: 142 [Indonesien], RAMAPRASAD 2001: 546 [Tansania], RAMAPRASAD/RAHMAN 2003: 22 [Bangladesch], RAMAPRASAD/HAMDY 2006 [Ägypten] und RAMAPRASAD/KELLY 2006 [Kambodscha]).

Handlungsrelevanz

In der vorliegenden Studie wurde die Handlungsrelevanz in Anlehnung an die Vorgehensweise der Studie *Journalismus in Deutschland* von Weischenberg, Scholl und Malik (2006: 101; SCHOLL/WEISCHENBERG 1998) abgefragt und ermittelt. Entsprechend wurden in einem weiteren Abschnitt in der schriftlichen Befragung die 23 Items zur Umsetzung der Kommunikationsziele formuliert.[90] Damit konnten die Befragten beurteilen, inwieweit es ihnen gelingt, diese Kommunikationsziele im beruflichen Alltag auch tatsächlich zu realisieren bzw. umzusetzen. Der Vorteil dieser Vorgehensweise liegt hauptsächlich darin, dass ermittelt werden kann, ob die Kommunikationsziele der Befragten »generell im Journalismus ihren praktischen Niederschlag« finden (WEISCHENBERG/SCHOLL/MALIK 2005: 101). Zudem kann festgestellt werden, welche »beruflichen Ziele eher idealisierte erwünschte Vorstellung« sind, die jedoch im Berufsalltag von den Journalisten nicht umgesetzt werden können (SCHOLL/WEISCHENBERG 1998: 101). Wenn man die gesamte Item-Batterie einem Vergleich unterzieht, kann festgestellt werden, dass nach Beurteilung der Befragten das Kommunikationsziel »auf Nachrichten konzentrieren, die ein breites Publikum erreichen« am ehesten umzusetzen ist. 80,6 Prozent der Befragten geben an, dass sie bei der Umsetzung dieses Ziels »sehr«, bzw. »extrem erfolgreich« sind (vgl. Tab. 42). Insgesamt wird die Umsetzung anderer Kommunikationsziele des Servicejournalismus insgesamt nicht so optimistisch beurteilt. Die Befragten geben an, dass sie von diesen Kommunikationszielen am ehesten noch das Ziel »Lebenshilfe für die Bevölkerung anbieten« (3,71) (63,5) umsetzen können. Immerhin glauben 62,1 Prozent, dass sie »intellektuelle und kulturelle Interessen des Publikums« (3,84) ansprechen können. Deutlich weniger sind der Meinung,

90 Die Items wurden ebenfalls mit einer fünfstufigen Skala 5 = »extrem erfolgreich«, 4 = »sehr erfolgreich«, 3 = »etwas erfolgreich«, 2 = »wenig erfolgreich« oder 1 = »vollständig erfolglos« skaliert.

sie könnten »Unterhaltung und Entspannung bieten« (3,36) (48,8) und damit die anderen Ziele des Journalismuskonzeptes in ihrem Beruf umsetzen.

TABELLE 42

Umsetzung der Kommunikationsziele

Kommunikationsziele	N	Erfolg*	SA
auf Nachrichten konzentrieren, die ein breites Publikum erreichen	195	**4,12**	0,981
Förderung islamischer Werte	195	**4,11**	1,103
Realität so abbilden, wie sie ist	195	**4,01**	1,095
möglichst schnelle und genaue Informationen vermitteln	195	**4,01**	1,020
Verteidigung islamischer Gesellschaft, Tradition und Werte	195	**3,99**	1,109
Stärkung der (afghanischen) traditionellen moralischen Werte	195	**3,99**	1,067
Bürger über die Politik und Entscheidungen der Regierung informieren	195	**3,85**	1,166
intellektuelle und kulturelle Interessen des Publikums ansprechen	195	**3,84**	1,023
sich für den sozialen Wandel einsetzen	195	**3,84**	1,060
Förderung des Dialogs zwischen verschiedenen ethnischen Gruppen	195	**3,73**	1,183
Lebenshilfe für Bevölkerung anbieten	195	**3,71**	1,175
Priorität der Berichterstattung über entwicklungspolitische Maßnahmen und Projekte	195	**3,65**	1,030
Komplexe Sachverhalte erklären und vermitteln	195	**3,63**	1,086
sich als Gegenpart zur Regierung stellen	195	**3,61**	1,296
Nachrichten ohne faktische Bestätigung nicht bringen	195	**3,59**	1,415
Missstände in der Gesellschaft kritisieren	195	**3,56**	1,188
den Menschen in den ländlichen Gebieten eine Chance geben...	195	**3,52**	1,198
Nachforschungen zu Aussagen der Regierungsvertreter anstellen	195	**3,50**	1,172
aktive Unterstützung der Regierungspolitik für die nationale Entwicklung	195	**3,47**	1,158
Benachteiligten Menschen in der Gesellschaft eine Chance geben...	195	**3,43**	1,209
Unterhaltung und Entspannung bieten	195	**3,36**	1,268
Erklären der Regierungspolitik, wenn sie komplex ist	195	**3,35**	1,285
eigene Ansichten präsentieren	195	**2,92**	1,417

* Skala von 5 = »extrem erfolgreich« bis 1 = »überhaupt nicht erfolgreich«

Die Umsetzung der Absichten des »werteorientierten Journalismus« wird insgesamt optimistischer beurteilt als andere Kommunikationsziele. Die Befragten vertreten die Auffassung, dass »Verteidigung islamischer Gesellschaft, Tradition und Werte« (3,99; 76,9 %) ebenso realisierbar sind wie die Kommunikationsabsichten im Sinne des publikumsorientierten Journalismus. Etwas weniger, aber dennoch bemerkenswerte 72,3 Prozent der Befragten glauben, dass ihnen die Umsetzung der Ziele »Verbesserung islamischer Werte« (3,99) und 71,3 die »Stärkung traditionell afghanischer moralischer Werte« gelingt. Der Grund für die erfolgreiche Verwirklichung dieser Kommunikationsziele scheint darin zu liegen, dass es der gesellschaftliche Kontext, in dem der Islam eine wichtige Rolle spielt, den Journalisten ermöglicht, dieser Rolle zu entsprechen. Das heißt, sie werden von den gesellschaftlichen Strukturen insofern unterstützt, als die Umsetzung dieser Ziele wahrscheinlich nicht kontrovers ist. Aussagen im Sinne des Informationsjournalismus haben die Befragten als ihre wichtigsten Kommunikationsziele bewertet. Diese gelingen auch in der Umsetzung eher gut. Ein Blick auf die Einschätzung der Umsetzbarkeit zeigt, dass 72,9 Prozent der Befragten glauben, die Realität so abbilden zu können (4,01), wie sie ist, während die genaue und schnelle Informationsvermittlung (4,01) ein wenig schwieriger zu realisieren ist (70,2 % der Befragten). Noch schwieriger lassen sich die anderen Kommunikationsziele, wie »Bürger über die Politik und Entscheidungen der Regierung informieren« (3,85) (67,7) und »komplexe Sachverhalte erklären« (3,63) (59,5), umsetzen. Die Aussagen des kritischen Journalismus wurden durch die Befragten insgesamt als mittelmäßig umsetzbar eingestuft. Aus dieser Kategorie scheint den Befragten das Ziel »Gegenpart zur Regierung zu sein« am ehesten (3,61) (56,9) erreichbar zu sein. Bei der Umsetzung von Kommunikationszielen wie »Nachforschungen zu Aussagen der Regierungsvertreter anstellen« und »Missstände in der Gesellschaft kritisieren« scheinen die Befragten nur wenig erfolgreich zu sein. Das erste Ziel glauben (3,50) 53,9 Prozent, das zweite (3,56) 59,2 Prozent der Befragten realisieren zu können. Die Aussagen des Entwicklungsjournalismus erhalten in Bezug auf ihre Umsetzbarkeit generell skeptische Beurteilungen und rangieren in mittleren und hinteren Zustimmungsbereichen. Offenbar ist aus dieser Gruppe die Aussage »Förderung des Dialogs zwischen den ethnischen Gruppen« (3,73) für afghanische Journalisten am ehesten realisierbar, da 51,5 Prozent von ihnen angeben, dies umsetzen zu können. Als Nächstes wird aus dieser Gruppe die »Priorität der Berichterstattung über entwicklungspolitische

Maßnahmen und Projekte« als umsetzbar eingestuft. Daraufhin folgt das Ziel, »den Menschen in den ländlichen Gebieten eine Chance zu geben, ihre Meinung zu sagen«. Alle anderen Kommunikationsziele in dieser Gruppe kann nur jeder Fünfte in seinem Beruf umsetzen. Auch bei der Umsetzung dieser eben genannten Kommunikationsziele wird generell deutlich, dass sich nicht nur wenige der Befragten zu den Kommunikationszielen des Entwicklungsjournalismus bekennen, sondern auch die Umsetzung dieser Kommunikationsziele im Beruf als sehr skeptisch beurteilen. Im Wesentlichen steht dieses Ergebnis im Einklang mit den Befunden der Untersuchung von Ramaprasad und Rahman (2004: 167) in Bangladesch, in der die befragten Journalisten angeben, dass sie selten in der Lage sind, diese Ziele des Entwicklungsjournalismus in der journalistischen Praxis umzusetzen (vgl. Tab. 43).

TABELLE 43

Kommunikationsziele und deren Umsetzung

Kommunikationsziele	N	Ziel*	Erfolg**
möglichst schnelle und genaue Informationen vermitteln	195	4,70	4,01
Realität so abbilden, wie sie ist	195	4,60	4,01
sich für den sozialen Wandel einsetzen	195	4,58	3,84
Bürger über die Politik und Entscheidungen der Regierung informieren	195	4,56	3,85
Förderung islamischer Gesellschaft, Tradition und Werte	195	4,51	3,99
Verteidigung islamischer Werte	195	4,51	4,11
auf Nachrichten konzentrieren, die ein breites Publikum erreichen...	195	4,48	4,12
intellektuelle und kulturelle Interessen des Publikums ansprechen...	195	4,40	3,84
Lebenshilfe für Bevölkerung anbieten	195	4,38	3,71
Förderung des Dialogs zwischen verschiedenen ethnischen Gruppen	195	4,38	3,73
Stärkung der (afghanischen) traditionellen moralischen Werte	195	4,30	3,99
komplexe Sachverhalte erklären und vermitteln	195	4,24	3,63
den Menschen in den ländlichen Gebieten eine Chance geben...	195	4,11	3,52
aktive Unterstützung der Regierungspolitik für die nationale Entwicklung	195	4,10	3,47

Kommunikationsziele	N	Ziel*	Erfolg**
Nachforschungen zu Aussagen der Regierungsvertreter anstellen	195	3,97	3,50
sich als Gegenpart zur Regierung stellen	195	3,95	3,61
Erklären der Regierungspolitik, wenn sie komplex ist	195	3,95	3,35
Missstände in der Gesellschaft kritisieren	195	3,92	3,56
Priorität der Berichterstattung über entwicklungspolitische Maßnahmen und Projekte	195	3,91	3,65
benachteiligten Menschen in der Gesellschaft eine Chance geben...	195	3,89	3,43
Nachrichten ohne faktische Bestätigung nicht bringen	195	3,85	3,59
Unterhaltung und Entspannung bieten	195	3,67	3,36
eigene Ansichten präsentieren	195	2,73	2,92

* Skala von 5 = »extrem wichtig« bis 1 = »überhaupt nicht erfolgreich«
** Skala von 5 = »extrem erfolgreich« bis 1 = »überhaupt nicht erfolgreich«

Wenn man nun die Mittelwerte der Aussagenvariablen zur Umsetzung des beruflichen Rollenselbstverständnisses miteinander in Beziehung setzt, können entlang der verschiedenen Journalistengruppen folgende Erkenntnisse abgeleitet werden: Journalistinnen geben interessanterweise im Vergleich zu ihren männlichen Kollegen an, dass sie vor allem bei der Umsetzung der Kommunikationsziele im Sinne eines Erziehungsauftrages – wie »Werte und Normen der Gesellschaft fördern« – am erfolgreichsten sind, während ihre männlichen Kollegen Kommunikationsziele wie »sich auf Nachrichten für ein breites Publikum konzentrieren« am ehesten realisieren können. Was die Erfüllung der Informationsfunktion angeht, beschränken sich die Unterschiede zwischen beiden Gruppen auf den Verweis, dass die befragten Journalistinnen eher realitätstreue Nachrichten besser verbreiten als ihre männlichen Kollegen, die vor allem schnelle und genaue Informationen umsetzen können. Beim Vergleich der Journalistengruppen aus zwei Städten wird deutlich, dass die befragten Journalisten aus Kabul insbesondere bei der Umsetzung von Kommunikationszielen des Publikums- und Informationsjournalismus erfolgreicher sind als ihre Kollegen in den Provinzen, die den werteorientierten Journalismus in ihrer Arbeit für realisierbarer halten. Gegensätzlich ist in beiden Gruppen, dass die Kritikfunktion eher in der Hauptstadt und weniger in den Provinzen erfüllt werden kann. Gemeinsam ist ihnen, dass die Kommunikationsziele des Entwicklungsjournalismus im Berufsalltag nur mäßig gelingen können. Ähnlich wie ihre Kollegen in den Provinzen schätzen die Befragten der paschtunischen Gruppe ein, dass es ihnen besser gelingt, Normen und Werte der Gesellschaft und des Islams zu fördern als die Ziele des Informationsjournalismus. Darüber hinaus glauben sie, über die Medien ein weites Publikum erreichen zu können. Das Erreichen eines breiten Publikums scheint den Gruppen der Tadschiken und Hazara am ehesten zu gelingen, da sie angeben, insbesondere bei der Realisierung des Kommunikationsziels des Publikums- und Informationsjournalismus am erfolgreichsten zu sein, wobei die befragten Hazara die Informationsfunktion noch erfolgreicher umsetzen können. Journalisten aus privatwirtschaftlichen Medien können das Ziel, ein »weites Publikum zu erreichen«, besser umsetzen, während es in den staatlichen- und parteipolitischen Medien den Journalisten besser gelingt, »die Werte und Normen der Gesellschaft zu fördern«. Den Informationsjournalismus können Journalisten in den parteipolitischen Medien weit weniger umsetzen als ihre Kollegen, die in den staatlichen und kommerziellen Medien tätig sind. Große Unterschiede zwischen den einzelnen kritischen Rollen sind in den verschiedenen Medienredaktionen erkennbar. Insbesondere Zeitungsjournalisten und ihren Kollegen in den Presseagenturen gelingt die Service,- Informations,- und Kritikfunktion eher als den Kollegen in anderen Redaktionen. Diese geben mit graduellen Unterschieden an, dass ihnen vor allem die Umsetzung der Ziele des werteorientierten Journalismus gut gelingt.

Berufliche Typologie der Journalisten

Wenn man davon ausgeht, dass es sich beim beruflichen Rollenselbstverständnis um »ein mehrdimensionales theoretisches Konstrukt« (HANITZSCH 2004: 148) handelt, dann verbergen sich dahinter »verschiedene Facetten« und »unterschiedliche Dimensionen« (SCHOLL/WEISCHENBERG 1998: 168; vgl. auch RAMAPRASAD et al. 2001, 2003, 2006a und 2006b). Eine rein deskriptive Bewertung einzelner Aussagen lässt noch nicht unbedingt auf Grundstrukturen eines journalistischen Rollenselbstverständnisses schließen (SCHOLL/WEISCHENBERG 1998: 168). Insofern wird versucht, über diese deskriptive Bewertung hinauszugehen, das konkrete berufliche Rollenselbstverständnis von befragten afghanischen Journalisten aufzuschlüsseln und nach einem möglichen Zusammenhang zwischen den einzelnen Antworten zu suchen. Um dieses Ziel zu erreichen, wurden die ermittelten Antworten einer Hauptfaktorenanalyse unterzogen, wodurch die Aussagen über ihre wesentlichen

Dimensionen gebündelt und bestimmt werden können. Das Resultat ist die Reduktion der Einzelergebnisse auf verschiedene ›Berufseinstellungsmuster‹ (Dimensionen), die das berufliche Rollenselbstverständnis von befragten Journalisten strukturiert. In diesem Faktorenanalysemodell wurden insgesamt fünf Faktoren (Dimensionen) extrahiert, wobei das theoretische Konzept vom beruflichen Rollenselbstverständnis fünf signifikant unterschiedliche berufliche Typen hervorbringt und zusammen 51 Prozent der Varianz erklärt (vgl. Tab. 44). Diese Typen werden wie folgt bestimmt bzw. genannt: (I) Mediator (II) Informator, (III) Missionar, (IV) Kritiker sowie (V) Dienstleister. Diese Faktorenlösung weicht in einigen wesentlichen Punkten von errechneten Modellen in der Studie *Journalismus in Deutschland* (vgl. hier WEISCHENBERG/SCHOLL/MALIK 2005; SCHOLL/WEISCHENBERG 1998) und der Untersuchung *Journalismus in Indonesien* (vgl. HANITZSCH 2004: 149) ab, die ebenfalls auf fünf Faktoren kommen.[91]

TABELLE 44
Fünf-Faktorenlösung zum beruflichen Rollenselbstverständnis

Kommunikationsziele	Mediator	Informator	Missionar	Kritiker	Dienstleister	Kommunalität
Benachteiligten Menschen in der Gesellschaft...	,697					0,519
den Menschen in den ländlichen Gebieten...	,643					0,426
Erklären der Regierungspolitik, wenn sie komplex ist	,629					0,505
aktive Unterstützung der Regierungspolitik	,607					0,438
eigene Ansichten präsentieren	,581					0,464

91 Die Autoren der Studie *Journalismus in Deutschland* kommen auf fünf Typen: dem politischen Journalismus, dem idealistischen Journalismus, dem neutralen Informationsjournalismus, dem aktuellen Informationsjournalismus und dem Unterhaltungsjournalismus (vgl. hier SCHOLL/WEISCHENBERG 1998: 168f.). Hanitzsch kommt ebenfalls zu fünf journalistischen Selbstkonzepten, die er als publikumsorientierten Informationsjournalismus, populären Servicejournalismus, kritischen Watchdog-Journalismus, objektiven Präzisionsjournalismus und meinungsorientierten Informationsjournalismus bezeichnet (HANITZSCH 2004: 148f.).

Kommunikationsziele	Mediator	Informator	Missionar	Kritiker	Dienstleister	Kommunalität
sich für den sozialen Wandel einsetzen	,572					0,465
Förderung des Dialogs zwischen ethnischen Gruppen	,457					0,494
Lebenshilfe für Bevölkerung vermitteln	,425					0,315
möglichst schnelle und genaue Informationen vermitteln		,685			,401	0,541
Realität so abbilden, wie sie ist		,670				0,538
komplexe Sachverhalte erklären und vermitteln		,641				0,507
intellektuelle und kulturelle Interessen des Publikums ansprechen		,612				0,586
Bürger über die Politik der Regierung informieren		,603				0,501
Verteidigung islamischer Werte			,877			0,800
Förderung islamischer Gesellschaft, Tradition und Werte			,839			0,762
Stärkung der (afghanischen) moralischen Werte			,749			0,591
sich als Gegenpart zur Regierung stellen				,750		0,577
Nachrichten ohne faktische Bestätigung nicht bringen				,633		0,416
Missstände in der Gesellschaft kritisieren				,615		0,551
Nachforschungen zur Aussagen der Regierungsvertreter...				,484		0,436
auf Nachrichten konzentrieren, die ein breites Publikum...					,638	0,449
Unterhaltung und Entspannung bieten					,607	0,402
Priorität für die Berichterstattung über Entwicklung					,504	0,440
Eigenwert	5,14	1,94	1,65	1,58	1,41	KMO = 0,79
Erklärte Varianz (%)	**22,35**	**8,43**	**7,19**	**6,87**	**6,13**	**50,9**

Extraktionsmethode: Hauptkomponentenanalyse, Rotationsmethode: Varimax mit Kaiser-Normalisierung

Als Haupttyp mit einer vielsichtigen Profilierung erweist sich in dem Modell der Vermittlungsjournalismus, der 22,35 Prozent der Varianz erklärt. Aufgrund dieser Vielfältigkeit kann dieser Journalistentyp als (1) Mediator benannt werden. Er möchte die Kommunikationsziele des Vermittlungsjournalismus, des Anwalts, aber auch einige Züge des Service- und Meinungsjournalismus erreichen. Beabsichtigt werden Kommunikationsziele wie ›Dialog‹ und ›Aufklärung‹. Als Anwalt verfolgt dieser das Ziel einer Artikulationsmöglichkeit für benachteiligte und ländliche Bürger. Ebenso gehört zu diesem Selbstbild das Ziel, sich als Advokat für den »sozialen Wandel« einzusetzen. Dabei scheut er sich nicht, auch seine eigenen Ansichten zu präsentieren und sich im Sinne des serviceorientierten Journalismus als Berater zu begreifen. Schließlich nimmt dieser Vermittler starke Züge des Entwicklungsjournalismus an, indem er das Ziel »Regierungsprogramme aufklären« und eines der zentralen Kommunikationsziele des Entwicklungsjournalismus, nämlich die Förderung »nationaler Entwicklung« (vgl. KUNZCIK 1998; RAMAPRASAD 2003), beabsichtigt und verfolgt. Dieser Journalist impliziert die anwaltschaftliche sowie die Vermittlerrolle und die Ablehnung des kritischen Journalismus.

Diese Rolle ist vergleichbar mit dem Konzept der »Opportunist facilitators« (HANITZSCH/SEETHALER 2010: 486). Dieses Journalismuskonzept ist durch seine »opportunistische Journalistenrolle« geprägt. Dieser Typ sieht sich in »konstruktiver Partnerschaft mit der Regierung in den Prozess der wirtschaftlichen Entwicklung und politischen Transformation« eingebunden (ebd.). Dieses Selbstkonzept scheint vor allem in vielen Entwicklungs- und Transformationsländern vorzukommen (ebd.: 188). Hier wird deutlich, dass dieses journalistische Rollenselbstverständnis dem »normativen Ziel von Entwicklungsjournalismus, zur Entwicklung beizutragen« (vgl. KUNCZIK 1986: 262-264; WIMMER 2005: 1) näherliegt. Dazu steht dieser Journalistentyp auch im Einklang mit der normativen Vorstellung über die Rolle des Journalismus im Staatsbildungsprozess. Vom Journalismus wird die Erbringung einer Integrationsfunktion erwartet, indem der Journalist in der Rolle des »Vermittlers bzw. Moderators« vorausgesetzt wird und er zwischen den unterschiedlichen gesellschaftlichen Gruppen vermitteln soll. Aus diesem Ergebnis kann man ableiten, dass diese Integrationsfunktion des Journalismus nicht nur eine normative Vorstellung ist, die in einem Entwicklungsprozess vorausgesetzt wird, sondern vielmehr ein Konzept ist, das bei den beruflichen Einstellungen der Journalisten eine wichtige Rolle spielt. Journalisten es ist wichtig, diese

Funktion auch wirklich zu erfüllen, nicht nur weil es normativ erwartet wird, sondern vor allem, weil sie selbst diese Kommunikationsziele verfolgen. Die Ablehnung der kritischen Rolle und Bevorzugung vermittlerischer Rollen verdeutlicht aber auch einen anderen Aspekt. Dieser Journalistentyp steht durchaus im Einklang mit dem »konfrontativen Stil« des Journalismus, der in den kollektivistischen Kulturen Ost- und Südostasiens zu beobachten ist (vgl. MASSEY/CHANG 2002: 988; HANITZSCH et al. 2010: 259). Der Journalismus befürwortet in diesem Kontext, so wird davon ausgegangen, insbesondere eine integrative, konstruktive und kooperative Berichterstattung, damit die soziale Harmonie der Gesellschaft bewahrt bleibt. Als zweiter Journalistentyp erweist sich mit einer Varianz von 8,43 Prozent der Journalistentyp, der als (II) *Informator* handelt und genaue und komplexreduzierende Informationen vermitteln möchte. In dieser Dimension vereinigen sich zwei Komponenten: die Informationsvermittlung und die Absicht, elitäre Kommunikationsziele zu verfolgen. Dieser Journalistentyp orientiert sich sehr stark an den traditionellen Werten des ›westlich‹ geprägten journalistischen Rollenselbstverständnisses, bei dem insbesondere Neutralität, Genauigkeit und komplexreduzierende Informationsvermittlung im Mittelpunkt stehen. Dieses Rollenselbstverständnis steht oft dem ersten journalistischen Vermittlertyp gegenüber, da sich die Journalisten hier eher als wertneutrale Informationsverbreiter sehen. Informationen werden somit vor allem neutral und primär in Form reiner Berichterstattung an das Publikum weitergegeben. Dies geschieht in der Absicht, präzise und aktuelle Information in Sinne einer möglichst exakten Realitätsvermittlung weiterzugeben. In gewisser Weise handelt es sich um eine »spiegelbildliche Wiedergabe der Realität« (HANITZSCH 2004: 149). Doch häufig geht es diesem Journalistentyp nicht nur um passive Informationsvermittlung, sondern er ist bemüht, durch seine aufklärerische Arbeit Bürger aktiv über die Politik der Regierung zu informieren. Dazu verfolgt er neben der reinen Informationsvermittlung ›elitäre‹ Kommunikationsziele, indem er beispielsweise gezielt die kulturellen Interessen des Publikums anzusprechen versucht. Insofern ist bei diesem Typ die reine Informationsvermittlung nicht mit Passivität zu verwechseln, wie die Betonung von elitären und aufklärerischen Kommunikationszielen deutlich zeigt.

Aus der Tatsache, dass afghanische Journalisten in dieser Dimension neben dem Informationsjournalismus weitere Kommunikationsziele verfolgen, kann abgeleitet werden, dass unter den Befragten ein rein neutraler Informationsjournalismus nicht existiert und deswegen nicht ermittelt werden kann.

Der dritte Journalistentyp hat mit einer Varianz von 7,13 Prozent den Journalisten als (III) *Missionar* als Ideal. Dieser Journalistentyp verfolgt insbesondere Kommunikationsziele wie die Förderung gesellschaftlicher, religiöser Werte. Da die afghanische Gesellschaft überwiegend durch traditionelle Wertestrukturen geprägt ist, religiös sowie ethnisch definierte Gemeinschaften die wichtigsten gesellschaftlichen Identitäts- und Handlungsfaktoren bilden und alle Bereiche des Lebens nach diesen Grundsätzen gestaltet werden (vgl. SCHETTER 2009: 2), ist es kaum überraschend, diesen Journalistentypus hier anzutreffen. Man könnte meinen, dass dieser Journalistentypus im Einklang mit gesellschaftlichen Strukturen steht und sogar systemstabilisierend wirkt, da nach diesem Konzept der Journalist nicht nur die Absicht hat, »islamische Werte zu verteidigen«, sondern in einer erzieherischen Mission auch beabsichtigt, diese »islamische Gesellschaft, Tradition und Werte zu fördern«. Darüber hinaus setzt er sich für die Stärkung gesellschaftlicher Werte ein, indem er »traditionelle [afghanische] moralische Werte stärkt«. Aus einer anderen Perspektive kann man diese Art des Journalismus auch als Steigerung des Mediators (Haupttyp) im Staatsbildungsprozess auffassen. Der Missionar versteht sich als Unterstützer dieses Prozesses nur mit anderen Mitteln und beabsichtigt primär aktiv auch in diesem Prozess mitzuwirken. Indem er Themen für die Politik vorgibt und seine eigene Meinung rechtfertigt und verbreitet, möchte er den Prozess beeinflussen. Die Betonung der traditionell-religiösen Werte und Normen zeigt, dass er diese als Orientierungspunkte für gesellschaftliche Entwicklung sieht und für sein Publikum als handlungsleitend darstellt. Er handelt also nicht im Sinne der Allgemeinheit, sondern nach traditionell-religiöser Gesinnung. Sein Publikum sieht der Missionar als einen verständigen Adressaten, dem es möglich ist, den Standpunkt des Autors zu verstehen und der eben auch von diesen religiösen und traditionellen Strukturen geprägt ist. Die Vorgabe dieser Themen führt aber gewissermaßen zur Entmündigung seines Publikums. Elemente des kritischen Journalismus nimmt der vierte Journalistentyp mit einer Varianz von 6,87 Prozent auf. Der *Kritiker* (IV) vertritt eine skeptische und kritische Haltung gegenüber der Regierung und der Wirtschaft. Dieser Journalistentypus sieht seine Aufgabe vornehmlich darin, die Gesellschaft, die Wirtschaft und die Politik zu überbewachen. Konkret sind seine zentralen Kommunikationsziele

»Missstände in der Gesellschaft aufzudecken und herauszustellen«, »die Regierung zu kontrollieren« und nicht zuletzt den »Aussagen und Äußerungen von Politikern nachzuforschen.« Dabei legt dieser Journalismus großen Wert auf die Tatsache, dass die kritische Funktion nicht über eine persönliche Meinungsäußerung geschieht, sondern über »neutrale Berichterstattung«. Wichtig ist, dass »Nachrichten ohne eine Bestätigung der Fakten« nicht veröffentlicht werden. Die dahinter stehende Philosophie bringt Hanitzsch (2004: 150) auf die Formel: »[L]ass die Fakten für sich sprechen.« Dieser Journalistentyp ist dem von Weaver und Wilhoit (1991: 170) und Hanitzsch (2010: 486) definierten Konzept des nüchtern und distanziert vorgehenden ›Watchdog‹-Journalismus am nächsten, der vor allem als typisch ›westlicher Journalismus‹ bezeichnet wird (ebd.). Als fünfter Journalistentyp kristallisiert sich mit einer Varianz von 6,13 Prozent der Journalistentyp heraus, der wie ein (v) *Dienstleiter* handelt. Er ist positiv geprägt durch die am Publikumsinteresse orientierten Kommunikationsziele. Er ist bestrebt, am ehesten das Publikum mit interessanten Informationen zu versorgen und konzentriert sich dabei hauptsächlich auf Nachrichten, die ein möglichst breites Publikum interessieren. Darüber hinaus fließen in diesen Faktor auch die Züge des Servicejournalismus ein, da dieser zum Kommunikationsziel, ›zu unterhalten‹ neigt. Schließlich beabsichtigt der publikumsorientierte Servicejournalismus ebenso wie der Entwicklungsjournalismus, Berichten über entwicklungspolitische Maßnahmen und Projekte eine Priorität einzuräumen. Dass dieser Journalistentyp auch eine elitäre Komponente beinhaltet, kann an der Zweitladung des Items »die intellektuellen und kulturellen Interessen des Publikums ansprechen« in dieser Dimension abgelesen werden.

In einem weiteren Analyseschritt wurden die befragten Journalisten mit ihrem Mittelwert einem der fünf Typen zugeteilt (vgl. Tab. 45). Dabei stellte sich heraus, dass die fünf beruflichen Journalistentypen nicht in ähnlicher Weise verteilt sind und jeder Faktor eine andere Mitgliederzahl aufweist. Im gesamten Maßstab lässt sich folgende Verteilung beobachten: Das berufliche Rollenselbstverständnis wird klar vom Informationsjournalismus dominiert. Einigkeit herrscht unter allen Befragten darüber, dass der Informationsjournalismus der wichtigste journalistische Typ von allen fünf journalistischen Rollenselbstverständnissen ist. Dieser Umstand wird besonders durch die kleinste Standardabweichung deutlich. Dieser Faktor hat die meisten Mitglieder (52, d. h. 26,6 %). Auf dem zweiten Platz rangiert der vermittlungsorientierte Journalismus, der 40

Mitglieder (20,5 %) hat. Fast ebenso viele Mitglieder (39; 20,0 %) kann der Dienstleistungsjournalismus ausweisen. 33 Personen (16,9 %) können zum missionarischen Journalismus gezählt werden. Der kritische Journalismus, der besonders in der westlichen Gesellschaft dominiert (vgl. dazu HANITZSCH 2011: 486), wird von 31 der befragten Journalisten (15,8 %) in Afghanistan bevorzugt.

TABELLE 45
Anzahl und Anteil beruflicher Typen

Typologie	Zahl	Anteil (Prozent)
Information	52	26,6
Mediator	40	20,5
Dienstleister	39	20,0
Missionar	33	17,1
Kritiker	31	15,8
Gesamt	195	100

In einem weiteren Analyseschritt wird nun versucht, der Frage nachzugehen, inwiefern die einzelnen journalistischen Typen der Befragten mit den verschiedenen Publikumsbildern, den ethischen Maßstäben und der Wahrnehmung von Einflussfaktoren korrespondieren. Hier wurde eine multiple Regressionsanalyse angewendet (vgl. Tab. 46). Dabei kann festgestellt werden, dass die Journalistentypen, die zum Informationsjournalismus neigen, insbesondere auf neutrale Methoden der Informationsbeschaffung zurückgreifen möchten. Eine andere Meinung vertreten die Gruppenmitglieder der Vermittler und Kritiker, die es durchaus für vertretbar halten, flexiblere Recherchemethoden für die Informationsbeschaffung zu nutzen. Vorsichtig vorgehen möchte die Gruppe der missionarischen und der Dienstleister-Journalisten, wenn es um die Recherchemethoden geht. Mediator und Kritiker empfinden vorrangig Einflüsse externer Quellen als bedeutsam, während die anderen drei Typen redaktionsinterne Einflussfaktoren als am stärksten wahrnehmen. Die Forschung geht davon aus Journalisten, die Servicejournalismus betreiben, »kein anspruchsvolles« Publikumsbild haben, wohingegen die Kritiker deutlich zu einem »anspruchsvollen« Publikumsbild neigen (HANITZSCH 2004). Weiter wird vermutet, dass Informationsjournalisten überhaupt kein spezielles Publikumsbild haben, da es sich bei diesem Konzept um ein rein angebots- und produktionsorientiertes Berichterstattungsmuster handelt (vgl. SCHOLL/WEISCHENBERG 1998: 170). Diese Erkenntnisse können durch die hier vorgelegte Studie weitgehend bestätigt werden. Journalisten, die den Informationsjournalismus und Vermittlungsjournalismus befürworten, haben eher ein geteiltes Publikumsbild, das davon abhängt, ob sie das städtische Publikum betrachten oder das in den peripheren Gegenden lebende Publikum. Der Kritiker hingegen schätzt sein Publikum durchaus als sehr aktiv ein, insbesondere die städtischen Zuschauer und Hörer. Die befragten Journalisten, die einen missionarischen Journalismus schätzen, verorten ihr Publikum mehrheitlich in der Peripherie, ebenso wie der Unterhalter.

TABELLE 46
Rollenselbstverständnis Publikumsbild, Einflusswahrnehmung und Ethik

Journalistischer Typ	Mediator	Informator	Missionar	Kritiker	Dienstleister
Publikumsbild					
passives Publikum	0,209[a]	0,105	0,183	0,012	0,132
aktives Publikum	0,215	0,099	0,076	0,120	0,073
Einflusswahrnehmung					
aus externen Quellen	0,100	-0,098	-0,069	0,063	0,044
aus internen Quellen	0,074	0,098	0,075	-0,025	0,207
Ethische Maßstäbe					
vorsichtiger	0,087	0,115	0,117	0.068	0,127
flexibler	0,204	0,157	0,075	0.248	0,055
unparteiischer	0,156	0,159	-0,046	0.160	0,059

[a] Hier werden aus Gründen der Vergleichbarkeit die standardisierten Beta-Koeffizienten für die Interpretation benutzt.

6.3 Berichterstattungsmuster

Zunächst beinhaltete die inhaltsanalytische Erhebung die formal-inhaltlichen Kriterien der Zeitungen. Diese Kategorien wurden durch den Verfasser statistisch-deskriptiv erhoben.

Es wurden die Ausgaben der drei Printprodukte *8am*, *Mandegar* und *Anis* im Zeitraum vom 2.10.2010 bis zum 7.11.2010 gesammelt. Insgesamt bestand die Stichprobe aus 87 Zeitungsausgaben, die aus 30 Ausgaben von *8am*, 29 von

Mandegar und 28 von *Anis* zusammengestellt war. Alle Beiträge waren in der Sprache Dari (Persisch)[92] gedruckt. Aus diesem Korpus wurden 200 Beiträge ausgewählt, die in einem Zusammenhang mit den Items zum beruflichen Rollenselbstverständnis standen. Von diesen Beiträgen waren 70 (35,0 %) von *8am*, 62 (32,0 %) von *Mandegar* und schließlich 66 (33 %) von *Anis*. 161 Beiträge (80,5 %) befanden sich auf den mittleren Seiten, gefolgt von 27 Beiträgen (13,5 %) auf den Titelseiten und 12 Artikeln (sechs %) auf den hinteren Seiten. Die meisten der Beiträge (86 Beiträge, 43 %) waren bis zu einer halben Seite lang, während 80 Beiträge (40 %) nicht mehr als eine Viertelseite groß waren und 8 Artikel (4 %) je eine Dreiviertelseite einnahmen. 13 Prozent (26 Beiträge) waren größer als eine Seite. 116 (59,5 %) der Beiträge beinhalteten ein Bild und 36 (18 %) eine Grafik (vgl. Tab. 47 zur Übersicht).

TABELLE 47
Formalien der Stichprobe von Zeitungen

Kategorien	*8am*	*Mandegar*	*Anis*	**Gesamt**
Anteil der Ausgaben	30	29	28	**87**
Anteil der Beiträge	70 (35)	64 (32)	66 (33)	**200 (100)**
Titelseite	–	9	18	**27**
mittlere Seite	64	55	42	**161**
am Ende	–	6	6	**12**
bis 1/2 Seite	26	27	33	**86**
bis 1/4 Seite	21	32	27	**80**
bis 3/4 Seite	7	1	–	**8**
mehr als 1 Seite	10	10	6	**26**
Bild vorhanden	26	49	41	**116**

In der Analyse stellte sich heraus, dass 110 Beiträge (55 %) der drei Printmedien aus dem Ressort Politik stammen, während 79 (39,5 %) aus dem Ressort Gesellschaft, 8 (4 %) aus dem Feuilleton und schließlich 3 Beiträge (1,5 %) aus der Rubrik Wirtschaft vertreten waren. Die größte Zahl (176 Beiträge, 88 %) der Beiträge war in Eigenleistung der Redaktionen erarbeitet worden, und konnte direkt einem Autor zugeordnet werden. Daneben waren

92 Alle drei Zeitungen haben auch Beiträge in der Sprache Paschtu (die andere offizielle Amtssprache in Afghanistan) gedruckt. Da es sehr schwierig war, Kodierer zu finden, die neben der deutschen Sprache auch zwei afghanische Sprachen (Persisch und Paschtu) sprechen konnten, konnten in die Erhebung nur die persischen Beiträge mit einbezogen werden.

14 Beiträge (7 %) Gastbeiträge, während 9 (5 %) nicht identifiziert werden konnten, da sie keine Quellenangaben enthielten. Die Stilform ›Bericht‹ bildet den größten Teil (114 Beiträge, 53 %) der Stichprobe, weiterhin sind 32 Beiträge (16 %) Kommentare, 25 (12,5 %) wurden als Reportagen identifiziert, 15 (7,5 %) als Leitartikel, 8 (4 %) als Features und 4 (2 %) als Kolumnen. Diese Kategorien wurden deswegen so benannt, weil sie in den Zeitungen selbst als solche bezeichnet wurden (vgl. Tab. 48). 155 Beiträge (77,5 %) wiesen einen nationalen Themenbezug auf, während sich 31 Beiträge (15,5 %) auf lokale Themen, 2 (1 %) auf internationale und 12 (6 %) auf sonstige Themen bezogen. Dabei stellte sich heraus, dass das Hauptthema der Beiträge ›die staatlichen Institutionen‹ (72 Beiträge, 36 %) waren, gefolgt vom Thema ›Religion‹ (26 Beiträge, 13,5 %), der ›nationalen Entwicklung‹ (17 Beiträge, 8,5 %) und 11 Beiträgen (5,5 %) zur Kultur (vgl. Tab. 49). Wenig überraschend war, dass 80 Beiträge (40 %) als Hauptakteur die Regierung erwähnten und in den anderen Beiträgen sonstige Akteure im Mittelpunkt standen.

TABELLE 48

Ressort, Autor, Form und räumlicher Bezug*

Kategorien	*8am*	*Mandegar*	*Anis*	Gesamt
Politik	32	44	34	**110**
Wirtschaft	0	0	3	**3**
Gesellschaft	30	21	28	**79**
Feuilleton	2	5	1	**8**
Eigenleistung	58	58	60	**176**
Gastbeitrag	2	8	4	**14**
Agentur	0	0	1	**1**
Keine Angabe	4	4	1	**9**
Kommentar	23	4	5	32
Bericht	41	19	54	114
Meldung	1	1	0	2
Feature	4	4	0	8
Reportage	12	8	5	25
Leitartikel	5	9	1	15
Kolumne	3	1	0	4
Lokal	21	6	4	31
National	58	39	58	155
International	0	0	2	2
Sonstiges	4	6	2	12

* Anzahl

Wenn man nun die drei Zeitungen miteinander vergleicht, fällt auf, dass die meisten politikfokussierten Beiträge aus der Zeitung *Mandegar* stammen, während *8am* eher gesellschaftliche Themen behandelt. *Mandegar* befasst sich außerdem häufiger als die anderen Erzeugnisse mit der Regierung als Beitragsthema. *8am* beschäftigt sich am wenigsten mit diesem Thema, woraus sich ergibt, dass die Regierung in den wenigsten Beiträgen dieser Zeitung vorkommt, während es in den anderen Zeitungen genau umgekehrt ist. Auffällig hoch ist auch der Anteil von Beiträgen in *8am*, die einen lokalen Bezug haben. Bei *Mandegar* weisen wenige Beiträge einen geringen nationalen Bezug auf. *Mandegar* und *Anis* veröffentlichen nur wenige Kommentare. Auch bei 8am ist der Anteil an Kommentaren gering, dafür werden mehr Berichte, Reportagen und Features abgedruckt. Bezüglich der Eigenleistung besteht kein Unterschied zwischen den ausgewählten Zeitungen, mit der Ausnahme, dass *Mandegar* etwas mehr Gastbeiträge publiziert (vgl. Tab. 48).

TABELLE 49

Anzahl der Themen in den Zeitungen

Kategorien	*8am*	*Mandegar*	*Anis*	*Gesamt*
Regierung	21	29	22	72
Religion	14	6	6	26
Kultur	2	5	4	11
Sicherheit	6	2	6	14
Nationale Entwicklung	2	6	9	17

Vergleicht man die Ergebnisse der 23 Untersuchungskategorien der Inhaltsanalyse, die zur Ermittlung der Berichterstattungsmuster in den afghanischen Printmedien ausgearbeitet worden sind, kann festgestellt werden, dass in den untersuchten Print-Erzeugnissen Muster des Informationsjournalismus eindeutig dominieren. Der Beleg dafür ist, dass die Kategorien von Informationsjournalismus im untersuchten Material am meisten vorkommen.[93] Die höchste Bewertung (Mittelwert: 1,62) erhält diejenige Kategorie, die am meisten mit dieser Art des Journalismus kor-

93 Die Ergebnisse werden in ihrer zusammengefassten Form von Mittelwerten und Prozentwerten als Vorkommen von bestimmten Berichterstattungsmustern interpretiert.

respondiert: »Möglichst neutrale und genaue Informationen vermitteln« (vgl. Tab. 50). In fast 74,1 Prozent der Beiträge konnte nachgewiesen werden, dass neutrale Informationen vermittelt wurden. Ebenfalls hoch war der Anteil einer anderen Kategorie des Informationsjournalismus: »Komplexe Sachverhalte erklären und vermitteln.« Dieses Ziel wurde in fast 55 Prozent der Beiträge als realisiert identifiziert. Am wenigsten war der Anteil einer weiteren Kategorie des Journalismuskonzeptes identifizierbar: In 15,4 Prozent der Beiträge konnte nachgewiesen werden, dass die Autoren »über die Entscheidungen der Regierung informieren«.

TABELLE 50

Mittelwerte und Häufigkeit der identifizierten Kommunikationsziele

Kommunikationsziele	N	MW*	SA	Summe**
Neutrale und genaue (präzise) Informationen	200	**1.62**	0.692	388
Komplexe Sachverhalte erklären und vermitteln	200	**1.38**	0.756	332
Dem Publikum eigene Ansichten präsentieren	200	**1.13**	0.827	271
Kritik an Missständen üben	200	**0.97**	0.965	235
Sich als Gegenpart der Regierung darstellen	200	**0.75**	0.897	181
Nachrichten ohne faktische Bestätigung nicht bringen	200	**0.67**	0.845	161
Aussagen und Stellungnahmen der Regierung recherchieren	200	**0.67**	0.884	160
Sich für die Benachteiligten der Gesellschaft einsetzen	200	**0.60**	0.894	144
Erklären der Regierungspolitik, wenn sie komplex ist	200	**0.55**	0.841	134
Förderung des Dialogs zwischen verschiedenen Ethnien	200	**0.50**	0.833	121
Priorität für die Berichterstattung über Entwicklungspolitik	200	**0.50**	0.720	121
Über Politik und Entscheidungen der Regierung informieren	200	**0.50**	0.781	120
Werben für die Regierungspolitik	200	**0.48**	0.797	116
Sich für den sozialen Wandel einsetzen	200	**0.48**	0.786	116
Intellektuelle und kulturelle Interessen des Publikums ansprechen	200	**0.47**	0.748	115

Kommunikationsziele	N	MW*	SA	Summe**
Den Menschen in den ländlichen Gebieten eine Chance geben...	200	**0.44**	0.763	106
Aktive Unterstützung der Regierungspolitik	200	**0.44**	0.790	106
Positive Darstellung von nationalen Persönlichkeiten	200	**0.42**	0.793	101
Islamische Werte, Normen und Ideale vermitteln	200	**0.35**	0.656	85
Dem Publikum Lebenshilfe bieten	200	**0.33**	0.689	81
Vermittlung von afghanischen Werten und Normen	200	**0.30**	0.617	74
Unterhaltung und Entspannung anbieten	200	**0.25**	0.505	60
Verteidigung islamischer Werte	200	**0.25**	0.552	60

* Mittelwerte: Skala von 0 = »trifft nicht zu«, 1 = »teils/teils« und 2 = »trifft zu«
** Anzahl von Stellen, die in den Beiträgen als solche identifiziert wurden.

Nach dem Informationsjournalismus kommt in den untersuchten Beiträgen am meisten der kritische Journalismus vor. Zur Überprüfung dieses Konzepts wurden insgesamt drei Untersuchungskategorien herangezogen, wobei die Kategorie »Missstände in der Gesellschaft kritisieren« in der Berichterstattung am meisten (45,4 % der Beiträge; vgl. Tab. 51) ermittelt werden konnte. Während die Kategorie des kritischen Journalismus »eigene Ansichten vermitteln« (41,7 %) in vier von zehn Beiträgen festgestellt werden konnte, wurden die anderen Kategorien dieses Konzepts wie »sich als Gegenpart der Regierung darstellen« (30,9 %) sowie »Aussagen und Stellungnahmen der Regierung untersuchen« (27,9 %) in knapp drei von zehn Untersuchungsbeiträgen ausgemacht.

Der Vermittlungsjournalismus konnte in diesen Beiträgen ebenfalls ermittelt werden. Aus dieser Untersuchungskategorie sticht insbesondere die »aktive Unterstützung der Regierungspolitik« heraus, da diese in 27,9 Prozent der Beiträge ermittelt werden konnte. Weiterhin war erkennbar, dass es in den Beiträgen darum ging, »sich für die Benachteiligten der Gesellschaft einzusetzen« (22,9 %). Es konnten zudem einige (16,7 %) Beiträge ermittelt werden, die die »Förderung des nationalen Dialogs« thematisieren. In 18,8 Prozent der Beiträge konnten die Bewohner der ländlichen Regionen Afghanistans als Akteure festgestellt werden. Auffällig hoch ist auch der Anteil der Beiträge, die eindeutig die Regierungspolitik propagieren. Während die Kategorie »Werben für die Regierungspolitik« in 22,1 Prozent der Beiträge ermittelt wurde, kam die »positive Darstellung der nationalen Persönlichkeiten« in 19,2 Prozent der Beiträge vor. In 18,3 Prozent der Beiträge war eine Befürwortung des sozialen Wandels zu ermitteln. Auch ein Berichterstattungsmuster im Sinne des missionarischen Journalismus wurde durch die inhaltsanalytische Erhebung ermittelt. Aus den drei Untersuchungskategorien, die zur Überprüfung dieses Musters formuliert worden waren, konnte insbesondere der Anteil der Beiträge, in denen es darum ging »islamische Werte zu vermitteln«, als der größte festgestellt werden: 19,5 Prozent der Beiträge mit diesem Ziel wurden ermittelt. Darüber hinaus wurde in 8,3 Prozent der Artikel die Strategie »Vermittlung von afghanischen Werten und Normen« ermittelt und in 5,8 Prozent der Beiträge stand die »Verteidigung von islamischen Werten« im Mittelpunkt. Schließlich wurde der Frage nachgegangen, ob in den zu untersuchenden afghanischen Printmedien Berichterstattungsmuster zu ermitteln sind, die mit dem beruflichen Rollenselbstverständnis des Servicejournalismus korrespondieren. Auch diese Muster konnten in den Untersuchungsobjekten nachgewiesen werden. In 13,3 Prozent der Beiträge wurde das »intellektuelle und kulturelle Interesse des Publikums« angesprochen. Ebenso wurde in 10,5 Prozent der Beiträge »dem Publikum Lebenshilfe« angeboten. 3,3 Prozent der Beiträge können als »unterhaltend« bezeichnet werden.[94] In einem weiteren Analyseschritt wurde der Frage nachgegangen, welche Unterschiede zwischen den einzelnen Zeitungen existieren. Es stellte sich heraus, dass in den Beiträgen der liberalen Zeitung *8am* im Verhältnis zu den anderen zwei Print-Erzeugnissen der Anteil des Informationsjournalismus, aber auch des kritischen Journalismus am größten ist. Ebenso legt diese Zeitung Wert auf den Vermittlungsjournalismus, der nach den letztgenannten Berichterstattungsmustern am häufigsten in ihren Beiträgen zu finden ist. Dabei kommen Muster, die mit den Konzepten Service und Missionarjournalismus korrespondieren, eher wenig vor. Völlig abwesend sind in diesem Medium Berichterstattungsmuster, die entweder eine positive Darstellung einer Persönlichkeit oder die Propagierung der Regierungspolitik zum Ziel haben. Einige Differenzen, wenn auch gradueller Natur, die insbesondere in den Details zu beobachten sind, können zwischen *8am* und der oppositionell-konservativen Zeitung *Mandegar* fest-

94 Einerseits waren sie formell mit Bildern und Grafiken gestaltet, andererseits wurde die Information dieser Beiträge inhaltlich von den Kodierern überstimmend als »unterhaltend dargestellt und vermittelt« bezeichnet

gestellt werden: So ist der Anteil an kritischem Journalismus in der Zeitung *Mandegar* am größten. Häufig kann auch der Informationsjournalismus in ihren Beiträgen beobachtet werden. Auffällig hoch ist auch der Anteil an Servicejournalismus und darüber hinaus wird dem missionarischenen Journalismus großer Wert beigemessen, wohingegen die Berichterstattungsmuster des Vermittlungsjournalismus eher eine untergeordnete Rolle spielen und damit die kritische Haltung dieser Zeitung verdeutlichen. Bei der staatlichen Zeitung *Anis* verhält es sich völlig anders, hier macht die staatliche Lesart des Vermittlungsjournalismus eindeutig den größten Anteil an Artikeln aus. Alle Beiträge, die dieses Muster zur Grundlage haben, sind ausschließlich in dieser staatlichen Zeitung zu finden. Bei den anderen Print-Erzeugnissen lag ihr Anteil bei null. Der Informationsjournalismus steht hier an zweiter und der Servicejournalismus an dritter Stelle. Auch in dieser Zeitung spielt der missionarische Journalismus eine wichtige Rolle, dagegen kommt der kritische Journalismus kaum vor.

TABELLE 51

Anteil der einzelnen Kategorien in den Beiträgen

Kommunikationsziele	N	»Trifft zu«	»Teils/ teils«	»Trifft nicht zu«
Neutrale und genaue (präzise) Informationen	200	74,1*	16,0*	13,5*
Komplexe Sachverhalte erklären und vermitteln	200	55,0	23,5	20,5
Kritik an Missständen üben	200	45,4	8,5	52,5
Dem Publikum eigene Ansichten präsentieren	200	41,7	30,0	28,3
Sich als Gegenpart der Regierung darstellen	200	30,9	13,8	55,4
Aussagen und Stellungnahmen der Regierung untersuchen	200	27,9	11,3	60,8
Aktive Unterstützung der Regierungspolitik	200	27,9	4,9	67,5
Sich für die Benachteiligten der Gesellschaft einsetzen	200	22,9	10,9	67,1
Nachrichten ohne faktische Bestätigung nicht bringen	200	24,6	17,9	67,5
Förderung des nationalen Dialogs	200	16,7	11,3	72,1
Werben für die Regierungspolitik	200	22,1	6,3	71,1

Kommunikationsziele	N	»Trifft zu«	»Teils/ teils«	»Trifft nicht zu«
Erklären der Regierungspolitik, wenn sie komplex ist	200	17,9	14,2	67,9
Priorität für die Berichterstattung über Entwicklungspolitik	200	19,2	10,4	70,4
Menschen aus ländlichen Gebieten eine Chance geben	200	18,8	7,1	74,2
Positive Darstellung der nationalen Persönlichkeiten	200	19,2	3,8	77,1
Sich für den sozialen Wandel einsetzen	200	18,3	12,1	69,6
Islamische Werte vermitteln	200	19,5	3,5	77,0
Über Politik und Entscheidungen der Regierung informieren	200	15,4	17,1	65,1
Intellektuelle und kulturelle Interessen des Publikums ansprechen	200	13,3	28,8	62,9
Unterhaltung anbieten	200	3,3	5,5	80,5
Dem Publikum Lebenshilfe bieten	200	10,5	15,4	74,6
Vermittlung von afghanischen Werten und Normen	200	8,3	14,2	77,5
Verteidigung der islamischen Werte	200	5,8	13,3	80,8

Skala von 0 = »trifft nicht zu«, 1 = »teils/teils« und 2 = »trifft zu«
* Prozentzahlen

Typologie der Berichterstattung

Der Erkenntnis folgend, dass eine rein deskriptive Bewertung einzelner Aussagen noch nicht unbedingt auf die Grundstrukturen der journalistischen Berichterstattungsmuster schließen lässt, wurde in diesem Analyseabschnitt der Versuch unternommen, die ermittelten Befunde einer Faktorenanalyse zu unterziehen. Dabei wurde das Ziel verfolgt, die Ergebnisse weiter aufzuschlüsseln und nach möglichen Zusammenhängen aus den einzelnen Antworten heraus zu gruppieren. Auch hier ging es im Wesentlichen darum, zum einen die Ergebnisse der inhaltsanalytischen Erhebung zu bündeln und zum anderen durch eine Reduktion der Einzelergebnisse Dimensionen abzuleiten, die die Berichterstattungsmuster der afghanischen Print-Erzeugnisse strukturieren. Diese Analyse wurde für 23 Untersuchungskategorien durchgeführt. Im ersten Schritt ergab die Extraktion, basierend auf den Eigenwerten größer als Eins, sechs Faktoren, die jedoch nicht scharf zu trennen waren, um ein geeignetes Modell entwickeln zu können. In einem weiteren Schritt wurde eine feste Anzahl von fünf zu extrahierenden Faktoren vorgegeben. Dieser Schritt ergab, dass im Screen-Plot-Test beim ›Knick‹ des Eigenwerteverlaufs sich ab dem fünften Faktor die Eigenwerte der Abszisse nähern. Deswegen wurde die Extraktion an dieser Stelle abgebrochen. Dieses Modell stellte sich als geeignet dar, weil die Trennschärfe der einzelnen Faktoren so hoch war, dass die Medieninhalte der untersuchten Printmedien in fünf signifikant unterscheidbare journalistische Berichterstattungsmuster differenziert werden konnten und gemeinsam immerhin eine Varianz von 53,2 Prozent erklären. Diese Faktoren werden wie folgt bestimmt und genannt: (I) Vermittlungsjournalismus, (II) missionarischer Journalismus, (III) Informationsjournalismus, (IV) kritischer Journalismus sowie (V) Service- bzw. Dienstleistungsjournalismus (vgl. Tab. 52). Als Hauptmuster hat sich im Modell ein journalistisches Muster herausgestellt, das den (I) *Vermittlungsjournalismus* als Grundlage hat und eine Varianz von 17,9 Prozent aufklärt. Dieses Muster hat zwei Dimensionen im Hintergrund und ist durch zwei Arten von Kommunikationszielen geprägt: einerseits einige Züge des Vermittlungsjournalismus (Mediation) und andererseits eine konstruktive Partnerschaft mit der nationalen Regierung. Die letztere ist insbesondere dadurch zu erkennen, dass in der Berichterstattung eine eindeutig positive Darstellung von staatlichen Akteuren und Projekten zu beobachten ist. Hier wird durch die Kommunikationsziele, wie »Werben für die Regierungspolitik« und »positive Darstellung nationaler Persönlichkeiten« ein regierungsfreundlicher Journalismus beabsichtigt.

TABELLE 52

Fünf-Faktorenlösung zu den Berichterstattungsmustern

Kommunikationsziele	Vermittler	Missionar	Informator	Kritiker	Service	Kommunalität
Werben für die Regierungspolitik	,866					0.771
Aktive Unterstützung der Regierungspolitik	,845					0.744
Positive Darstellung nationaler Persönlichkeiten	,802					0.772
Priorität für die Berichterstattung über entwicklungspolitische Maßnahmen	,673					0.615

Kommunikationsziele	Vermittler	Missionar	Informator	Kritiker	Service	Kommuna-lität
Förderung des Dialogs zwischen verschiedenen	,652					0.454
Intellektuelle und kulturelle Interessen des Publikums ansprechen		,763				0.665
Vermittlung von traditionell moralischen Werten und Normen		,702				0.552
Verteidigung islamischer Werte		,636				0.473
Islamische Werte, Normen und Ideale vermitteln		,602				0.402
Komplexe Sachverhalte erklären und vermitteln			,691			0.621
Möglichst neutrale und genaue (präzise) Informationen			,654			0.457
Nachrichten ohne faktische Bestätigung nicht bringen			,627			0.444
Den Menschen in den ländlichen Gebieten eine Chance geben,			,442			0.353
Kritik an Missständen üben				,587		0.502
Sich als Gegenpart der Regierung darstellen				,582		
Dem Publikum eigene Ansichten präsentieren				,577		0.553
Stellungnahmen der Regierung recherchieren und untersuchen				,503		0.572
Bürger über die Politik und Entscheidungen der Regierung aufklären				,452		0.623
Erklären der Regierungspolitik, wenn sie komplex ist				,421		0.406
Dem Publikum Lebenshilfe bieten					,653	0.463
Sich für den sozialen Wandel einsetzen					,612	0.474
Sich für die Benachteiligten der Gesellschaft einsetzen					,574	0.536
Unterhaltung und Entspannung anbieten					,435	0.334
Eigenwert	4.12	2.98	2.21	1.58	1.34	KMO=0.71
Erklärte Varianz (%)	17,9	12,9	9,6	6,8	5,8	**53,2**

Zusätzlich ist dieser Faktor noch durch einige Züge des Informationsjournalismus positiv geprägt, weil hier versucht wird, die komplexen Regierungsprogramme zu erklären. Dieses journalistische Muster ist vergleichbar mit dem Konzept »Opportunist facilitators« (HANITZSCH/SEETHALER 2010: 486). Dieses ist durch eine »opportunistische Journalistenrolle« geprägt und charakterisiert sich insbesondere durch die »konstruktive Partnerschaft mit der Regierung im Prozess der wirtschaftlichen Entwicklung und politischen Transformation« (ebd.). Zum anderen ist in diesem Muster zugleich das Streben zu erkennen, sich als Mediator bzw. Vermittler zu verstehen, der das Ziel verfolgt, die nationale Entwicklungspolitik, das zentrale Kommunikationsziel des Entwicklungsjournalismus (vgl. KUNZCIK 1998; RAMAPRASAD 2003), aktiv zu unterstützen und daher in der Berichterstattung den entwicklungspolitischen Programmen den Vorrang zu geben. Darüber hinaus wird diese Dimension umrahmt von einem Kommunikationsziel, das in der journalistischen Arbeit als Mediator verstanden werden kann, wobei sich primär darum bemüht wird, einen nationalen Dialog zu ermöglichen. Obwohl sich die Nomenklatur der fünf ladenden Kategorien in diesen Faktoren untereinander unterscheiden, basieren sie dennoch alle gemeinsam auf einer Dimension, die die Förderung der nationalen Entwicklung und der nationalen Harmonie beinhaltet.

Als zweites Muster mit einer Varianz von 12,9 Prozent hat sich im Modell ein journalistisches Muster durch den Zusammenschluss der Elemente eines (II) *missionarischen Journalismus* und der elitären Kommunikationsziele herauskristallisiert. Dieser Faktor lässt sich als ›wertende Erziehung‹ definieren, da die Journalisten in ihren Beiträgen die ›islamischen‹ und die ›traditionellen‹ Werte explizit positiv bewerten und sie als handlungsleitend für die Gesellschaft darstellen. Um Muster besser beschreiben zu können, werden im Folgenden einige ausgewählte Zitate aus der Stichprobe vorgestellt:

> »Afghanistan befindet sich in einem Transformationsprozess. Es ist zu beobachten, dass unsere Gesellschaft in diesem Prozess die Tradition als ihren Orientierungsanker verliert und dadurch einer Krise der Identität verfällt. Das ist besonders durch die Kopie der gesellschaftlichen Werte aus den ausländischen Kulturen zu sehen, die mit den wirklichen sozialen Werten wenig gemeinsam haben. Folge ist [...] Werteverfall der sozial-afghanischen Werte« (Rahmatullah, Gaos: Kultureller Imperialismus in afghanischen Massenmedien. In: *Mandegar Daily*: 03.11.2010

Ressort: Gesellschaft. 2. Jahrgang, Ausgabe 452., Kabul, S. 5 [Aus dem Persischen übersetzt durch Hamidi]).

»Wenn wir die Frage stellen, warum unsere Gesellschaft unterentwickelt ist und mit vielen sozialen Problemen konfrontiert, dann gibt es nur eine Antwort: Wir haben unsere Idee vom Dschihad [Deutsch: Kampf auf dem Wege Gottes] verloren. Wir sollten diesen Dschihad sowohl in der Wissenschaft, der Kultur, aber auch in der Politik und Wirtschaft fortsetzen. [...] man sollte das Individuelle vergessen, aber dafür den Weg des Wortes [Koran] gehen. [...] man sollte versuchen, auf diesem Weg sein Bestes zu geben. [...]. [...] sollte das Buch die Anleitung auf diesem Weg sein, wird am Ende auch dieser Weg erfolgreich sein« (Schaibi, Lina: Selbstfindung und gesellschaftliche Umwälzung. In: *Mandegar Daily*: 02.11.2010 Ressort: Kultur. 2. Jahrgang, Ausgabe 435., Kabul, S. 4 [Aus dem Persischen übersetzt durch Hamidi]).

»Sie [die Religion] sollte auch unsere Orientierung für die gesellschaftliche Entwicklung sein. [...] Die Werte und Normen der Religion können der gesellschaftlichen Entwicklung helfen. [...] Man kann sehr gut beobachten, dass die Meinungsfreiheit für bestimmte Werte instrumentalisiert wird. [...]sie steht im Widerspruch zu islamischen und afghanischen Werten. [...] elend ist, dass Jugendliche und Kinder unserer Gesellschaft dadurch verdorben werden« (Popal, Nasrin: Medien und gesellschaftliche Entwicklung. In: *Anis*: 05.11.2010 Ressort: Politik, 7. Jahrgang, Ausgabe 423., Kabul, S. 2 [Aus dem Persischen übersetzt durch Hamidi]).

Als drittes Muster hat sich der (III) *Informationsjournalismus* mit einer Varianz von 9,6 Prozent herausgebildet. Dieser verbindet zwei Komponenten: Informationsvermittlung und einige Züge des Entwicklungsjournalismus. Dieser Faktor zeigt, dass in den untersuchten Presse-Erzeugnissen ein Berichterstattungsmuster, das auf dem reinen Informationsjournalismus basiert, nicht ermittelt werden kann. In diesem Muster steht zum einen die ›komplexitätsreduzierende‹ Informationsvermittlung im Mittelpunkt, indem die Autoren ihre Darstellungen inhaltlich ausgewogen und detailgenau gestalten. Dabei wird versucht, ausschließlich faktisch bestätigte Informationen zu vermitteln. Zusätzlich verfolgen die Autoren die Absicht, die Informationen in ihrer Komplexität so darzustellen, dass sie für den Leser verständlich werden. Darüber hinaus bleiben diese Informationsjournalisten nicht nur bei der passiven Informationsvermittlung, sondern bemühen sich aktiv um die Wiedergabe eines Meinungsbildes, das sich insbesondere durch die aktive Gegengewichtung zur städtischen Berichterstattung auszeichnet. In der Berichterstattung werden oft Themen aufgegriffen, die ländliche Gebiete zum Inhalt haben und Menschen aus diesem Kontext als Hauptakteure zeigen. Insofern kann auch dieses Muster nicht als eine reine, von Passivität geprägte Informationsvermittlung bezeichnet werden, wie vor allem auch das letztgenannte entwicklungsjournalistische Kommunikationsziel zeigt. Das vierte Muster mit einer Varianz von 6,8 Prozent nimmt die Elemente (IV) des *kritischen Journalismus* auf. Dieser Faktor ist durch eine skeptische und kritische Haltung gegenüber der Regierung und den Wirtschaftseliten geprägt. Zusätzlich beinhaltet er das Bemühen der Journalisten darum, die Verhältnisse, Zustände, Ereignisse und Entwicklungen in der Gesellschaft aufzudecken und zu kritisieren, die sie als Missstände wahrnehmen. Das Hauptziel ist hier, das Publikum über die Regierungspolitik bzw. Regierungsarbeit zu informieren und aufzuklären. Dieser Regierungsarbeit und deren Stellungnahmen und Verlautbarungen wird aber mit Misstrauen und Skepsis sowie mit einer Kontrollabsicht begegnet. Dabei scheuen sich die Journalisten nicht, mit dieser Kontrollabsicht auch ihre eigenen Ansichten zu präsentieren. Dieses Muster ist vielleicht am nächsten dem von Weaver und Wilhoit (1996: 170) und Hanitzsch (2010: 486) definierten Konzept des »distanzierten« Watchdog-Journalismus, also einem Journalistentyp, der »typisch« für die Industrieländer ist (ebd.). Im fünften Muster lassen sich schließlich Elemente des (V) *Service- bzw. Dienstleistungsjournalismus* mit einer Varianz von 5,8 Prozent zusammenfassen. Dieses Muster ist von zwei wichtigen Kommunikationszielen geprägt: Es orientiert sich vor allem an den Publikumsinteressen und hat Ziele, wie dem Publikum Lebenshilfe, Unterhaltung und Entspannung zu bieten. Weiterhin verfolgen die Journalisten hier eine anwaltschaftliche Ambition, wie z. B. sich für die Benachteiligten der Gesellschaft einzusetzen. Daraus ist abzuleiten, dass sich hier der Servicejournalismus mit einigen Zügen des Entwicklungsjournalismus vereint. Vergleicht man nun einzelne Zeitungen miteinander, kann ermittelt werden, dass insbesondere in den zwei nicht staatlichen Zeitungen eine Informationsorientierung und ein kritisches Berichterstattungsmuster zu beobachten sind, wobei sich die liberale *8am* eher auf den Servicejournalismus und die konservative *Mandegar Daily* vornehmlich auf den missionarischen Journalismus konzentriert. Bei der staatlichen Zeitung *Anis* steht die vermittlungsorientierte Berichterstattung an erster Stelle. Der Informations- und der Servicejournalismus stehen an der zweiten Stelle, während der kritische Journalismus nur eine marginale Rolle spielt.

Korrespondenzen und Differenzen zwischen den beiden Modellen

Das Modell der Faktorenanalyse zur Ermittlung der Berichterstattungsmuster weicht in einigen Punkten von der errechneten Faktorenlösung durch die Extrahierung des beruflichen Rollenselbstverständnisses – das ebenfalls fünf Faktoren ergibt – ab. Diese Abweichung ist jedoch eher in der Reihenfolge der Faktoren und Facettendifferenzen in den einzelnen Faktoren zu beobachten. Die Faktorenanalyse zum beruflichen Rollenselbstverständnis hatte fünf signifikant unterscheidbare berufliche Typen hervorgebracht: Mediator, Informator, Missionar, Kritiker sowie Dienstleister. Als Hauptfaktor hatte sich der Mediator herausgestellt, der vor allem durch die drei Kommunikationsziele eines Vermittlungsjournalismus geprägt war. Im Modell der Faktorenlösung zu den Berichterstattungsmustern hat sich ein Muster als Hauptfaktor herauskristallisiert, das ebenfalls vermittlungsorientierten Journalismus zur Grundlage hat. Innerhalb dieser zwei Konzepte existieren jedoch wesentliche Differenzen, die insbesondere in den jeweiligen Facetten zu beobachten sind. Dieser Journalistentyp begreift sich in seinem beruflichen Selbstkonzept als vermittlungsorientierten Journalistentypen, in dem Sinne, dass er drei Dimensionen in seinem Selbstkonzept verbindet: Er besitzt anwaltschaftliche Ambitionen für benachteiligte und in ländlichen Regionen lebende Menschen, er scheut sich aber auch nicht, seine eigenen Ansichten zu präsentieren und sich im Sinne des serviceorientierten Journalismus als Berater zu begreifen. Er kann sich aber durchaus vorstellen, die Regierung bei der nationalen Entwicklungspolitik zu unterstützen. Das vermittlungsorientierte Berichterstattungsmuster differenziert sich soweit, dass seine Kommunikationsziele in zwei Dimensionen unterschieden werden können und vom Selbstkonzept in einigen Punkten abweichen: Hier ist zu beobachten, dass erstens die ›konstruktive Partnerschaft mit der Regierung‹ und zweitens die Förderung des nationalen Dialogs die wesentlichen Rollen spielen. Die Differenz zwischen diesen beiden Konzepten lässt sich wie folgt beschreiben: Im beruflichen Selbstkonzept der befragten Journalisten stehen Züge des aktiven Journalismus im Mittelpunkt. Das verdeutlicht zum einen die Betonung der eigenen Meinung und der Anwaltschaft, zum anderen die Verfolgung des Kommunikationsziels der nationalen Entwicklung. Anders ist es bei den journalistischen Mustern, in denen die passive vermittlungsorientierte Journalistenrolle dominiert. Den Hauptunterschied zwischen den zwei Modellen stellt aber der zweite Faktor dar: Während sich im Modell zum Selbstkonzept der Informationsjournalismus als zweiter Faktor herausgestellt hat, kommt im Modell zur Berichterstattung der missionarische Journalist als dritter Faktor zum Vorschein. Vergleicht man nun die Informationsfaktoren der beiden Modelle, kann insbesondere der Umstand beobachtet werden, dass sich in beiden Modellen neben dem wichtigsten Kommunikationsziel des Informationsjournalismus weitere Komponenten anschließen: Während diese beim Selbstkonzept elitäre Kommunikationsziele sind, spielen bei den journalistischen Mustern Züge des Entwicklungsjournalismus eine wichtige Rolle. Diese Befunde zeigen, dass in den untersuchten Zeitungen ein rein neutraler Informationsjournalismus nicht ermittelt werden kann. Der missionarische Journalismus ergab sich im zweiten Modell als zweiter Faktor. Im ersten Modell standen hier die Elemente einer erzieherischen Mission in der Vermittlung sozialer und religiöser Werte, aber auch die soziale Kontrolle im Mittelpunkt. Im zweiten Modell kommen neben dieser reinen Werteorientierung weitere elitäre Kommunikationsziele hinzu, die ihren Ausdruck im Ansprechen »intellektueller Interessen des Publikums« finden. In beiden Modellen hat sich der kritische Journalismus als vierter Faktor herausgestellt, wobei sich im ersten Modell die Kommunikationsziele zu einer Dimension zusammenfassen lassen, in denen die Kritikfunktion zentral ist. Im zweiten Modell kommen weitere Dimensionen hinzu: Zum einen wird nicht explizit die Rolle »Gegenpart zur Regierung sein« verfolgt, sondern durchaus auch die Position vertreten, die komplexe Regierungspolitik aufzuklären. Auffällig ist auch, dass im zweiten Modell bei der Verfolgung der kritischen Kommunikationsziele nicht nur Konzepte wie »Nüchternheit« und »Distanzierung« (HANITZSCH 2010: 486) wesentlich sind, sondern durchaus auch Wert auf die Äußerung der eigenen Meinung gelegt wird. Der reine Watchdog-Journalismus, der als typisch »westlich« bezeichnet wird, kann im zweiten Modell nicht ermittelt werden. Den publikumsorientierten Servicejournalismus kann man in beiden Modellen als fünften Faktor beobachten. Während dieser im ersten Modell durch die Unterhaltungskomponente geprägt ist, fließen im zweiten Modell neben den wichtigsten Kommunikationszielen des Servicejournalismus auch Züge des anwaltschaftlichen Journalismus mit ein. Aus diesen zwei Modellen kann abgeleitet werden, dass die Kommunikationsziele, die im beruflichen Rollenselbstverständnis eine Rolle spielen, auch in den Berichterstattungsmustern der Printmedien korrespondieren, wenn sich auch die Typologien beider Modelle in ihren Facetten unterscheiden.

Insgesamt konnte beobachtet werden, dass die Befragten diese Ziele nicht nur in ihren Berufen realisieren möchten, sondern dass sie tatsächlich in der Lage sind, sie im beruflichen Alltag umzusetzen. Dieser Befund der weitgehenden Widerspiegelung von Kommunikationszielen von befragten Journalisten in ermittelten journalistischen Berichterstattungsmustern in untersuchten Printmedien könnte auch als Nachweis der indirekten Handlungsrelevanz eben dieser Absichten gesehen werden.

Zwischenfazit

Der wichtigste Befund lautet hier, dass afghanische Journalisten ein berufliches Rollenselbstverständnis im Sinne des Informationsjournalismus und der journalistischen Werte wie Objektivität, Schnelligkeit, aber auch Neutralität und Distanz am höchsten bewerten. Demnach wird die Form eines nach Deuze (2005: 444f.) angedeuteten »ideologischen Konsenses« im Journalismus auch von befragten Journalisten in dieser Studie weitestgehend geteilt. Die Items zum Informationsjournalismus weisen eine sehr niedrige Standardabweichung vor, was auf eine große Übereinstimmung unter den afghanischen Journalisten hindeutet. Eindeutig ist der Befund, dass den Befragten die Ziele des Informationsjournalismus auch in der Umsetzung eher gut gelingen. Verstärkt wird dies durch das Ergebnis der Inhaltsanalyse, dass in den untersuchten Zeitungen Muster des Informationsjournalismus dominieren. Aufgrund dieser Dominanz bzw. des großen Konsenses kann festgestellt werden, dass dieses berufliche Rollenselbstverständnis für afghanische Journalisten Priorität (Primärrolle) besitzt (vgl. Tab. 53). Dass die Befragten, bedingt durch die gesellschaftlichen bzw. politischen Faktoren, neben Informationsjournalismus weitere journalistische (Sekundär-)Rollen übernehmen können, zeigen der Missionar und der Mediator. Besonders der Erstere ist ein interessantes Ergebnis der Untersuchung, was von anderen Befunden (SCHOLL/WEISCHENBERG 1998; HANITZSCH 2004; WEAVER/WU 1998) abweicht, jedoch mit den Erkenntnissen in einigen islamischen Ländern im Einklang steht: Das zweitwichtigste Kommunikationsziel für die Befragten war der werteorientierte bzw. missionarische Journalismus. Das ist aus der Tatsache zu verstehen, dass in Afghanistan die Religion (Islam) und Tradition die wichtigsten gesellschaftlichen Identitäts- und Handlungsfaktoren bilden (vgl. SCHETTER 2009: 2). Diese Faktoren prägen auch die beruflichen Einstellungen von Journalisten und verweisen auf deren Abhängigkeit von den gesellschaftlichen Rahmenbedingungen. Das Ergebnis schließt sich hier an die Befunde einiger anderer Untersuchungen an: Ihr Fazit ist, dass die Muster von Ähnlichkeiten und Unterschieden in den beruflichen Einstellungen der Journalisten sich grob an den bekannten »gesellschaftlichen Differenzierungslinien« orientieren (WEAVER/WU 1998: 478; HANITZSCH 2004: 210; SCHOLL/WEISCHENBERG 1998). Ebenso verweist der Journalistentyp ›Mediator‹ auf diese Erkenntnis. Er impliziert die vermittlerischen, anwaltschaftlichen Rollen und die Ablehnung des kritischen Journalismus. Diese Rolle steht im Einklang mit der normativen Vorstellung über die Rolle des Journalismus im Staatsbildungsprozess. Dabei wird vom Journalismus die Erbringung einer Integrationsfunktion erwartet und für den Journalisten die Rolle des Vermittlers bzw. Moderators vorausgesetzt. Aus diesem Ergebnis kann man ableiten, dass die Integrationsfunktion des Journalismus nicht nur eine normative Vorstellung ist, die vorausgesetzt wird, sondern ein Konzept, das bei den beruflichen Einstellungen der Journalisten eine wichtige Rolle spielt. Dass sich diese Rolle als Hauptfaktor erweist, zeigt, dass die Vermittlung bei allen Befragten eine wichtige Rolle spielt und aus den gegebenen gesellschaftspolitischen Faktoren her resultiert. Die Dienstleisterrolle könnte man auch im oben genannten Zusammenhang auffassen. Diese Rolle entsteht insbesondere aus der »doppelten Erwartung« (ALTMEPPEN 1996) an den Journalismus in der Gesellschaft, den »publizistischen Leistungen« und »ökonomischen Gewinnerwartungen« gerecht zu werden. Der Kommerzialisierungs- und Konvergenzprozess im afghanischen Mediensystem (vgl. Ökonomie der Massenmedien in Afghanistan: S. of.) wirkt auch auf die Einstellungen der Journalisten. Die schwachen, gesamtwirtschaftlichen Rahmenbedingungen und die harte Konkurrenz auf dem afghanischen Medienmarkt führen zu einer Rolle, in welcher der Journalist sein Hauptziel darin sieht, die journalistischen Inhalte (Informationen) an so viele ›Verbraucher‹ wie möglich zu verkaufen (vgl. HALLIN/MANCINI 2004: 277). Die Kritikerrolle, die als typisch ›westlich‹ angesehen wird, könnte als ein Ergebnis der anhaltenden internationalen Medienförderung in Afghanistan aufgefasst werden. Durch Förderung wurden nicht nur finanzielle und strukturelle Ressourcen in das afghanische Mediensystem eingebracht, es hat auch ein intensiver Werte-, Normen- und Wissenstransfer stattgefunden. Ein wichtiger Faktor dabei war die journalistische Ausbildung. Sie wird größtenteils von internationalen Organisationen und von westlichen Akteuren angeboten, wodurch ein Transfer von westlichen, journalistischen Konzepten stattfindet (vgl. Wirtschaftliche Lage der Massenmedien in Afghanistan: S. 174-175).

TABELLE 53

Typischer Journalist in dieser Stichprobe

Kategorien	
Geschlecht	Männlich (meistens)
Alter	ø 31 Jahre
Familienstatus	verheiratet
Hochschulabschluss	Bachelor
Einkommen	ca. 250 Euro/Monat
Berufszufriedenheit	Mit seinem Beruf voll zufrieden
Berufliche (Primär-)Rolle	Informationsjournalismus (dominant)
Berufliche (Sekundär-) Rollen	Missionar, Vermittler, Dienstleister, Kritiker
Publikumsbild	Städtisches Publikum (Interessiert an Information, Politik und Fortschritt)
Ethischer Maßstab	Neutral recherchierend
Einflusswahrnehmung	Quellen außerhalb der Redaktion
Berichterstattung	Informationsjournalismus

Berufliches Rollenselbstverständnis und Unterscheidungsmerkmale

In diesem Abschnitt lautet die erkenntnisleitende Frage, inwieweit die verschiedenen individuellen und kulturellen Merkmale imstande sind, potenziell auf die beruflichen Merkmale und Einstellungen befragter Journalisten Einfluss zu nehmen. Im Mittelpunkt stehen zwei Ziele. Zunächst werden diese Merkmale der befragten Journalisten deskriptiv differenziert. Als solche werden Geschlecht, Alter, Territorialität (Wohnort), und Ethnizität (Volkszugehörigkeit) sowie Segment (Medium) und Organisation (Eigentum) einbezogen.[95] Dann wird gefragt, inwieweit diese Merkmale

95 Der Ausschluss anderer Kontextvariablen aus der Analyse bedeutet nicht, dass deren Einfluss in der Forschung ignoriert wurde. Aber eine umfassende Diskussion aller Ergebnisse und ihrer Nuancen würde hier den Rahmen sprengen.

das berufliche Rollenselbstverständnis beeinflussen können. Um dieses Ziel zu erreichen, werden alle Lagermerkmale als ›hypothetische Einflussfaktoren‹ im Hinblick auf berufliches Rollenselbstverständnis getestet.

Geschlecht

Wenn nun die Journalisten in Bezug auf das Geschlecht einem direkten Vergleich unterzogen werden, lässt sich feststellen, dass die beiden Gruppen einen marginalen Altersunterschied haben, wobei die Journalistinnen etwas jünger (Durchschnittsalter 30,3) als ihre männlichen Kollegen mit einem Durchschnittsalter von 31,6 Jahren sind (s. Tab. 54). Von insgesamt 104 paschtunischen Befragten sind rund 11,5 Prozent weiblich, während deren Anteil bei den 76 tadschikischen Befragten bei 19,7 Prozent und bei den 13 befragten Hazara bei 13,3 Prozent liegt. Die Journalistinnen sind mehrheitlich (55,4 %) ledig, im Gegensatz zu ihren männlichen Kollegen (39,8 %). Graduell sind die Unterschiede bezüglich des Arbeitsstatus, wo 70 Prozent der Befragten eine Vollzeitarbeit haben. Es scheint, dass die Arbeitsmöglichkeiten für Journalistinnen in den Redaktionen der Hauptstadt besser sind als in den Provinzen. Unter den insgesamt 29 weiblichen Befragten befanden sich nur sechs Journalistinnen, die nicht in der Hauptstadt tätig waren. Die höchste Zahl von Journalistinnen (16,3 %) arbeitet bei den kommerziellen Medien, während diese in den staatlichen Medien bei rund 13,5 und in parteipolitischen bei Null liegt. Relativ klein sind die Differenzen bezüglich des Anteils von beiden Geschlechtergruppen in den unterschiedlichen Segmenten. Der Anteil von Journalistinnen liegt vor allem in den Zeitschriftenredaktionen (25 %) und beim Hörfunk (23 %) höher als in allen anderen Redaktionen. Bei der Zeitung beträgt er 11,4 Prozent, während der Anteil der Journalistinnen in den Presseagenturen bei fast 16 Prozent und beim Fernsehen bei nur 9,3 Prozent liegt. Die Journalistinnen verdienen weniger als ihre männlichen Kollegen. Der größte Teil (58,6 %) der weiblichen Journalisten ist in der Verdienstkategorie von 5000 Afghani (ca. 65 Euro) monatlich, während nur 27,5 Prozent der männlichen Journalisten diese Verdiensthöhe angeben. Dieses wird auch in den höheren Einkommensklassen deutlich, da dort der Anteil der männlichen Journalisten fast doppelt so hoch ist wie der der Journalistinnen. Interessant ist, dass dieses Verhältnis mit der redaktionellen Hierarchie nicht korreliert. Unter den Befragten ist der Anteil von Journalistinnen in der Funktion des Chefredakteurs größer als bei den männlichen Kollegen (von insgesamt 14,4 % sind 17,2 Frauen und 13,9 Männer). Die mittlere Ebene des Redakteurs ist zu 41,0 Prozent von männlichen und nur zu 13,8 Prozent von weiblichen Journalisten besetzt. Die Journalisten geben an, dass sie ein wenig mehr (sieben Jahre) Arbeitserfahrung haben als Journalistinnen (sechs Jahre) und in den aktuellen Organisationen ist die Dauer der Tätigkeit gleich (Durchschnitt ca. 4,5 Jahre). Gleichermaßen scheinen beide Gruppen nicht auf Nebenverdienste angewiesen zu sein. Fast 70 Prozent geben an, dass sie keinem anderen Job nachgehen als dem Journalismus. Die journalistische Ausbildung ist mit relativ markanten Differenzen unter den Geschlechtsgruppen verteilt. Die meisten Journalistinnen (41,3 %) gehören der Kategorie an, die angeben, dass sie nur Abitur haben. Nur 37,7 Prozent der weiblichen Journalisten haben einen Bachelor-Abschluss, während bei Männern dieser Anteil bei 47 Prozent liegt. Noch kleiner ist Zahl der Inhaber von Master-Abschlüssen unter den Journalistinnen (3,4 % weiblich, 9,3 % männlich). Der Anteil der Journalistinnen, die eine Spezialisierung in der journalistischen Ausbildung genossen haben, liegt bei 72,4 Prozent und bei ihren männlichen Kollegen bei 66,3 Prozent. Die größte Zahl (41,5 %) der Journalistinnen hat eine Spezialisierung im Fachbereich Rundfunk erhalten, während dieser Anteil bei männlichen Kollegen bei 30,7 Prozent liegt. Bei den männlichen Befragten ist der Anteil derer (12,7 im Vergleich zu 6,9 %), die eine kommunikationswissenschaftliche Ausbildung genossen haben, größer. Interessant ist allerdings, dass die Journalisten, obwohl sie über eine höhere Ausbildung verfügen, dennoch weniger engagiert sind als ihre weiblichen Kolleginnen. Sie sind z. B. seltener in den Berufsverbänden vertreten. Auf die Frage, ob der oder die Befragte in einem journalistischen Verband Mitglied sei, antworten 58,6 Prozent der weiblichen Befragten positiv, während der Anteil bei den männlichen Journalisten bei 45,8 Prozent liegt. Insgesamt zählen die weiblichen Journalisten zu der Gruppe mit wenig journalistischer Professionalisierung (Ausbildung). Der Grund liegt sicherlich an dem Berufsverbot während der Taliban-Herrschaft, in der Frauen weder arbeiten noch studieren durften. Dieses Verbot wirkt bis heute nach, da die weiblichen Journalisten im Vergleich zu ihren männlichen Kollegen viel in der Professionalisierung nachholen müssen. Dies hindert sie nicht daran, engagierter zu sein, wie der Punkt ›Mitgliedschaft in den Verbänden‹ zeigt.

Die meisten Studien der Journalismusforschung verweisen auf »keine erheblichen Unterschiede« bezüglich der beruflichen Einstellungen zwischen weiblichen und männlichen Journalisten (vgl. HANITZSCH 2004: 181).

In der vorliegenden Untersuchung kann ebenfalls insgesamt nur eine Konkordanz festgestellt werden, während die Differenzen sehr kleiner Natur sind. Hoch ist diese Einigkeit im Hinblick auf die Bewertung des Informationsjournalismus, den beide Geschlechter mit kleinster Abweichung von den Mittelwerten als das wichtigste Kommunikationsziel bezeichnet haben (vgl. Tab. 54). In diesem Zusammenhang ist auch interessant, einen Blick auf die Bewertung der einzelnen Items des beruflichen Rollenselbstverständnisses zu werfen. Journalistinnen verfolgen, im Vergleich zu ihren männlichen Kollegen, mehr noch den Informationsjournalismus, wobei sie das Kommunikationsziel »Realität so abzubilden, wie sie ist« deutlich wichtiger bewerten als »genaue und schnelle Informationsvermittlung«. Die hohe Bedeutung dieses Rollenselbstverständnisses für Journalistinnen kann aus dem Umstand abgeleitet werden, dass die Bewertung dieser zwei Aussagen die kleinste Standardabweichung in dieser Gruppe vorweist.

TABELLE 54

Rollenselbstverständnis und Geschlecht

Kommunikationsziele	MW	Frauen	Männer
möglichst schnelle und genaue Informationen	**4,70**	4,79	4,68
Realität so abbilden, wie sie ist	**4,60**	4,82	4,56
sich für den sozialen Wandel einsetzen	**4,58**	4,65	4,57
Bürger über die Politik und Entscheidungen der Regierung informieren	**4,56**	4,62	4,56
Förderung islamischer Gesellschaft, Tradition und Werte	**4,51**	4,68	4,48
Verteidigung islamischer Werte	**4,51**	4,58	4,49
auf Nachrichten konzentrieren, die ein breites Publikum interessieren	**4,48**	4,51	4,47
Intellektuelle und kulturelle Interessen des Publikums ansprechen	**4,40**	4,65	4,35
Lebenshilfe für Bevölkerung anbieten	**4,38**	4,44	4,37
Förderung des Dialogs zwischen verschiedenen ethnischen Gruppen	**4,38**	4,65	4,33
Stärkung der (afghanischen) traditionellen moralischen Werte	**4,30**	4,37	4,28
Komplexe Sachverhalte erklären und vermitteln	**4,24**	4,31	4,22
Den Menschen in den ländlichen Gebieten eine Chance geben	**4,11**	4,41	4,06
aktive Unterstützung der Regierungspolitik für die nationale Entwicklung	**4,10**	4,34	4,06

Kommunikationsziele	MW	Frauen	Männer
Nachforschungen zu Aussagen der Regierungsvertreter anstellen	**3,97**	3,99	3,97
sich als Gegenpart zur Regierung stellen	**3,95**	4,03	3,94
Erklären der Regierungspolitik, wenn sie komplex ist	**3,95**	4,10	3,93
Missstände in der Gesellschaft kritisieren	**3,92**	4,03	3,90
Priorität der Berichterstattung über Entwicklungspolitik	**3,91**	4,00	3,90
Benachteiligten Menschen in der Gesellschaft eine Chance geben...	**3,89**	4,00	3,87
Nachrichten ohne faktische Bestätigung nicht bringen	**3,85**	3,86	3,84
Unterhaltung und Entspannung bieten	**3,67**	4,00	3,60
eigene Ansichten präsentieren	**2,73**	2,96	2,68
Summe	**N=195**	N=29	N=166

Konsens herrscht bei beiden Gruppen über eine missionarische Haltung, da beide Gruppen diese als zweitwichtigstes Konzept bewerten. Dieses Einvernehmen herrscht auch in Bezug auf den kritischen Journalismus, da beide Gruppen diesen am wenigsten anstreben. Eine weitere Gemeinsamkeit besteht in der Vermittlung eigener Meinung und darüber, dass Unterhaltung anzubieten als relativ unwichtig eingestuft wird. Differenzen können indessen im Hinblick auf den Vermittlungsjournalismus abgeleitet werden. Stärker als bei den männlichen Kollegen steht bei Journalistinnen das Erreichen des Kommunikationsziels (Dialogförderung) im Vordergrund. Ebenso unterscheiden sich die Journalistinnen darin, dass sie kritischer als ihre Kollegen sind, wenn es um die Rolle des Gegenparts zur Regierung geht und um die Kritik der Missstände im Land. Dieses Ergebnis steht im Widerspruch zu einem anderen Befund (vgl. HANITZSCH 2004: 179), in dem geschlussfolgert wird, dass Journalistinnen weniger politisch und kritisch seien als ihre männlichen Kollegen. Insgesamt kann festgestellt werden, dass im Hinblick auf das berufliche Rollenselbstverständnis zwischen den beiden Geschlechtergruppen keine nennenswerten Unterschiede existieren, was in Übereinstimmung mit anderen Befunden steht (ebd.: 211; WEAVER/WILHOIT 1991: 180).

Alter

Das Lebensalter wird neben dem Geschlecht als ein Merkmal bezeichnet, bei dem vermutet wird, dass im Vergleich verschiedener empirischer Altersgruppen jüngere Journalisten ein »anderes Profil« in ihrem »Verhalten« aufweisen als ihre älteren Kollegen (HANITZSCH 2004: 212). Um dieser Vermutung nachzugehen, wurden die Befragten in drei Gruppen aufgeteilt. In der ersten, jüngeren, Gruppe wurden 115 Journalisten (59,0 %) unter 30 (18 bis 30) Jahren zusammengefasst. Die zweite Gruppe, der Journalisten mittleren Alters (31 bis 39) angehören, umfasste 40 Journalisten (20,5 %). Schließlich wurden in der dritten Gruppe 39 Journalisten (20,0 %) kategorisiert, die älter als 40 Jahre waren.

Der größte Teil (80 von 115 Befragten) der jüngeren Gruppe arbeitet im Rundfunk, während die kleinste Gruppe in den Zeitschriftenredaktionen (nur sechs der Befragten) tätig ist. Die Älteren scheinen mehrheitlich in den Printmedien tätig zu sein, von 39 älteren Befragten 15 geben an, dass sie in Zeitungsredaktionen arbeiten. Eindeutig ist die Struktur in der redaktionellen Hierarchie, in der insbesondere die Älteren in den höheren Positionen tätig sind. Von den Journalisten der jüngeren Gruppen besetzen nur 13 Prozent eine Position in den oberen Redaktionsebenen, wobei der Anteil der Älteren bei 28,2 Prozent liegt. Auch die mittlere Ebene ist mehrheitlich durch die ältere Gruppe besetzt. Somit ist die größte Gruppe der Jüngeren in den unteren Ebenen beschäftigt. Die Tendenz setzt sich auch in der Dimension des Arbeitsverhältnisses fort. Während sich 74,3 Prozent der Älteren und 67 Prozent der Journalisten mittleren Alters in einer Vollzeitbeschäftigung befinden, sind bei den Jüngeren nur 49,6 Prozent in diesem Arbeitsverhältnis. Dieser Trend ist vergleichbar mit den Ergebnissen anderer Studien, die zu dem Schluss kommen, dass sich ältere Journalisten in besseren Arbeitsverhältnissen befinden (vgl. HANITZSCH 2004: 212).

Im Vergleich des Professionalisierungsgrades erweisen sich die Journalisten der jüngeren Gruppe als besser ausgebildet als die anderen zwei Gruppen. Von insgesamt 87 Befragten, die angeben, dass sie einen Bachelor-Abschluss haben, kommen 54 Journalisten aus der jüngeren Gruppe. Tendenziell ist der Organisationsgrad in Berufsverbänden bei den Jüngeren gering. Der Anteil der Journalisten mit einer Mitgliedschaft in einem Journalistenverband beträgt in der jüngeren Gruppe 41,3 Prozent, während dieser Organisationsgrad bei den Älteren ausgeprägter ist und die Mitgliedschaft bei 66,7 Prozent liegt. Der Grund für die Entwicklung könnte dennoch nicht dem Lebensalter zuzurechnen sein, sondern dem Umstand, dass die Mitgliedschaft in den Verbänden vor der Entmachtung der Taliban eine Pflicht war, was sich bei den Älteren als Tradition fortgesetzt hat. Stellt man die Bewertung der einzelnen Items zum beruflichen Rollenselbstverständnis durch die Journalisten aus den drei Gruppen zueinander ins Verhältnis, kristallisieren sich graduelle Differenzen heraus. Die Abweichungen in den Bewertungen von einzelnen Aussagen zur Bestimmung der beruflichen Einstellung sind so klein, dass man nicht von einem Unterschied zwischen den einzelnen Merkmalsträgern ausgehen kann. Die geringe Differenz in den Faktorenwerten bestätigt die Vermutung. Zuerst kann festgestellt werden, dass über alle Altersgruppen hinweg eine klare Übereinstimmung zu herrschen scheint, dass das wichtigste Kommunikationsziel die schnelle und genaue Informationsvermittlung sei. Des Weiteren neigen alle drei Gruppen zum missionarischen Journalismus, mit der Ausnahme, dass die Gruppe der Älteren dieses Konzept als fast genauso wichtig betrachtet wie Informationsjournalismus (vgl. Tab. 55). Die Gruppe der jungen Journalisten neigt dazu, nicht nur passiv die Informationen an ihr Publikum zu übermitteln, sondern auch aktiv die Medien für die soziale Entwicklung des Landes zu nutzen und dabei der Bevölkerung die Regierungsprogramme zu erklären. Genauso wichtig sind für diese Gruppe die Kommunikationsziele des Vermittlungsjournalismus. Im Gegensatz dazu misst diese Gruppe den Kommunikationszielen des Dienstleistungsjournalismus wenig Bedeutung bei. Hier widerspricht diese Studie der These der Untersuchung von Hanitzsch (vgl. 2004: 214), dass die jüngeren Journalisten leicht zu einem »populären Servicejournalismus« tendierten. Darüber hinaus tendieren sie zu einem Kommunikationsziel im Sinne des kritischen Journalismus, der weniger regierungskritisch funktioniert, sondern eher die korrupten Elemente in der Gesellschaft aufdecken und kritisieren will. Generell sind die Unterschiede hinsichtlich des kritischen Journalismus zwischen den Gruppen so klein, dass man kaum einen unterscheidenden Effekt ausmachen kann.

TABELLE 55
Rollenselbstverständnis und Alter

Kommunikationsziele	Ziel	Jüngere	Mittlere	Ältere
möglichst schnelle und genaue Informationen	**4,70**	4,70	4,60	4,79
Realität so abbilden, wie sie ist	**4,60**	4,63	4,57	4,50
sich für den sozialen Wandel einsetzen	**4,58**	4,53	4,67	4,64
Bürgern über die Politik und Entscheidungen der Regierung aufklären	**4,56**	4,58	4,52	4,56
Förderung islamischer Gesellschaft, Tradition und Werte	**4,51**	4,47	4,62	4,48

Kommunikationsziele	Ziel	Jüngere	Mittlere	Ältere
Verteidigung islamischer Werten	**4,51**	4,46	4,47	4,66
auf Nachrichten konzentrieren, die ein breites Publikum interessieren	**4,48**	4,28	4,74	4,79
Intellektuelle und kulturelle Interessen des Publikums ansprechen	**4,40**	4,37	4,62	4,23
Lebenshilfe für Bevölkerung anbieten	**4,38**	4,29	4,57	4,46
Förderung des Dialogs zwischen verschiedenen ethnischen Gruppen	**4,38**	4,39	4,45	4,35
Stärkung der (afghanischen) traditionellen moralischen Werte	**4,30**	4,35	4,07	4,35
Komplexe Sachverhalte erklären und vermitteln	**4,24**	4,26	4,30	4,10
Den Menschen in den ländlichen Gebieten eine Chance geben	**4,11**	4,12	3,97	4,23
aktive Unterstützung der Regierungspolitik für die nationale Entwicklung	**4,10**	4,13	3,92	4,17
Nachforschungen zu Aussagen der Regierungsvertreter anstellen	**3,97**	4,00	3,95	3,97
sich als Gegenpart zur Regierung stellen	**3,95**	3,92	3,76	3,85
Erklären der Regierungspolitik, wenn sie komplex ist	**3,95**	3,95	3,95	3,95
Missstände in der Gesellschaft kritisieren	**3,92**	4,10	3,90	4,00
Priorität der Berichterstattung über Entwicklungspolitik	**3,91**	3,80	4,35	3,85
Benachteiligten Menschen in der Gesellschaft eine Chance geben...	**3,89**	3,87	3,84	3,97
Nachrichten ohne faktische Bestätigung nicht bringen	**3,85**	3,81	3,74	4,02
Unterhaltung und Entspannung bieten	**3,67**	3,63	3,62	3,76
eigene Ansichten präsentieren	**2,73**	2,59	3,00	2,84
Summe	**N=195**	N=116	N=40	N=39

So zeigt sich besonders bei Items, die das Konzept des Dienstleistungs- und missionarischen Journalismus indizieren, dass sie für Befragte der mittleren Altersgruppe wichtiger sind. Nach der Aussage des Servicejournalismus, sich auf »Nachrichten zu konzentrieren, die ein breites Publikum erreichen«, wird an zweiter Stelle »Verteidigung islamischer Gesellschaft, Tradition und Werte« von diesen Journalisten als wichtigstes Kommunikationsziel eingeschätzt. Darüber hinaus werden Kommunikationsziele des vermittlungsorientierten Journalismus und das Auftreten des Journalisten als Kritiker, der insbesondere korrupte Elemente in der Gesellschaft bekämpfen will und weniger regierungskritisch ist, als Ziele genannt, die im Journalismus ebenfalls wichtig sind. Die Kommunikationsziele des missionarischen Journalismus werden von der älteren Gruppe als genauso wichtig eingeschätzt wie die Absichten des Informationsjournalismus. Die älteren Journalisten erweisen sich hier als Traditionalisten, da für sie ein werteorientierter Journalismus ebenso wichtig wie Informationsjournalismus ist. Diese neigen auch dazu, sich als Journalisten mehr für die Kommunikationsziele des Unterhaltungs- und Vermittlungsjournalismus einzusetzen.

Insgesamt kann festgestellt werden, dass, während die Journalisten der jüngeren Generation zu den Typen des Informationsjournalismus neigen, die mittlere den Service- und die ältere Generation eine Mischung aus missionarischem sowie Unterhaltungsjournalismus bevorzugt.

Territorialität

In der kulturvergleichenden Journalismusforschung wird oft kritisiert, dass sich die Forschung der beruflichen Einstellung oft primär an den geographischen Räumen orientiert, wo die Nationalstaaten als Bezugsgröße stehen (vgl. u. a. DONSBACH 2008; ESSER 1998; KÖCHER 1985). Wobei es fraglich bleibt, ob die ›Nationen‹, die oft aus vielen Kulturen und ethnischen sowie religiösen Gruppen bestehen, die richtige Einheit für den Vergleich sind (HANITZSCH 2004: 176). Im Hinblick auf diese unterschiedlichen Dimensionen, welche die beruflichen Einstellungen determinieren können, ist es schwierig festzustellen, ob die beobachteten Unterschiede auf Sprache, politisches System, kulturelle Tradition, wirtschaftliche Entwicklung oder eine Kombination von diesen zurückzuführen sind (ebd.). Folglich wird vorgeschlagen, den Journalismus innerhalb des »jeweiligen nationalen Kontextes« zu untersuchen (ebd.), da dieses Vorgehen eine Untersuchung des Einflusspotenzials vieler »makro-kontextueller Variablen« wie politisches System, gesellschaftliche Entwicklung sowie Sprache auf den Journalismus besser ermöglichen würde. So wird hier in Anlehnung an die Studie *Journalismus* in Indonesien (ebd.: 221) der Frage nachgegangen, welche Rolle die Territorialität (der geografische Raum) als »zentrale Bezugsgröße« im Journalismus spielt. Dieses wurde durch den Vergleich zweier afghanischer Städte vollzogen: der Hauptstadt Kabul und der Provinzhauptstadt Jalalabad.

Vergleicht man nun die verschiedenen relevanten Merkmale der Journalisten aus zwei unterschiedlichen Provinzen, kann erst einmal festgestellt werden, dass die jüngsten Journalisten mit einen Durchschnittsalter von 30,21 Jahren in Jalalabad arbeiten, während dieser Durchschnitt in Kabul bei 32,02 Jahren liegt. Wie erwartet arbeiten in der Hauptstadt mehr Journalisten (47 % zur 43 %) aus der tadschikischen Volksgruppe, während in Jalalabad Journalisten aus der paschtunischen Volksgruppe in der Überzahl sind (73 %). Die Gruppe der Hazara ist in beiden Provinzen fast gleichermaßen vertreten, mit jeweils fast 7 Prozent. Die Journalisten in der Provinz verdienen weniger als in Kabul – in Jalalabad 72,3 Prozent der Befragten zwischen 5.000 bis 10.000 Afghanis monatlich, wohingegen von den Journalisten in Kabul nur 62 Prozent zu dieser Gehaltsgruppe gehören. Der Anteil von Großverdienern (ab 20.000 Afghani) liegt in Jalalabad bei 24 Prozent, in Kabul hingegen bei nur 21 Prozent. Bezüglich des Arbeitstatus können nur kleine Unterschiede festgestellt werden, mit der Ausnahme, dass 61 Prozent der Journalisten in Kabul und nur 50,8 Prozent in Jalalabad in einer Vollbeschäftigung tätig sind. Der prekäre Arbeitsstatus in der Provinz könnte auch ein Grund sein, dass Journalisten dort angeben, auf weitere Tätigkeiten, sowohl in anderen Medienorganisationen, als auch in ganz anderen Jobs neben dem eigentlichen Job, angewiesen zu sein, mehr als in Kabul. Im Hinblick auf die journalistische Erfahrung lässt sich Folgendes sagen: Im Schnitt verfügen die Journalisten in Kabul (Durchschnitt 7,37 Jahre) über mehr journalistische Erfahrung insgesamt, aber auch in ihren aktuellen Organisationsstrukturen, als die Journalisten in Jalalabad (6,05 Jahre).

Ähnlich antworten die Journalisten aus beiden Provinzen auf die Frage, ob sie eine formelle Ausbildung für ihre journalistische Arbeit genossen haben. Von insgesamt 61 Befragten in der Provinz haben 38 und von 134 Befragten in Kabul 50 Journalisten einen Bachelor-Abschluss. Die zweitgrößte Gruppe bilden diejenigen Journalisten in den beiden Provinzen, die nur Abitur haben, während die Zahl derjenigen, die angeben einen Master-Abschluss zu haben, in Kabul größer ist als in Jalalabad. Groß ist auch die Zahl derjenigen, welche angeben, dass sie eine Spezialisierung in einem Fachbereich während der Ausbildung genossen haben (jeder siebte in Kabul und jede fünfte in Jalalabad). Jedoch erreichen beide Gruppen den fast gleichen Prozentsatz (über 30 %), wenn es um die Frage der Spezialisierung im Bereich Rundfunk geht. Die größte Gruppe (jeweils über 35 %) bilden in beiden Provinzen diejenigen, die keine journalistische Ausbildung haben.

Zunächst kann festgehalten werden, dass im Vergleich der Journalistengruppen aus den unterschiedlichen Städten hinsichtlich des beruflichen Rollenselbstverständnisses einige Differenzen zu beobachten sind. Diese

Differenzen liegen in der Bewertung von kritischem, missionarischem und Unterhaltungsjournalismus. So neigen die Journalisten in der Hauptstadt eindeutig zum Informationsjournalismus (vgl. Tab. 56).

TABELLE 56

Rollenselbstverständnis und Territorialität

Kommunikationsziele	Ziel	Hauptstadt	Provinz
möglichst schnelle und genaue Informationen liefern	4,70	4,70	4,68
Realität so abbilden, wie sie ist	4,60	4,57	4,67
sich für den sozialen Wandel einsetzen	4,58	4,52	4,72
Bürger über die Politik und Entscheidungen der Regierung informieren	4,56	4,58	4,54
Förderung islamischer Gesellschaft, Tradition und Werte	4,51	4,40	4,75
Verteidigung islamischer Werte	4,51	4,39	4,77
auf Nachrichten konzentrieren, die ein breites Publikum interessieren	4,48	4,72	3,95
Intellektuelle und kulturelle Interessen des Publikums ansprechen	4,40	4,48	4,21
Lebenshilfe für Bevölkerung anbieten	4,38	4,36	4,44
Förderung des Dialogs zwischen verschiedenen ethnischen Gruppen	4,38	4,38	4,39
Stärkung der (afghanischen) traditionellen moralischen Werte	4,30	4,28	4,34
Komplexe Sachverhalte erklären und vermitteln	4,24	4,23	4,26
Den Menschen in den ländlichen Gebieten eine Chance geben	4,11	4,06	4,21
aktive Unterstützung der Regierungspolitik für die nationale Entwicklung	4,10	4,14	3,99
Nachforschungen zu Aussagen der Regierungsvertreter anstellen	3,97	4,11	3,68
sich als Gegenpart zur Regierung stellen	3,95	4,11	3,60
Erklären der Regierungspolitik, wenn sie komplex ist	3,95	3,97	3,93
Missstände in der Gesellschaft kritisieren	3,92	4,15	3,42
Priorität der Berichterstattung über Entwicklungspolitik	3,91	4,00	3,72
Benachteiligten Menschen in der Gesellschaft eine Chance geben...	3,89	3,88	3,90

Kommunikationsziele	Ziel	Haupt-stadt	Provinz
Nachrichten ohne faktische Bestätigung nicht bringen	3,85	3,92	3,68
Unterhaltung und Entspannung bieten	3,67	3,85	3,24
eigene Ansichten präsentieren	2,73	2,86	2,66
Summe	N = 195	N = 134	N = 61

Dazu tendieren sie zu einem kritischen Journalismus, der jedoch von den Journalisten in der Provinz weitgehend abgelehnt wird. Die Journalisten in der Provinz sind eindeutig von der Neigung zum missionarischen Journalismus geprägt. Den Unterhaltungsjournalismus nehmen sie auch nicht zu wichtig, was bei den Hauptstadtjournalisten anders ist. Stellt man die Bewertung der einzelnen Aussagen dem beruflichen Rollenselbstverständnis gegenüber, kann Folgendes festgestellt werden: Die befragten Journalisten aus der Hauptstadt Kabul ziehen insbesondere den populären Journalismus vor, indem sie neben der Informationsvermittlung vor allem auf Nachrichten setzen, die ein großes Publikum erreichen. Überdies verfolgen sie die Absicht, im Sinne des Informationsjournalismus das Publikum über die Regierungsprogramme zu informieren, um sich so für den sozialen Wandel einzusetzen. Wenn auch die Gruppe der Journalisten der Hauptstadt die Kommunikationsziele des Informationsjournalismus als sehr wichtig bezeichnet, scheut sie sich weniger, ihre eigene Meinung zu präsentieren, als ihre Kollegen in der Provinz. Im Vergleich spielen die Kommunikationsziele eines missionarischen Journalismus eher eine untergeordnete Rolle. Die Kollegen in den Provinzen bezeichnen im Gegenteil das primäre Kommunikationsziel des missionarischen Journalismus als bedeutend. Die befragten Journalisten aus der Provinz gehen sogar so weit, dass sie die Kommunikationsziele eines missionarischen Journalismus ganz oben vor dem Ziel des Informationsjournalismus sehen.[96]

Dazu möchten die Journalisten in der Provinz sich im Sinne des aktiven Journalismus für sozialen Wandel einsetzen, dies soll aber mit Zurückhaltung der eigenen Meinung geschehen. Ferner möchten sie im Sinne

96 Verdeutlicht wird diese Sicht durch die Tatsache, dass 90,3 Prozent der Befragten in den Provinzen das Item »Förderung islamischer Gesellschaft, Tradition und Werte« als extrem wichtig einstufen.

des Servicejournalismus ein wenig mehr als Hauptstadtjournalisten das Kommunikationsziel »Lebenshilfe für Bevölkerung anbieten« bedienen. Zusätzlich sind sie dem Konzept des Vermittlungsjournalismus zugeneigt und möchten sich für die Vermittlung zwischen unterschiedlichen gesellschaftlichen Gruppen einsetzen. Auffällig ist auch, dass die Journalisten in Jalalabad weniger dazu geneigt sind, regierungskritischen Journalismus zu betreiben, während ihre Kollegen in Kabul alle drei Kommunikationsziele dieses Konzepts als wichtiger als ihre Kollegen erachten. Der Grund liegt insbesondere darin, dass die Journalisten in der Provinz oft unter sehr viel restriktiveren Bedingungen arbeiten müssen (vgl. ALTAI 2010: 54; HAZAR 2009: 98). Nicht selten werden dort die Journalisten angegriffen und bedroht. Kaum einer wagt es, sich mit den konservativen und religiösen Gruppierungen anzulegen, da deren Einfluss größer ist als der der Regierung. Wer es wagt, kritisch zu schreiben, wird schnell von diesen Gruppierungen mit Strafen bedroht. Die Gegebenheiten, wie behördliche Repressionen und die politischen Unsicherheiten, führen dazu, dass außerhalb der Hauptstadt bei den Journalisten eine Selbstzensur und Tabuisierung bestimmter Themen besonders ausgeprägt sind. Aus diesem Kontext resultiert, dass die Journalisten in der Provinz, die mehrheitlich Paschtunen sind, auf diejenigen Kommunikationsziele zugreifen, die mit den traditionellen und religiösen Strukturen kompatibel sind und wenig Widerstand aus diesen Strukturen hervorrufen. Dieser Befund ist aber nicht überraschend, da andere Studien (vgl. WEAVER/WILHOIT 1991: 117) die »geografische Lage« als einen wichtigen Einflussfaktor auf die Berufsbilder bezeichnen. Die Untersuchung von Hanitzsch (2004: 175) zu diesen Differenzen kam zum Ergebnis, dass die Journalisten in der Hauptstadt (Indonesien) in ihrer beruflichen Einstellung politischer als ihre Kollegen in den Provinzen[97] waren. Diesen Umstand erklärt er damit, dass die Hauptstadt derjenige Ort ist, wo fast alle politischen Institutionen operieren und in diesem politisierten Kontext die Journalisten unvermeidlich politischer agieren. Im gesamten Zustimmungsbereich nach Territorialität kann abgeleitet werden: Während die Journalisten aus Kabul ein berufliches Rollenselbstverständnis vertreten, bei dem eine

97 Sie unterstützen eher als Kollegen in der Provinz die Kommunikationsziele des kritischen Journalismus (»Gegenpart zur Regierung sowie Wirtschaft sein«, »Missstände kritisieren« und »Ausdruck der persönlichen Meinung in den Nachrichten«).

Mischung aus Informations-, kritischem und Servicejournalismus dominiert, legen die Journalisten aus den Provinzen vor allem auf werteorientierten Journalismus großen Wert, wobei der kritische Journalismus eine untergeordnete Rolle spielt.

Ethnizität

Die Journalismusforschung hat sich bislang sogar in den »heterogen zusammengesetzten Gesellschaften« für den Einfluss von Ethnizität auf den Journalismus wenig interessiert (HANITZSCH 2004: 227). Vernachlässigt wurde auch die Frage, inwieweit die ethnische Zugehörigkeit einen Einfluss auf berufliche Einstellungen haben könnte. In dieser Studie wird der Frage nachgegangen, ob zwischen unterschiedlichen ethnischen Gruppen hinsichtlich des beruflichen Rollenselbstverständnisses ein Unterschied existiert.

Stellt man die einzelnen Volksgruppen in einen Vergleich, kann zunächst festgestellt werden, dass sich die gesamte Bevölkerungszusammensetzung in Afghanistan in der Stichprobe (s. Tab. 57). Wie in der gesamten Bevölkerung dominiert unter den Befragten die paschtunische Ethnie mit 53,3 Prozent, gefolgt von den Tadschiken mit 39,0 Prozent sowie den Hazara mit 7,7 Prozent. Die Tendenz setzt sich in den einzelnen Provinzen fort, mit einer Ausnahme: Während der Anteil der Tadschiken in Kabul ein wenig größer ist (47,8 % zu 44,0%), ist diese Ethnie in Jalalabad klar unterrepräsentiert, da acht von zehn (79,9%) Journalisten Paschtunen sind. Insgesamt unterrepräsentiert sind unter Journalisten die Hazara, deren Anteil in Kabul 8,2 Prozent und in Jalalabad 6,6 Prozent beträgt. Der Altersdurchschnitt der Journalisten liegt bei den Hazara mit 28,4 Jahren am niedrigsten, bei den Tadschiken mit 34,5 Jahren am höchsten.

Im Hinblick auf die Professionalisierung befindet sich die größte Zahl von Journalisten mit einem Bachelor- oder Master-Abschluss unter den Tadschiken (47,6 % Bachelor und 10,8 % Master), gefolgt von den Hazara mit einem Bachelor-Anteil von 46,2 Prozent und den Paschtunen mit 45,6 Prozent. Die Tadschiken haben auch die längste journalistische Berufserfahrung. Die Mitgliedschaft in einem Journalistenverband ist unter tadschikischen Journalisten am häufigsten, da jeder Vierte in einem Verband Mitglied ist, bei Hazara und Paschtunen jeder Fünfte.

In der redaktionellen Hierarchie sind insbesondere Tadschiken besser positioniert als andere Gruppen, da deren Anteil mit 18,4 Prozent am größten ist. In den unteren Ebenen findet man insbesondere Paschtunen. Keine Unterschiede sind bezüglich der Nebentätigkeiten zu erkennen, wenn auch die Zahl derjenigen, die einer Nebentätigkeit nachgehen, unter Paschtunen im Vergleich ein wenig höher liegt. Gut ist die Beschäftigungssituation insbesondere bei den Tadschiken, da jeder vierte Journalist in Vollzeit arbeitet, während dies bei den Hazara nur bei jedem Sechsten der Fall ist. Eindeutiger Großverdiener ist die Gruppe der Tadschiken, da 35 Prozent angeben, dass sie über 20.000 Afghani verdienen, während dies bei den Hazara nur 20 Prozent und bei den Paschtunen nur 22 Prozent sind.

TABELLE 57
Rollenselbstverständnis und Ethnizität

Kommunikationsziele	MW	Paschtunen	Tadschiken	Hazara
möglichst schnelle und genaue Informationen liefern	**4,70**	4,75	4,59	4,86
Realität so abbilden, wie sie ist	**4,60**	4,70	4,44	4,73
sich für den sozialen Wandel einsetzen	**4,58**	4,69	4,46	4,46
Bürger über die Politik und Entscheidungen der Regierung informieren	**4,56**	4,63	4,47	4,60
Förderung islamischer Gesellschaft, Tradition und Werte	**4,51**	4,73	4,30	4,06
Verteidigung islamischer Werte	**4,51**	4,72	4,30	4,13
auf Nachrichten konzentrieren, die ein breites Publikum interessieren	**4,48**	4,40	4,57	4,53
Intellektuelle und kulturelle Interessen des Publikums ansprechen	**4,40**	4,40	4,38	4,46
Lebenshilfe für Bevölkerung anbieten	**4,38**	4,43	4,32	4,39
Förderung des Dialogs zwischen verschiedenen ethnischen Gruppen	**4,38**	4,64	4,01	4,46
Stärkung der (afghanischen) traditionellen moralischen Werte	**4,30**	4,47	4,13	3,99
Komplexe Sachverhalte erklären und vermitteln	**4,24**	4,43	3,90	4,60
Den Menschen in den ländlichen Gebieten eine Chance geben	**4,11**	4,07	4,10	4,39
aktive Unterstützung der Regierungspolitik für die nationale	**4,10**	4,13	3,98	4,46
Nachforschungen zu Aussagen der Regierungsvertreter anstellen	**3,97**	3,97	3,98	4,00

Kommunikationsziele	MW	Pasch-tunen	Tad-schiken	Hazara
sich als Gegenpart zur Regierung stellen	**3,95**	3,85	4,07	4,06
Erklären der Regierungspolitik, wenn sie komplex ist	**3,95**	3,95	3,86	4,46
Missstände in der Gesellschaft kritisieren	**3,92**	3,92	3,98	4,00
Priorität der Berichterstattung über Entwicklungspolitik geben	**3,91**	4,00	3,73	4,19
Benachteiligten Menschen in der Gesellschaft eine Chance geben...	**3,89**	4,02	3,64	4,19
Nachrichten ohne faktische Bestätigung nicht bringen	**3,85**	3,68	3,97	4,39
Unterhaltung und Entspannung bieten	**3,67**	3,60	3,78	3,46
eigene Ansichten präsentieren	**2,73**	2,89	2,44	3,00
Summe	**N = 195**	N = 104	N = 61	N = 15

Im Vergleich der ethnischen Gruppen können einige Differenzen, wenn auch marginale, festgestellt werden. Alle Journalisten aus diesen Gruppen vertreten die Sichtweise, dass die wichtigste Aufgabe des Journalismus die genaue und schnelle Informationsvermittlung ist. Danach kommen aber die Unterschiede, die insbesondere in den Nuancen der Bewertung liegen. Die Paschtunen tendieren eher zu missionarischem Journalismus, während die Tadschiken vor allem durch die Neigung zum Informationsjournalismus geprägt sind. Hazara neigen am wenigsten zum missionarischen Journalismus, dafür mehr zu Informations- und kritischem Journalismus (vgl. Tab. 57). Hier lohnt es sich, die Gruppen der paschtunischen Journalisten etwas genauer zu betrachten, da deren Bewertung von anderen Gruppen ein wenig abweicht. Nach der Aussage »genaue und schnelle Informationsvermittlung« als Antwort darauf, was für diese Gruppe das Wichtigste in ihrem Beruf sei, werden an zweiter Stelle die Kommunikationsziele eines missionarischen Journalismus als am wichtigsten bezeichnet. Darüber hinaus werden Kommunikationsziele des vermittlungsorientierten Journalismus als diejenigen Ziele genannt, die im Journalismus wichtig sind. Dabei wird wenig Bedeutung den Items beigemessen, die im Sinne des Dienstleistungsjournalismus formuliert sind. Genau diese Absichten werden jedoch durch die anderen zwei Gruppen der Journalisten neben Aussagen des Informationsjournalismus als wichtig bezeichnet, wobei die Kommunikationsziele des missionarischen Journalismus eine eher mittlere Rolle spielen. Dabei scheint den Befragten aus der Gruppe der Tadschiken auch die Absicht wichtig zu sein, die kulturellen Interessen des Publikums anzusprechen, während die Hazara sich für den sozialen Wandel einsetzen möchten. Zusätzlich kann festgestellt werden, dass »die nationale Entwicklungspolitik zu vermitteln« den Hazara am wichtigsten ist. Die Forschung vermutet im ethnischen Vergleich insbesondere einen Unterschied, wenn es um die Bewertung von Kommunikationszielen des kritischen Journalismus geht, da eine »kulturelle Konditionierung« das kritische Verhalten des Journalisten beeinflussen kann (HANITZSCH 2004: 178).[98] Die Befunde können nur teilweise bestätigt werden. Die Unterschiede bei der Bewertung von kritischen Kommunikationszielen sind zwischen den ethnischen Gruppen eher marginal. Eine Ausnahme ist jedoch, dass die Paschtunen im Gruppenvergleich weniger regierungskritisch sind als ihre Kollegen. Interessant ist, dass unter den befragten ethnischen Gruppen vor allem Journalisten aus der Minderheit der Hazara dem westlichen Rollenselbstverständnis näher stehen, wenn sie primär den Informationsjournalismus befürworten, zusätzlich aber auch als Kritiker auftreten möchten.

Organisation

In diesem Abschnitt wird versucht, der Frage nachzugehen, inwieweit die Differenzen bei beruflichen Merkmale und Rollenselbstverständnis zwischen den Journalisten in den privatwirtschaftlichen, parteipolitischen und staatlichen Medien liegen.

Zunächst kann im direkten Vergleich festgehalten werden, dass die ältesten Journalisten (durchschnittlich 37 Jahre) definitiv bei den staatlichen Medien arbeiten. Bei diesen Medien arbeiten auch weniger weibliche Journalisten (13,5 %) als bei privatwirtschaftlichen Medien (16,3 %). Ebenso niedrig ist in diesen staatlichen Redaktionen die Zahl der Journalisten aus der Gruppe der Jungen, deren Anteil bei 29,7 Prozent liegt, während er in den privatwirtschaftlichen Medien 65,3 Prozent beträgt. Daraus ergibt sich, dass in den privaten Redaktionen mehr ledige Journalisten (46,3% zu 24,4 %) tätig sind.

98 Der Autor begründet die Befunde damit, dass die befragten Journalisten aus einer Ethnie kamen, in der Werte wie Gehorsam, Treue, Harmonie und Respekt für Autorität die Grundlage bilden und die Kritik nicht zur diesen Grundlagen gehört (vgl. HANITZSCH 2004: 179).

Im ethnischen Vergleich kann festgestellt werden, dass staatliche Medien eindeutig durch die paschtunische Dominanz (64,9 %) gekennzeichnet sind, während in den parteipolitischen Medien mehrheitlich tadschikische Journalisten arbeiten. In den privatwirtschaftlichen Medien sind diese Ethnien relativ gleich vertreten.

Die zufriedensten Journalisten sind in den Redaktionen der privatwirtschaftlichen und parteipolitischen Medien. Der Grund könnte die Tatsache sein, dass der größte Teil der Kleinverdiener in den staatlichen Medien arbeitet und deswegen am ehesten auf Nebenverdienste angewiesen sind.

Zunächst ist allen Medienorganisationen gemeinsam, dass alle Journalisten aus diesen Betrieben die Informationsvermittlung als wichtigstes Kommunikationsziel einstufen.

Die Journalisten in den staatlichen Medien sind zusätzlich dem missionarischen Journalismus zugeneigt, da sie in der Werteförderung eine der Hauptfunktionen neben der Informationsvermittlung sehen. Am allerwenigsten interessieren sich die Journalisten aus staatlichen Medien dafür, auf Nachrichten zu setzen, die ein breites Publikum erreichen, während dieses von Journalisten aus privatkommerziellen Medien als wichtig betrachtet wird. In privaten Medien präsentieren sich die Befragten als Informationsjournalisten. Dazu präferieren die Journalisten aus diesen Medien, die Kommunikationsziele für den sozialen Wandel einzusetzen, Korruption zu bekämpfen sowie über Regierungsprogramme aufzuklären. Eine Gemeinsamkeit der Journalisten in den staatlichen und parteipolitischen Redaktionen ist die Neigung zum missionarischen Journalismus. Interessanterweise besteht zwischen diesen Journalisten auch Einigkeit darüber, dass sie am erfolgreichsten bei der Umsetzung eines missionarischen Journalismus sind. Bei den parteipolitischen Medien ist dieser Befund deswegen nicht überraschend, da die Sender eine religiös orientierte Programmpolitik verfolgen, in deren Rahmen diese berufliche Einstellung passt. Daneben können die Befragten in den staatlichen Medien am wenigsten den kritischen Journalismus, dafür aber mehr Dienstleistungsjournalismus realisieren. Dieser Umstand zeigt, dass die befragten Journalisten bei der Umsetzung eines eher unpolitischen Journalismus, der wenig kritisch ist, erfolgreich sind. In den privaten Medien können die Befragten nicht nur dieses kritische Konzept des Journalismus besser umsetzen, sondern sie sehen sich in der Lage, auch den Informationsjournalismus mehr zu realisieren. Bei der Bewertung von Kommunikationszielen zur beruflichen Einstellung können die Befragten in den staatlichen Medien als die missionarischen

Journalisten bezeichnet werden. So bezeichnen sie den Informationsjournalismus einerseits und den missionarischen Journalismus andererseits als Konzepte, deren Verfolgung wichtig ist. Wobei sie sich durchaus auch als Unterhalter verstehen, während sie jedoch als Kritiker am wenigsten agieren möchten. Dieser Befund bezüglich der Kommunikationsziele und deren Umsetzung liefert eine gewisse Unterstützung für die Annahme der Forschung, dass in den staatlichen Medienredaktionen selten Kommunikationsziele verfolgt werden, die mit einem politisch-kritischen Journalismus interferieren (vgl. HANITZSCH 2004: 178). Zusätzlich geht die Journalismusforschung davon aus, dass Journalisten in den privatwirtschaftlichen Medien eine stärkere Präferenz für die Werte von Objektivität (»möglichst schnelle und genaue Informationen liefern« und »Realität so abbilden, wie sie ist«) haben (ebd.: 179). Die Erkenntnis aus der vorliegenden Studie kann weitgehend bestätigt werden. In den privatkommerziellen Medien verfolgen die Journalisten einen Informationsjournalismus. Sie bezeichnen im Zustimmungsbereich die Kommunikationsziele »schnelle Informationsvermittlung und objektive Realitätsvermittllung« als viel wichtiger als ihre Kollegen in den staatlichen Medien. Ebenso wenig spielen diese Werte für die Journalisten in den parteipolitischen Medienredaktionen eine Rolle. Beim Vergleich der beruflichen Einstellungen geht die Forschung davon aus, dass die Journalisten in den staatlichen Medienredaktionen oft in einem »Organisationsklima« gebunden sind, das durch einen hohen Grad an »staatlicher Kontrolle und Intervention« geprägt ist (ebd.). Daher wird vermutet, dass wahrscheinlich in den Einstellungen dieser Journalisten die Werte ›Konformität‹, ›Gehorsam‹ und ›Loyalität‹ eine wichtigere Rolle spielen als in anderen Medienorganisationen. Infolgedessen wird vermutet, dass in kommerziellen Medienorganisationen arbeitende Journalisten in ihren Einstellungen skeptischer und kritischer gegenüber der Politik als ihre Kollegen in den nicht kommerziellen Medien sind. Diese These bestätigt sich durch die Befunde (vgl. Tab. 58). Die Befragten der privaten Medien neigen mehr zu kritischem Journalismus und bezeichnen Kommunikationsziele wie »Gegenpart zur Regierung sein« oder auch »Missstände in der Gesellschaft kritisieren« als wichtiger als ihre Kollegen in den staatlichen, aber auch in den parteipolitischen Medien.

TABELLE 58

Rollenselbstverständnis und Medienorganisationen

Kommunikationsziele	MW	Staatl.	Privat	Partei
möglichst schnelle und genaue Informationen liefern	**4,70**	4,54	4,92	4,45
Realität so abbilden, wie sie ist	**4,60**	4,58	4,87	4,60
sich für den sozialen Wandel einsetzen	**4,58**	4,78	4,58	3,90
Bürger über die Politik und Entscheidungen der Regierung informieren	**4,56**	4,72	4,54	4,36
Förderung islamischer Gesellschaft, Tradition und Werte	**4,51**	4,86	4,42	4,45
Verteidigung islamischer Werten	**4,51**	4,83	4,42	4,54
auf Nachrichten konzentrieren, die ein breites Publikum interessieren	**4,48**	4,20	4,75	4,81
Intellektuelle und kulturelle Interessen des Publikums ansprechen	**4,40**	4,51	4,38	4,27
Lebenshilfe für Bevölkerung anbieten	**4,38**	4,51	4,39	3,90
Förderung des Dialogs zwischen verschiedenen ethnischen Gruppen	**4,38**	4,62	4,34	4,18
Stärkung der (afghanischen) traditionellen moralischen Werte	**4,30**	4,56	4,24	4,18
Komplexe Sachverhalte erklären und vermitteln	**4,24**	4,24	4,62	4,00
Den Menschen in den ländlichen Gebieten eine Chance geben	**4,11**	4,35	4,08	3,63
aktive Unterstützung der Regierungspolitik für die nationale Entwicklung	**4,10**	4,21	4,07	4,09
Nachforschungen zu Aussagen der Regierungsvertreter anstellen	**3,97**	3,90	4,18	3,90
sich als Gegenpart zur Regierung stellen	**3,95**	3,90	4,20	4,00
Erklären der Regierungspolitik, wenn sie komplex ist	**3,95**	4,21	4,20	3,72
Missstände in der Gesellschaft kritisieren	**3,92**	3,89	4,10	4,09
Priorität der Berichterstattung über Entwicklungspolitik	**3,91**	4,13	3,87	3,18
Benachteiligten Menschen in der Gesellschaft eine Chance geben...	**3,89**	4,13	4,10	4,20
Nachrichten ohne faktische Bestätigung nicht bringen	**3,85**	3,54	3,88	3,60
Unterhaltung und Entspannung bieten	**3,67**	3,95	4,00	4,00
eigene Ansichten präsentieren	**2,73**	2,97	2,63	2,70
Summe	**N=195**	N=37	N=147	N=11

Segment

Im segmentalen Vergleich kann zunächst festgestellt werden, dass in dieser Stichprobe in allen Mediensegmenten eine männliche Dominanz besteht. In den Redaktionen von Hörfunk und Zeitschriften arbeiten ein wenig mehr Journalistinnen. Die ältesten Journalisten sind in den Zeitungsredaktionen tätig, während im Rundfunk den größten Teil die jüngere Generation ausmacht. Ethnisch ist eine Mehrheit der Paschtunen in fast allen Redaktionen zu beobachten, lediglich im Fernsehen sind genau so viele aus dieser Gruppe tätig wie tadschikische Journalisten. Die meisten Journalisten mit prekärem Arbeitsverhältnis arbeiten in den Hörfunk- und Zeitungsredaktionen, da knapp 50 Prozent angeben, dass sie nur in Teilzeitbeschäftigung tätig sind – woraus dann resultiert, dass die meisten Journalisten mit Nebentätigkeiten ebenfalls aus diesen Redaktionen kommen. Zusätzlich sind die Journalisten der Printmedien, aber auch der Presseagenturen meistens Kleinverdiener, während in den Redaktionen von Fernsehen und Hörfunk die meisten Großverdiener tätig sind. Die Forschung geht davon aus, dass unterschiedliche Bedingungen der Berichterstattung in den verschiedenen Mediensegmenten wie Printmedien, Rundfunk und Nachrichtenagenturen zur Entstehung von verschiedenen beruflichen Einstellungen bei den Journalisten führen können (WEAVER/WILHOIT 1991; HANITZSCH 2004). Folglich wird davon ausgegangen, dass oft für Journalisten in Fernsehredaktionen schnelle Informationslieferung im Vordergrund steht, während die Journalisten der Printmedien eher die Aufklärung von komplexen Themen und Hintergründen hervorheben (vgl. HANITZSCH 2004: 179). Die Ergebnisse dieser Untersuchung bestätigen teilweise diese Annahmen. Konsens ist, dass in allen Redaktionen der Informationsjournalismus als am wichtigsten bezeichnet wird. Deutlicher als andere möchten die Journalisten in Fernsehen und Hörfunk neben Informationsjournalismus vor allem Unterhaltungsjournalismus anbieten und das kulturelle und intellektuelle Interesse des Publikums ansprechen. Journalisten im Fernsehen legen wenig Wert auf eigene Meinung, finden es dafür aber wichtiger, dass die Nachrichten mehr Publikum erreichen sollten. Sie finden es relativ unwichtig, Analysen zu liefern und komplexe Probleme zu interpretieren. Die Pressejournalisten verfolgen in höherem Maße als ihre Kollegen bei den anderen Medienredaktionen die Absicht des Informationsjournalismus. Sie beabsichtigen, präzise und schnelle Informationen zu vermitteln, das Publikum über die Regierungsprogramme zu informieren. Sie sind aber auch kritischer und skeptischer dem Staat gegenüber als ihre Kollegen. Zudem scheuen sie weniger, ihre eigene Meinung in der Berichterstattung kundzutun. Hier kann vermutet werden, dass die Rundfunkjournalisten mehr Unterhaltung anbieten möchten, während die Printjournalisten den Informationsjournalismus bevorzugen, aber nicht zu großen Wert auf eine Unterscheidung zwischen Tatsache und Meinung legen (vgl. Tab. 59).

TABELLE 59

Rollenselbstverständnis und Mediensegmente

Kommunikationsziele	**MW**	**Zeitung**	**Zeitschrift**	**Presse-agentur**	**Fernsehen**	**Hörfunk**
möglichst schnelle und genaue Informationen liefern	**4,70**	4,84	4,75	4,74	4,62	4,67
Realität so abbilden, wie sie ist	**4,60**	4,65	4,70	4,66	4,54	4,53
sich für den sozialen Wandel einsetzen	**4,58**	4,61	4,74	4,66	4,49	4,63
Bürger über die Politik und Entscheidungen der Regierung informieren	**4,56**	4,77	4,91	4,41	4,42	4,55
Förderung islamischer Gesellschaft, Tradition und Werte	**4,51**	4,40	4,75	4,55	4,49	4,57
Verteidigung islamischer Werte	**4,51**	4,59	4,83	4,41	4,37	4,59
auf Nachrichten konzentrieren, die ein großes Publikum interessieren	**4,48**	4,23	4,25	4,33	4,54	4,21
Intellektuelle und kulturelle Interessen des Publikums ansprechen	**4,40**	4,34	4,41	4,41	4,50	4,28
Lebenshilfe für Bevölkerung anbieten	**4,38**	4,57	4,25	4,33	4,58	4,46
Förderung des Dialogs zwischen verschiedenen ethnischen Gruppen	**4,38**	4,65	4,55	4,58	4,22	4,30
Stärkung der (afghanischen) traditionellen Werte	**4,30**	4,38	4,41	4,33	4,15	4,40

Kommunikationsziele	MW	Zeitung	Zeitschrift	Presse-agentur	Fernsehen	Hörfunk
Komplexe Sachverhalte erklären und vermitteln	**4,24**	4,22	4,58	4,16	4,00	4,11
Den Menschen in den ländlichen Gebieten Chancen geben	**4,11**	4,20	3,83	4,00	4,06	4,19
aktive Unterstützung der Regierungspolitik	**4,10**	4,38	3,91	4,16	3,86	4,23
Nachforschungen zu Aussagen der Regierung	**3,97**	4,40	3,16	4,16	3,94	3,80
sich als Gegenpart zur Regierung stellen	**3,95**	4,34	4,08	3,66	3,75	3,96
Erklären der Regierungspolitik, wenn sie komplex ist	**3,95**	4,24	3,58	4,08	3,70	4,13
Missstände in der Gesellschaft kritisieren	**3,92**	4,13	3,55	4,08	3,84	3,94
Priorität der Berichterstattung über Entwicklungspolitik	**3,91**	3,97	3,83	4,16	3,78	4,01
Benachteiligten Menschen in der Gesellschaft eine Chance geben	**3,89**	4,02	3,58	4,08	3,78	3,96
Nachrichten ohne faktische Bestätigung nicht bringen	**3,85**	3,88	4,25	4,16	3,54	4,09
Unterhaltung und Entspannung bieten	**3,67**	3,44	3,33	3,23	3,67	3,78
eigene Ansichten präsentieren	**2,73**	3,00	3,25	2,33	2,23	2,78
Summe	**N=195**	N=44	N=12	N=12	N=75	N=52

Individuelle und kulturelle Merkmale im Überblick

In diesem Abschnitt wird die Frage gestellt, inwieweit sechs Unterscheidungsmerkmale die beruflichen Einstellungen der befragten Journalisten beeinflussen können. Sind diese Merkmale, die als »identitätsstiftende« Merkmale von Journalisten (vgl. HANITZSCH 2004: 238) bezeichnet werden können, in der Lage, die beruflichen Einstellungen zu beeinflussen bzw. prägen? Mit anderen Worten: Können sie zur Klärung des beruflichen Rollenselbstverständnisses der befragten Journalisten beitragen?

Oder spielen diese Merkmale beim beruflichen Rollenselbstverständnis der Befragten deswegen keine Rolle, da die »systematischen Mechanismen im Journalismus so resistent« sind, dass sie durch diese Variablen nicht beeinflusst werden können (ebd.)? Hanitzsch (2004: 205) kritisiert, dass in der systematischen Journalismusforschung diese »gesellschaftlichen Differenzierungsprozesse«, die »personale, soziale und kulturelle Identität stiften« ignoriert werden. Er empfiehlt, in der Journalismusforschung diese Merkmale nicht nur als »Unterscheidungsmerkmale« zu sehen, sondern zu fragen, inwieweit diese »systematisch in systeminterne Prozesse« des Journalismus hineinreichen. In einer der wenigen Studien (*Journalismus in Indonesien*) (HANITZSCH 2004: 242), die den Einfluss dieser kulturellen Merkmale auf den Journalismus untersucht, wird Einflüssen von Geschlecht, Alter, Bildung, Territorialität oder Ethnizität eher »graduelle« und »tendenzielle« Wirkung bescheinigt und nur ein »geringer Beitrag« zur Beschreibung komplexer Prozesse der Herstellung journalistischer Medienaussagen zugesprochen. Dies steht im Einklang mit anderen Studien, die ebenfalls – wenn auch am Rande – dieser Frage nachgehen, und darauf verweisen, dass, wenn überhaupt bestimmte Merkmale eine Auswirkung auf den Journalismus (berufliches Rollenselbstverständnis) haben, nicht auf die Individuen (Mikro-) oder die Organisation (Meso-), sondern auf der gesellschaftlichen Ebene (Makro-Ebene) einzuordnen sind (vgl. WEAVER/WILHOIT 1991: 233; WEAVER/WU 1998; HANITZSCH 2004: 181). Hier geht die Forschung davon aus, dass die Arbeitsstrukturen des Journalismussystems als eine »soziale Einrichtung« so hoch »formalisiert« sind, dass sie gegen individuelle und organisatorische Variation »resistent« bleiben (HANITZSCH 2004: 181). Die nationalen Besonderheiten auf der gesellschaftlichen Ebene (z. B. politisches System, historische Entwicklung der Massenmedien) haben einen größeren Einfluss auf den Journalismus als individuelle und organisatorische Faktoren (vgl. HANITZSCH 2004; HALLIN/MANCINI 2004; WEBER 1998; WEISCHENBERG 2002: 441; WEAVER/WILHOIT 1991).

Die vorliegende Studie hat die multiple logistische Regressionsanalyse angewendet, um die Frage zu beantworten, ob die genannten sechs Merkmale das berufliche Rollenselbstverständnis der befragten Journalisten beeinflussen und erklären können. Vorteil dieser Auswertungsmethode ist, dass man an einem einfachen Modell den Einfluss aller Faktoren, ohne Beobachtungskategorien in K-1-Dummy-Variablen zu zerteilen, prüfen kann. Hier wird davon ausgegangen, dass, wenn die Werte kleiner als 0,05 sind, ein signifikanter Beitrag des jeweiligen Prädikators aufgezeigt wird (vgl. NIKETTA 2005: 5). Die Einflussgrößen Alter, Geschlecht, Territorialität, Ethnizität, Segment sowie Organisation wurden unter Ausschluss aller anderen Faktoren gegeneinander geprüft, wobei gefragt wurde, von welchem Merkmal tatsächlich signifikante Effekte auf das berufliche Rollenselbstverständnis ausgehen könnten. Diese Merkmale wurden als gleichzeitig in die Berechnung der Regressionsanalyse einbezogen und wurden als Einflussgrößen an die Dimension des beruflichen Rollenselbstverständnisses, das als Zielgröße definiert war, getestet. Hier wurden zum einen die aus den 23 Items zum beruflichen Rollenselbstverständnis entstandene fünfdimensionale Typenbildung (durch Faktorenanalyse) als abhängige Variable und die Lagermerkmale Alter, Geschlecht, Territorialität, Ethnizität, Segment und Organisation als unabhängige Variablen bestimmt (vgl. Tab. 60). Dabei wurden die Effekte dieser verschiedenen unabhängigen Variablen auf die abhängige Variable gegeneinander auspartialisiert.

TABELLE 60

Rollenselbstverständnis im Gruppenvergleich

Effekt	Kriterien für die Modellanpassung	Likelihood-Quotienten-Tests		
	-2 Log-Likelihood für reduziertes Modell	Chi-Quadrat	Freiheitsgrade	Signifikanz
Konstanter Term	341,509[a]	,000	0	.
Geschlecht	345,069	3,560	4	,469
Altgruppe	348,588	7,079	8	,528
Ethnizität	349,639	8,130	8	,161
Territorialität	365,653	24,145	16	,086
Segment	348,049	6,141	4	,286
Organisation	349,997	8,488	8	,387

Die Chi-Quadrat-Statistik stellt die Differenz der -2 Log-Likelihoods zwischen dem endgültigen Modell und einem reduziertem Modell dar. Das reduzierte Modell wird berechnet, indem ein Effekt aus dem endgültigen Modell weggelassen wird. Hierbei liegt die Nullhypothese zugrunde, nach der alle Parameter dieses Effekts 0 betragen.
a. Dieses reduzierte Modell ist zum endgültigen Modell äquivalent, da das Weglassen des Effekts die Anzahl der Freiheitsgrade nicht erhöht.

Dieses Modell deutet darauf hin, dass die Bedeutung dieser Variablen im Hinblick auf das berufliche Rollenselbstverständnis der befragten Journalisten in dieser Stichprobe relativ klein ist. Dies kann zunächst durch den Anteil der Varianz (McF-R^2: ,120; Cox & Snells-R^2: ,217 und Nagelkerkes-R^2: ,231), die durch diese Merkmale erklärt werden kann, beobachtet werden. Insgesamt war auch der Anteil der durch die genannten Lagermerkmale erklärten Signifikanz weit über 0,05 Werte (Likelihood-Quotienten-Tests), um diese im Sinne eines strukturbildenden Effekts sinnvoll zu interpretieren.

Dieses Ergebnis lässt zur der Vermutung verleiten, dass das berufliche Rollenselbstverständnis der Journalisten in dieser Stichprobe nur wenig durch Unterschiede auf der Ebene von Alter, Geschlecht, Ethnizität, Organisation und Segment erklärt werden kann. Bei der Bewertung der Kommunikationsziele zum beruflichen Rollenselbstverständnis im Journalismus können zwischen Geschlechtergruppen, Altersgruppen, Arbeitsort und Ethnie einerseits und Segment und Organisation andererseits eher Gemeinsamkeiten festgestellt werden als Unterschiede, was darauf schließen lässt, dass diese Merkmale kaum in der Lage sind, die berufliche Einstellung von Journalisten zu beeinflussen. Das bestätigt die Vermutung der Forschung, dass die Relevanz dieser Variablen im Hinblick auf die Strukturen des Journalismus relativ gering ist (vgl. WEAVER/WU 1998; HANITZSCH 2004: 210). Diese Erkenntnis steht auch im Einklang mit der Untersuchung von Weaver und Wilhoit (1991: 117), die eine ähnliche Analyse der Daten durchgeführt und gefragt haben, ob Einflussfaktoren wie Alter, Geschlecht etc. die beruflichen Einstellungen determinieren können. Sie kamen auch zum »überraschenden« Ergebnis, dass die erklärte Varianz zu klein war, um durch diese Einflussvariablen die berufliche Einstellung im Journalismus erklären zu können. Ähnliches findet Hanitzsch (2004: 442, 2010: 179), wenn er darauf hinweist, dass die genannten Merkmale als Einflussfaktoren nur »einen graduellen und tendenziellen Charakter« im Journalismus haben und kaum einen Beitrag zur Beschreibung der Binnenstruktur des Journalismus leisten können.

In der vorliegenden Untersuchung konnten aber einige kleine Differenzen festgestellt werden. Wenn auch generell diese Einflussgrößen minimal zur Beschreibung der Zielgröße beitragen konnten, gingen nur von der Territorialität die signifikantesten Effekte auf die Zielgröße aus.[99] Das gilt für die Bewertung in den zwei verschiedenen Provinzen und unter

99 Die Territorialität wird auch in den anderen Studien als einflussreichstes Lagermerkmal bezeichnet (vgl. HANITZSCH 2004: 238; WEAVER/WILHOIT 1991: 121).

den unterschiedlichen ethnischen Gruppen. So waren die Journalisten in der Provinz und von der paschtunischen Ethnie noch mehr als ihre Kollegen dem missionarischen Journalismus und weniger einem kritischen Journalismus zugeneigt.[100]

Die Ähnlichkeit kann insbesondere in der Einigkeit unter afghanischen Journalisten beobachtet werden, dass der Informationsjournalismus am wichtigsten für das journalistische Rollenselbstverständnis ist. Diese Erkenntnis lässt zur Aussage verleiten, dass die »berufliche Ideologie« (DEUZE 2005: 444f.) unter Journalisten, die als eine Orientierung und Grundlage für die beruflichen Vorstellungen und die Berufspraxis dient, gegen diese Lagermerkmale robust ist. Diese Gemeinsamkeiten sind aber auch für Afghanistan insofern interessant, als dort eine multiethnische Gesellschaft besteht und viele Afghanen nach wie vor ihre spezifischen ethnischen Strukturen als weitaus wichtiger einschätzen als eine »gemeinsame ethnische Identität« (SCHETTER 2009: 127).

6.4 Merkmale und Einstellungen der Befragten im Ländervergleich

McLeod und Blumler (1987: 315) weisen darauf hin, dass »ein [Medien-] System nur in einem Vergleich mit anderen Mediensystemen verstanden werden kann.« Dieses Erkenntnisinteresse des vergleichenden Vorgehens, in dem nicht nur die Ermittlung der Unterschiede, sondern auch der Gemeinsamkeiten im Mittelpunkt steht, wird unter dem Begriff ›komparative Methoden‹ subsumiert (THOMASS 2007: 27). Der Vergleich ist also für den Erkenntnisgewinn grundlegend. Es gilt, Gemeinsamkeiten und Unterschiede in den jeweiligen Individual-, Organisations- und Gesellschaftsstrukturen der Nationen festzustellen. Vergleichende Analysen dienen also zum einen der Beschreibung von Gemeinsamkeiten und Unterschieden, aber auch der Suche nach deren Ursachen. Durch das Einbeziehen jewei-

100 Dieser Befund ist übereinstimmend mit der Studie von Weaver und Wilhoit (1991: 119), die ebenfalls die Territorialität als einflussreicheren »Prädiktor« auf berufliche Einstellungen im Journalismus einordnen. Hanitzsch (2004: 242), der ebenfalls wie Weaver und Wilhoit die Territorialität als einflussreich bezeichnet, verweist darauf, dass dieser territoriale Unterschied vor allem in der Bewertung von Aussagen zum kritischen Journalismus liegt, da diese Items von Journalisten in der Hauptstadt im Vergleich zu ihren Kollegin in der Provinz als wichtiger bewertet werden.

liger nationaler Kontexte und deren Entstehung ist es möglich, Erklärungen für bestimmte Entwicklungen zu finden und diese wiederum in einen globalen Kontext zu setzen (vgl. DONSBACH 2008: 274). Im Mittelpunkt steht dabei das Ziel, die Gemeinsamkeiten und Unterschiede zweier Untersuchungsgegenstände zu erfassen, um die »Komplexität« zu reduzieren (ebd.). Diese Reduktion geschieht erstens durch die Beschreibung des Gegenstands, worauf die Klassifizierung dieses Gegenstandes folgt. Und anschließend steht eine Hypothesenbildung im Mittelpunkt, um Voraussagen über weitere Entwicklungen machen zu können (THOMASS 2007: 26). In diesem Analyseabschnitt wird diesem Hinweis folgend das Ziel sein, die Befunde aus Afghanistan auf Ähnlichkeiten und Differenzen mit Ergebnissen aus Journalistenbefragungen in anderen Ländern zu vergleichen, zu beschreiben und zu klassifizieren, um anschließend länderübergreifend zu kontextualisieren. Dabei geschieht dieser Vergleich mit dem Problembewusstsein, dass aufgrund des voneinander abweichenden Forschungsdesigns der vergleichenden Untersuchungsdaten, sehr unterschiedlichen Zeiträumen sowie Fallzahlen die Ergebnisse mit äußerster Vorsicht interpretiert werden müssen.[101] Um dieses Problem in der ländervergleichenden Journalismusforschung zu minimieren, wird eine »systematische und theoriegeleitete Vorgehensweise« empfohlen (vgl. HANITZSCH 2004: 243; THOMASS 2007: 121). Hier wird das Vorgehen der Studie *Journalismus in Indonesien* (HANITZSCH 2004: 245) übernommen, wo zur Auswahl der Vergleichsnationen eine Mischung aus zwei Auswahltechniken, die sowohl Unterschiede als auch Gemeinsamkeiten analysiert, angewandt wird.[102] Ein Vorteil eines solchen Vergleiches könnte darin liegen, dass eine große Fallzahl klarere Schlussfolgerungen und einen größeren Beitrag zum Kontextualisieren der Befunde dieser Studie erlaubt. Für diese zwei Auswahl-

101 Nach Hanitzsch (2004) ist das größte Problem bei dem Versuch die Journalismussysteme zu vergleichen, dass die hierfür herangezogenen vergleichenden Daten von »stark voneinander abweichenden Designs« stammen. Als ein Beispiel für die uneinheitlich verwendeten Methoden in der internationalen Journalismusforschung bezüglich der Grundgesamtheit, Stichprobenziehung, Datenerhebung und Datenauswertung nennt er die Studie *The global Journalist* von Weaver und Wu (1998), wo bei der Untersuchung der Einstellungen von Journalisten in unterschiedlichen Ländern verschiedene Befragungsinstrumente im Hinblick auf die verwendeten Items und Skalen verwendet werden (HANITZSCH 2004: 245).

102 In dieser Studie (HANITZSCH 2004: 243) wird auf zwei Auswahltechniken zurückgegriffen: Die erste, »most similar System Design«, steht für die Bestimmung der Ähnlichkeiten zwischen den Vergleichsobjekten und die zweite, »most different System Design«, hat die Ermittlung von Unterschiede zwischen den zu untersuchenden Objekten zum Ziel.

techniken werden zwei Gruppen von Untersuchungsdaten herangezogen. In der ersten Gruppe werden die Befunddaten aus den Ländern *Pakistan* (KHAN 2004), *Ägypten* (RAMAPRASAD/HAMDY 2006), *Tansania* (RAMAPRASAD 2001), *Bangladesch* (RAMAPRASAD/RAHMAN 2003), *Nepal* (RAMAPRASAD/KELLY 2006) und eben *Indonesien* (HANITZSCH 2004) herangezogen. Die Gründe für die Heranziehung dieser Studien liegen zunächst darin, dass diese Studien die wenigen Untersuchungen sind, die berufliche Einstellung im Journalismus in den Entwicklungsländern erforschen. Zweitens besteht hier ein Grund zur Annahme, dass diese Länder auch eine Ähnlichkeit in gesellschaftlicher, politischer sowie ökonomischer Hinsicht in dem Sinne haben, dass sie Entwicklungsländer sind sowie einige davon auch islamisch geprägt. In der zweiten Gruppe werden die Daten aus den westlichen Industrienationen *Deutschland* (WEISCHENBERG/LÖFFELHOLZ/SCHOLL 1994; SCHOLL/WEISCHENBERG 1998) und teils aus den *USA* (WEAVER/WILHOIT 1986/1991; WEAVER 2003) herangezogen, wo mögliche Unterschiede im Mittelpunkt stehen, und mit den Befunden aus Afghanistan verglichen. Zunächst wurden statistische Daten einander gegenübergestellt, wodurch sich einige generelle Tendenzen erkennen ließen.

Gemessen am durchschnittlichen Anteil der Journalisten an der Gesamtbevölkerung, liegt Afghanistan deutlich unter dem Niveau nicht nur der Industrieländer, sondern auch der Entwicklungsländer (vgl. Tab. 61). So beträgt die durchschnittliche Dichte von Journalisten in Afghanistan nur ein Achtel der Dichte in Industrienationen wie beispielsweise Deutschland und den USA und ein Viertel der Dichte in dem Entwicklungsland Indonesien.[103]

103 Die Grundgesamtheit der Journalisten in Afghanistan ist unbekannt. Hier wird als Grundlage die Einschätzung genommen, in der ausgegangen wird, dass im Land bis zu 6000 Menschen auf irgendeine Weise journalistisch tätig sind (vgl. ALTAI 2010: 67; BBC 2012: 23).

TABELLE 61
Journalistendichte in Afghanistan im Ländervergleich

Kommunikations-ziele	Bevölkerung (in Millionen)	Journalistenzahl (Gesamtzahl)	Journalistenzahl (Pro 100.000 Einwohner)
Afghanistan	29,8	6000	6
Indonesien[a]	210	23,500	11
Bangladesch[b]	-	-	-
Ägypten[c]	-	-	-
Nepal[d]	-	-	-
Tansania[e]	-	-	-
Deutschland[f]	82	54,000	66
USA[g]	261	120,000	67

[a] Hanitzsch (2004: 244); [b] Ramaprasad/Rahman (2006); [c] Ramaprasad/Hamdy (2006); [d] Ramaprasad/Kelly (2003); [e] Ramaprasad (2001); [f] Weischenberg/Löffelholz/Scholl (1994: 154); [g] Weaver/Wilhoit (1998: 397)

Beim Vergleich soziodemografischer Merkmale wird deutlich, dass die afghanischen Journalisten mit einem durchschnittlichen Alter von 31,46 Jahren sehr jung und nicht im internationalen Trend sind, da die Journalismusforschung auf einen beträchtlichen Anstieg des Durchschnittsalters von 36 auf 41 Jahren hinweist (vgl. WEISCHENBERG/MALIK/SCHOLL 2005: 51-52). Darüber hinaus ist der Journalismus in Afghanistan im Vergleich zu den anderen Ländern ein stark von Männern dominierter Beruf. Neue Studien zeigen allerdings, dass die Gleichberechtigung und Gleichstellung der Frau nicht mehr als ›Alleinstellungsmerkmal‹ der westlichen Industrieländer bezeichnet werden kann, da in Ländern wie Südkorea zum Beispiel der Anteil von Journalistinnen über dem Durchschnitt von Industrienationen liegt (vgl. Tab. 62). Dennoch ist nicht zu übersehen, dass Journalistinnen in Afghanistan mit einem Anteil von nur 14,9 Prozent auch weit unter dem Anteil in Indonesien liegen, wo 22,5 Prozent Journalistinnen sind. Als Grund könnte einerseits die kulturell verankerte gesellschaftliche Rolle der Frauen angenommen werden. Andererseits kann es auch daran liegen, wie schon festgestellt, dass das Berufsverbot für Frauen durch das Taliban-Regime nachwirkt und der afghanische Journalismus noch einen langen Weg vor sich hat, diese Angleichung zu vollziehen. Insgesamt können die afghanischen Journalisten im Vergleich nicht als Bildungselite bezeichnet werden. Wenn auch 53,3 Prozent der Befragten angaben, dass sie einen Bachelor- oder Master-Abschluss haben, liegt die Zahl weit unter dem internationalen Durchschnitt. In Indonesien liegt unter den befragten Journalisten der Anteil derer, die solche Abschlüsse haben, bei 80 Prozent, in Ägypten bei 96,5 Prozent, in Nepal sogar bei 99,5 Prozent. Ähnlich niedrig wie in Afghanistan ist der Professionalisierungsgrad in Tansania mit nur 53 Prozent.

TABELLE 62

Soziodemografie von Befragten im Ländervergleich

Kommunikationsziele	N	Altersdurchschnitt (in Jahren)	Journalistinnen (Anteil in Prozent)	Verheiratet (Anteil in Prozent)
Afghanistan	195	31,5	14,9	57,9
Indonesien[a]	480	36	22,5	65
Bangladesch[b]	108	45	13,1	–
Ägypten[c]	116	29	33	-
Nepal[d]	132	32	11,7	-
Tansania[e]	142	36	24	-
Deutschland[f]	1498	35	41	46
USA[g]	1410	41	33	59

[a] Hanitzsch (2004: 244); [b] Ramaprasad/Rahman (2006a: 153ff.); [c] Ramaprasad/Hamdy (2006: 173f.); [d] Ramaprasad/Kelly (2003: 301f.); [e] Ramaprasad (2001: 544); [f] Weischenberg/Löffelholz/Scholl (1994: 154), Scholl/Weischenberg (1998); [g] Weaver/Wilhoit (1991: 397)

Ebenfalls klein ist in Afghanistan der Anteil von Journalisten, die Mitglied in einem Journalistenverband sind. Dieser Trend steht jedoch im Einklang mit einigen anderen Ländern. Der Anteil von knapp 48 Prozent der afghanischen Journalisten mit einer Mitgliedschaft ist weniger als in Indonesien mit 58 Prozent und in Deutschland mit 55 Prozent, jedoch viel höher als in den USA, wo dieser Anteil nur bei 36 Prozent liegt (vgl. Tab. 63).

Im Vergleich zu den anderen Ländern können die afghanischen Journalisten in der Berufszufriedenheit zu denjenigen gezählt werden, die sehr zufrieden in ihrem Beruf sind. Ganze 59 Prozent gaben an, dass sie in ihrem Beruf sehr zufrieden sind. Dieser Anteil liegt in Indonesien bei 23 und in den USA bei 33 Prozent. Weitere Studien zeigen, dass im internationalen Vergleich die Berufszufriedenheit sogar unter 10 Prozent liegt (vgl. MWESIGE 2004: 75; WEAVER/WU 1998: 442).

TABELLE 63
Ausbildung und Arbeitsverhältnis der Befragten im Ländervergleich

Länder	Hochschulabschluss; Anteil Bachelor u. Master in Prozent	Mitglied im Verband; Anteil in Prozent	Berufszufriedenheit; Anteil »sehr zufrieden«
Afghanistan	53,3	47,7	59
Indonesien[a]	80	58	23
Bangladesch	99	-	-
Ägypten	98,3	-	-
Nepal	92,2	-	-
Tansania	57	-	-
Deutschland[b]	65	55	-
USA[c]	89	36	33

[a] Hanitzsch (2004: 244); [b] vgl. Weischenberg/Löffelholz/Scholl (1994: 154), Scholl/Weischenberg (1998); [c] vgl. Weaver/Wilhoit (1991: 397)

Der Vergleich von professionellen Einstellungsmerkmalen wie des beruflichen Rollenselbstverständnisses ist in der komparativen Journalismusforschung ein »Standard-Repertoire« (RAMAPRASAD 2001: 544; WEAVER/WILHOIT 1998: 397; HANITZSCH 2004: 248). Im Mittepunkt standen hier insbesondere drei Dimensionen des beruflichen Rollenselbstverständnisses, die in dieser Studie ebenfalls einem Ländervergleich unterzogen werden. Diese Dimensionen sind der Informationsjournalismus, der kritische Journalismus und zuletzt der Entwicklungsjournalismus (vgl. HANITZSCH 2010, 2004; RAMAPRASAD u.a. 2001, 2003, 2006a, 2006b).

Zunächst scheint unter den Journalisten ländervergleichend eine unausgesprochene Übereinkunft darüber zu bestehen, dass das wichtigste Kommunikationsziel im Journalismus die Informationsvermittlung für das Publikum ist (vgl. RAMAPRASAD 2001: 544; HANITZSCH 2004: 248; WEAVER/WU 1998: 397). Diese Erkenntnis kann auch für Afghanistan bestätigt werden. Die afghanischen Journalisten bezeichnen als eines der wichtigsten Kommunikationsziele, das ein Journalist erreichen sollte, »schnelle und genaue Informationen zu vermitteln.« Dieser Punkt erhält in der Gesamtbewertung von 23 Items die höchste Zustimmung mit kleinster Standardabweichung. Ähnlich hoch bewertet wird ein weiteres Kommunikationsziel – das Konzept »Realität so abzubilden, wie sie ist.« Über dieses

Ziel besteht unter afghanischen Journalisten und bei Kollegen im internationalen Vergleich eine große Übereinstimmung. Dies steht im Einklang mit den Ergebnissen aus anderen kulturellen Kontexten wie *Deutschland* (WEISCHENBERG/MALIK/SCHOLL 2006: 102), den *USA* (WEAVER/WILHOIT 1991: 143) und Ländern wie *Tansania* (RAMAPRASAD 2001), *Bangladesch* (RAMAPRASAD/RAHMAN 2006: 174), *Nepal* (RAMAPRASAD/KELLY 2003: 543) oder dem *Mehrländervergleich* (WEAVER/WU 1998).

Des Weiteren ist eine Erkenntnis dieser Untersuchungen, dass am deutlichsten Abweichungen bezüglich der Positionierung von Journalisten dem politischen System gegenüber festzustellen sind. So gehen die Studien davon aus, dass die Kommunikationsziele des kritischen Journalismus insbesondere in Industrienationen wie Deutschland und den USA eine große Zustimmung bzw. Übereinstimmung erfahren, im asiatischen und afrikanischen Kontext jedoch eher auf Ablehnung stoßen (vgl. MWESIGE 2004: 23; HANITZSCH 2004: 248). Gegenüber der Regierung die Rolle eines Gegenparts einzunehmen, wird als ein »Phänomen der Industrienationen« gesehen (HANITZSCH 2010: 123, 2004).

Die Befunde der vorliegenden Studie sind in dieser Hinsicht ambivalent. Einerseits werden die Items des kritischen Journalismus durch die Befragten im gesamten Zustimmungsbereich eher skeptisch beurteilt und in den hinteren Plätzen rangiert. Das lässt darauf schließen, dass das berufliche Konzept für afghanische Journalisten eher eine untergeordnete Rolle spielt und die These der Ablehnung bestätigt wird. Anders sieht es jedoch aus, beobachtet man den Anteil derjenigen, die diese Items in der Skala mit »extrem wichtig« bewerten. Da haben die befragten Journalisten in Afghanistan mehr Neigung zur Rolle des »kritischen Journalismus« als ihre Kollegen in den anderen untersuchten Ländern, wie zum Beispiel *Indonesien*. Die Aussage, ein »Gegenpart zur Regierung« zu sein, wird von 9 Prozent der indonesischen Journalisten mit »extrem wichtig« bewertet, während bei den afghanischen Journalisten 44 Prozent dieser Meinung sind. Zwei weitere Aussagen des kritischen Journalismus erhalten eine große Zustimmung: »Missstände kritisieren« 42 Prozent (Indonesien 38 %) und »Regierungsvertretern nachforschen« 40 Prozent (Indonesien 29 %). In diesen Bewertungen durch afghanische Journalisten können mehr Ähnlichkeiten mit ihren Kollegen in den Industrienationen als mit den Journalistenkollegen im asiatischen oder afrikanischen Kontext konstatiert werden. Schließlich argumentieren einige Studien, dass sich die Journalisten in den Entwicklungsländern immer noch dem Begriff des ›Entwicklungsjournalismus‹ verpflichtet fühlen. Insgesamt finden die Kommunikationsziele im Sinne des Entwicklungsjournalismus relativ wenig Zustimmung unter afghanischen Journalisten. Die indizierten Items werden in den mittleren und hinteren Zustimmungsbereichen angesiedelt. Vielmehr scheinen die afghanischen Journalisten ein journalistisches Modell zu favorisieren, in dem Berufswerte wie Genauigkeit, Schnelligkeit sowie die Unabhängigkeit von Informationen, aber auch Analysen im Mittelpunkt stehen.

Ein weiterer Aspekt, der oft einem Vergleich unterzogen wird, ist die Bewertung der Aussagen zum ethischen Maßstab unter den Journalisten. Die Befunde dieser Studie werden hier mit den Ergebnissen der groß angelegten Studie *Worlds of Journalism*[104] (HANITZSCH u. a.: 2010) verglichen. Die Befunde weisen zunächst diesbezüglich auf eine Übereinstimmung »für eine globale Bedeutung der Unparteilichkeit und Neutralität, sowie Sachlichkeit und Zuverlässigkeit der Informationen« hin (ebd.: 282ff.). Die Ergebnisse zeigen auch, dass die meisten Journalisten in den untersuchten Ländern dazu neigen, universellen Prinzipien, unabhängig von Situation und Kontext zu gehorchen. Zum anderen besteht Einigkeit über die Wichtigkeit der Vermeidung von fragwürdigen Berichterstattungsmethoden. Es konnten aber auch einige Differenzen festgestellt werden. So findet im Gegensatz zu Entwicklungsländern in den »westlichen Kontexten« die Auffassung wenig Unterstützung, dass »die Journalisten ihre eigenen individuellen ethischen Standards zulassen« sollten. Unter den Journalisten treffen auch in diesem Kontext »interventionistische Aspekte der Berufsausübung«, die sich durch das »aktive Eintreten für bestimmte Positionen oder Gruppen« kennzeichnen, auf deutlich weniger Unterstützung.[105] Dieses Konzept scheint »kein Kennzeichen des westlichen Journalismus« zu sein, während diese Auffassung unter Journalisten in Entwicklungs- und Transformationsgesellschaften relativ verbreitet ist (vgl. HANITZSCH/SEETHALER 2010: 479). Auch hier muss zur Kenntnis genommen werden, dass keine speziell afghanische Auffassung im Beruf ermittelt werden konnte. Diese Befunde zeigen eher Ähnlichkeiten im länderübergreifenden Vergleich (vgl. Tab. 64). Als den höchsten Wert in diesem Kontext schätzen die befragten Journalisten die

104 Im Rahmen der Studie wurden insgesamt 1700 Journalisten in 17 Ländern (Industrie-, Transformations-,und Entwicklungsländer) und zu ihren professionellen Einstellungen befragt (HANITZSCH/SEETHALER 2010: 264).

105 Diese Auffassung wird durch das Item »Ich mache immer klar, welche Seite in einer Debatte die richtige Position hat« operationalisiert.

Unparteilichkeit im Journalismus, was Ausdruck in der Wertschätzung der Aussage »Ich bleibe strikt unparteiisch in meiner Arbeit« findet. Sie reagieren ebenfalls in deutlicher Mehrheit auf die Flexibilität bei der Informationsbeschaffung, die aus ethischer Sicht schwer einzuhalten ist, ablehnend. Im gesamten Zustimmungsbereich lehnen die afghanischen Journalisten »die interventionistische Berufsauffassung« ebenfalls weitgehend ab, jedoch nicht in dem Maße wie Kollegen in den Industrieländern. Hier vertreten die Journalisten eine ähnlich Auffassung über die Positionierung für eine Seite in der Berichterstattung wie Journalisten in Entwicklungsländern wie Indonesien (MW 2,09) und Ägypten (MW 2,10; HANITZSCH/SEETHALER 2010: 484).

TABELLE 64

Ethische Maßstäbe der Befragten im Ländervergleich

Kommunikationsziele	Afghanistan	Welt[a]
Ich bleibe in meiner Arbeit strikt unparteiisch.	4,63	4,08
Ich treffe nur Aussagen, wenn sie durch harte Fakten gesichert sind.	4,50	4,41
Die ethischen Grundsätze im Journalismus sind so wichtig, dass sie von Journalisten unabhängig von Situation und Kontext befolgt werden müssen.	4,39	4,42
Ich biete mit meiner Arbeit nur eine Analyse der Ereignisse und Themen an.	4,37	–
Ich bleibe von Informationen immer fern, die nicht verifiziert sind.	4,34	3,99
Die Journalisten sollten in jedem Fall fragwürdige Methoden der Berichterstattung vermeiden, auch wenn dies oft das Nichtzustandekommen des Berichts bedeutet.	4,18	3,82
Es gibt Fälle, in denen ein Schaden vertretbar ist, wenn das öffentliche Interesse überwiegt.	3,86	3,53
Die ethischen Maßstäbe verändern sich von Fall zu Fall.	3,83	3,03
Ich mache immer klar, welche Seite in einer Debatte die richtige Position hat.	3,82	2,60
Die Veröffentlichung eines Berichts, die potenziell andere schädigt, ist auf jeden Fall falsch.	3,82	2,75
Ethische Maßstäbe im Journalismus sind oft so aufwendig, dass den Journalisten erlaubt sein sollte, ihre eigenen Werte zu formulieren.	3,43	2,87
Summe	N = 195	N = 1784

a: Skala von 1 = »extrem wichtig« bzw. »stimme stark zu« bis 5 »unwichtig« bzw. »stimme überhaupt nicht zu«

Dass die beruflichen Einstellungen der Journalisten ein Produkt der gesellschaftlichen Strukturen sind, zeigt die Bewertung von Kommunikationszielen zum werteorientierten Journalismus bzw. missionarischen journalistischen Typ. Hier unterscheiden sich im beruflichen Rollenselbstverständnis die afghanischen Journalisten deutlich von ihren Kollegen in den westlichen Ländern wie Deutschland und den USA, stehen jedoch mit den Kollegen aus den islamischen Ländern, wie Pakistan und Ägypten, im Einklang. Sie bewerteten die Aussagen im Sinne eines missionarischen Journalismus, wie »Förderung islamischer Gesellschaft, Traditionen und Werte«, »Verteidigung islamischer Werte«, aber auch »Förderung der traditionellen [afghanischen] Werte« als sehr wichtige Kommunikationsziele. Diese wurden durch die Befragten gleich nach den Aussagen des Informationsjournalismus eingestuft. Darüber hinaus wurden diese Funktionen durch die Befragten zu denjenigen Kommunikationszielen gezählt, bei denen sie mit der Umsetzung am erfolgreichsten waren. Dieser Befund steht im Einklang mit den Ergebnissen von Studien, die in zwei islamisch geprägten Ländern durchgeführt wurden (RAMAPRASAD/HAMDY 2006: *Ägypten*, KHAN 2006: *Pakistan*). Die Feststellung, dass die afghanische Gesellschaft überwiegend durch eine traditionelle Wertestruktur geprägt ist und dort religiös sowie ethnisch definierte Gemeinschaften die wichtigsten gesellschaftlichen Identitäts- und Handlungsfaktoren bilden (SCHETTER 2009: 2; PINTAK 2014: 490), könnte die Erklärung dafür sein. Man kann diesen Journalistentyp als ein Produkt dieser Strukturen sehen, das im Einklang mit diesen gesellschaftlichen Strukturen steht. Es kann hier also die Aussage getroffen werden, worauf auch Ramaprasad (2006: 1881) zu Recht verweist, dass dieses journalistische Rollenselbstverständnis ein Phänomen der islamisch geprägten Gesellschaften ist. Hieraus kann abgeleitet werden, dass bei geringer Auswirkung individueller Einflussfaktoren wie Alter, Geschlecht, Ethnie und Territorialität oder Organisationsfaktoren umso mehr die gesellschaftliche Ebene (Makro-Ebene) als einflussreich eingeordnet werden kann. Hier bestätigt sich die Vermutung, dass nationale Besonderheiten auf der gesellschaftlichen Ebene (z. B. gesellschaftliche und historische Entwicklung) einen größeren Einfluss auf den Journalismus haben als individuelle und organisatorische Faktoren (vgl. HANITZSCH 2004; HALLIN/MANCINI 2004; WEISCHENBERG 2002: 441). Dieses Ergebnis lässt sich in zweifacher Hinsicht lesen: Im internationalen Vergleich weisen die beruflichen Einstellungen von afghanischen Journalisten mehr Ähnlichkeiten als Unterschiede zu denjenigen ihrer ausländischen Kollegen auf. Die Ähnlichkeit kann insbesondere in der Einigkeit unter afghanischen Journalisten beobachtet werden, dass der Informationsjournalismus am wichtigsten für das journalistische Rollenselbstverständnis ist. Die von Deuze (2005: 444f.) angedeutete Universalität eines »professionell-ideologischen Konsenses« im Journalismus wurde auch von den befragten Journalisten weitestgehend geteilt. Auch innerhalb der untersuchten Gruppen (Alter, Geschlecht, Ethnie etc.) konnten eher weitgehende Gemeinsamkeiten als große Differenzen ermittelt werden. Dabei bestätigt sich insgesamt der begrenzte Einfluss dieser Merkmale auf die beruflichen Einstellungen im Journalismus (vgl. HANITZSCH 2004; WEAVER/WILHOIT 1991). Die Gemeinsamkeiten sind für Afghanistan insofern interessant, als dort eine multiethnische Gesellschaft besteht und viele Afghanen nach wie vor ihre spezifischen ethnischen Strukturen als weitaus wichtiger einschätzen als eine »gemeinsame ethnische Identität« (SCHETTER 2009: 127). Die befragten Journalisten überwinden jedoch diese ethnischen Differenzierungsgrenzen, indem sie weitgehend die gleichen journalistischen Werte teilen.

7. ZUSAMMENFASSUNG UND PERSPEKTIVEN

Diese Dissertation beschäftigt sich mit den beruflichen Merkmalen, Einstellungen und Leistungen von Journalisten in Afghanistan. Um diese zu überprüfen, wurde eine mehrdimensionale empirische Analyse angewendet. Es ging einmal darum, festzustellen, wie demografische Merkmale, berufliches Rollenselbstverständnis, ethische Maßstäbe, Wahrnehmung der Einflussfaktoren, Publikumsbild, Arbeitszufriedenheit, Arbeitsverhältnis und Ausbildung unter den Journalisten verbreitet sind. In einem weiteren Schritt wurden die tatsächlichen Leistungen des Journalismus (Berichterstattungsmuster in der Tagespresse) untersucht. Die Untersuchung wurde auf der Grundlage einschlägiger theoretischer Konzepte der Kommunikationswissenschaft vorgenommen. Wichtiger Impulsgeber war erstens der integrative Ansatz. Sein Vorteil des besteht darin, dass er »einen analytischen Bezugsrahmen« bietet, der die Ebenen der Journalismus und der Gesellschaft miteinander verbindet (RAABE 2005: 86). Für ein solches Vorgehen existiert bereits ein reichhaltiges und vielfach erprobtes Instrumentarium an theoretischen und empirischen Untersuchungsvorbildern (WEISCHENBERG 1995; SHOEMAKER/REESE 1996). Die Perspektiven dieser Modelle wurden für die Untersuchung der Rahmenbedingungen des afghanischen Journalismus übernommen, weil sie alle relevanten Aspekte, die zur Untersuchung des Journalismus in der Gesellschaft notwendig sind, erfassen. Die Verbindung der verschiedenen Aspekte wurde jedoch bislang in Untersuchungen, die die beruflichen Einstellungen von Journalisten in einem entwicklungspolitischen Kontext untersuchen, vernachlässigt. Sie beschränken sich auf eine ›personenbezogene‹ Journalismusforschung (vgl. RAMAPRASAD u.a. 2001, 2003, 2006a, 2006b), die vor allem den Journalisten mit seinen Einstellungen und Motiven in den Mittelpunkt der Beobachtung stellt, was jedoch zur Ausblendung der gesellschaftlichen

Strukturen führt, die einen entscheidenden Einfluss auf diese Einstellungen ausüben. In dieser Untersuchung wurde daher besonderer Wert darauf gelegt, die Einstellung der Journalisten in Afghanistan eingebettet in die gesellschaftlichen, normativen und organisatorischen Rahmen zu untersuchen. Der Grund dafür war die Annahme, dass diese Rahmen nicht nur die journalistischen Einstellungen prägen, sondern dass sie sich aus diesen Gegebenheiten ableiten lassen und sie gleichzeitig erklären helfen. Ausgehend von diesem Ansatz wurde zunächst eine mehrdimensionale, theoretische Modellierung (gesellschaftliche Strukturen; rechtliche Rahmen und Institutionen; massenmediale Struktur(en)) der Dimensionen abgeleitet, die die Merkmale, Einstellungen und Leistungen von Journalisten bestimmen und beeinflussen. Im Anschluss daran wurde dieser Studie zum einen die Erkenntnis der komparativen Journalismusforschung zugrunde gelegt, die besagt, dass trotz der Unterschiede im beruflichen Rollenverständnis von Journalisten weltweit eine universelle »professionell-ideologische Basis« im Journalismus existiert, die für alle Journalisten und über »nationale Grenzen« hinweg nachweisbar ist (DEUZE 2005: 878). Diese »Universalität« manifestiert sich in Form des »ideologischen Konsenses« der Werte, die die Ausübung des journalistischen Berufes im Dienste der Öffentlichkeit oder die objektive, schnelle und unmittelbare Informationsvermittlung beinhalten (ebd.; HANITZSCH 2010). Dabei war vor allem die Erkenntnis wichtig, dass eine einseitige Untersuchungsweise zu einer Operationalisierung führen würde, die die journalistische Selbstwahrnehmung in Afghanistan verzerrt und einseitig wiedergibt. Eine systematische Auswertung von einigen Studien über die beruflichen Einstellungen von Journalisten in Entwicklungsländern ergab, dass jene eher eine »pluralistische Auffassung« von journalistischen Kommunikationszielen vertreten (vgl. RAMAPRASAD 2001, 2003, 2006a, 2006b). Diese Journalisten befürworten in ihrer Berufsauffassung neben universellen journalistischen Werten auch Kommunikationsziele, die sich unter ›Förderung sozialer Harmonie und nationaler Entwicklung‹ subsumieren lassen. Danach standen die Erkenntnisse einiger Untersuchungen (RAMAPRASAD 2006; KHAN 2004) zu den beruflichen Einstellungen der Journalisten in islamisch geprägten Ländern im Fokus. Sie kommen zum Fazit, dass die Religion einen entscheidenden Einfluss auf das berufliche Rollenselbstverständnis nimmt und daher die Förderung der religiösen Werte für Journalisten in ihrem Beruf eine dominierende Rolle spielt. Abschließend wurden einige Studien über die beruflichen Einstellungen im Journalismus systematisch untersucht und die Berufsauffassungen sowie die persönlichen Überzeugungen der Journalisten in verschiedenen Typologien systematisiert. Daraus wurde eine fünfdimensionale Rollentypologie abgeleitet und operationalisiert. Solche Typologien, von denen angenommen wird, dass sich die Journalisten mit ihren beruflichen Einstellungen dort einordnen lassen, bilden häufig das Ziel von Untersuchungen und wissenschaftlichen Diskursen in der Journalismusforschung (HANITZSCH 2004; RAMAPRASAD 2001, 2003, 2006; WEISCHENBERG/LÖFFELHOLZ/SCHOLL 1994: 160). Methodisch stand die Erkenntnis im Mittelpunkt, dass die Verwendung einer einzigen Methode diesem komplexen Untersuchungsgegenstand nicht gerecht werden kann. Daher wurde eine mehrdimensionale empirische Analyse angewendet und eine Methodenkombination aus Dokumentenanalysen, der vollstandartisierten schriftlichen Befragung und der Inhaltsanalyse eingesetzt. Zur Auswertung der empirischen Daten kamen in dieser Untersuchung neben uni- und bivariaten Statistiken die Faktorenanalyse und die Regressionsanalyse zum Einsatz. Die Faktorenanalyse wurde zur Beschreibung von Rollendifferenzierungen der beruflichen Selbstbeschreibung verwendet. Mit der Regressionsanalyse wurde versucht, die »Richtung und Stärke der Abhängigkeit« dieser Rollenbeschreibungen von gesellschaftlichen, individuellen, kulturellen und organisatorischen Merkmalen der Journalisten zu beschreiben (vgl. HANITZSCH 2004: 127; SCHOLL/WEISCHENBERG 1998: 364). Die beruflichen Merkmale und Einstellungen wurden über verschiedene Indikatoren ermittelt. In der ersten Kategorie wurden die demografischen, sozialen und professionellen (Ausbildungs-)Merkmale ermittelt. Danach wurden die ethischen Maßstäbe bei der Berichterstattung (Recherche- und Berichterstattungsmethoden) aus Sicht der afghanischen Journalisten untersucht. In der folgenden Kategorie wurde der Wahrnehmung von internen sowie externen Einflüssen auf die journalistische Arbeit nachgegangen. Danach wurden die afghanischen Journalisten gebeten, ihre eigene Publikumsvorstellung zu beschreiben. Ein zentraler Aspekt war die Ermittlung des beruflichen Rollenselbstverständnisses der Journalisten. Den afghanischen Journalisten wurden zwei Hauptaufgaben gestellt. Erstens sollten sie Fragen zu Kommunikationszielen beantworten sowie deren Wichtigkeit im Berufsleben bewerten. Zweitens sollten sie sich fragen, inwieweit sie in der Lage sind, diese Kommunikationsziele in ihrem beruflichen Alltag tatsächlich umzusetzen. Die Fragestellungen wurden in drei Dimensionen operationalisiert: Items der globalen Perspektive des Journalismus; Items, die die Perspektive des Entwicklungsansatzes unter dem Aspekt der Religion beinhalten und Items, die die Umsetzung dieser Ziele abfragen. Der Tatsache, dass die Grundgesamtheit der Journalisten in Afghanistan nicht bekannt ist, wurde in einem mehrstufigen Schichtungsverfahren Rechnung getragen und die Stichprobe ermittelt. Zum einen wurde die Struktur des Mediensystems als Abbild genommen und organisational dreidimensional (staatliche, kommerzielle und Parteimedien) sowie segmental fünfdimensional (Zeitung, Zeitschrift, Hörfunk, Fernsehen und Presseagentur) geschichtet. Und zum anderen wurde aufgrund der gesellschaftlichen Heterogenität der Grundgesamtheit die Stichprobe in Hauptstadt und Provinz (Kabul und Jalalabad) geschichtet. Es wurden insgesamt 300 Fragebögen verteilt und 230 zurückerhalten (Rücklaufquote von 70 %). 35 Fragebögen konnten nicht für die statistische Analyse herangezogen werden, da sie nicht vollständig ausgefüllt waren. So lagen letztendlich zur Auswertung der empirischen Untersuchung 195 verwertbare Bögen vor.

Die tatsächlichen Leistungen des Journalismus wurden durch eine Inhaltsanalyse untersucht, in deren Mittelpunkt die Fragestellung stand, welche journalistischen Berichterstattungsmuster in der Presse zu ermitteln sind und ob diese ermittelten Muster mit den erhobenen beruflichen Selbstbildern der befragten Journalisten übereinstimmen. Das ist eine Weiterentwicklung in der Journalismusforschung, da diese Frage bislang in allen Untersuchungen, die journalistische Einstellungen in Entwicklungsländern untersucht haben, vernachlässigt wurde. Um die Kodierung der Einschätzung an die Selbstbeschreibungen der Journalisten anzugleichen, wurden die inhaltlichen Untersuchungskategorien aus den Items zum Rollenselbstverständnis abgeleitet und für die Untersuchung der Berichterstattungsmuster formuliert (vgl. SCHOLL/WEISCHENBERG 1998). Aus Erwägungen der praktischen Durchführbarkeit konzentrieren sich die Untersuchungen auf die unterschiedlichen journalistischen Formen der Tagespresse in Afghanistan. Thematisch steht die politische Berichterstattung im Mittelpunkt.

Folgende Ergebnisse konnten in dieser Untersuchung ermittelt werden: Bei der Untersuchung der gesellschaftlichen Entwicklung wurde festgestellt, dass die afghanische Gesellschaft überwiegend durch traditionelle Wertestrukturen geprägt ist und religiös sowie ethnisch definierte Gemeinschaften die wichtigsten gesellschaftlichen Handlungsfaktoren bilden (SCHETTER 2009: 2). In den Kapiteln zum Norm- und Strukturkontext wurde auf die Medienentwicklung nach 2001 in Afghanistan eingegangen, in der das Mediensystem in einer neuen »Ära der Freiheit« (TARZI 2009: 46) einen grundlegenden Wandel erfahren hat. Dieser Wandlungsprozess ist in der wachsenden Liberalisierung der Medienrechte zu beobachten, was auch zu einem Gründungsboom von Medieneinrichtungen geführt hat, der wiederum einen schnellen Anstieg von publizistischen Angeboten zur Folge hatte. Das Land besitzt inzwischen ein duales System aus staatlich und privatwirtschaftlich organisierten Medieneinrichtungen. Die privatwirtschaftlichen Medien haben sich schrittweise seit 2001 entwickelt und verfügen inzwischen über eine starke gesellschaftliche Akzeptanz und wirtschaftliche Position. Hinsichtlich der Besitzverhältnisse lassen sich die Anbieter in national agierende, ethnisch/regional orientierte und ferner als solche mit einem religiösen oder einem Parteihintergrund einteilen.

Auf der Grundlage der untersuchten empirischen Daten stellte sich zunächst heraus: Ein typischer Journalist in dieser Stichprobe kann wie folgt beschrieben werden: männlich, 31 Jahre alt, verheiratet, verfügt über einen Bachelor-Abschluss und verdient durchschnittlich ca. 13.000 Afghani im Monat (umgerechnet 250 Euro). Die befragten Journalisten zeigten sich im Ländervergleich mit seinem Beruf sehr zufrieden. Dieser Befund ist vor allem deshalb so erstaunlich, da Afghanistan als einer der »gefährlichsten Plätze für den Journalismus auf der Welt« (HAZAR 2009: 123) bezeichnet wird und sich dennoch die afghanischen Journalisten mit ihrem Beruf voll zufrieden zeigen. Wie die Bewertungen der wahrgenommenen Einflussfaktoren zeigen, nehmen die afghanischen Journalisten deutlich intensiver externe Einflüsse als interne Einflussfaktoren auf ihre tägliche Arbeit wahr. Die stärksten Einflüsse auf die eigene redaktionelle Arbeit beobachten die Befragten vonseiten der professionellen Einflussfaktoren wie Konventionen des Berufs und der Redaktion, aber auch durch den medienrechtlichen Rahmen. Eine sehr wichtige Rolle als Einflussquelle scheint auch das Publikum zu spielen. Durch eine Faktorenanalyse wurden aus den 15 Items zur Einflusswahrnehmung zwei Dimensionen extrahiert. Die erste Dimension fasst die Einflussquellen zusammen, deren Ursprung außerhalb der redaktionellen Strukturen liegt. Dazu zählen die Wirtschaft, die Politik, die Sensibilitäten der Gesellschaft, die Journalistenverbände, die Referenzgruppen aus verschiedenen Lebensbereichen und aus der Arbeitswelt. Als zweite Dimension kann hier die Gruppe der Einflussfaktoren aus den internen redaktionellen Strukturen genannt werden. Dazu zählen die Vorgesetzen, die Eigentümer, die Kollegen aus eigenen Redaktionen, die Publikumssicht und die Redaktion; aber auch Mediengesetze und Konventionen des Berufs. Hier zeigen die Befunde ein anderes Bild. Demnach sind die befragten Journalisten der Meinung, dass sie in ihrer täglichen journalistischen Arbeit insgesamt viel mehr den internen Einflussquellen ausgesetzt sind. Die Befunde zeigen, dass die afghanischen Journalisten durchweg ein differenziertes, aber insgesamt positives Bild von ihrem Publikum haben. Sie geben an, ihr Publikum sei hauptsächlich an Informationen interessiert. Durch die Hauptfaktorenanalyse wurde das Publikumsbild von befragten Journalisten, das mit zehn Items operationalisiert war, in zwei Dimensionen extrahiert. Die der ersten Dimension zugeordneten Eigenschaften vermuten das Publikum in den peripheren Gebieten. Dieses sei generell unpolitisch, traditionsorientiert und an religiösen Medieninhalten, aber auch an Unterhaltung interessiert. Das dieser Dimension zugeordnete Publikum bringt den traditionellen Informationsquellen mehr Vertrauen entgegen als den modernen Massenmedien. Die zweite Dimension umfasst die Einstellung der Befragten, die ihr Publikum in den städtischen Zentren vermuten. Sie bezeichnen das dieser Dimension zugeordnete Publikum mit aktiven Merkmalen als fortschrittlich, gebildet sowie an Politik und Informationen interessiert. Insgesamt zeigt sich, dass die befragten Journalisten ihr Publikum zur zweiten Dimension rechnen. In der Bewertung der ethischen Maßstäbe im Journalismus zeigen die Befragten, dass sie mehrheitlich auf flexible und problematische Recherchemetoden verzichten und eine neutrale Vorgehensweise bevorzugen. Die Dimensionierung der elf Items zu den ethischen Maßstäben im Journalismus mittels einer Faktorenanalyse extrahierte drei Dimensionen. In der ersten Dimension wurden die Items zusammengefasst, die Eigenschaften eines vorsichtig recherchierenden Journalisten abbilden. Die zugeordneten Journalisten lehnen nicht faktentreue und gesicherte Informationen ebenso ab wie fragwürdige Recherchemethoden. Der zweiten Dimension zugeordnete Journalisten verhalten sich konträr zur ersten Gruppe, was dem Bild eines flexibel recherchierenden Journalisten entspricht. Diese Journalisten halten ethische Maßstäbe im Journalismus für situationsabhängig. Der dritten Dimension zugeordnete Journalisten hingegen bewegen sich zwischen den beiden letztgenannten Dimensionen und können als neutral recherchierende Journalisten bezeichnet werden. Die Befunde zeigen, dass die afghanischen Journalisten in ihrer deutlichen Mehrheit auf flexible Recherchemethoden eher zurückhaltend reagieren und neutrale Methoden deutlich präferieren. Wenn auch das berufliche Rollenselbstverständnis unter afghanischen Journalisten insgesamt pluralistisch verfasst ist, dominiert eindeutig das Selbstkonzept im Sinne des Informationsjournalismus. Die Items zum Informationsjournalismus weisen eine sehr niedrige Standardabweichung auf, was auf eine große Übereinstimmung zwischen allen befragten Journalisten hindeutet. Sie halten nicht nur eine genaue und schnelle Informationsvermittlung für äußerst wichtig, sondern befürworten als ethische Maßstäbe für ihre Arbeit journalistische Werte wie Objektivität, Neutralität und Distanz. Nach der Informationsvermittlung geben sie als wichtigstes Kommunikationsziel im Sinne eines werteorientierten Journalismus die religiöse und traditionelle Wertevermittlung an. Bei der Frage nach der Umsetzbarkeit von Kommunikationszielen ist der Befund auch eindeutig. Die Aussagen des Informationsjournalismus werden nicht nur als die wichtigsten bezeichnet, sondern auch als die diejenigen, die am ehesten und besten umsetzbar seien. Auch die Umsetzungsmöglichkeiten der Absichten des werteorientierten Journalismus werden als positiv beurteilt. Die Faktorenanalyse extrahierte insgesamt fünf signifikant unterscheidbare, journalistische Typen, die wie folgt benannt werden: Mediator, Informator, Missionar, Kritiker und Dienstleister. Als Haupttyp mit einer vielfältigen Profilierung erweist sich der Mediator: Er möchte die Kommunikationsziele des Vermittlungs-, des Anwalts-, aber auch einige Züge des Servicejournalismus erreichen. Als zweiter Journalistentypus erweist sich der Informator, der präzise, komplexreduzierende Informationen vermitteln möchte. Dabei verfolgt er gleichwohl elitäre und aufklärerische Kommunikationsziele. Dem dritten Journalisten liegt ein missionarischer Journalistentypus zu Grunde. Dieser verfolgt insbesondere Kommunikationsziele, wie beispielsweise die Förderung gesellschaftlicher und religiöser Werte. Elemente des kritischen Journalismus nimmt der vierte Typ auf. Er vertritt und artikuliert eine skeptische und kritische Haltung gegenüber der Regierung und der Wirtschaft. Als fünfter Journalist kristallisiert sich der Dienstleister heraus. Er verfolgt einerseits die am Publikumsinteresse orientierten Kommunikationsziele, andererseits versteht er sich als Unterhalter. Bei allen Befragten herrscht Einigkeit darüber, dass der Informator der wichtigste journalistische Typ von allen genannten Rollenselbstverständnissen ist und so hat diese Gruppe die meisten Mitglieder.

Eine Inhaltsanalyse ergab zunächst, dass in den untersuchten Print-Erzeugnissen das Muster des Informationsjournalismus bei Weitem und eindeutig dominiert. Die Ergebnisse wurden dann einer Faktorenanalyse unterzogen, um die Befunde zu dimensionieren. Die Analyse differenziert fünf signifikant unterscheidbare journalistische Berichterstattungsmuster: Vermittlungs-, missionarischer, Informations-, kritischer sowie Servicejournalismus. Als Hauptmuster hat sich ein journalistisches Muster herausgestellt, das den Vermittlungsjournalismus zur Grundlage hat. Dieses Muster ist durch zwei Arten von Kommunikationszielen positiv geprägt: Vermittlungsjournalismus und eine konstruktive Partnerschaft mit der Regierung. Als zweiter Typ hat sich ein missionarisches Muster herauskristallisiert. Hierbei wird versucht, in einer erzieherischen und intellektuellen Mission religiöse beziehungsweise traditionelle Werte und Ideale als handlungsleitend für die gesellschaftliche Entwicklung darzustellen. Als drittes Muster hat sich der Informationsjournalismus herausgebildet der zwei Komponenten verbindet: Informationsvermittlung und Elemente des Entwicklungsjournalismus. Auch in der Faktorenanalyse wurde in den untersuchten Presse-Erzeugnissen ein Berichterstattungsmuster, das einem reinen Informationsjournalismus entspräche, nicht ermittelt. Elemente des kritischen Journalismus nimmt das vierte Muster auf. Im fünften Faktor schließlich kommen Teile des Servicejournalismus zusammen. Durch die Inhaltsanalyse konnte insgesamt beobachtet werden, dass die Kommunikationsziele nicht nur die Absichten der befragten Journalisten darstellen, die sie in ihrem Beruf realisieren möchten, sondern dass sie auch in den Berichterstattungsmustern der Tagespresse vorkommen. Abschließend wurde gefragt, inwieweit die persönlichen, kulturellen und organisatorischen Merkmale einen potenziellen Einfluss auf das berufliche Rollenselbstverständnis von Journalisten ausüben. Denn die gesellschaftlichen, normativen und organisatorischen Rahmenbedingungen der Massenmedien waren deswegen herangezogen worden, da die Frage im Mittelpunkt stand, ob diese Strukturen die Einstellungen der Journalisten beeinflussen können. Um es zu überprüfen, wurde eine multinominale logistische Regressionsanalyse durchgeführt. Dabei wurden als abhängige Variable das berufliche Rollenverständnis (fünfdimensionale Typologie: Vermittlungs-, missionarischer, Informations-, kritischer sowie Servicejournalismus) und als unabhängige Variablen das Alter, das Geschlecht, die Territorialität, Ethnizität, das Segment und die Organisation bestimmt. Es wurden die Effekte der unabhängigen Variablen gegenüber der abhängigen Variablen auspartialisiert. Das Ergebnis war, dass der Anteil der Varianz (McF-R^2/Cox & Snells-R^2/Nagelkerkes-R^2) in der Stichprobe, die durch die genannten unabhängigen Variablen erklärten werden könnte, zu gering war. Dies bedeutet, dass diese Lagermerkmale im Sinne der strukturbildenden Effekte nicht sinnvoll interpretiert werden können und dass bei der Bewertung der Kommunikationsziele zum beruflichen Rollenverständnis durch die Befragten zwischen allen Merkmalsträgern eher Gemeinsamkeiten als Unterschiede festgestellt wurden.

Ein Ergebnis dieser Untersuchung ist, dass der gesellschaftliche Rahmen für die beruflichen Einstellungen von Journalisten prägend ist. Der Journalistentypus ›Missionar‹ zeigt diese am besten. Die wichtigsten Kommunikationsziele für die befragten Journalisten waren die des Informationsjournalismus, gefolgt von denen des missionarischen Journalismus. Das entspringt aus der Tatsache, dass in Afghanistan Religion (Islam) und Tradition die wichtigsten gesellschaftlichen Identitäts- und Handlungsfaktoren bilden (SCHETTER 2009: 2). Diese Faktoren prägen auch die beruflichen Einstellungen von Journalisten und verweisen auf die Abhängigkeit beruflicher Einstellungen von den gesellschaftlichen Rahmenbedingungen. Das Ergebnis dieser Untersuchung knüpft an Befunde einiger anderer Untersuchungen an, deren Fazit ist, dass die Muster von Ähnlichkeiten und Unterschieden in den beruflichen Einstellungen der Journalisten sich grob an bekannten »gesellschaftlichen Differenzierungslinien« zwischen den einzelnen Ländern orientieren (WEAVER/WU 1998: 478; HANITZSCH 2004: 210; SCHOLL/WEISCHENBERG 1998).

Der wichtigste Befund dieser Studie ist, dass afghanische Journalisten im beruflichen Rollenselbstverständnis im Sinne des Informationsjournalismus journalistische Werte wie Objektivität, Schnelligkeit aber auch Neutralität und Distanz als am wichtigsten bewerten. Dieses Selbstkonzept dominiert bei Weitem über andere Rollenselbstverständnisse. Auch in den journalistischen Berichterstattungsmustern wurde der Informationsjournalismus als dominant ermittelt. Auf grund dieser Dominanz kann festgestellt werden, dass dieses berufliche Rollenselbstverständnis für die afghanischen Journalisten eine Primärrolle spielt. Dieses Ergebnis könnte in zweifacher Hinsicht gelesen werden. Im länderübergreifenden Vergleich weisen afghanische Journalisten hinsichtlich ihrer beruflichen Einstellungen deutlich mehr Ähnlichkeiten mit ihren Kollegen auf als Unterschiede. Übereinstimmungen zeigen sich insbesondere in der Ansicht der afghanischen Journalisten, dass der Informationsjournalismus die wichtigste journalistische Rolle ist. Hier wird nach Deuze (2005: 444f.) die angedeutete Universalität bezüglich des »professionell-ideologischen Konsenses« im Journalismus auch von befragten afghanischen Journalisten weitestgehend geteilt. Die Untersuchung bestätigt insgesamt auch den beschränkten Einfluss dieser individuellen und organisatorischen Merkmale auf die beruflichen Einstellungen im Journalismus (vgl. HANITZSCH 2004; WEAVER/WILHOIT 1991). Innerhalb der untersuchten Gruppen (Alter, Geschlecht, Ethnie etc.) konnten bezüglich des Informationsjournalismus aber auch des missionarischen Journalismus eher weitgehende Gemeinsamkeiten als große Differenzen ermittelt werden. Diese Gemeinsamkeiten sind für Afghanistan insofern interessant, als es sich um eine multiethnische Gesellschaft handelt und viele Afghanen nach wie vor ihre ethnischen Strukturen sehr stark als eine »gemeinsame ethnische Identität« deuten (SCHETTER 2009: 127). Die befragten Journalisten überwinden jedoch diese Differenzierungsgrenzen, indem sie weitestgehend die gleichen journalistischen Werte teilen.

Welche Faktoren zu diesen Gemeinsamkeiten innerhalb der befragten afghanischen Journalistengruppe, aber auch zu den Ähnlichkeiten der befragten Journalisten im internationalen Vergleich führen, konnte diese Dissertation nur ansatzweise ergründen. Allerdings können dazu einige Vermutungen formuliert werden, die in künftigen Untersuchungen überprüft werden könnten: Die Ähnlichkeiten in den beruflichen Einstellungen der Journalisten könnten ein Ergebnis der anhaltenden internationalen Medienförderung in Afghanistan sein. Durch sie wurde in den letzten Jahren nicht nur finanziell und strukturell in das afghanische Mediensystem investiert, es hat auch ein intensiver Werte-, Normen- und Wissenstransfer stattgefunden. Ein wichtiger Faktor war dabei die journalistische Ausbildung. Sie wird größtenteils von internationalen Organisationen und von westlichen Akteuren angeboten, wodurch ein Transfer von westlichen journalistischen Konzepten stattfindet. Insgesamt bedeutet dies, dass sich der Journalismus in Afghanistan eindeutig in einem Wandlungsprozess befindet, in dem Professionalisierungstendenzen zu beobachten sind, die sich eben in den gemeinsam geteilten Wertevorstellungen, Normen und Verhaltensstandards der befragten Journalisten dokumentieren.

Auf viele offene und ungelöste Fragen konnte diese Arbeit keine zufriedenstellenden Antworten geben; andere konnten nicht berücksichtigt werden. Die hier vorgelegte Arbeit versteht sich deshalb als explorative Studie und als erster Schritt, auf dem weitere, nachfolgende Studien aufbauen und sich diesen unbeantworteten Fragestellungen widmen können. Als wichtiges Desiderat wären hier Untersuchungen zu nennen, die sich insbesondere mit der Binnendifferenzierung im afghanischen Journalismus auseinandersetzen. Wie sind Redaktionen strukturiert? Welche Rollen und Rollenhierarchien kommen vor? Wie verlaufen und differenzieren sich Tätigkeitsbezeichnungen, Verantwortungsbereiche und Gesamtrollen in den redaktionellen Strukturen? Dies sind ebenso wichtige Fragestellungen wie die Ermittlung von journalistischen Tätigkeiten innerhalb der Redaktionen. Wie lassen sich die Journalisten nach Tätigkeiten klassifizieren? Wie verlaufen diese Tätigkeiten? Zielsetzung einer solchen Studie könnte die Erstellung von Tätigkeitsprofilen sein. Diese Punkte konnten in dieser Arbeit nur angerissen werden. Dieser Ansatz sollte aber weitergehen und diese Strukturen differenzierter untersuchen, da sie zu einem besseren Verständnis der Wechselbeziehung zwischen Organisation und Einstellungen im Journalismus eines Entwicklungslandes beitragen könnten. Ebenso wichtig scheint die Untersuchung der Wechselbeziehung zwischen Öffentlichkeitsarbeit und Journalismus zu sein, worauf in dieser Untersuchung nicht eingegangen werden konnte. Überaus interessant wäre es, der Frage nachzugehen, wie sich die subjektive Beurteilung der generellen Bedeutung des Einflusses von Öffentlichkeit und die differenzierte Beurteilung von Pressemitteilungen unter den Journalisten darstellt. In dieser konnte eine Typologie der beruflichen Einstellungen von Journalisten und der Berichterstattungsmuster erstellt werden. Der Frage, wie und warum diese Rollen entstehen, konnte diese Untersuchung nur ansatzweise nachgehen. Es konnte aber eine solide Basis für zukünftige Studien geschaffen werden, um diese Thematik weiter zu vertiefen. Auch eine inhaltsanalytische Untersuchung von Rundfunkprodukten scheint durchaus vielversprechend. Im Rahmen und im Untersuchungszeitraum dieser Studie konnte der Fragestellung vor allem aus Mangel an archivierten Rundfunkprodukten nicht tiefgründiger nachgegangen werden. Wichtig wäre es vor allem, zu fragen, inwieweit die ermittelten Berichterstattungsmuster in anderen Medienprodukten, insbesondere im Hörfunk, dem einzigen Massenmedium in Afghanistan, vorkommen. Auch die Vertiefung der Fragestellung, inwieweit gesellschaftliche Werte wie Religion und Tradition in Ländern wie Afghanistan, aber auch darüber hinaus, in die journalistischen Aussage-Entstehungsprozesse hineinreichen, scheint lohnenswert. Besonders wichtig ist die Differenzierung des missionarischen Journalismuskonzeptes, welches insbesondere in der islamisch geprägten Gesellschaft ermittelt wurde. Warum existiert dieses Konzept dort? Was ist der gemeinsame Nenner dieses Konzeptes? Ist es ein Phänomen der islamisch geprägten Gesellschaften oder kann es ebenso nicht islamisch geprägte Gesellschaften erfassen, wenn gesellschaftliche Werteförderung als Kommunikationsziel definiert würde? Diese Fragen können nur durch aufwendige komparative Untersuchungen beantwortet werden. Hier wären zur Operationalisierung vor allem Fragekonstruktionen notwendig, die näher an den Arbeitsrealitäten der Journalisten in diesen Ländern liegen. Zukünftige Studien können diese Vorgehensweise noch präzisieren.

8. LITERATUR- UND QUELLENVERZEICHNIS

AGGARWALA, NARINDER: What is Development News? In: *Communication*, 29(2), 1979, S. 180-185

ALI, ASLAM: Values: Idle concept or realistic goal? In: MASTERTON, MURRAY (Hrsg.): *Asian values in Journalism*. Singapore [Asia Media Information and Communication Centre] 1996, S. 147-152

ALLAN, STUART: *News culture*. Buckingham [Open University Press] 1999

ALTAI CONSULTING (Hrsg.): *Afghan Media. Three years after. Media and alternative sources of information in Afghan society*. Washington 2005. http://www.altaiconsulting.com/docs/media/2005/I-1.Executive_Summary_Overall.pdf [20.09.2011]

ALTAI CONSULTING (Hrsg.): *Afghan Media in 2015. Synthesis Report. Unter Mitarbeit von Philibert Mercey (u.a.)*. Washington 2015. http://www.altaiconsulting.com/docs/media/2010/Afghan%20Media%20in%202010.pdf [10.02.2016]

ALTMEPPEN, KLAUS; THOMAS HANITZSCH; CARSTEN SCHLÜTER (Hrsg.): *Journalismustheorie: Next Generation. Soziologische Grundlegung und theoretische Innovation*. Wiesbaden [vs Verlag für Sozialwissenschaften] 2007

ALTMEPPEN, KLAUS-DIETER; MARTIN LÖFFELHOLZ: Journalismus. In: JARREN, OTTFRIED; ULRICH SARCINELLI ; ULRICH SAXER (Hrsg.): *Politische Kommunikation in der demokratischen Gesellschaft. Ein Handbuch mit Lexikonteil.* Wiesbaden [Westdeutscher Verlag] 1998, S. 414-421

ALTMEPPEN, KLAUS (Hrsg.): *Ökonomie der Medien und des Mediensystems. Grundlagen, Ergebnisse und Perspektiven medienökonomischer Forschung.* Opladen [Westdeutscher Verlag] 1996

ARTICLE 19 (Hrsg.): Memorandum on the Afghan Law on Mass Media. London 2004. http://www.refworld.org/docid/475e4e1d0.html [11.02.2016]

ARTICLE 19 (Hrsg.): *The Constitution of Afghanistan*. Kabul 2004. http://www.afghan-web.com/politics/current_constitution.html [11.02.2016]

BACKHAUS, KLAUS; BERND ERICHSON; ROLF WEIBER: *Multivariate Analysemethoden. Eine anwendungsorientierte Einführung*. Wiesbaden 2006

BÄRWOLFF, OLIVER; ANNE BRETSCHNEIDER; SABINE FROST: *Mediensysteme im internationalen Vergleich*. Erfurt 2004 (Online nicht mehr verfügbar)

BAJOHR, ULRIKE: *Deutschland und das State Building in Afghanistan*. Eingereichte Magisterarbeit an der Universität Münster, Münster 2005. http://www.fernuni-hagen.de/imperia/md/content/politikwissenschaft/ha_bajohr.pdf [25.08.2012]

BARKER, MICHAEL: Democracy or polyarchy? US-funded media developments in Afghanistan and Iraq post 9/11. In: *Media, Culture & Society*, 30(1), 2008, S. 109-130

BAYUNI, ENDY: Asian values: Do they exist? In: Masterton, Murray (Hrsg.): *Asian values in journalism*. Singapore [Asian Media, Information and Communication Centre] 1996, S. 39-43

BBC: The media of Afghanistan. The challenges of transition. In: *Policy Briefing*, (5), London 2012

BEER, ARNOLD DE: Ecquid Novi – the Search for a Definition. In: *Ecquid Novi*, 25(2), 2004, S. 186-209

BEER, ARNOLD DE; JOHN C. MERRILL (Hrsg.): *Global Journalism: Topical Issues and Media Systems*. Boston [MA Pearson] 2004

BEHMER, MARKUS (Hrsg.): *Journalismus und Wandel. Analysedimensionen, Konzepte, Fallstudien*. 1. Aufl., Wiesbaden [VS Verlag für Sozialwissenschaften] 2005

BERELSON, BERNARD: *Content analysis in communication research*. Michigan 1952

BERTRAND, C.-J.: *Media Ethics and Accountability Systems*. London [Transaction Publishers] 2000

BLANKE, URSULA (Hrsg.): *Krisen und Konflikte. Von der Prävention zur Friedenskonsolidierung*. Berlin 2004

BONFADELLI, HEINZ; GABRIELE SIEGERT; OTFRIED JARREN (Hrsg.): *Einführung in die Publizistikwissenschaft*. 2. Aufl., Bern 2005

BORAH, PORISMITA: Examining media content: A case study of newspaper coverage of dowry in India, 1999-2006. In: *Asian Journal of Communication*, 18(4), 2008, S. 379-395

BREUNIG, CHRISTIAN: *Kommunikationspolitik der UNESCO. Dokumentation und Analyse der Jahre 1946 bis 1987*. Konstanz [Universitätsverlag Konstanz] 1987

BROOTEN, LISA: Human rights discourse and the development of democracy in a multi-ethnic state. In: *Asian Journal of Communication*, 14(2), 2004, S. 174 - 191

BROSIUS, HANS; ALEXANDER HAAS; FRIEDERIKE KOSCHEL: *Methoden der empirischen Kommunikationsforschung. Eine Einführung*. Wiesbaden [VS Verlag für Sozialwissenschaften] 2009

BROSIUS, HANS-B.; FRIEDERIKE KOSCHEL: *Methoden der empirischen Kommunikationsforschung. Eine Einführung*. Wiesbaden [VS Verlag für Sozialwissenschaften] 2005

BRÜGGEMANN, MICHAEL: Journalistik als Kulturanalyse. Redaktionskultur als Schlüssel zur Erforschung journalistischer Praxis. In: JANDURA, OLAF; THORSTEN QUANDT (Hrsg.): *Methoden der Journalismusforschung*. Wiesbaden [VS Verlag für Sozialwissenschaften] 2010, S. 47 - 66

BÜHL, ACHIM; PETER ZÖFEL: *SPSS 12. Einführung in die moderne Datenanalyse unter Windows*. München [Pearson Studium] 2005

BÜSCHGES, GÜNTER: *Einführung in die Organisationssoziologie*. Stuttgart 1983

BURKART, ROLAND: *Kommunikationswissenschaft. Grundlagen und Problemfelder; Umrisse einer interdisziplinären Sozialwissenschaft*. Wien 1998

CARY, PETER: *An Explosion of News: The State of Media in Afghanistan*. Washington [Center for International Media Assistance] 2012

CENTRAL INTELLIGENCE AGENCY (CIA) (Hrsg.): *The World Factbook. Afghanistan*. 2010. https://www.cia.gov/library/publications/the-world-factbook/geos/af.html [05.02.2016]

CHAN, JOSEPH; VEN-HWEI LO; ZHONGDANG PAN: Journalism Education and Journalists: A Comparative Study in China, Hong Kong and Taiwan. In: *Communication Research Monograph*, (8), 2003

CHARLES, ALEC (Hrsg.): *Media in the enlarged Europe. Politics, policy and industry*. Bristol 2009

CHAUDHARY, ANJU GROVER: International Media Images: is development news ignored in Western and Third World newspapers? In: *Media Asia*, 27(4), 2000, S. 212 - 219

CHIARI, BERNHARD (Hrsg.): *Wegweiser zur Geschichte Afghanistan. Militärgeschichtliche Forschungsamt*. Paderborn und München [Ferdinand Schöningh] 2009

COHEN, BERNARD: *The press and foreign policy*. Princeton [Princeton University Press] 1963

DEBIEL, TOBIAS; STEPHAN KLINGEBIEL; ANDREAS MEHLER; ULRICH SCHNECKENER (Hrsg.): *Zwischen Ignorieren und Intervenieren. Strategien und Dilemmata externer Akteure in fragilen Staaten*. Bonn [Stiftung Entwicklung und Frieden (SEF)] 2005

DELANO, ANTHONY; JOHN HENNINGHAM: British Journalists: comparative study. In: WEAVER, DAVID H.; WEI WU (Hrsg.): *The global journalist*. Cresskill [Hampton Press] 1998, S. 143-160

DEUZE, MARK: What is journalism? Professional identity and ideology of journalists reconsidered. In: *journalism*, 6(4), 2005, S. 442-464

DEUZE, MARK: *What is journalistik?* Amsterdam [Het Spinhuis] 2004

DEUZE, MARK: Popular Journalismus und Professional Ideologie. Tabloid Reporter und Editors Speak Out. In: *Media Culture Society*, 2(27), 2005, S. 861-882

DEUZE, MARK: Ethnic media, community media and participatory culture. In: *journalism*, 7(3), 2006, S. 262-280

DONSBACH, WOLFGANG: Journalismusforschung in der Bundesrepublik. Offene Fragen trotz Forschungsboom. In: WILKE, JÜRGEN (Hrsg.): *Zwischenbilanz der Journalistenausbildung*. 1. Aufl., München [Ölschläger] 1987

DONSBACH, WOLFGANG; THOMAS PATTERSON: Journalisten in der politischen Kommunikation: Professionelle Orientierungen von Nachrichtenredakteuren im internationalen Vergleich. In: ESSER, FRANK (Hrsg.): *Politische Kommunikation im internationalen Vergleich. Grundlagen, Anwendungen, Perspektiven*. Wiesbaden [Westdeutscher Verlag] 2003, S. 281-304

DONSBACH, WOLFSGANG: Rollenselbstverständnis. In: WEISCHENBERG, SIEGFRIED; HANS J. KLEINSTEUBER; BERNHARD PÖRKSEN (Hrsg.): *Handbuch Journalismus und Medien*. Konstanz 2005, S. 415-420

DONSBACH, WOLFSGANG: Journalismusforschung im internationalen Vergleich. Werden die professionellen Kulturen eingeebnet? In: MELISCHEK, GABRIELE (Hrsg.): *Medien & Kommunikationsforschung im Vergleich. Grundlagen, Gegenstandsbereiche, Verfahrensweisen*. Wiesbaden [Verlag für Sozialwissenschaften] 2008, S. 271-289

DUBIEL, HELMUT: Integration durch Konflikt. In: *Kölner Zeitschrift für Soziologie und Sozialpsychologie*, 39(2), 1999, S. 139-153

EBO, BOSAH: The Ethical Dilemma of African Journalists: A Nigerian Perspective. In: *Journal of Mass Media Ethics*, 9(2), 1994, S. 84-93

EDEANI, DAVID: Ownership and Control of the Press in Africa. In: *Gazette*, 16(2), 1970, S. 55-66

EDEANI, DAVID: Role of Development Journalism in Nigeria's Development. In: *Gazette*, 52(2), 1993, S. 123-143

EDEANI, DAVID: Nigerian Mass Media Handling of Conflict Situations in the West African Sub-Region. In: *Africa Media Review*, 8(1), 1994, S. 25-39

EHMIG, SIMONE: *Generationswechsel im deutschen Journalismus. Zum Einfluss historischer Ereignisse auf das journalistische Selbstverständnis*. Freiburg i. Br. [K. Alber] 2000

EIDE, MARTIN; GRAHAM KNIGHT: Public/private service: Service journalism and the problems of everyday life. In: *European Journal of Communication*, 14(4), 1999, S. 525-545

ESHAQ, MOHAMMED: Connecting communities through community broadcasting and ICTs. In: *News Blaze*, London 2007 (Online nicht mehr verfügbar)

ESSER, FRANK: *Die Kräfte hinter den Schlagzeilen. Englischer und deutscher Journalismus im Vergleich*. Freiburg i. Br. [K. Alber] 1998

ESSER, FRANK (Hrsg.): *Politische Kommunikation im internationalen Vergleich. Grundlagen, Anwendungen, Perspektiven*. Wiesbaden [Westdeutscher Verlag] 2003

ESSER, FRANK: Journalismus vergleichen. Komparative Forschung und Theoriebildung. In: LÖFFELHOLZ, MARTIN (Hrsg.): *Theorien des Journalismus. Ein diskursives Handbuch*. Wiesbaden [vs Verlag für Sozialwissenschaften] 2004, S. 151-179

ESSER, FRANK: *Komparative Kommunikationswissenschaft. Institut für Publizistikwissenschaft und Medienforschung*. Universität Zürich (Paper 41), 2010. http://www.nccr-democracy.uzh.ch/publications/workingpaper/pdf/WP_41.pdf [05.02.2016]

FABRIS, HANS: Das Selbstbild des Kommunikators bei Tageszeitungen. In: *Publizistik: Vierteljahreshefte für Kommunikationsforschung*, 16(4), 1971, S. 357-368

FRAENKEL, ERAN; EMRYS SHOEMAKER; SHELDON HIMELFARB: *Afghanistan Media Assessment. Opportunities and Challenges for*

Peacebuilding. Washington, 2010. http://www.usip.org/files/resources/PW68_Afghanistan_Media_Assessment.pdf [05.02.2016]

FRANQUÉ, FRIEDERIKE: *Medienhilfe als Instrument der Außen- und Sicherheitspolitik. Ziele, Motive und Implementierungswege internationaler Akteure in Bosnien-Herzegowina und Kosovo*. Berlin [Wissenschaftlicher Verlag Berlin] 2008

FRÜH, WERNER: *Inhaltsanalyse. Theorie und Praxis*. Konstanz [UVK Verlag] 2007

FUCHS, MATTHIAS: *Das Berufsverständnis von Journalisten. Ausprägungen und Ursachen am Beispiel von Mitarbeitern einer Regionalzeitung*. Diplomarbeit, Ludwig-Maximilians-Universität, München, Institut für Kommunikationswissenschaft und Medienforschung, 2006. http://www.matthias-fuchs.de/docs/Diplom.pdf [05.02.2016]

GARBADE, SVEN: *Einführung in die logistische Regression*. Walldorf 2009. http://www.metabnet.de/fileVault/project_51/instrumente/Logistische_Regression_wn.pdf (Online nicht mehr verfügbar)

GEERTZ, CLIFFORD: *Local knowledge. Further essays in interpretive anthropology*. New York [Basic Books] 1983

GEERTZ, CLIFFORD: *Dichte Beschreibung. Beiträge zum Verstehen kultureller Systeme*. Frankfurt/M. [Suhrkamp] 1995

GHOLAM, KHIABANY: De-Westernizing Media Theory, or Reverse Orientalism. Islamic Communication as Theorized by Hamid Mowlana. In: *Media, Culture & Society*, 25, 2003, S. 415-422

GIESEN, BERNHARD: Funktionalismus und Systemtheorie. In: REIMANN, HORST; B. GIESEN; DIETER GOETZE; M. SCHMID (Hrsg.): *Basale Soziologie: theoretische Modelle*. München [Goldmann] 1975

GLATZER BERNT: *Afghanistan. Studien zur Länderbezogenen Konfliktanalysen*. Im Auftrag der Friedrich-Ebert-Stiftung. Bonn 2003. http://library.fes.de/pdf-files/iez/01935.pdf [05.02.2016]

GÖRKE, ALEXANDER: Programmierung, Netzwerkbildung, Weltgesellschaft. Perspektiven einer systemtheoretischen Journalismustheorie. In: LÖFFELHOLZ, MARTIN (Hrsg.): *Theorien des Journalismus. Ein diskursives Handbuch*. Wiesbaden [VS Verlag für Sozialwissenschaften] 2004, S. 233-247

GÖRKE, ALEXANDER: *Risikojournalismus und Risikogesellschaft. Sondierung und Theorieentwurf*. Opladen [Westdeutscher Verlag] 1999

GOVERNMENT OF AFGHANISTAN (Hrsg.): *Afghanistan: Rebuilding Our Nation. Afghanistan's National Programme for Reconstruction Afghanistan*.

Kabul, 2005. www.moc.gov.af/govdoc/Rebuilding_Our_Nation_brochure.pdf [05.02.2016]

GRITTMANN, ELKE; IRENE NEVERLA; MONIKA PATER (Hrsg.): *Grundlagentexte zur Journalistik*. Konstanz [UVK Verlag] 2002

GRITTMANN, ELKE: Einleitung. Organisationeller Kontext. In: GRITTMANN, ELKE; IRENE NEVERLA; MONIKA PATER (Hrsg.): *Grundlagentexte zur Journalistik*. Konstanz [UVK Verlag] 2002, S. 290-303

GROSSENBACHER, RENÉ: *Journalismus in Entwicklungsländern. Medien als Träger des sozialen Wandels?* Köln [Böhlau] 1998

GROSSER, SUSANNE; MARTIN HOFFMANN: *Welche Art von Analysemuster kann bei der Erstellung von Fallstudien zerfallen(d)er Staaten zugrunde gelegt werden?* Erlangen, 2007. http://www.regionenforschung.uni-erlangen.de/publikationen/dokumente/9/02.pdf [05.02.2016]

GUNARATNE, SHELTON: Freedom of the Press: A World System Perspective. In: *Gazette*, 64(4), 2002, S. 43-69

GUNARATNE, SHELTON: Media subservience and developmental journalism. In: *Combroad*, 4, 1979, S. 22-27

GUPTA, VARUN: Politics, policies and journalism values. In: MASTERTON, MICHAEL (Hrsg.): *Asian values in Journalism*. Singapore [Asian Media, Information, and Communication Centre] 1996, S. 73-80

HAAS, HANNIS; HANS PÜRER: Berufsauffassungen im Journalismus. In: HEINZ PÜRER (Hrsg.): *Praktischer Journalismus in Zeitung, Radio und Fernsehen*. München [Ölschläger] 1991

HAAS, HANNES: *Empirischer Journalismus. Verfahren zur Erkundung gesellschaftlicher Wirklichkeit*. Wien [Böhlau] 1999

HACHTEN, WILLIAM A.; N. J. MAHWAH: *The troubles of journalism*. London [Lawrence Erlbaum Associates] 1998

HACHTEN, WILHELM: *The World News Prism: Changing Media of International Communication*. Iowa [State University Press] 1996

HAFEZ, KAI: Journalism Ethics Revisited: A Comparison of Ethics Codes in Europe, North Africa, the Middle East, and Muslim Asia In: *Political Communication*, 19(2), 2002, S. 225-250

HALLER, MICHAEL: Typen des Journalismus. In: PÜRER, HANS (Hrsg.): *Praktischer Journalismus*. München [Werner Friedmann Institut] 2004, S. 81-94

HALLIN, DANIEL; PAOLO MANCINI: *Comparing media systems*. New York [Cambridge University Press] 2004

HANITZSCH, THOMAS: *Journalistenausbildung in Indonesien. Bedingungen, Ziele, Strukturen und Inhalte.* Leipzig [Magisterarbeit im Institut für Kommunikationswissenschaft und Medienwissenschaft] 1999

HANITZSCH, THOMAS: *Journalismus in Indonesien. Akteure, Strukturen, Orientierungshorizonte, Journalismuskulturen.* Wiesbaden [Deutscher Universitäts-Verlag] 2004

HANITZSCH, THOMAS; THORSTEN QUANDT; MARTIN LÖFFELHOLZ; KLAUS-DIETER ALTMEPPEN: Online-Journalismus in Deutschland und den USA. Daten der ersten repräsentativen Erhebung zum Online-Journalismus. In: *epd Medien*, 39, 2004, S. 3-24

HANITZSCH, THOMAS: Mapping Journalism Culture: A Theoretical Taxonomy and Case Studies from Indonesia. In: *Asian Journal of Communication*, 16(2), 2006, S. 169-186

HANITZSCH, THOMAS: Universalität, Differenz und ideologische Artikulation journalistischer Kulturen. In: HAHN, OLIVER; ROLAND SCHRÖDER (Hrsg.): *Journalistische Kulturen: Schlüsselkonzepte und Grundsteine für ein interdisziplinäres und internationales Theoriefundament*, Berlin [Vistas] 2008, S. 154-172

HANITZSCH, THOMAS: Problemzonen kulturvergleichender Kommunikatorforschung: Methodologische Fallstudien. In: MELISCHEK, GABRIELE; JOSEF SEETHALER; JÜRGEN WILKE: *Medien und Kommunikationsforschung im Vergleich. Grundlagen, Gegenstandsbereiche, Verfahrensweisen.* Wiesbaden [VS Verlag für Sozialwissenschaften] 2008, S. 253-270

HANITZSCH, THOMAS: Zur Wahrnehmung von Einflüssen im Journalismus: Komparative Befunde aus 17 Ländern. In: *Medien & Kommunikationswissenschaft*, 57, 2009, S. 153-173

HANITZSCH, THOMAS; JOSEF SEETHALER: Journalismuswelten. Ein Vergleich von Journalismuskulturen in 17 Ländern (Worlds of Journalism: A comparison of journalism cultures in 17 countries). In: *Medien & Kommunikationswissenschaft*, 57(4), 2010, S. 464-484

HANITZSCH, THOMAS: Populist disseminators, detached watchdogs, critical change agents and opportunist facilitators: Professional milieus, the journalistic field and autonomy in 18 countries. In: *International Communication Gazette*, 73(6), 2011, S. 477-494

HANS-BREDOW-INSTITUT (Hrsg.): *Medien. Internationales Handbuch.* 28. Auflage, Baden-Baden [Nomos] 2009

HARTENBERGER, LISA: *Mediating Transition in Afghanistan, 2001-2004*. Austin 2005. http://www.lib.utexas.edu/etd/d/2005/hartenbergerl42283/hartenbergerl42283.pdf [05.02.2016]

HARTIG, JOHANNES; NINA JUDE: *Testtheorie & Testkonstruktion. Faktorenanalyse: Interpretation der SPSS-Ausgabe*. Frankfurt/M. 2004

HARTLEY, JOHN: *Uses of television*. London, New York [Routledge] 1999

HAWLEY, SEARLE: *Professionalization among newsmen*. London [The Milwaukee Journal and Sentinel] 1964

HAZAR, KAMRAN MIR: *Censorship in Afghanistan*. Kabul 2009. http://www.kabulpress.org [23.10.2011]

HEDEBRO, GÖRAN: *Communication and social change in developing nations. A critical view*. Iowa [State University Press] 1982

HENNINGHAM, JOHN; ANTHONY DELANO: British Journalists. In: WEAVER, DAVID (Hrsg.): *The Global Journalist: News People Around the World*. Cresskill, New Jersey [Hampton Press] 1998, S. 143-160

HEPP, ANDREAS: *Netzwerke der Medien. Medienkulturen und Globalisierung*. Wiesbaden [VS Verlag] 2004

HEPP, ANDREAS; MARTIN LÖFFELHOLZ: *Grundlagentexte zur transkulturellen Kommunikation*. Konstanz [UVK Verlagsgesellschaft] 2002

HEPP, ANDREAS; MICHAEL BRÜGGEMANN; KATHARINA LINGENBERG: *Politische Diskurskulturen in Europa. Die Mehrfachsegmentierung europäischer Öffentlichkeit*. Wiesbaden [Springer VS] 2012

HIMELBOIM, ITAI; LIMOR YEHIEL: Media perception of freedom of the press: A comparative international analysis of 242 codes of ethics. In: *journalism*, 9(3), 2008, S. 235-265

HIPPLER, JOCHEN: *Nation-Building. Ein Schlüsselkonzept für friedliche Konfliktbearbeitung?* Bonn [Dietz] 2004

HUSSAINI, ASIF: *Reaktion der Medien auf die neue Reaktion vom Ministerium für Information und Kultur (auf Persisch). Deutsche Welle*, 2012. http://www.dw.de/dw/article/0,,16214077,00.html [05.02.2016]

HYDEN, GORAN; MICHAEL LESLIE: Communication and Democratization in Africa. In: HYDEN, GORAN; MICHAEL LESLIE (Hrsg.): *Media and Democracy in Africa*. USA [Transaction Publishers] 2002, S. 1-27

IMHOF, KURT (Hrsg.): *Integration und Medien. Mediensymposium »Integration und Medien«*. 1. Auflage, Wiesbaden [Westdeutscher Verlag] 2002

INSTITUTE FOR WAR & PEACE REPORTING (IWPR) (Hrsg.): *Reporting the Future: A Handbook for Afghan Journalists*. London 2002

INTERNEWS AFGHANISTAN (Hrsg.): *Afghan Media Directory*. Kabul 2003
INTERNEWS AFGHANISTAN (Hrsg.): Media Freedom and Journalist Security. In: *Media Monitor. A Newsletter on Afghan Media*. Kabul 2004
INTERNEWS AFGHANISTAN (Hrsg.): *Internews Report. Internews Supports Afghan Media*. Kabul 2004
INTERNEWS AFGHANISTAN (Hrsg.): *Journalism Freedom Report v.1. Media Watch. Media Analyst*. Kabul 2006
INTERNEWS AFGHANISTAN (Hrsg.): *Journalism Freedom Report v.2. Media Watch. Media Analyst*. Kabul 2006
JANDURA, OLAF; THORSTEN QUANDT (Hrsg.): *Methoden der Journalismusforschung*. Wiesbaden [Verlag für Sozialwissenschaften] 2010
JANOWITZ, MORRIS: Professional Models in Journalism: The Gatekeeper and the Advocate. In: *Journalism Quarterly*, 52(4), 1975, S. 618-626
JAROLIMEK, STEFAN: *Die Transformation von Öffentlichkeit und Journalismus. Modellentwurf und das Fallbeispiel Belarus*. Wiesbaden [Verlag für Sozialwissenschaften] 2009
JARREN, OTFRIED; ULRICH SAXER (Hrsg.): *Politische Kommunikation in der demokratischen Gesellschaft*. Ein Handbuch mit Lexikonteil. Opladen [Westdeutscher Verlag] 1998
JARREN, OTFRIED: Gesellschaftliche Integration durch Medien? Zur Begründung normativer Anforderungen an Medien. In: *Medien & Kommunikationswissenschaft*, 48(1), 2000, S. 22-41
JOHNSTONE, JOHN; CLAIRE WALLACE; EDWARD SLAWSKI; WILLIAM BOWMAN: *The news people. A sociological portrait of American journalists and their work*. Urbana [University of Illinois Press] 1979
JOSEPHI, BEATE: Journalism in the Global Age. Between Normative and Empirical. In: *International Communication Gazette*, 67(6), 2005, S. 575-590
KAMAL, SARAH: *Afghanistan: Media output is source. Target of unrest*. London 2009
KANYEGIRIRE, ANDREW; STEVE TUMUHIRWE: *Journalists' perceptions of their roles and identities with regard to the new partnership for Africa's development*. o.O. 2008
KANYEGIRIRE, ANDREW: Mass Media, Journalism and the New Partnership for Africa's Development: The Case For a Cultural Approach? In: *African Renaissance*, 51(2), 2008, S. 275-289

KAPPELHOFF, PETER: *Methoden der empirischen Wirtschafts- und Sozialforschung.* Wuppertal 2007

KEPPLINGER, HANS MATHIAS: Angepasste Außenseiter. Ergebnisse und Interpretation der Kommunikatorforschung. In: KEPPLINGER, HANS MATHIAS (Hrsg.): *Angepasste Außenseiter. Was Journalisten denken und wie sie arbeiten.* Freiburg i. Br. [K. Alber] 1979, S.7-28

KEPPLINGER, HANS MATHIAS: Problemdimensionen des Journalismus. Theoretischer Anspruch und empirischer Ertrag. In: LÖFFELHOLZ, MARTIN (Hrsg.): *Theorien des Journalismus. Ein diskursives Handbuch.* Wiesbaden [Verlag für Sozialwissenschaften] 2004, S. 81-99

KHAN, A. M. ZAKARIA: The influence of personality traits on journalists' work behaviour: An exploratory study examining a Bangladeshi sample. In: *Asian Journal of Communication*, 15(1), 2005, S. 72-84

KHAN, ALTAF ULLAH: *Profile of journalists in Peshawar.* Diss., Leipzig 2004

KHIABANY, GHOLAM: De-Westernizing media theory, or reverse Orientalism. »Islamic communication« as theorized by Hamid Mowlana. In: *Media, Culture & Society*, 7(25), 2003, S. 415-422

KLAMMER, BERND: *Empirische Sozialforschung. Eine Einführung für Kommunikationswissenschaftler und Journalisten.* Konstanz [UVK] 2005

KLAUS, ELISABETH; MARGRETH LÜNENBORG: Der Wandel des Medienangebots als Herausforderung an die Journalismusforschung. Plädoyer für eine kulturorientierte Annäherung. In: *Medien & Kommunikationswissenschaft*, 48(2), 2000, S. 188-211

KLEINSTEUBER, HANS; BARBARA THOMASS: Kommunikationspolitik international. Ein Vergleich nationaler Entwicklungen. In: *Internationales Handbuch Medien*, 2005, S. 67-84

KLEINSTEUBER, HANS; BARBARA THOMASS: Kommunikationspolitik Internationale. ein Vergleich nationaler Entwicklungen. In: HANS-BREDOW-INSTITUT (Hrsg.): *Medien. Internationales Handbuch.* Baden-Baden [Nomos] 2009, S. 78-99

KLOKE-LESCH, ADOLF; ULRIKE HOPP: Nation-Building versus Nationenbildung: eine entwicklungspolitische Perspektive. In: HIPPLER, JOCHEN (Hrsg.): *Nation-Building: ein Schlüsselkonzept für friedliche Konfliktbearbeitung?* Bonn 2004, S. 195-213

KNOKE DAVID; JAMES KUKLINSKI: *Network Analysis.* Newbury [Park CA] 1982

KÖCHER, RENATE: *Spürhund und Missionar. Eine vergleichende Untersuchung über Berufsethik und Aufgabenverständnis britischer und deutscher Journalisten.* München 1985

KOHRING, MATTHIAS; DONALD HUG: Öffentlichkeit und Journalismus. Zur Notwendigkeit der Beobachtung gesellschaftlicher Interdependenz. In: *Medien Journal*, 21(1), 1997, S. 15-33

KOHRING, MATTHIAS: *Die Funktion des Wissenschaftsjournalismus. Ein systemtheoretischer Entwurf*. Opladen [Westdeutscher Verlag] 1997

KOHRING, MATTHIAS: *Vertrauen in Medien – Vertrauen in Technologie*. Stuttgart [Akademie für Technikfolgenabschätzung in Baden-Württemberg] 2001

KRASTEVA, PAVLINA: *Journalismus in Bulgarien siebzehn Jahre nach dem Systemwechsel. Eine qualitative Studie zum Selbstverständnis von bulgarischen Pressejournalisten*. Saarbrücken [VDM Verlag Dr. Müller] 2008

KRIPPENDORFF, KLAUS: *Content Analysis. An Introduction to its Methodology*. Beverly Hills 1980

KROTZ, FRIEDRICH: *Die Mediatisierung kommunikativen Handelns. Der Wandel von Alltag und sozialen Beziehungen, Kultur und Gesellschaft durch die Medien*. Wiesbaden [Westdeutscher Verlag] 2001

KRUPITSCHKA, MICHAEL: *Beruf Jugendjournalist. Eine explorative Studie über das Selbstverständnis in den Redaktionen von »Radio Galaxy«, »Energy 93,3« und dem »Zündfunk«*. o.O. 2005

KUNCZIK, MICHAEL: Kriegsberichterstattung und Öffentlichkeitsarbeit in Kriegszeiten. In: IMHOF, KURT; PETER SCHULZ (Hrsg.): *Medien und Krieg – Krieg in den Medien*. Zürich [Seismo] 1995, S. 87-104

KUNCZIK, MICHAEL: Development Journalism. Ein neuer Journalismustyp. In: *Publizistik: Vierteljahreshefte für Kommunikationsforschung*, 31(2), 1986, S. 262-277

KUNCZIK, MICHAEL: *Concepts of Journalism North and South*. Bonn [Friedrich Ebert Stiftung] 1995

LAI, OSO: The Commercialization of the Nigerian Press: Developments and Implications. In: *African Media Review*, 3(5), 1991, S. 49-50

LEE, FRANCIS; JOSEPH MAN CHAN; CLEMENT Y. K. SO: *Hong Kong journalists' attitude toward social protests: A belief system perspective*. o.O. 2005

LENT, JOHN: *International Workshop on Cartoon Journalism and Democratisation in Southern Africa, Gaborone, Botswana*. Unveröffentlichter Konferenzvortrag, November 2000

LEVINE, COREY: *Afghanistan project formulation mission report*. London, Copenhagen, Kabul 2002

LO, VEN-HWEI; CHAN JOSEPH MAN; PAN ZHONGDANG: Ethical Attitudes and Perceived Practice: A Comparative Study of Journalists in China, Hong Kong and Taiwan. In: *Asian Journal of Communication*, 15(2), 2005, S. 154-172

LÖFFELHOLZ, MARTIN: Dimensionen struktureller Kopplung von Öffentlichkeitsarbeit und Journalismus: Überlegungen zur Theorie selbstreferentieller Systeme und Ergebnisse einer repräsentativen Studie. In: BENTELE, GÜNTHER; MICHAEL HALLER (Hrsg.): *Aktuelle Entstehung von Öffentlichkeit: Akteure-Strukturen-Veränderungen*. Konstanz [UVK Medien] 1997, S. 187-208

LÖFFELHOLZ, MARTIN: Kommunikatorforschung: Journalistik. In: BENTELE, GÜNTER; HANS-BERNHARD BROSIUS; OTFRIED JARREN (Hrsg.): *Öffentliche Kommunikation. Handbuch Kommunikations- und Medienwissenschaft*. Wiesbaden [Westdeutscher Verlag] 2003, S. 28-53

LÖFFELHOLZ, MARTIN (Hrsg.): *Theorien des Journalismus. Ein diskursives Handbuch*. 2. Aufl. Wiesbaden [Verlag für Sozialwissenschaften] 2004

LOOSE, JOACHIM: *Logistische Regression*. Jena 2004. http://www.soz.uni-jena.de/adl/m3_regr/html/m3logregr.htm [09.02.2016]

LOOSEN, WIEBKE; ARMIN SCHOLL: Validierung oder Ergänzung? Zur Praxis von Methodenkombinationen in der Journalismusforschung. In: JANDURA, O.; T. QUANDT; J. VOGELGESANG (Hrsg.): *Methoden der Journalismusforschung*. Wiesbaden [Verlag für Sozialwissenschaften] 2011, S. 109-121

LÜNENBORG, MARGRETH: Public Journalism. Konzept, Entstehung, gesellschaftliche Relevanz. In: BEHMER, MARKUS (Hrsg.): *Journalismus und Wandel. Analysedimensionen, Konzepte, Fallstudien*. Wiesbaden [Verlag für Sozialwissenschaften] 2005, S. 143-159

LUHMANN, NIKLAS: *Die Realität der Massenmedien*. Opladen [Westdeutscher Verlag] 1996

MACHILL, MARCEL: *Journalistische Kultur-Rahmenbedingungen im internationalen Vergleich*. Opladen [Westdeutscher Verlag] 1997

MAIR, STEFFEN: *Intervention und »state failure«. Sind schwache Staaten noch zu retten?* Bonn [Friedrich-Ebert-Stiftung] 2004. http://library.fes.de/pdf-files/id/ipg/200403artmair.pdf [09.02.2016]

MALETZKE, GERHARD: *Bausteine zur Kommunikationswissenschaft. Ausgewählte Aufsätze zu Problemen, Begriffen, Perspektiven*. Berlin [Wissenschaftsverlag Volker Spiess] 1984

MALETZKE, GERHARD: *Interkulturelle Kommunikation. Zur Interaktion zwischen Menschen verschiedener Kulturen*. Opladen [Westdeutscher Verlag] 1996

MARCINKOWSKI, FRANK: *Publizistik als autopoietisches System: Politik und Massenmedien. Eine systemtheoretische Analyse*. Wiesbaden [Verlag für Sozialwissenschaften] 1993

MARR, MIRKO: *Journalisten in der Schweiz. Eigenschaften, Einstellungen, Einflüsse*. Konstanz [UVK Medien] 2001

MARR, MIRKO: *Die Berufsrealität der Medienschaffenden in der Schweiz. Hauptbefunde einer Repräsentativbefragung unter Journalistinnen und Journalisten*. Zürich 2010. http://www.medienheft.ch/politik/bibliothek/p16_MarrMirko.pdf [09.02.2016]

MASSEY, BRIAN; ARTHUR CHANG: Locating Asian Values in Asian Journalism: A Content Analysis of Web Newspapers. In: *J Communication*, 52(4), 2002, S. 987-1003

MAST, CLAUDIA (Hrsg.): *ABC des Journalismus. Ein Handbuch*. Konstanz [Pätzold] 2004

MASTERTON, MURRAY (Hrsg.): *Asian values in journalism*. Singapore [Asian Media, Information, and Communication Centre] 1996

MAYRING, PHILIPP: *Qualitative Inhaltsanalyse*. Ludwigsburg 2000

MCLEOD, JOHN; JAY BLUMLER: *The macrosocial level of communication science*. Beverly Hills 1987

MCQUAIL, DENIS: *Mass communication theory. An introduction*. London, Beverly Hills [Sage Publications] 1983

MCQUAL, DENIS: *Mass Communication Theory*. 4. Auflage, London [Sage Publications] 2000

MELIN-HIGGINS, MARGARETA: *Weibliche und männliche Erzieher und Handwerker*. Göteborg 1996

MELISCHEK, GABRIELE (Hrsg.): *Medien & Kommunikationsforschung im Vergleich. Grundlagen, Gegenstandsbereiche, Verfahrensweisen*. Wiesbaden [Verlag für Sozialwissenschaften] 2008

MERTEN, KLAUS: *Inhaltsanalyse. Einführung in Theorie, Methode und Praxis*. Opladen [Westdeutscher Verlag] 1983

MERTON, ROBERT: *On theoretical sociology. Five essays, old and new; including Part 1 of Social theory and social structure*. New York, London [Free Press; Collier Macmillan] 1967

METYKOVA, MONIKA; PASCHAL PRESTON: An Elusive ›European‹ Public Sphere?: The Role of Shared Journalistic Cultures. In:

TRIANDAFYLLIDO, ANNA; RUTH WODAK; MICHAL KRZYŻANOWSKI (Hrsg.): *The European public sphere and the media. Europe in crisis*. New York [Palgrave Macmillan] 2009, S. 61-68

MILLER, NOAH: *Media assistance post the Taliban regime*. London 2004. http://www.stanhopecentre.org/research/mdps_afghanistan.pdf [09.02.2016]

MINISTRY OF INFORMATION, CULTURE AND TOURISM AFGHANISTAN: *International Seminar on Future Challenges for Public Broadcasting in Afghanistan*. Kabul 2002

MINISTRY OF INFORMATION, CULTURE AND TOURISM AFGHANISTAN (Hrsg.): *National Development Framework. Draft – for Consultation*. Version 2, Kabul 2002

MINISTRY OF INFORMATION, CULTURE AND TOURISM AFGHANISTAN (Hrsg.): *Information and Communication Technologies (ICTs) Policy*. Kabul 2003

MINISTRY OF INFORMATION, CULTURE AND TOURISM AFGHANISTAN (Hrsg.): *Project Document for Radio Television Afghanistan*. Kabul 2003b

MINISTRY OF INFORMATION, CULTURE AND TOURISM AFGHANISTAN (Hrsg.): *Project Document for Bakhtar News Agency*. Kabul 2003c

MINISTRY OF INFORMATION, CULTURE AND TOURISM AFGHANISTAN (Hrsg.): *Securing Afghanistan's Future: Accomplishments and the Strategic Path Forward*. Kabul 2004a

MINISTRY OF INFORMATION, CULTURE AND TOURISM AFGHANISTAN (Hrsg.): *Consultative Group on Culture, Media and Sport. Terms of Reference*. Kabul 2004b

MINISTRY OF INFORMATION, CULTURE AND TOURISM AFGHANISTAN (Hrsg.): *National Development Budget. Public Investment Programme. Culture, Media and Sport 1383-1385*. Kabul 2004c

MINISTRY OF INFORMATION, CULTURE AND TOURISM AFGHANISTAN (Hrsg.): *Securing Afghanistan's Future: Accomplishments and the Strategic Path Forward. Culture, Media and Sport*. Kabul 2004d

MOHAJERI, AHMAD: *Dictionary of the Press and Journalism. English-Persian*. Tehran 1995

MÖRTH, INGO: Kultur und Religion in der Dritten Welt. Zerstörung und Anpassung, Widerstand und Neuschöpfung. In: *Österreichische Zeitschrift für Soziologie*, 11(4), 1986, S. 103-119

MOWLANA, HAMID: *Global communication in transition. The End of Diversity?* Thousand Oaks, Californien [Sage Publications] 1996

MURTHY, RAMANA: Developmental News Coverage in the Indian Press: An Analysis of Four Dailies. In: *Media Asia*, 27(1), 2000, S. 24 - 29

MWESIGE, PETER: Disseminators, Advocates and Watchdogs: A Profile of Ugandan Journalists in the New Millennium. In: *journalism*, 5(1), 2004, S. 69 - 96

NAWAWY, MOHAMMED: Between the Newsroom and the Classroom: Education Standards and Practices for Print Journalism in Egypt and Jordan. In: *International Communication Gazette*, 69(1), 2007, S. 69 - 90

NAZZAL, JAMAL: *Das palästinensische Rundfunksystem und die deutsch-palästinensische Medienkooperation. Demokratie und Zivilgesellschaft in Palästina*. Berlin [Frank & Timme] 2006

NEIDHARDT, FRIEDHELM: *Öffentlichkeit, öffentliche Meinung, soziale Bewegungen*. Opladen [Westdeutscher Verlag] 1994

NEUBERGER, CHRISTOPH: Journalismus als systembezogene Akteurkonstellation. Vorschläge für die Verbindung von Akteur-, Institutionen- und Systemtheorie. In: LÖFFELHOLZ, MARTIN (Hrsg.): *Theorien des Journalismus. Ein diskursives Handbuch*. Wiesbaden [Verlag für Sozialwissenschaften] 2004, S. 570 - 587

NEUENDORF, KIMBERLY: *The Content Analysis Guidebook*. O.O. 2002

NGOMBA, TEKE: *Journalists Role Conceptions and the Democratization Challenge in Cameroon*. Hamburg 2010. http://www.cjdhr.org/2010-12/Teke-Ngomba.pdf, zuletzt aktualisiert am 18.02.2011 [09.02.2016]

NIKETTA, REINER: *Kommentierter SPSS-Ausdruck zur logistischen Regression*. Osnabrück 2005. http://www.home.uni-osnabrueck.de/rniketta/method/SPSS_Beispiel_logistische_Regression.pdf [09.02.2016]

NYAMNJOH, FRANCIS: *Africa's media and the politics of belonging*. New York [Zed Books] 2005

OFFERHAUS, ANKE: *Zusammenfassung der Dissertation. Die Professionalisierung des deutschen EU-Journalismus Institutionalisierung, Expertisierung und Inszenierung der europäischen Dimension im deutschen Journalismus*. Berlin 2006. http://www.polsoz.fu-berlin.de/soziologie/arbeitsbereiche/makrosoziologie/mitarbeiter/wissenschaftliche/dateien/offerhaus/diss_offerhaus_zusammenfassung.pdf [10.02.2016]

ORYWAL, ERWIN: *Die Ethnischen Gruppen Afghanistans. Fallstudien zu Gruppenidentität und Intergruppenbeziehungen*. Wiesbaden [L. Reichert] 1986

OSO, LAI: The Commercialization of the Nigerian Press: Development and Implications. African Council for Communication Education.

In: *Africa Media Review*, 5(3), 1991. http://archive.lib.msu.edu/DMC/African%20Journals/pdfs/africa%20media%20review/vol5no3/jamr005003006.pdf [10.02.2016]

OSTINI, JENNIFER; ANTHONY FUNG: Beyond the Four Theories of the Press: A New Model of National Media Systems. In: *Mass Communication and Society*, 5(1), 2002, S. 41-56

PAGE, DAVID; SHIRAZUDDIN SIDDIQI: *The media of Afghanistan. The challenges of transition*. London [BBC Media Action] 2012. http://downloads.bbc.co.uk/mediaaction/policybriefing/bbc_media_action_afghanistan_is_in_transition.pdf [10.02.2016]

PATER, MONIKA: Gesellschaftsstrukturen und Normen. In: Grittmann, Elke; Irene Neverla; Monika Pater (Hrsg.): *Grundlagentexte zur Journalistik*. Konstanz [UVK Verlag] 2002, S. 117-128

PFETSCH, BARBARA; EVA MAYERHÖFFER; ADAM SILKE: Politische Kommunikation. In: Thomaß, Barbara (Hrsg.): *Mediensysteme im internationalen Vergleich*. Konstanz [UVK] 2007, S. 59-75

PINTAK, LAWRENCE: Islam, identity and professional values: A study of journalists in three Muslim-majority regions. In: *Journalism* 15 (4), 2014, S. 482-503

POSCH, EVA BAKK: *Historische Darstellungsformen des amerikanischen Printjournalismus und deren Adaption in Europa anhand des Beispiels Österreich*. Wien, Magisterarbeit, 2009. http://othes.univie.ac.at/7794/1/2009-11-25_0301721.pdf [10.02.2016]

PREISINGER, IRENE: *Information zwischen Interpretation und Kritik. Das Berufsverständnis politischer Journalisten in Frankreich und Deutschland*. Wiesbaden [Westdeutscher Verlag] 2002

PRESTON, PASCHAL; MONIKA METYKOVA: Media, Political Communication and the European Public Sphere. In: LLIDOI, ANNA; RUTH WODAK; MICHAŁ KRZYŻANOWSKI (Hrsg.): *The European public sphere and the media. Europe in crisis*. Basingstoke und New York [Palgrave Macmillan] 2009, S. 34-49

PÜRER, HEINZ; MEINRAD RAHOFER; CLAUS REITAN (Hrsg.): *Praktischer Journalismus: Presse, Radio, Fernsehen, Online*. Konstanz [UVK] 2004

PUTZEL, JAMES VON; JOOST VAN DER ZWAN: *Why templates for media development do not work in crisis states. Defining and understanding media development strategies in post-war and crisis states*. London [Crisis States Research Centre: London School of Economics and Political

Science] 2006. http://eprints.lse.ac.uk/837/1/MEDIA.REPORT.pdf [10.02.2016]

RAABE, JOHANNES: *Die Beobachtung journalistischer Akteure. Optionen einer empirisch-kritischen Journalismusforschung.* Wiesbaden [Verlag für Sozialwissenschaften] 2005

RAMAPRASAD, JYOTIKA: A Profile of Journalists in Post-Independence Tanzania. In: *International Communication Gazette*, 63(6), 2001, S. 539-555

RAMAPRASAD, JYOTIKA; JOHN KELLY: Reporting the News from the World's Rooftop: A Survey of Nepalese Journalists. In: *International Communication Gazette*, 65(3), 2003, S. 291-315

RAMAPRASAD, JYOTIKA; NABIL HAMDY: Functions of Egyptian Journalists: Perceived Importance and Actual Performance. In: *International Communication Gazette*, 68(2), 2006, S. 167-185

RAMAPRASAD, JYOTIKA; MOHAMMED RAHMAN: Tradition with a Twist: A Survey of Bangladeshi Journalists. In: *International Communication Gazette*, 68(2), 2006, S. 148-165

RAMPAL, KULDIP: The Collection and Flow of World News. In: MERRILL, JOHN (Hrsg.): *Global Journalism: Survey of International Communication.* New York [White Plains] 1995, S. 35-52

RASHID, SHERZAD: *A broadcasting model for Afghanistan based on its national development strategy.* Saarbrücken [VDM Verlag Dr. Müller] 2009

RATBIL, AHANG: *Presse in Afghanistan.* Bonn 2009. http://www.kabulnath.de/Deutsch/Ratbil%20Ahang%20Shamel/Presse%20in%20Afghanistan.htm [10.02.2016]

RAWAN, SHIR MOHAMMAD: *Grundlegende Aspekte der Entstehung und Entwicklung des Journalismus in Afghanistan. Ein Beitrag zur Erforschung des nationalen Kommunikationssystems dieses Landes von 1873 bis 1973.* Leipzig 1993

RAWAN, SHIR MOHAMMAD: *Moderne Massenmedien und traditionelle Kommunikation in Iran und Pakistan.* Hamburg [Deutsches Orient-Institut] 2000

RAWAN, SHIR MOHAMMAD: Massenmedien in Afghanistan. Entstehung und Entwicklung. Der schwierige Weg von Presse, Hörfunk und Fernsehen Afghanistans in Vergangenheit und Gegenwart. In: *Relation*, Institut für Kommunikations- und Medienwissenschaft der Universität Leipzig, 9, 2002a, S. 9-12

RAWAN, SHIR MOHAMMAD: Modern Mass Media and Traditional Communication in Afghanistan. In: *Political Communication*, 170(19), 2002b, S. 155-170

REESE, STEPHAN: Theorizing a Global Journalism. In: LÖFFELHOLZ, MARTIN: *Global journalism research- Theories, methods, findings, future*. Malden [Blackwell Publications] 2008

REINHOLD, GERD; SIEGFRIED LAMNEK; HELGA RECKER: *Soziologie-Lexikon*. München [R. Oldenbourg] 2000

RENGER, RUDI: *Populärer Journalismus. Nachrichten zwischen Fakten und Fiktion*. Innsbruck [Studienverlag] 2000

RÖSSLER, PATRICK: *Inhaltsanalyse*. Konstanz [UVK/UTB] 2005

ROHDE, DAVID: *All successful democracies need freedom of speech. American efforts to create a vibrant free press in Iraq and Afghanistan*. New York [Working Paper Series] 2005. http://shorensteincenter.org/wp-content/uploads/2012/03/2005_06_rohde.pdf [10.02.2016]

RONNEBERGER, FRANZ: Integration durch Massenkommunikation. In: SAXER, ULRICH: *Gleichheit oder Ungleichheit durch Massenkommunikation? Homogenisierung – Differenzierung der Gesellschaft durch Massenkommunikation*. Wiesbaden 1987, S. 3-18

RONNEBERGER, FRANZ; BALLA BÁLINT; BORTZ JÜRGEN: *Sozialisation durch Massenkommunikation*. Stuttgart 1971

RUBIN, BARNETT RICHARD: The Economy of War and Peace in Afghanistan. In: *World Development*, 28(10), 2000, S. 1789-1803

RUBIN, BARNETT RICHARD; HUMAYUN HAMIDZADA; ABBY STODDARD: *Through the Fog of Peace Building. Evaluating the Reconstruction of Afghanistan*. London 2003

RUBIN, BARNETT RICHARD: Crafting a Constitution for Afghanistan. In: *Journal of Democracy*, 15(3), 2004, S. 5-19. http://muse.jhu.edu/journals/journal_of_democracy/summary/v015/15.3rubin.html [10.02.2016]

RÜHL, MANFRED: *Die Zeitungsredaktion als organisiertes soziales System*. Bielefeld 1969

RÜHL, MANFRED: *Journalismus und Gesellschaft. Bestandsaufnahme und Theorieentwurf*. Mainz [Verlag Hase und Koehler] 1980

RÜHL, MANFRED: Integration durch Massenkommunikation? Kritische Anmerkungen zum Integrationsbegriff. In: SAXER, ULRICH (Hrsg.): *Gleichheit und Ungleichheit durch Massenmedien. Homogenisierung – Differenzierung durch Massenkommunikation*. München [Öhlschläger] 1985, S. 19-33

RÜHL, MANFRED: Theorie des Journalismus. In: BURKART, ROLAND; WALTER HÖMBERG (Hrsg.): *Kommunikationstheorien. Ein Textbuch zur Einführung*. Wien 1992, S. 117-133

RZEHAK, LUTZ: Facetten des Islams in Afghanistan. In: CHIARI, BERNHARD (Hrsg.): *Wegweiser zur Geschichte Afghanistan*. Paderborn 2009, S. 168-181

SANDSCHNEIDER, EBERHARD: *Externe Demokratieförderung. Theoretische und praktische Aspekte der Außenunterstützung von Transformationsprozessen*. Berlin 2003. http://www.cap.lmu.de/download/2003/2003_sandschneider.pdf [10.02.2016]

SAXER, ULRICH (Hrsg.): *Gleichheit oder Ungleichheit durch Massenmedien? Homogenisierung, Differenzierung der Gesellschaft durch Massenkommunikation*. München [Öhlschläger] 1985

SCHETTER, CONRAD: Strukturen und Lebenswelten. Stammesstrukturen und ethnische Gruppen. In: CHIARI, BERNHARD (Hrsg.): *Wegweiser zur Geschichte Afghanistan*. München [Ferdinand Schöningh] 2009, S. 123-133

SCHMIDT, MARTIN: *Minderheiten in Afghanistan: Die Hazara. Staatendokumentation des Bundesasylamtes*. Wien 2010

SCHMIDT, SIEGFRIED; SIEGFRIED WEISCHENBERG: Mediengattungen, Berichterstattungsmuster, Darstellungsformen. In: MERTEN, KLAUS; SIEGFRIED SCHMIDT; SIEGFRIED WEISCHENBERG (Hrsg.): *Die Wirklichkeit der Medien. Eine Einführung in die Kommunikationswissenschaft*. Opladen 1994, S. 212-235

SCHMITZ, JOCHEN: *Konvergenzen im Journalismus? Ein Vergleich des Selbstverständnisses deutscher, britischer und amerikanischer Journalisten in den achtziger und neunziger Jahren*. Seminararbeit, Johannis Gutenberg Universität Mainz, Institut Publizistik, 1999. Online verfügbar unter http://www.hausarbeiten.de/faecher/vorschau/102130.html [21.12.2012]

SCHNECKENER, ULRICH: *Internationales state building. Dilemmata, Strategien und Anforderungen an die deutsche Politik*. Berlin [SWP] 2007

SCHNEIDER, BEATE; KLAUS SCHÖNBACH; DIETER STÜRZEBECHER: Journalisten im vereinigten Deutschland. Strukturen, Arbeitsweisen und Einstellungen im Ost-West-Vergleich. In: *Publizistik: Vierteljahreshefte für Kommunikationsforschung*, 38(3), 1994, S. 353-382

SCHNEIDER, BEATE: Mediensystem. In: JARREN, OTFRIED; ULRICH SARCINELLI (Hrsg.): *Politische Kommunikation als Forschungs- und als politisches Handlungsfeld. Einleitende Anmerkungen zum Versuch der systematischen Erschließung.* Opladen 1998, S. 112 - 121

SCHNEIDER, BEATE: Mediensystem. In: JARREN, OTFRIED; ULRICH SARCINELLI; ULRICH SAXER (Hrsg.): *Politische Kommunikation in der demokratischen Gesellschaft. Ein Handbuch mit Lexikonteil.* Opladen [Westdeutscher Verlag] 1998, S. 112 - 132

SCHÖNBACH, KLAUS; DIETER STÜRZEBECHER; BEATE SCHNEIDER: Oberlehrer und Missionare? Das Selbstverständnis deutscher Journalisten. In: NEIDHARDT, FRIEDHELM (Hrsg.): *Öffentlichkeit, Öffentliche Meinung und soziale Bewegungen.* Opladen [Westdeutscher Verlag] 1994, S. 139 - 161

SCHÖNHAGEN, PHILEMON: Der Journalist als unbeteiligter Beobachter. In: *Publizistik: Vierteljahreshefte für Kommunikationsforschung,* 44(3), 1999, S. 271 - 287

SCHOLL, ARMIN: Journalismus als Gegenstand empirischer Forschung. Ein Definitionsvorschlag, In: *Publizistik,* 42(4), 1997, S. 468 - 486 (korrigiert wieder veröffentlicht. In: NEVERLA, IRENE; ELKE GRITTMANN; MONIKA PATER (Hrsg.): *Grundlagentexte zur Journalistik.* Konstanz [UVK] 2002, S. 455 - 484)

SCHOLL, ARMIN; SIEGFRIED WEISCHENBERG: *Journalismus in der Gesellschaft. Theorie, Methodologie und Empirie.* Opladen [Westdeutscher Verlag] 1998

SCHOLL, ARMIN: Theorien zur Analyse der Beziehungen von Journalismus und Publikum. In: LÖFFELHOLZ, MARTIN (Hrsg.) *Theorien des Journalismus: Ein diskursives Handbuch.* Wiesbaden [Verlag für Sozialwissenschaften] 2004, S. 23 - 43

SCHUDSON, MICHAEL: The domain of journalism studies around the globe. In: *journalism,* 1(1), 2000, S. 55 - 59

SERVAES, JOHN: Harnessing the UN System Into a Common Approach On Communication for Development. In: *International Communication Gazette,* 69(6), 2007, S. 483 - 507

SHOEMAKER, PAMELA; STEPHEN REESE: *Mediating the message. Theories of influences on mass media content.* New York [White Plains, Longman] 1996

SKJERDAL, TERJI: The three alternative journalisms of Africa. In: *International Communication Gazette,* 74(7), 2012, S. 636 - 654

SO, CLEMENT; JOSEPH CHAN: Professionalism, Politics and Market Force: Survey Studies of Hong Kong Journalists 1996-2006. In: *Asian Journal of Communication,* 17(2), 2007, S. 148 - 158

SOKOLOFF, LARRY; HALIMA KAZEM-STOJANOVIC: *Afghan Media Law*. o.O. 2012. http://www.sjsu.edu/ajeep/docs/Afghan%20Media%20Law.pdf [10.02.2016]

SUHRKE, ASTRI: *The Limits of Statebuilding: The Role of International Assistance in Afghanistan*. Oslo 2006

STARCK, KENNETH: Media Credibility in Finland: A Cross-National Approach. In: *Journalism Quarterly*, 46, 1969, S. 790-795

SWENSON, JILL; WILLIAM GRISWOLD; NARINDER AGGARWALA: Reporting race relations as development news: Case studies of journalism in Georgia/What is Development News? In: *Howard Journal of Communications*, 4(2/4), 1993 [1979], S. 358-368 [180-185]

TARZI, AMIN: The Politics of Mass Media. In: Their, Alexander (Hrsg.): *The Future of Afghanistan. Stability in Afghanistan Requires Fundamental U.S. Policy Shift*. Washington 2009, S. 45-55

TEVES, CHRISTOPH: *Auf Radiowellen und Datenautobahn in eine bessere Zukunft? – Medienförderung innerhalb der deutschen Entwicklungszusammenarbeit*. Diplomarbeit, Münster 2000. http://www.cameco.org/files/christoph_teve_publications_1.pdf [10.02.2016]

THE INSTITUTE FOR MEDIA, POLICY AND CIVIL SOCIETY (Hrsg.): *International Conference on Future Challenges For Public Broadcasting in Afghanistan*. Kopenhagen 2003

THEIR, ALEXANDER: Building bridges. In: THEIR, ALEXANDER (Hrsg.): *The Future of Afghanistan. Stability in Afghanistan Requires Fundamental U.S. Policy Shift*. Washington 2009, S. 1-13

TOMASELLI, KEYAN (1991): The progressive press: Extending the struggle, 1980-1986. In: TOMASELLI, KEYAN; P. ERIC LOUW: *Alternative Press in South Africa*. Bellville [Anthropos] 1991

TOMASELLI, KEYAN: (Afri) Ethics, Communitarianism and Libertarianism. In: *International Communication Gazette*, 71(7), 2009, S. 577-594

THOMASS, BARBARA (Hrsg.): *Medien und Transformation in Osteuropa*. Wiesbaden [Verlag für Sozialwissenschaften] 2001

THOMASS, BARBARA; MICHEALA TZANKOFF: Medien und Transformation in den post-kommunistischen Staaten Osteuropas. In: THOMASS, BARBARA; MICHAELA TZANKOFF (Hrsg.): *Medien und Transformation in den postkommunistischen Staaten Osteuropas*. Wiesbaden [Westdeutscher Verlag] 2001, S. 235-252

THOMASS, BARBARA: Mediensysteme vergleichen. In: THOMASS, BARBARA (Hrsg.): *Mediensysteme im internationalen Vergleich*. Konstanz 2007, S. 12-37

TRIANDAFY, LLIDOI A.; RUTH WODAK; MICHAŁ KRZYŻANOWSKI (Hrsg.): *The European public sphere and the media. Europe in crisis*. Basingstoke, New York [Palgrave Macmillan] 2009

TUTAKHEL, MARIAM: *Medienpolitik in Post-Konfliktstaaten. Beiträge zum politischen Wiederaufbau am Beispiel von Afghanistan*. Bonn [Institut für Entwicklung und Frieden] 2006

UNITED NATIONS EDUCATIONAL, SCIENTIFIC AND CULTURAL ORGANIZATION (Hrsg.): *Declaration of the International Seminar on Promoting Independent and Pluralistic Media in Afghanistan*. Kabul 2002

VALENTIN, SYLVIA: *Überblick über verschiedene Konzepte von Medienfreiheit*. Basel 2007

VOLLE, ANGELIKA; WERNER WEIDENFELD; CHLADEK TILMANN: *Krisen, Kriege, Konflikte. Die Weltgemeinschaft vor neuen Gefahren*. Bonn [Verlag für Internationale Politik] 1999

WAKILI, MERJAM: *Journalism Afghan style. Afghanistans Medienlandschaft und ihre Besonderheiten*. Berlin [Wissenschaftlicher Verlag Berlin] 2007

WARD, STEPHEN: *The invention of journalism ethics. The path to objectivity and beyond*. Montreal [McGill-Queen's University Press] 2004

WASSERMAN, HERMANN; RAO SHAKUNTALA: The glocalization of journalism ethics. In: *journalism*, 9(2), 2008, S. 163-181

WEAVER, DAVID; CLEVELAND G. WILHOIT: *The American journalist. A portrait of U.S. news people and their work*. Bloomington [Indiana University Press] 1986 und 1991

WEAVER, DAVID; WIE WU (Hrsg.): *The global journalist. news people around the world*. Cresskill [Hampton Press] 1998

WEBER, STEFAN: *Nachrichtenkonstruktion im Boulevardmedium. Die Wirklichkeit der »Kronen Zeitung«*. Wien [Passagen] 1995

WEISCHENBERG, SIEGFRIED; SUSANNE VON BASSEWITZ; ARMIN SCHOLL: Konstellationen der Aussagenentstehung. Zur Handlungs- und Wirkungsrelevanz journalistischer Kommunikationsabsichten. In: KAASE, MAX; WINFRIED SCHULZ (Hrsg.): *Massenkommunikation. Theorien, Methoden, Befunde*. Opladen 1989, S. 280-300

WEISCHENBERG, SIEGFRIED; MARTIN LÖFFELHOLZ; ARMIN SCHOLL: Journalismus in Deutschland. Design und Befunde der Kommunikatorstudie. In: *Media Perspektiven*, (1), 1993, S. 21-35

WEISCHENBERG, SIEGFRIED; MARTIN LÖFFELHOLZ; ARMIN SCHOLL: Merkmale und Einstellungen von Journalisten. In: *Media Perspektiven*, (4), 1994, S. 154-167

WEISCHENBERG, SIEGFRIED; KLAUS ALTMEPPEN; MARTIN LÖFFELHOLZ: *Die Zukunft des Journalismus. Technologische, ökonomische und redaktionelle Trends*. Opladen [Westdeutscher Verlag] 1994

WEISCHENBERG, SIEGFRIED: *Journalistik. Medienkommunikation: Theorie und Praxis*. Wiesbaden [Westdeutscher Verlag] 1995

WEISCHENBERG, SIEGFRIED: *Journalistik. Medienkommunikation: Theorie und Praxis*. Opladen [Westdeutscher Verlag] 2002

WEISCHENBERG, SIEGFRIED: *Mediensysteme – Medienethik – Medieninstitutionen*. 3. Aufl., Wiesbaden [Verlag für Sozialwissenschaften] 2004

WEISCHENBERG, SIEGFRIED; HANS J. KLEINSTEUBER; BERNHARD PÖRKSEN (Hrsg.): *Handbuch Journalismus und Medien*. Konstanz 2005

WEISCHENBERG, SIEGFRIED; MAJA MALIK; ARMIN SCHOLL: Journalismus in Deutschland. Zentrale Befunde der aktuellen Repräsentativbefragung deutscher Journalisten. In: *Media Perspektiven*, 7, 2006, S. 346-361

WEISCHENBERG, SIEGFRIED; MAJA MALIK; ARMIN SCHOLL: *Die Souffleure der Mediengesellschaft. Report über die Journalisten in Deutschland*. Konstanz [UVK Verlagsgesellschaft] 2006

WEISCHENBERG, SIEGFRIED; MAJA MALIK; ARMIN SCHOLL: Wer Journalisten sind und wie sie arbeiten. Das Selbstbild der Journalisten in Deutschland. In: *Informationen zur politischen Bildung*, 309(2), 2010, S. 41-43

WELSCH, WOLFGANG: *Transkulturalität – Die veränderte Verfassung heutiger Kulturen*. Wien 1994. http://via-regia-kulturstrasse.org/bibliothek/pdf/heft20/welsch_transkulti.pdf [10.02.2016]

WESSLER, HARTMUT: Multiple Differenzierung und Integration. Symbolische Gemeinschaften und Medien. In: IMHOF, KURT (Hrsg.): *Integration und Medien*. 1. Aufl., Wiesbaden [Westdeutscher Verlag] 2002, S. 56-76

WIEDEBUSCH, JUTTA: *Selbstverständnis und Rezipientenbilder von Hörfunkjournalisten*. Frankfurt/M. [Peter Lang] 1989

WIELAND-KARIMI, ALMUT: Krisenmanagement in Afghanistan. In: BLANKE, URSULA (Hrsg.): *Krisen und Konflikte. Von der Prävention zur Friedenskonsolidierung*. Berlin 2004, S. 253-274

WILKE, JÜRGEN (Hrsg.): *Zwischenbilanz der Journalistenausbildung. Deutsche Gesellschaft für Publizistik- und Kommunikationswissenschaft*. München [Ölschläger] 1987

WILKE, BORIS: *Staatsbildung in Afghanistan? Zwischenbilanz der internationalen Präsenz am Hindukusch*. Hrsg. v. Stiftung Wissenschaft und Politik. SWP-Studie. Berlin 2004. http://www.sfb-governance.de/teilprojekte/projekte_phase_1/projektbereich_c/c1/bw_staatsbildungafghanistan.pdf?1277899908 [10.02.2016]

WIMMER, ANDREAS; CONRAD SCHETTER: *Staatsbildung zuerst. Empfehlungen zum Wiederaufbau und zur Befriedung Afghanistans. Entwicklung und Zusammenarbeit*. Bonn 2002

WIMMER, JEFFREY; SUSANNE WOLF: Development journalism out of date? An analysis of its significance in journalism education at African universities. In: *Münchener Beiträge zur Kommunikationswissenschaft*, 3, 2005. http://epub.ub.uni-muenchen.de/647/1/mbk_3.pdf [10.02.2016]

WONG, KOKKEONG: Asian-based development journalism and political elections: Press coverage of the 1999 general elections in Malaysia. In: *Gazette*, 66(1), 2004, S. 25-40

WU, WEI; DAVID H. WEAVER; OWEN JOHNSON: Professional Roles of Russian and U.S. Journalists. A Comparative Study. In: *Journalism & Mass Communication Quarterly*, 73(3), 1996, S. 534-548

WYSS, VINZENZ; GUIDO KEEL: *Journalismusforschung*. Zürich 2010, S. 337-369. http://zhaw.academia.edu/VinzenzWyss/Papers/381531/Journalismusforschung_2010_ [22.03.2014]

WYSS, VINZENZ: Journalismusforschung. In: JARREN, OTFRIED; HEINZ BONFADELLI; GABRIELE SIEGERT (Hrsg.): *Einführung in die Publizistikwissenschaft*. Wien [Paul Haupt Verlag] 2005, S. 259-312

XU, XIAGOE: Asian values revisited: In the context of intercultural news communication. In: *Media Asia*, 25, 1998, S. 37-41

XU, XO: Asian perspectives in communication: Assessing the search. In: *American Journal of Communication*, 3(3), 2000, S. 23-42

ZELIZER, BARBIE (2004): *Taking journalism seriously*. London [SAGE] 2004

ZOWNOWSKI, KARL: *Zwischen Unterhaltung und Wissensvermittlung: Die »Macher« von Geschichte im öffentlich rechtlichen Fernsehen. Eine qualitative Studie zum Selbstverständnis von Geschichtsredakteuren/innen und den Arbeitsbedingungen in Geschichtsredaktionen*. München 2006